上海社会科学院法学研究所所庆60周年

法治中国的司法指数
（2018）

叶必丰 主编　杜文俊 彭辉 副主编

上海社会科学院出版社
SHANGHAI ACADEMY OF SOCIAL SCIENCES PRESS

课题研究成员

总负责人：叶必丰　所长、研究员
协　　助：杜文俊　研究员
秘 书 长：彭　辉　副研究员
刑 法 组：涂龙科　研究员
民 法 组：孙大伟　副研究员
　　　　　孟祥沛　研究员
行政法组：肖　军　副研究员
　　　　　张　亮　助理研究员
　　　　　何卫东　副研究员
　　　　　邓少岭　副研究员

目 录

第一篇 法治政府的司法指数研究报告

摘要 ··· 3
第一章 导语：法治政府的司法指数解析 ····························· 11
  第一节 法治政府司法指数的意义 ································· 11
  第二节 法治政府司法指数的设计 ································· 14
第二章 行政诉讼发生指数 ·· 20
  第一节 行政诉讼案件的省级行政区分布 ······················ 21
  第二节 各省级行政区行政纠纷集中的管理领域与行为种类 ··· 26
  第三节 各省级行政区行政诉讼原告分布 ······················ 32
  第四节 影响行政诉讼发生的特定因素 ·························· 37
第三章 行政违法指数 ·· 48
  第一节 行政违法数的省级行政区排名 ·························· 48
  第二节 行政违法数的领域分布 ····································· 51
  第三节 行政违法数的行为类型分布 ······························ 60
  第四节 行政违法案件的当事人分布 ······························ 69
  第五节 行政违法数排名的变量分析 ······························ 73
第四章 行政不作为指数 ··· 83
  第一节 行政不作为案件的类型分析 ······························ 84
  第二节 行政不作为案件涉及的领域 ······························ 94
  第三节 行政不作为案件的地域分布 ······························ 101
  第四节 行政不作为排名的影响因素 ······························ 108

第五章　行政赔偿指数 ·········· 113
　　第一节　行政赔偿案件数量及地域分布 ·········· 115
　　第二节　赔偿义务机关类型 ·········· 118
　　第三节　具体违法情形 ·········· 123
　　第四节　获得赔偿总体情况 ·········· 129
　　第五节　提出和获得精神损害赔偿情况 ·········· 136
　　第六节　裁判时长 ·········· 141
　　第七节　相关性分析 ·········· 143
结语 ·········· 155

第二篇　平安中国的司法指数研究报告

摘要 ·········· 159
第一章　总体说明 ·········· 167
　　一、概念 ·········· 167
　　二、本研究报告的框架设计 ·········· 167
第二章　严重犯罪案件发生指数 ·········· 171
　　一、数据选取说明 ·········· 171
　　二、八大类严重犯罪发生指数 ·········· 172
　　三、抢劫罪发生指数 ·········· 175
　　四、故意伤害犯罪发生指数 ·········· 178
　　五、严重犯罪案发的相关性分析 ·········· 180
第三章　常见多发案件发生指数 ·········· 192
　　一、数据选取说明 ·········· 192
　　二、入室盗窃案发指数 ·········· 193
　　三、电信诈骗案发指数 ·········· 196
　　四、交通肇事案件发生指数 ·········· 198
　　五、常见多发犯罪案发相关性分析 ·········· 201
第四章　案件情节危害指数 ·········· 209
　　一、数据选取说明 ·········· 209
　　二、外来人口犯罪发生指数 ·········· 210
　　三、累犯发生指数 ·········· 217

  四、团伙犯罪发生指数 ………………………………… 219
  五、犯罪情节相关性分析 ……………………………… 227
第五章 犯罪管控治理指数 …………………………………… 234
  一、数据选取说明 ……………………………………… 234
  二、案件侦破速度排名及分析 ………………………… 235
  三、二审改判率排名及分析 …………………………… 240
  四、律师参与率排名及分析 …………………………… 246
  五、律师辩护支持率排名及分析 ……………………… 258
  六、相关性分析 ………………………………………… 266

第三篇　诚信社会的司法指数研究报告

摘要 …………………………………………………………… 283
序言 …………………………………………………………… 289
第一章 民事欺诈案件基本情况 ……………………………… 292
  一、基本指标描述 ……………………………………… 292
  二、民事欺诈案件基本情况相关性分析 ……………… 308
第二章 民事欺诈案件主体状况 ……………………………… 327
  一、自然人作为欺诈案件中的欺诈方 ………………… 327
  二、非自然人作为欺诈案件中的欺诈方 ……………… 330
  三、第三人介入欺诈案件基本情况 …………………… 332
  四、各类主体涉欺诈案件相关性分析 ………………… 334
第三章 民事欺诈案件所涉行业分布 ………………………… 346
  一、民事欺诈案件中非自然人所属行业状况分析 …… 346
  二、非自然人所属行业相关性分析 …………………… 351
第四章 民事欺诈类案件司法保护 …………………………… 371
  一、欺诈方委托律师情况分析 ………………………… 371
  二、欺诈案件的审理及其质量分析 …………………… 377

第一篇

法治政府的司法指数研究报告

摘 要

第一章 导语：法治政府的司法指数解析

法治政府不但要积极建设，而且还要以看得见的方式来展示，在此意义上，通过司法数据对我国依法行政水平的全方位评估有助于实现这项目标。当下，运用内部信息和主观调研所开展的法治政府评估已经初具规模和影响，而基于行政诉讼裁判文书进行的实证评估才刚起步。法治政府司法指数因应于中国司法公开改革所实现的裁判文书上网制度，并且契合行政法学研究的实证发展趋势，本报告以我国31个省级行政区2016年度中级人民法院(以下简称中院)、高级人民法院(以下简称高院)在中国裁判文书网(以下简称裁判文书网)上公开的92 679件行政裁判文书为分析样本，试图以一套量化标准与体系来评价我国各省级行政区的依法行政水平。通过司法镜像所呈现的法治政府影像虽然有所局限，但一定程度上体现了广大人民群众对依法行政效果的真实反应，将这种反应量化为直观的数据结论，可以为法治政府建设工作细节的改进提供更多建设性意见。司法指数的设计基础在于对特定范围行政诉讼裁判文书的统计分析，并进一步将裁判文书内容分解为7大类信息、51小项数据，用于建构综合报告的2组指标体系，分别是"行政诉讼发生指数""行政行为违法指数"，以及两个专项报告，分别是"行政不作为指数"和"行政赔偿指数"。在此基础上，对我国31个省级行政区的法治政府水平进行比较与评价。最终，通过阶段性的数据库建设、体系性评估及其衍生的基础理论研究，既能为中国法治政府建设实践提供有益的决策建议，也能给行政法学本土化的法教义学研究带来经验事实上的学术给养。

第二章 行政诉讼发生指数

行政诉讼发生指数旨在呈现各地区行政诉讼发生的数量、领域以及影响因素,以表征行政纠纷发生的合理数量区间、集中领域、密切相关的重要变量。与其他司法指数的负面评价功能不同,行政诉讼发生指数作为一项中性的评估指数,标准不在于案件数的多少,而主要考察各地区之间的纠纷发生相对水平,只有结合各地区重要的强相关因素所得出的判断才具有参考意义。本部分以裁判文书网收录的 2016 年度各省级行政区的中院、高院作出的 92 679 件判决书和裁定书为研究对象,主要分为以下四个部分研究:

第一,行政诉讼案件的基本分布情况。其中,通过对年度行政诉讼裁判文书总数的分析,我们发现,各地区行政诉讼案件的绝对数与人均数排名之间差异巨大,在案件绝对数排名中,河南、江苏、北京、山东、浙江等地位居前列,在人均案件数排名中位居前 5 位的则变成北京、宁夏、重庆、海南、吉林,因此本报告将案件绝对数与地区基础变量做了相关性分析,得出行政诉讼发生率与地方 GDP、地区常住人口数等两个因素密切相关这一初步结论。

第二,各地区行政纠纷集中发生的管理领域与行为种类。本部分通过地区与行政管理领域、行政行为种类两两相关的三组交叉分析,得出:行政管理领域中案件数排名前 10 位的依次是:资源行政管理、城乡建设行政管理、公安行政管理、乡镇街道、人力资源和社会保障行政管理、交通运输行政管理、城市建设行政管理、工商行政管理、教育行政管理、卫生与计划生育行政管理。其中,资源行政管理、城乡建设行政管理、公安行政管理分别是各地行政诉讼最高发的管理领域。相比之下,各地区行政诉讼案件高发的行政行为分布比较均匀,案件数排名前 10 位的依次为:行政复议、行政处罚、政府信息公开、行政登记、行政赔偿、行政确认、行政征收、行政强制、行政补偿、行政许可。再进一步将案发数高的行政管理领域与行政行为种类做交叉分析,还推导出各管理领域中哪些行政行为容易引发纠纷,这可以为地方政府改进依法行政的工作细节提供针对性建议。

第三,各地区行政诉讼原告当事人的分布情况。行政诉讼的原告信息可以显示纠纷一方行政相对人的群体特征和行为偏好,如原告当事人中的自然人与法人比例,原告代理情况中的律师代理率与律师所属地比例等。总体上,自然人主体、非多诉主体、无律师代理、律师代理案件中的本地律师代理是行政诉讼原告当事人的4个主要特征。另外,本年度单独提起过3起以上行政诉讼的多诉主体是一个特殊群体,这类案件占到行政诉讼总量的20.11%,尤其是北京、吉林、上海等地更是超过30%,应当引起足够重视,通过将多诉主体与地域、原告当事人、原告代理等变量做交叉分析,可以间接推测出各地区多诉主体的诉讼动机、效果以及对行政诉讼案发率的预测。

第四,若干影响行政诉讼发生的特殊因素。不予受案、高院案件、再审案件、撤诉案件、行政复议后诉讼案件等5类案件在行政诉讼中具有特殊意义,如不予受案率可以体现行政纠纷实际发生量与行政诉讼制度吸收量之间的差异;再审案件、高院案件的数量可以表征各地区行政纠纷发生的持续程度和疑难程度;撤诉案件既意味着纠纷化解,也隐含了被告行政机关妥协的现实;行政复议后诉讼案件的比例则一定程度上体现了行政系统内纠错机制有无发挥实效。通过将这5类案件与其他变量进行交叉分析以及地区排名,可以体现行政诉讼发生指数中各类特殊案件的不同影响。

第三章　行政违法指数

行政违法指数是法治政府司法指数的重要组成部分,对法治政府建设情况具有极强的表征力。本部分以中国裁判文书网所收入的2016年各省级行政区的中院、高院判决行政机关违法的8 745份判决书为研究对象,从行政违法数及结构分析、行政违法排名的变量分析这大两部分展开研究。

在行政违法数及结构分析部分,首先分析了行政违法案件数的省级行政区排名,再分析了行政违法案件分布的行政管理领域、行为类型、原告当事人等方面情况。行政违法案件数的省级行政区排名是各省级行政区行政违法数量分布的地图式呈现,这是本研究的出发点。在这个排名中,判决行政行为违法的案件数多于或接近500的有5个省级行政区,分别为河南、山东、广东、贵州、浙江,它们的行政违法案件数之和占全国行政违法案件数的41.6%。判决行政违法的案件数少于100的有6个省级行政区,分别是云南(82个)、上海(81个)、青海(76个)、新疆(62个)、天津(33个)、西藏(3个),它们的行政违法案件数之和只占全国行政违法案件数的3.8%。尤其上海、天津,作为人口多、人口密度很大的直辖市能排在后6位,说明它们法治政府建设很有成效。在行政违法数的领域分布方面,总数高于600个,排在前6位的依次是资源行政管理、其他行政管理、城乡建设行政管理、乡镇政府及街道办事处、人力资源和社会保障行政管理、公安行政管理。有一半的管理领域的违法数少于40个,有三分之二的管理领域的违法数少于100个。资源行政管理以2 296个位居首位。在行政违法数的行为类型分布方面,违法数高于700个,排在前5位的是行政复议、行政强制、行政登记、政府信息公开、行政征收。有一半以上的行为类型少于100个。排在前列的5大类型中有权力性很强的行政行为,如行政强制、行政征收,也有权力性不强的行政登记、政府信息公开,还有作为纠纷处理机制的行政复议。我国社会正处在社会变革期,深层矛盾暴露,各种利益交织冲突,同时国民的权利意识和法治意识明显增强。上述5大行为类型正是当下我国行政纠纷和社会矛盾的真实反映。在行政违法案件的当事人分布方面,原告为自然人的行政违法案件数超过300的有河南(825个)、贵州(402个)、山东(394个)、浙江(326个),而该数在判决行政违法案件数中的占比依次为59.9%、72.2%、59.4%、66.1%。在该占比上,绝大多数省级行政区都超过50%。在中院一审案件中判决行政违法案件数和比率的排名中,贵州和河南都位列前5位,表明这两个省的较高级别行政机关违法情况在全国比较突出;上海和天津都处于后5位,表明这两个直辖市的较高级别行政机关在依法行政方面表现很好。

在行政违法排名的变量分析部分,首先分析了行政违法数在行政案件数中占比的排名,再分析了每百万人口的行政违法案件排名,最后分析了GDP每千亿元的行政违法案件数排名。关于判决行政违法案件数在该省级行政区判决案件数中的占比,排在前5位的依次是青海(54.3%)、宁夏(52.5%)、西藏(50%)、贵州(49%)、海南(40.7%)。排在后5位的是重庆(16.4%)、江苏(11.7%)、北京(11.5%)、天津(9.3%)、上海(5.2%)。北京、天津、重庆、上海这四大直辖市位居后列,尤其上海位列最后,这一定程度上说明了它们法治政府建设良好。法院一审判决行政违法后,二审维持了该行政违法判决,说明行政机关确实违法了。在一审行政违法二审维持案件数上,排在前5位的依次是河南、山东、广东、重庆和安徽,它们多为人口大省。一审行政违法二审维持案件数在二审案件数中的占比排在前5位的是西藏、海南、贵州、青海、河南,都为中西部地区,排在后5位的是河北、江苏、天津、辽宁和上海。在每百万人口的行政违法案件数排名方面,宁夏以每百万人28.15个行政违法案件领先。每百万人高于10个行政违法案件的,还有海南(16.79个)、贵州(15.56个)、河南(14.45个)、青海(12.82个)。每百万人行政违法案件数排在前5位,且在前述行政违法案件总数排名也进入前5位的有贵州和河南,说明这两省的法治政府建设值得检讨。在GDP每千亿元的行政违法案件数排名方面,宁夏以59.96/千亿元GDP占据榜首,高于20/千亿元GDP的还有海南(37.99个)、河南(34.02个)、青海(29.54个)。排在后四位,低于5/千亿元GDP的是江苏、上海、天津、西藏,说明它们在这方面情况较好。

综合整体情况来看,案件数多和占比高的省级行政区多属于西部地区、中部地区,案件数少和占比低的省级行政区多属于东部地区。按行政违法案件与人口、GDP等关联所呈现情况来看,状况亦是如此。由此看来,目前我国东部地区法治政府建设取得了较好成效,而中西部地区在这一方面还需要进一步加强。

第四章 行政不作为指数

行政不作为指数主要围绕行政不作为的类型、涉及领域和发生地域三个方面进行实证分析。行政不作为纠纷不仅在不同类型行政行为之间存在差异性,且不同领域和地域的纠纷发生情况也有不同。

第一,行政不作为案件的类型分析。据统计,2016年度中院、高院审理的原告诉称行政不作为案件发生数量为3 626件,占全国行政案件发生数量的9.52%。这些案件中的行政不作为的行为种类有20种,其中政府信息公开不作为、行政复议不作为、行政登记不作为、行政许可不作为和行政补偿不作为的案件发生数排在前5位,占案件总数的80%左右。选取案发数量较大的几类行政不作为进行分析,基本能反映法治政府建设情况。(1)政府信息公开不作为。此类案件发生数排名前十的分别是河南、湖南、江苏、陕西、浙江、山东、湖北、四川、广东、吉林。数据表明政务公开、政府透明、依法履职方面的行政纠纷争议至少在我国近半数地区还是比较突出的。(2)行政复议不作为。我国行政复议不作为纠纷案件发生地区相对集中。浙江省、福建省、江苏省行政复议不作为案发数量较为突出。(3)行政登记不作为。山东、江苏、广东三省行政管理部门在履行行政登记职责时存在的不作为争议较为严重。(4)行政许可不作为。多数省份的行政许可不作为争议较少或不存在行政许可不作为争议,只有安徽与云南的行政许可不作为案发数相对突出。(5)行政补偿不作为。我国行政补偿不作为案发数相对较少。2016年度中院以上一审的行政不作为案件被终审法院认定属于行政不作为的案件约占该类行政不作为案件总数的三分之一。经法院最终认定的行政不作为案件中，政府信息公开不作为和行政复议不作为依然排在前两位，绝大多数的行政登记不作为案件和行政许可不作为案件都被终审法院否定了。在各省级行政区法院认定行政不作为排名中，以河南省和山东省的情况最为突出。

第二，行政不作为案件的涉及领域分析。在统计分析的全国行政不作为争议案件中，涉及公安、资源行政管理、乡镇街道、人力资源和社会保障、城乡建设、交通运输、工商、城市管理、卫生与计划生育、司法、环保、税务、教育、金融、物价、食品药品、行政监察、审计、水利、财政、农业、新闻22个部门。其中，资源行政管理领域不作为案发数约占统计总案件数的四分之一，公安行政管理领域、资源行政管理领域、乡镇及街道行政管理领域、城乡建设行政管理领域、人力资源和社会保障领域是行政不作为争议的多发、高发领域。原告诉称与法院认定的不作为案件数之间有着明显差异。总体看，原告提起的行政不作为诉讼获得法院支持率较低，相对而言，法院支持率较高的案件是乡镇及街道行政管理类的行政不作为案件。

第三，行政不作为案件发生地域分析。我国东、中、西三个地区行政不作为案件发生领域都是以公安行政管理、资源行政管理和城乡建设行政管理领域为主，只是东部地区的公安领域案件最多，而中西部地区则是资源领域案件比较多。河南省和山东省法院最终被认定为行政不作为数量最多，两省终审判决行政不作为案件数约占全国的三分之一。人口因素对于人口相对较多或者相对较少的地区影响比较明显。除上海等个别地方外，中部、东部地区的省级行政区每百万人口行政不作为案件发生数总体比较靠前，西部地区每百万人口行政不作为案件发生数仅有宁夏、陕西排位较前。经济发展因素对各地区排名也产生影响，经济发展因素对各地区排名也产生影响，总体情况是东部法治水平明显要好于中西部地区。

第五章　行政赔偿指数

国家赔偿制度是法治国家的重要标志，行政赔偿是国家赔偿制度的重要组成部分，体现着法治的人文关怀和正义追求。以此认识为基本立场，报告挖掘和运用2 903份裁判文书及相关数据，粗略勾画了行政赔偿诉讼制度的运行概貌，做出了不同指标在大区、省际间和其他主体间的排名。报告也试图揭示该制度运行中的某些特点，并努力发现在该领域存在的某些问题。数据初步显示：第一，行政赔偿诉讼制度已经建立并平稳运行，作为法治标志性构筑要素的行政赔偿制度，在中国已落地生根并显示出自己的生机。第二，行政赔偿诉讼案件在地域上的分布是不均衡的，各种不同类型案件表现出发生率和获赔率方面的差异，不同地域、不同类型案件和不同类型的行政机关在违法率和赔偿率上也存在明显不同。第三，行政赔偿制度的全领域和各环节，体现了整个法治发展的水平和特点并受其制约，制度内部各因素之间、制度及其各因素与其他社会因素之间存在复杂多样的关联。

可见，作为法治有机构成部分的行政赔偿制度与中国法治总体状况一样，已经有所发育和发展，但又是不充分不均衡的。社会对行政赔偿包括精神损害赔偿的要求在不断提高，但制度供给和运行结果与人们的期待还存在差距，在某些方面甚至可以说存在相当大的差距。数据显示，行政赔偿案件获赔率明显较低，精神损害赔偿高申请率与低获得率之间有明显反差。为了进一步满足人民群众对公平正义日益提高的需求，这些差距需要得到弥补，也必须予以弥补。

具体而言，行政赔偿指数还可以从七个方面进行考察：第一，案件总量与地域分布。本报告共采集2 903份行政赔偿裁判文书数据，案件数量在大区和省际之间的分布很不平衡，平均每省级行政区发案数93.65件，在全国，百万人口人均发案数为2.11件。第二，赔偿义务机关类型状况。数据显示，政府直接作为赔偿义务机关的案件数为1 271件，占43.2%；政府所属部门为赔偿义务机关的案件数为1 632件，占56.8%。在政府各部门（含街道办事处）中，案件数量排名依次是公安机关、国土资源部门、街道办事处、城市管理和行政执法部门、住房保障和城乡建设部门。确认违法的有1 600件，占比55.1%。违法案件数量超过30件的机关类型有八个。七类机关违法比例超过平均值55.1%，都在60%以上，其中，环保部门、街道办、国土部门违法率列前三，公安机关违法率为14.7%。第三，行政赔偿案件中的具体违法情形：最易引起行政赔偿诉讼的行政行为是强制拆除和违法拘留。紧接其后的是：违法征收财产、颁证行为、行政不作为、政府信息公开、备案登记行为、违法扣押财产、强制清表、殴打。从总体上看，侵犯财产利益的案件比例更高。就强制拆除和违法拘留两类案件来看，认定行政机关违法案件占比，获赔数与发案数之比，前一领域都远高于后者。这显示出侵犯财产权案件和侵犯人身权案件的重大区别。第四,获得赔偿的总体情况。2 903 件判决中,最终获赔 596 件,获赔数与发案数之比为 20.5%。获赔数与违法数之比是 37.3%。未获赔偿 2 307 件,占比 79.5%。就全国而言,五分之一的案件获得了赔偿。不同类型机关的判赔率呈梯度排列。确认违法但不予赔偿的案件数为 1 003 件,其不赔偿的事由排在前列的是:证据不足,不属于赔偿范围,因公民、法人和其他组织自己行为致使损害发生的,无因果关系,刑事退赔未完结等。第五,申请和获得精神损害赔偿的情况。在 2 903 件判决书中,共有 566 份提出了精神损害赔偿的申请,占比 19.5%。提出精神损害赔偿比例较高,而这种要求得到法院支持的比例却较低。在 566 件此类判决书中,得到支持的只有 37 件,占比 6.6%。其中,以赔礼道歉为承担责任方式的又占 10 起,最终获得精神损害抚慰金的只有 27 件。获得精神损害抚慰金总金额 336 000 元,平均每案获得 12 444 元。第六,裁判时长。在 500 天以内得到有效裁判的案件有 1 096 件,占 37.75%。介于 501 天到 1 000 天的案件为 764 件,占 26.32%。两项合计 64.07%。这意味着,超过六成的行政赔偿案件在争议事件发生后 1 000 天之内得以裁判。76.78% 的案件是在 1 500 天之内得到有效裁判的。3.14% 的案件是在 4 000 天以上才得到有效裁判的。其他案件用时则在 1 500 天到 4 000 天之间。第七,相关性的简单分析。行政赔偿制度和案件有其内部的运作规律,同时又受到外部诸多因素的制约和影响,这些相关的因素主要包括经济、地理环境、人口、教育、法治发展、法律职业、治理方式,等等。

第一章　导语：法治政府的司法指数解析

第一节　法治政府司法指数的意义

"法治政府司法指数"是基于司法角度来考察我国地方法治政府建设状况的量化标准和评估体系。作为上海社会科学院法学研究所自主研发的"法治中国司法指数评估体系"的一部分，"法治政府司法指数"研究工作于2017年7月1日启动，历时一年，于2018年7月1日完成。本次评估对象为除港澳台地区以外的31个省、市、自治区（以下简称"省级行政区"）中院、高院已全面上网的行政裁判文书，旨在从独立的司法数据中探寻法治规律，来评估我国地方政府的依法行政水平，进而为法治政府建设提供决策建议，同时为后续的相关学术研究提供实证上的有力支持。

2014年1月1日，《最高人民法院关于人民法院在互联网公布裁判文书的规定》（法释〔2013〕26号）正式实施，该规定明确：最高法在互联网设立中国裁判文书网，统一公布各级法院的生效裁判文书；中西部地区基层法院在互联网公布裁判文书的时间进度由高院决定，并报最高院备案。具体的推进过程中，最高院、全国所有高院和中院被率先要求实现裁判文书全部上网公布；同时，北京、天津、辽宁等10个东部地区和河南、广西、陕西3个中西部地区的基层法院也应当上网公布裁判文书。[①] 大数据时代，虽然司法数据实证研究在法学领域受到前所未有的关注。但是限于理论研究的路径依赖以及技术不足，目前针对司法大数据所开展的法学研究还相对不足。这种制度化的裁判文书公开标志着我国司法制度改革进入到一个新阶段，也为广大法学研究者创造了

[①] 参见《最高人民法院印发〈关于人民法院在互联网公布裁判文书的规定〉和〈关于人民法院直播录播庭审活动的规定〉的通知》《安徽省高级人民法院关于全省法院推进司法公开三大平台建设实施方案的通知》《中院以上裁判文书1日起上网公开——13省份基层法院裁判文书同日首次全部上网》，《法制日报》2014年1月2日第1版。

司法大数据研究的契机。

从行政法角度而言,行政裁判文书不仅是司法活动的表现形式,也是行政活动的规范重述,研究行政裁判文书,有助于深刻理解行政权运行的法治水平。"法治政府司法指数"是对法治政府实证研究的一次尝试,这种研究方法的转型也符合学界的理论发展趋势。

首先,是由解释论到实证论的拓展。有学者敏锐地指出:"基于数据的经验研究,因具备社科法学的某些血缘,关联于社科法学近十年来的兴起,对相关法治现象的经验研究很大程度上也带动了法律实证研究的发展。然而在研究对象选取、数据运用、法律现象阐释等方面,法律实证研究已显著不同于社科法学。"① 本质而言,法律实证研究的功能包括三方面:其一,检验"差异制造事实"是否存在,其发现可以直接作为支持或反对规范主张的理由。其二,检验法律的实效性,并刻画制定、适用法律之制度性行为。其三,以实证方法来描述法律论证。② 考察我国部门法中的实证研究,刑事法律领域最为活跃,部分学者以定量的实证方式论证相关司法活动的科学性,已形成一个较为成熟的学术群体。③ 另外,法理学者也较早以指数方式对地方政府的法治水平进行评估,并提出建构本土法治实践学派的口号。④ 行政法学界,虽然定量研究的起步很早,⑤但一直未引起足够关注。直至2010年之后,行政法学实证研究的成果开始涌现,一方面是部分学者开始关注地方法治绩效及相关评估指标体系。⑥ 其中,最引人注目的便是中国政法大学法治政府研究院自2013年开始

---

① 左卫民:《一场新的范式?——解读中国法律实证研究》,《清华法学》2017年第3期。
② 王鹏翔、张永健:《经验面向的规范意义——论实证研究在法学中的角色》,《中研院法学期刊》第17期。
③ 参见白建军:《法律实证研究方法》(第二版),北京大学出版社2014年版;左卫民教授主编的《中国刑事诉讼运行机制实证研究》《中国法律实证研究》等系列著作。
④ 参见钱弘道:《法治评估及其中国应用》,人民出版社2017年版;付子堂、张善根:《地方法治建设及其评估机制探析》,《中国社会科学》2014年第11期;郑智航:《中国量化法治实践中的指数设计——以法治政府指数与司法公正指数的比较为中心》,《法学家》2014年第6期。
⑤ 早期理论成果参见孙林生、邢淑艳:《行政诉讼以撤诉方式结案为什么居高不下——对365件撤诉行政案件的调查分析》,《行政法学研究》1996年第3期;山东省高级人民法院行政审判庭:《2001年山东省行政机关败诉情况的调查报告》,《行政法学研究》2002年第4期;徐晨、余翠兰通过典型案例与统计数据,详细报告了洪山区法院1987年至2009年行政审判发展史。参见徐晨、余翠兰:《武汉市洪山区法院行政审判实务研究(1987—2009)》,中国社会科学出版社2010年版。
⑥ 马怀德、王翔:《法治政府评估中的公众满意度调查——以53个较大城市为例》,《宏观质量研究》2014第3期;刘艺:《论我国法治政府评估指标体系的建构》,《现代法学》2016年第4期;林鸿潮:《第三方评估政府法治绩效的优势、难点与实现途径——以对社会矛盾化解和行政纠纷解决的评估为例》,《中国政法大学学报》2014年第4期;王敬波:《我国法治政府建设地区差异的定量分析》,《法学研究》2017年第5期。

持续发布的《中国法治政府评估报告》,已经在国内产生了较大影响。① 另一方面,是以行政裁判文书为研究对象所展开的司法数据实证研究,如武汉大学林莉红教授团队所主导的行政诉讼运行现状考察,② 以及清华大学何海波教授团队所做的裁判文书大数据分析。③

其次,是由概念法学到案例法学的拓展。1989 年《行政诉讼法》的颁布实施,真正意义上将"依法行政"与"监督行政"在法制上有机结合、付诸实践。1993 年的国务院政府工作报告中,李鹏首次提出"依法行政"的目的,也正是在于要求行政机关避免成为违法评价的对象。尽管以"规范-个案"为中心的法教义学如此重要,但是行政法学界真正兴起实证法意义上的司法案例研究,不过短短十年。在此期间,一批中青年公法学者都积极参与其中,产出了丰硕的学术成果,并带动了案例研究的学术风潮。④ 其中,除了法律要件的规范分析外,与法律实证研究密切相关的群案分析亦是其中的重要内容。

最后,由比较法移植到法制本土化解释的发展。2011 年十一届全国人大四次会议上,吴邦国委员长正式宣告中国特色社会主义法律体系基本建立。2014 年党的十八届四中全会上,习近平总书记又提出:全面推进依法治国,总目标是建设中国特色社会主义法治体系,建设社会主义法治国家。基于我国的时代机能与政治土壤,法学研究至少从形式上已经由创法时代进入到适法时代。正视本国的意识形态与法治需求,以本土化的实证研究来回应制度建设与法律适用,乃法治本土化的必经之路,无疑在当下成为非常重要的研究方向。在此意义上,中国司法公开改革中的裁判文书公开制度,为行政法学研究者提供了肥沃的学术土壤,也使法治政府的定量研究成为可能。

---

① 参见中国政法大学法治政府研究院编:《中国法治政府评估报告(2017)》,社会科学文献出版社 2017 年版。
② 代表性成果有黄启辉:《行政诉讼一审审判状况研究——基于对 40 家法院 2 767 份裁判文书的统计分析》,《清华法学》2013 年第 4 期;朱春华:《行政诉讼二审审判状况研究——基于对 8 家法院 3 980 份裁判文书的统计分析》,《清华法学》2013 年第 4 期等。
③ 代表性成果有何海波:《一次修法能有多少进步——2014 年〈中华人民共和国行政诉讼法〉修改回顾》,《清华大学学报(哲学社会科学版)》2018 年第 3 期;易霁霁、马超、何海波:《我国司法统计数据的公开:现状与建议》,《中国应用法学》2017 年第 2 期;何海波:《从全国数据看新〈行政诉讼法〉实施成效》,《中国法律评论》2016 年第 3 期等。
④ 其中,以 2008 年开始举办的"判例研读沙龙"为标志,至今已经连续举办 16 期,朱芒、章剑生、周伟、黄卉、陈越峰等公法学者是该活动的中坚力量,对当下行政法学研究范式产生了较大影响。

第二节 法治政府司法指数的设计

本报告选取我国 31 个省级行政区 2016 年度中院、高院的 92 679 份行政裁判文书为样本,对应构建四组指标体系,运用 SPSS 软件进行统计分析,对法治政府建设过程中的若干现象与相关变量间关系进行联系、假设与论证,为决策建议和理论研究提供思路。但是,"法治政府司法指数"的内容并不限于对司法裁判文书的统计研究,具体而言包括三项阶段性工作:一是通过对行政诉讼裁判文书数据的爬取、统计、分析、理论解释等环节,建立法治政府司法数据库;二是基于司法指标的评估体系,用于判断法治政府的现状及其发展趋势;三是以司法数据为衍生,展开进一步的定量分析与质性分析,深入探讨我国行政法学本土化发展的基础理论问题。

一、研究思路

"法治政府司法指数"的研究主要分为两部分,本报告的内容是通过数据统计与分析,结合司法指数的科学设计,形成法治政府的评估体系,进行年度的共时性分析。包括:

首先,通过技术手段,本报告已经实现对 2016 年 1 月 1 日至 12 月 31 日期间全国 31 个省级行政区(除港澳台地区外)中院、高院在裁判文书网(http://wenshu.court.gov.cn)上发布行政诉讼裁判文书的全部采集。[①] 在样本提取上,这个范围的行政裁判文书目前已基本实现生效文书全部上网,因此本报告的样本一定程度上可以确保各地区数据采集标准的一致性。同时,本报告假设中院以上的行政裁判文书在审判质量上更为可靠,所涉司法判断皆是公平公正的,因此在下文分析中对裁判的实质内容暂不做探讨,直接选取裁判结论作为客观数据。当然,互联网上公布的案件量与实际案件量可能仍有偏差,但数据总量上已经能提供足够的样本支撑,具备了较强的代表性。

其次,由于部分行政裁判文书在不同分类中涉及多项统计内容,在汇总时

[①] 其中当然排除了根据最高人民法院《关于司法公开的六项规定》和《关于人民法院在互联网公布裁判文书的规定》规定的不应上网的情形。

需要进行重复计算,如同一个案件的违法性判断可能同时涉及违反法定程序、适用法律、法规错误、主要证据不足等多种情况,而相关统计一般仅考察某一类违法情形在总量中的占比,如此单独计算并不会造成总数变化。当然,由于数据爬取技术的偏差或疏漏,也可能导致个别栏位信息统计并不全面,不可避免会导致微小误差。总之,以上情况导致的数据总数差异不属于样本数错误。

最后,为了使"法治政府司法指数"具有更客观的评价意义和适用范围,我们在指数设计时也着眼于全面抽取行政裁判文书的表征信息,因此本报告不仅关注有明确合法性判断的行政判决,也考察发生争议但未进行实体评价的行政裁定。

此外,"法治政府司法指数"研究的另一方面,也是为了逐步建立标准化的法治政府司法数据库,在共时性分析的基础上,再进行相关司法数据的历时性分析。以系列论文、决策专报、研究报告等形式阶段性产出法治政府建设评估、行政诉讼典型案例研究、法治政府基础理论研究等学术成果。

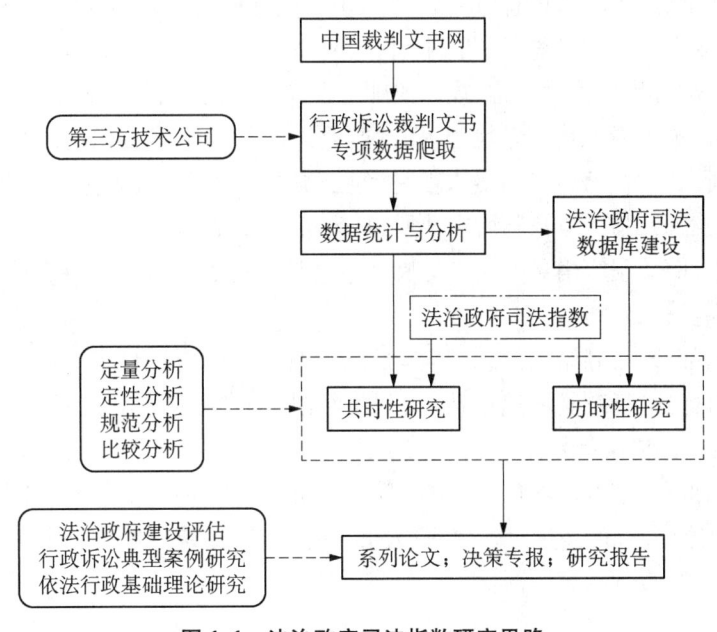

图1.1 法治政府司法指数研究思路

二、数据处理的方法

目前本报告的指标(变量)构建、数据录入与分析会根据专题不同而略有差异,但是数据处理的方式基本一致。具体而言包括:

(一) 数据爬取

本报告将行政诉讼裁判文书数据进一步区分为 7 部分信息大类、51 项小数据栏进行准确爬取，基本可以涵盖行政裁判文书信息的所有面向，从而将不确定的司法大数据转化为可分析的有效数据：

第一部分"识别信息"12 项，反映了案件检索的基本信息，包括：案件名、案号、案件类型、文书类型、索引网址、裁判日期、发布日期、审判人员信息、书记员信息、裁判文书附录、是否为指导案例、裁判文书字数。

第二部分"管辖信息"4 项，反映了案件审理机关的层次，包括：审理法院、裁判地域、法院层级、审级。

第三部分"案由信息"6 项，反映行政诉讼发生、违法的行政管理领域和行政行为种类，包括：行政管理领域的二、三、四级案由、行政行为种类的二、三、四级案由。

第四部分"当事人信息"14 项，反映了行政诉讼当事人的内容，包括：是否自然人、攻方当事人名称（原告/上诉人/再审申请人）、攻方代理人类型（是否为律师）、攻方代理律师名称、攻方律师所在律所、守方当事人名称（被告/被上诉人/再审被申请人）、守方代理人类型（是否为律师）、守方代理律师名称、守方律师所在律所、第三方当事人名称、第三方代理人名称、第三方代理人类型（是否为律师）、第三方律师所在律所、一审第三人名称。

第五部分"程序信息"2 项，反映程序上诉讼是否持续。包括：是否撤诉、是否撤回上诉。

第六部分"裁判结果信息"7 项，反映行政诉讼的合法性审查结论。包括：行政是否违法、行政具体违法情形、判决结果、裁定结果、是否不作为、是否复议后诉讼、是否不予受案。

第七部分"审判内容信息"6 项，反映了审判过程中的必要环节和内容。包括：适用法律、审理经过段落、当事人诉辩称段落、法院查明事实段落、法院说理段落、法院裁判结果段落。

表 1.1 信息采集分类

序号	类	项	数量
1	识别信息	案名、案号、案件类型、文书类型、索引网址、裁判日期、发布日期、审判人员信息、书记员信息、裁判文书附录、是否为指导案例、裁判文书字数	12

续表

序号	类	项	数量
2	管辖信息	审理法院、裁判地域、法院层级、审级	4
3	案由信息	行政管理领域二、三、四级案由、行政行为种类二、三、四级案由	6
4	当事人信息	是否自然人、攻方当事人名称（原告/上诉人/再审申请人）、攻方代理人类型（是否为律师）、攻方代理律师名称、攻方律师所在律所、守方当事人名称（被告/被上诉人/再审被申请人）、守方代理人类型（是否为律师）、守方代理律师名称、守方律师所在律所、第三方当事人名称、第三方代理人名称、第三方代理人类型（是否为律师）、第三方律师所在律所、一审第三人名称	14
5	程序信息	是否撤诉、是否撤回上诉	2
6	裁判结果信息	行政是否违法、行政具体违法情形、判决结果、裁定结果、是否不作为、是否复议后诉讼、是否不予受案	7
7	审判内容信息	适用法律、审理经过段落、当事人诉辩称段落、法院查明事实段落、法院说理段落、法院裁判结果段落	6

（二）数据统计

通过数据清洗、合并以及标准化，将有效数据进一步梳理为准确的类型化数据，也就是作为评估基础的三级基础数据。本研究所要考察的是全国31个省级行政区的依法行政状况，为此需要把纯粹以国务院部委为被告的案件加以排除。同时，由于各地基层法院裁判文书上网的规范要求不统一，为确保评估样本的抽取标准一致，因此也排除了基层法院案件。另外，特殊管辖案件因难以归到特定省级行政区，程序性裁定案件因避免重复统计，也均被排除。行政裁判文书的采集区间为2016年1月1日至2016年12月31日。满足上述条件的行政裁判文书共计92 679件，包括38 080件判决书和54 599件裁定书。

（三）指标设计

指标确定的过程就是对数据进行类型化的过程。同时，对应中共中央文件、法律规范文本、理论学说以及行政实践中的"法治政府"话语，结合司法审判的表达特点，对当事人、行政管理领域、行政行为种类、违法情形等四大类二级指标进行评估。

(四) 数据分析

用 SPSS 软件对相关基础数据进行比例、频率、相关性等分析,研究表征法治政府建设水平的各项二级指标。

(五) 理论解释

以行政法学理来解释二级指标的实证结论,分析因变量与自变量之间发生影响的制度成因,将司法数据验证的效果转化为法治政府建设的具体建议,也可以将这种实证经验事实导入法律论证环节或法律实施效果评估。

三、法治政府司法指数的体系

"法治政府司法指数"与通过内部数据或调研途径完成的其他评估不同,本报告选择司法数据这一外部独立视角,因此考察结果可能无法反映法治政府建设的全貌,但这种"有限视角"又是本研究的独特价值所在——司法镜像所反射的依法行政水平呈现了社会大众对行政活动的真实反应以及行政纠纷发生、裁判、化解的客观过程,据此对全国各省级行政区法治政府现状的评估,可以很大程度上排除不相关的干扰因素。同时,这种司法数据的量化也能为依法行政的改进与创新提供针对性建议,对衡量法治政府建设的进度具有积极意义。体系上分为四部分报告:综合报告中的行政诉讼发生指数报告、行政行为违法指数报告,以及专项报告中的行政不作为指数报告、行政赔偿指数报告。

行政诉讼发生指数分为当事人、行政管理领域、行政行为种类等三大二级指数,行政诉讼的发生并不能直接表征依法行政的水平或者违法行政的程度,但至少可以表明行政行为的合法、公正受到质疑的状况。行政违法指数可分为当事人、行政管理领域、行政行为种类、违法情形等 4 类二级指数,行政违法指数所反映的是经法院判决的行政行为违法状况。在法治国家,行政行为是否违法不是由媒体或评估者来判断,而只能由监督机关、行政复议机关和法院等有权机关来判断,而最终需要由法院按诉讼程序来判断。这也是本报告必须通过裁判文书来评估法治政府建设状况的主要缘由所在。行政不作为报告和行政赔偿报告系对当前突出问题的专门研究,在前两者的内容范围内但又有独立的补充作用。

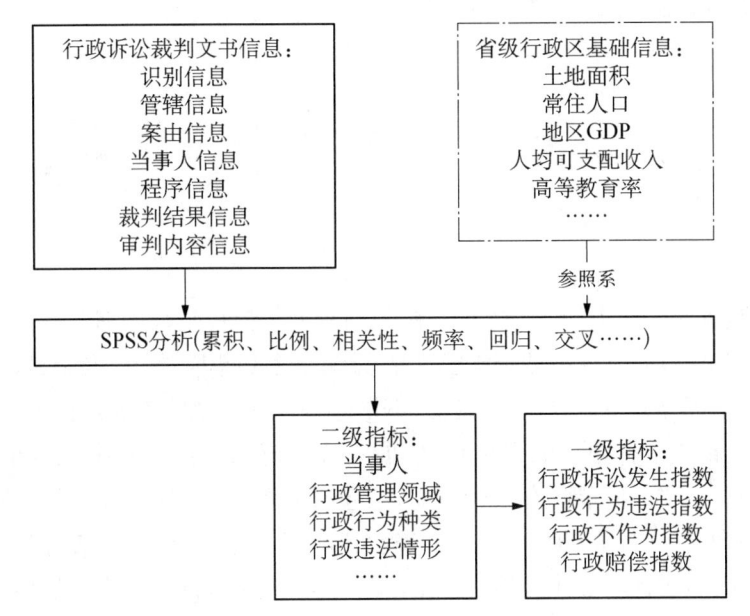

```
┌─────────────────────────┐      ┌─────────────────────┐
│ 行政诉讼裁判文书信息：  │      │ 省级行政区基础信息：│
│    识别信息             │      │    土地面积         │
│    管辖信息             │      │    常住人口         │
│    案由信息             │      │    地区GDP          │
│    当事人信息           │      │    人均可支配收入   │
│    程序信息             │      │    高等教育率       │
│    裁判结果信息         │      │    ……               │
│    审判内容信息         │      └─────────┬───────────┘
└───────────┬─────────────┘                │ 参照系
            │                              │
            ▼                              ▼
┌─────────────────────────────────────────────────────┐
│ SPSS分析(累积、比例、相关性、频率、回归、交叉……)    │
└────────────────────┬────────────────────────────────┘
                     │
                     ▼
        ┌───────────────────┐      ┌───────────────────┐
        │ 二级指标：        │      │ 一级指标：        │
        │    当事人         │      │    行政诉讼发生指数│
        │    行政管理领域   │ ───▶ │    行政行为违法指数│
        │    行政行为种类   │      │    行政不作为指数 │
        │    行政违法情形   │      │    行政赔偿指数   │
        │    ……             │      └───────────────────┘
        └───────────────────┘
```

图1.2　法治政府司法指数体系

第二章　行政诉讼发生指数

行政诉讼发生指数所考察的行政裁判文书包括行政判决书和非过程性的行政裁定书（也就是仅指裁定不予立案/受理、驳回起诉/上诉，准予撤诉/撤回上诉等）两部分。与行政违法、赔偿、不作为等具有负面效应的指标不同，行政纠纷发生指数具有中性的评价意义，要正确理解行政诉讼发生的两个面向：一方面，法治政府要求政府在行使职权、履行职责的过程中依法行政，减少行政纠纷的发生。行政纠纷并不一定表明行政行为违法，但是依法行政不仅仅要真正存在，而且还要让人相信存在。即使没有违法，行政纠纷的发生仍然值得政府思考，既要完成令人民群众满意的行政活动，又要尽量通过各种替代性纠纷解决机制高效化解。因此行政诉讼案件数少，一定程度上可以表征依法行政水平较高。但是另一方面，中国的法治事业发展至今日，广大人民群众的维权意识和法律智识已今非昔比。习近平总书记在十九大报告中强调，中国特色社会主义进入新时代，我国社会主要矛盾已经转化为人民日益增长的美好生活需要和不平衡不充分的发展之间的矛盾。可见，转型过程中的社会发展必然伴随多元的利益诉求与冲突，而政府作为公益的代表和协调者，也成为矛盾指向的目标。在此，政府不仅要保障公民通过合法途径主张诉求，监督政府依法行政，而且一定区间内的行政纠纷发生量也是可以容忍，甚至应当保持的，因为人民群众以合法的诉讼方式对行政合法性进行拷问和敲击，实际上也是基于对政权正当性的信任。综上，本报告将行政诉讼发生指数作为一个重要的考察面向。简而言之，行政纠纷发生指数关注的是：行政纠纷发生的稳定区间、行政纠纷频发的集中领域、各类行政纠纷发生密切相关的重要变量。

第一节　行政诉讼案件的省级行政区分布

一、行政裁判文书总体情况

本报告共采集 2016 年度全国 31 个省级行政区的高院、中院针对地方政府做出的行政裁判文书 92 679 份，其中行政判决书 38 080 份，行政裁定书 54 599 份。以审级区分，一审案件裁判文书 21 147 份，二审案件裁判文书 63 520 份，再审案件裁判文书 8 001 份。以审理法院区分，中级法院裁判文书 70 594 份，高级法院裁判文书 22 084 份。虽然我国的行政诉讼各审级都秉持同样的全面审查原则，但是基于表 1.2 的对比可知，高院案件与再审案件中的裁定比例远高于中院案件及其他审级案件，说明高院和再审中的司法审查重点在于程序性判断，这也基本符合学界通说。

表 1.2　　　　　　　　　　行政裁判总体情况

审理层级	一审	二审	再审	中院	高院
行政判决数	6 704	31 080	296	32 903	5 177
行政判决占比	7.23%	33.54%	0.32%	35.50%	5.59%
行政裁定数	14 443	32 440	7 705	37 692	16 907
行政裁定占比	15.58%	35%	8.31%	40.67%	18.24%

二、行政裁判文书的绝对数与人均数排名

就行政诉讼发生的绝对数而言，由多到少依次为河南、江苏、北京、山东、浙江、广东、重庆、湖南、四川、湖北、河北、安徽、吉林、辽宁、上海、广西、福建、陕西、贵州、黑龙江、山西、江西、甘肃、天津、内蒙古、新疆、海南、宁夏、云南、青海、西藏。其中，河南(7 916 件)、江苏(7 802 件)、北京(6 717 件)、山东(6 423 件)、浙江(5 985 件)等地区位列全国前 5 位，中位值的地区为广西(2 457 件)，[1]各地区行政诉讼案件的平均值为 2 989 件。

---

[1] 之所以选择中位值而非平均值，原因在于本报告的地区排名中都存在极端变量值，中位数不受极端变量值的影响，能够较准确地反映中间水平，因此用中位数作为代表值要比用算术平均数更好。

当然,行政诉讼案件的绝对数排名并不能直接等同于各省级行政区的依法行政水平,因为案件的发生可能受各地区的其他因素影响。

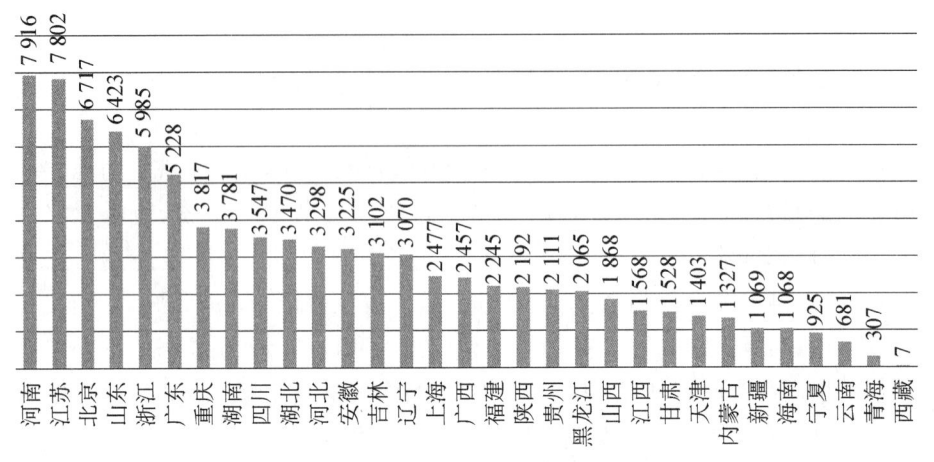

图 1.3 各省级行政区行政诉讼案总数排名

三、与行政诉讼发生密切相关的因素

为了探究影响各地区影响行政诉讼发生的主要因素,我们将 31 个省级行政区的行政诉讼案件数与常住人口、人口密度、地区 GDP、人均 GDP、人均可支配收入、城镇人口比例、文盲占 15 岁及以上人口比例、城镇失业率、人均可支配收入、抚养比、义务教育率、高等教育率、区县数、土地面积等 14 项基础数据进行相关性分析。发现行政诉讼案件总数与常住人口、地区 GDP 有显著的相关性。

表 1.3 行政诉讼案件总数的强相关变量

	相关性变量	地区常住人口	地区 GDP
行政诉讼案件总数	Pearson 相关性	0.715**	0.812**
	显著性(双侧)	0.001	0

在显著性(双侧)皆小于 0.01 的情况下,行政诉讼案件数与省级行政区 GDP 的 Pearson 相关性高达 0.812,常住人口的 Pearson 相关性高

达0.715。① 也就是说,行政诉讼案件数与地区GDP呈现极强的正相关,与地区常住人口数呈现强相关。从数据浮动的规律而言,省级行政区GDP和常住人口的绝对值越大,对应省级行政区的行政诉讼案件数量也越大。相关性虽然不能证明直接的因果关系,但是大数据下呈现的相关关系,也能帮助我们考察行政诉讼案件发生的相对水平和稳定区间。

因此将行政诉讼案件的绝对数排名转换成每百万(常住人口)人均行政案件数排名之后,各省级行政区的排名发生了明显变化。

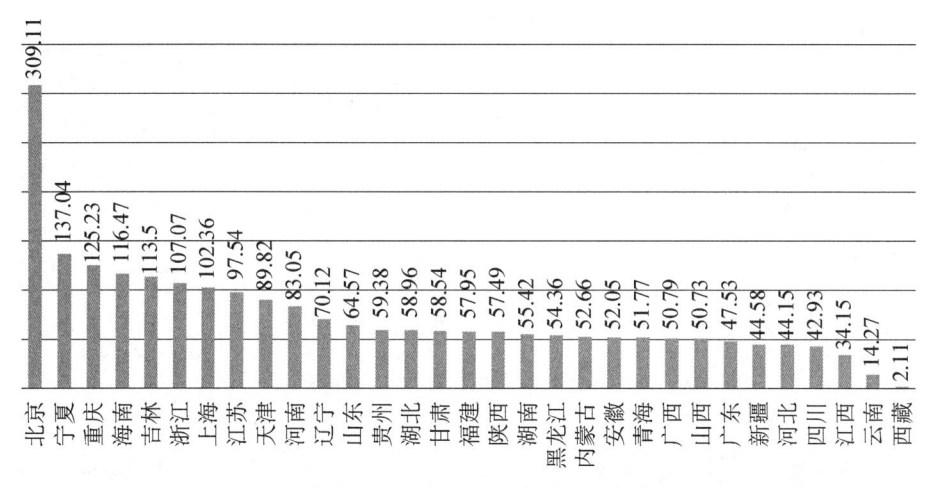

图1.4 各省级行政区每百万人均行政案件数排名

北京 309.11、宁夏 137.04、重庆 125.23、海南 116.47、吉林 113.5、浙江 107.07、上海 102.36、江苏 97.54、天津 89.82、河南 83.05、辽宁 70.12、山东 64.57、贵州 59.38、湖北 58.96、甘肃 58.54、福建 57.95、陕西 57.49、湖南 55.42、黑龙江 54.36、内蒙古 52.66、安徽 52.05、青海 51.77、广西 50.79、山西 50.73、广东 47.53、新疆 44.58、河北 44.15、四川 42.93、江西 34.15、云南 14.27、西藏 2.11

案件绝对数排名与案件人均数排名的位差一定程度上可以表征各地常住人口因素对行政诉讼案件发生数的影响程度(位差值越小越好)。人均案件数位列前5的地区分别是北京(309.11件)、宁夏(137.04件)、重庆(125.23件)、海南(116.47件)、吉林(113.5件),中位值为福建(57.95件)。另外,案件绝对数与人均数排名的位差负值排名前5的省级行政区为四川(−19)、广东(−19)、河北(−16)、湖南(−10)、安徽(−9),可见上述5个地区的案件绝

---

① 本部分用以分析相关性的工具为Pearson相关系数,它是用来衡量两个数据集合是否在一条线上面,即衡量定距变量间的线性关系。相关系数的绝对值越大,相关性越强;相关系数越接近于1或−1,相关度越强,相关系数越接近于0,相关度越弱。通常情况下通过以下取值范围判断变量的相关强度:相关系数为0.8—1.0表示极强相关;相关系数为0.6—0.8表示强相关;相关系数为0.4—0.6表示中等程度相关;相关系数为0.2—0.4表示弱相关;相关系数为0.0—0.2表示极弱相关或无相关。

对数高很大程度上是由于常住人口比较多的缘故,因此在人均案件数排名中均大幅下降。位差正值排名前5的地区为宁夏(+26)、海南(+23)、天津(+15)、甘肃(+8)、青海(+8),这几个地区的案件绝对数都不高,但是人均案件排名却相对偏高,说明有其他原因导致行政诉讼发生率居高不下,同样值得关注。

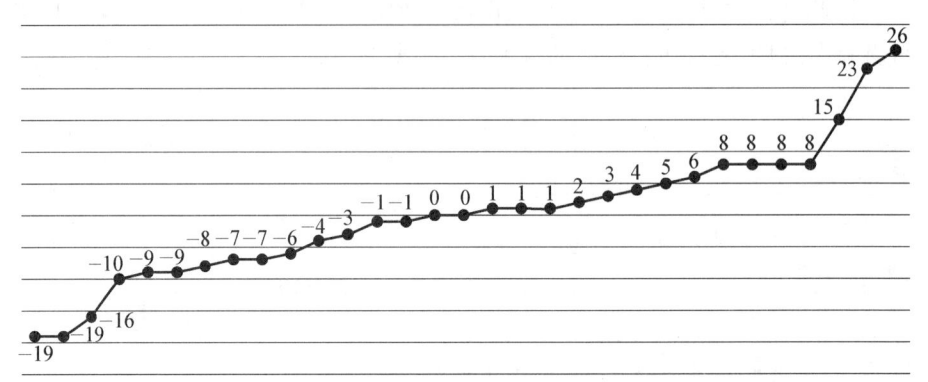

图1.5 各省级行政区案件绝对数与人均案件数排名差

最后,我们将省级行政区常住人口排名、地区GDP排名、行政诉讼案件总数进行对比,以地区GDP作为行政诉讼发生的主导变量,同时辅以地区常住人口作为辅助变量,可以对各地区行政诉讼发生的相对水平做初步评估。从三项指数的位差看来,大部分省级行政区的3项数值排名水平比较相符,可以直观印证行政诉讼发生率与地区GDP、常住人口的密切联系,也就是说:经济越发达的地区,行政诉讼发生率越高。常住人口越多的地区,行政纠纷也会随之增加。

除了受地区GDP和常住人口这两项主要变量的主导,也有个别地区的排名异常。我们将地区GDP排名、常住人口数排名与行政诉讼案件总数排名的位差同时高于(—/+)5的省级行政区作为异常值筛选出,有以下地区位差负向异常:

北京:地区GDP第12,常住人口排名第26,行政诉讼总数第3;

重庆:地区GDP第20,常住人口排名第20,行政诉讼总数第7;

吉林:地区GDP第23,常住人口排名第21,行政诉讼总数第13;

也就是说，北京、重庆、吉林等地的经济状况与人口水平本不应当导致如此多的行政诉讼案件，说明上述地区的行政诉讼发生率偏高还有其他重要因素在发生作用，值得深入研究。

另一方面，位差正向异常的省级行政区有：

广东：地区GDP第1，常住人口排名第1，行政诉讼总数第6；

江西：地区GDP第16，常住人口排名第13，行政诉讼总数第22；

云南：地区GDP第22，常住人口排名第12，行政诉讼总数第29。

广东省的地区GDP和常住人口数都位列全国第1，但是行政诉讼案件数仅位列第6，似乎行政纠纷的控制程度比较理想。当然，正向异常原因可能是地方政府的依法行政水平较高，也可以从反向推测，该地区的群众不愿意走司法救济途径，而导致行政诉讼案件数偏少。因此最终结论还需要结合报告的其他指数来明确。

表1.4 各省级行政区行政诉讼案件总数排名、常住人口排名、GDP排名位差

序号	省级行政区	行政诉讼案件总数排名	地区常住人口排名	地区GDP排名	序号	省级行政区	行政诉讼案件总数排名	地区常住人口排名	地区GDP排名
1	河南	1	3	5	17	福建	17	15	10
2	江苏	2	5	2	18	陕西	18	16	15
3	北京	3	26	12	19	贵州	19	19	25
4	山东	4	2	3	20	黑龙江	20	17	21
5	浙江	5	10	4	21	山西	21	18	24
6	广东	6	1	1	22	江西	22	13	16
7	重庆	7	20	20	23	甘肃	23	22	27
8	湖南	8	7	9	24	天津	24	27	19
9	四川	9	4	6	25	内蒙古	25	23	18
10	湖北	10	9	7	26	新疆	26	25	26
11	河北	11	6	8	27	海南	27	28	28
12	安徽	12	8	13	28	宁夏	28	29	29
13	吉林	13	21	23	29	云南	29	12	22
14	辽宁	14	14	14	30	青海	30	30	30
15	上海	15	24	11	31	西藏	31	31	31
16	广西	16	11	17					

第二节　各省级行政区行政纠纷集中的
管理领域与行为种类

根据《最高人民法院关于规范行政案件案由的通知》,行政诉讼案件的案由分为行政管理领域与行政行为种类。行政管理领域是指行政主体代表国家管理行政事务的领域,如公安、工商、税务等行政纠纷。行政行为种类是具体行政行为的种类或性质,如行政处罚、行政许可、行政确认等。对行政案件案由的统计,可以分析各地的行政案件主要发生在哪些管理领域和行为种类。本报告的92 679份裁判文书中共涉及38个行政管理领域、28类行政行为种类的行政诉讼案件。但是以31个省级行政区为分母,大多数行政管理领域、行政行为种类的案件基数都非常小,缺乏参考意义,因此以下仅选取案件数排名前10的管理领域和行为种类来做分析。

一、行政管理领域的案件数分布

(一) 案件分布概况

从行政管理领域看,排名前10位的案由分别是资源行政管理19 408件(20.94%)、城乡建设行政管理13 552件(14.62%)、公安行政管理13 242件(14.29%)、乡镇街道9 460件(10.21%)、人力资源和社会保障行政管理8 451件(9.12%)、交通运输行政管理3 005件(3.24%)、城市建设行政管理1 568件(1.69%)、工商行政管理1 360件(1.44%)、教育行政管理1 092件(1.16%)、卫生与计划生育行政管理769件(0.83%),以上10个领域的案件占诉讼总量的80.12%。其中,资源行政管理、城乡建设行政管理、公安行政管理、乡镇街道、人力资源和社会保障行政管理等5个行政管理领域的案件数远远高于其他领域,可以推断,这5个行政管理领域不仅行政纠纷发生数比较大,而且上诉率和再审率也偏高,因此这些领域的依法行政水平还有很大的提高空间。值得注意的是,在资源行政管理、乡镇街道、教育行政管理等行政管理领域中,行政裁定数都明显高于行政判决数,据此可以假设几种可能:(1)这些领域中的行政诉讼发生数存在泡沫,其中很多案件本不是法律问题,可能是群众维权意识高涨,但法律智识未能跟进的结果。(2)现有的诉讼救济制度由于某些原因还无法吸收、化解、回应这些纠纷（或诉求），但是行政纠纷既然已经发生，必然需要找到出口，由此便容易理解我国的信访案件数远高于诉讼案件数。(3)这些管理领域中的行政诉讼和解率比较高。

表1.5　　　　　　　案件数前10位的行政管理领域分布

行政管理领域	案件数	比例	行政裁定数	行政判决数
资源行政管理	19 408	20.94%	12 491	6 917
城乡建设行政管理	13 552	14.62%	5 118	8 434
公安行政管理	13 242	14.29%	5 734	7 508
乡镇街道	9 460	10.21%	5 910	3 550
人力资源和社会保障行政管理	8 451	9.12%	2 926	5 525
交通运输行政管理	3 005	3.24%	1 767	1 238
城市建设行政管理	1 568	1.69%	773	795
工商行政管理	1 332	1.44%	766	566
教育行政管理	1 071	1.16%	956	115
卫生与计划生育行政管理	769	0.83%	445	324

（二）各省级行政区与行政管理领域的案件交叉分布

通过省级行政区与行政管理领域的交叉分析，可以筛选出各地行政诉讼案件数最多的管理领域，这也间接反映了这些领域行政机关的执法水平还有较大提高空间。从下表看出，基于资源行政管理、公安行政管理、城乡建设行政管理领域的巨大案件基数，因此各地区行政纠纷也主要集中在这3个领域。其中，资源行政管理案件（土地、林业、草原、地矿、能源等）在河南、浙江、广西等19个地区的行政诉讼案件数中占比最高，在宁夏（66%）、广西（48%）、新疆（44%）、西藏（43%）、贵州（40%）等地甚至都高达40%以上，可以发现，这几个地区的经济发展水平均相对落后，这种行政诉讼发生情况可能与当地依赖资源发展的现状密切相关。另外，公安行政管理案件（治安、消防、道路等）在山东、河北、辽宁等6个地区的案件中占比最高，尤其是辽宁地区已经高达48%。城乡建设行政管理案件（规划、拆迁、房屋登记等）在江苏、北京、上海等6个地区占比最高，案发特点可能与这些地区的城市更新建设相关。可见，各地现阶段行政诉讼发生的情况与经济社会发展特点密切相关。

表1.6　各地区易引起行政诉讼的行政管理领域分布

行政管理领域	省级行政区	案件数	占本地案件比	行政管理领域	省级行政区	案件数	占本地案件比
资源行政管理	河南	1 767	22%	资源行政管理	内蒙古	248	19%
	浙江	1 327	22%		云南	162	24%
	广西	1 187	48%		西藏	3	43%
	广东	1 032	20%	公安行政管理	山东	1 045	22%
	重庆	920	24%		河北	834	22%
	湖南	898	24%		辽宁	737	48%
	四川	864	24%		山西	536	20%
	贵州	838	40%		黑龙江	401	24%
	湖北	837	24%		陕西	342	24%
	安徽	736	23%	城乡建设行政管理	江苏	1 406	18%
	宁夏	615	66%		北京	798	12%
	吉林	531	17%		上海	657	27%
	江西	499	32%		甘肃	310	20%
	福建	493	22%		天津	276	20%
	新疆	468	44%		青海	91	30%
	海南	398	37%				

二、行政行为种类的案件数分布

(一) 案件分布概况

行政行为种类中,排名前10位的是:行政复议10 104件(10.9%)、行政处罚9 747件(10.5%)、政府信息公开9 073件(9.8%)、行政登记7 953件(8.6%)、行政赔偿7 877件(8.5%)、行政确认7 825件(8.4%)、行政征收7 487件(8.1%)、行政强制6 060件(6.5%)、行政补偿4 794(5.2%)、行政许可3 330件(3.6%)。相比行政管理领域而言,行政行为种类的案件分布比较均匀。但是在政府信息公开、行政登记、行政赔偿、行政确认、行政强制、行政补偿、行政许可等行为种类中的行政裁定数都高于判决数,除了行政诉讼无法受理以及和解率比较高等原因外,还有可能是,这些类型案件的诉求可能和司法上的权利保障无关,如政府信息公开案件在权利与权力冲突背后,已经呈现出某种扭曲的"异化"状态,承受信访分流的压力。①

---

① 参见梁艺:《"滥诉"之辩:信息公开的制度异化及其矫正》,《华东政法大学学报》2016年第1期。

表 1.7　　　　　　　　　　行政行为种类的案件分布

行政行为种类	案件数	比例	行政裁定数	行政判决数
行政复议	10 104	10.90%	3 973	6 131
行政处罚	9 747	10.52%	3 448	6 299
政府信息公开	9 073	9.79%	5 038	4 035
行政登记	7 953	8.58%	5 486	2 467
行政赔偿	7 877	8.50%	4 927	2 950
行政征收	7 487	8.08%	3 481	4 344
行政确认	7 825	8.44%	5 099	2 388
行政强制	6 060	6.54%	4 151	1 909
行政补偿	4 794	5.17%	3 286	1 508
行政许可	3 330	3.59%	2 251	1 079

（二）特定行政行为的相关性变量

进一步分析各类行政行为争议的原告特点，如将政府信息公开案件数与省级行政区各项基础数据作相关性分析，可以发现，政府信息公开案件的强相关变量如表 1.8 所示。

表 1.8　　　　　　　政府信息公开诉讼的强相关性变量

相关性变量		人均GDP	城镇人口比例	人均可支配收入	高等教育率	原告自然人	多诉主体	无律师代理
政府信息公开	Pearson相关性	0.674**	0.617**	0.755**	0.828**	0.625**	0.908**	0.645**
	显著性（双侧）	0	0	0	0	0	0	0

这种相关关系一定程度上可以表征政府信息公开诉讼的原告群体有如下特征：以自然人为主，人均 GDP 以及可支配收入较高，多为城市居民，普遍受过高等教育，且律师代理率偏低，较大比例的多诉主体是提起政府信息公开之诉的当事人。当然，这种相关性只是提供一种研究线索，而非结论。

（三）各省级行政区与行政行为种类的案件交叉分布

通过省级行政区与案件数前 10 位的行政行为种类的交叉分析，还可以筛选出各地案件数最多的行政行为种类案件,其中北京、宁夏、上海(西藏因基数太小,不予计入)在政府信息公开、行政赔偿等行政行为种类上的案例占比高达30%以上,说明这些行为在行政活动更容易引起纠纷,值得引起相关主管部门的重视。

具体而言,行政处罚案件在河北、河南、黑龙江、湖南、辽宁、山西等地占比最高,其中河北、山西的案件比例都超过20%。行政确认案件在广东、江苏、青海、西藏、新疆、重庆等地占比最高。政府信息公开案件在北京、吉林、上海、天津等地占比最高,北京的案件比例甚至达到41.8%,远高于其他地区。行政登记案件在广西、江西、内蒙古、云南等地占比最高,内蒙古的案件比例高达20.42%。行政复议案件在福建、山东、浙江等地占比最高。行政征收案件在甘肃、贵州、湖北等地占比最高。行政强制案件在安徽、海南等地占比最高。行政赔偿案件在宁夏、陕西等地占比最高,其中宁夏的案件比例高达34.59%。行政补偿案件在四川占比最高。

表1.9　各省级行政区易引起行政诉讼的行政行为种类分布

序号	行政行为种类	省级行政区	案件数	占本地案件比	序号	行政行为种类	省级行政区	案件数	占本地案件比
1	行政处罚	河北	677	20.53%	4	行政登记	广西	387	15.75%
		河南	932	11.77%			江西	242	15.43%
		黑龙江	345	16.71%			内蒙古	271	20.42%
		湖南	587	15.52%			云南	105	15.42%
		辽宁	592	19.28%	5	行政复议	福建	316	14.04%
		山西	412	22.06%			山东	902	15.44%
2	行政确认	广东	734	14.04%			浙江	924	15.75%
		江苏	971	12.45%	6	行政征收	甘肃	279	18.26%
		青海	54	17.59%			贵州	347	16.44%
		西藏	4	57.14%			湖北	486	14.01%
		新疆	172	16.09%	7	行政强制	安徽	388	12.03%
		重庆	596	15.61%			海南	200	18.73%
3	政府信息公开	北京	2 808	41.80%	8	行政赔偿	宁夏	320	34.59%
		吉林	518	16.70%			陕西	335	15.28%
		上海	850	34.32%	9	行政补偿	四川	367	10.35%
		天津	266	18.96%					

三、行政管理领域与行政行为种类的交叉分析

通过对案件数前 10 的行政管理领域与行政行为种类进行交叉分析（表 1.10），呈现出各行政管理领域中最易引起行政纠纷的行为种类，分别是：资源行政管理（4 127 件）、工商行政管理（570 件）案件中的行政登记，城乡建设行政管理案件中的行政征收（3 686 件），公安行政管理（7 540 件）、交通运输行政管理（365 件）案件中的行政处罚，乡镇街道（1 680 件）、城市建设行政管理（571 件）案件中的行政强制，人力资源和社会保障行政管理案件中的行政确认（4 730 件），教育行政管理案件中的政府信息公开（238 件），卫生与计划生育行政管理案件中的行政复议（105 件）。

另一方面，也可以推导出各个行政种类中最易引起纠纷的领域，分别是：城乡建设行政管理部门所做的行政征收（3 868 件）、行政补偿（2 617 件），公安部门作出的行政处罚（7 540 件），乡镇街道所做的行政强制（1 680 件），人力资源和社会保障行政管理部门所做的行政确认（4 730 件），资源行政管理部门所做的行政登记（4 127 件）、行政复议（1 717 件）、行政赔偿（1 461 件）、行政许可（1 254 件）、政府信息公开（828 件）。

表 1.10　　行政管理领域与行政行为种类的交叉分析

	资源行政管理	城乡建设行政管理	公安行政管理	乡镇街道	人力资源和社会保障行政管理	交通运输行政管理	教育行政管理	工商行政管理	城市建设行政管理	卫生与计划生育行政管理
行政征收	2 880	3 686	23	725	25	183	2	7	57	68
行政处罚	352	278	7 540	123	67	365	12	225	192	57
行政许可	1 254	1 104	145	132	261	195	26	37	21	37
行政强制	779	2 507	673	1 680	113	234	8	12	571	18
行政确认	1 357	249	314	521	4 730	301	27	24	41	59
行政登记	4 127	1 684	160	202	19	178	1	570	140	8
行政复议	1 717	1 047	1 381	469	712	328	37	146	105	105
行政赔偿	1 461	1 259	1 382	1 415	115	206	21	115	385	73
行政补偿	1 036	2 617	30	823	27	29	3	11	22	3
政府信息公开	828	636	582	665	107	233	238	40	41	48

第三节　各省级行政区行政诉讼原告分布

一、行政诉讼原告分析

行政相对人,包括行政诉讼一审原告、上诉人、再审申请人,其中又可以分为自然人和法人(包括其他组织)。本报告共涉及自然人 78 782 人次,法人 13 897 人次,自然人占(85.01%),为绝对多数。由于裁判文书中对行政相对人的基本信息一般只列姓名、名称,没有更加详细的信息,所以对行政相对人无法进一步展开分析。对代理又可进一步分为本地律师代理、外地律师代理、无律师代理。由下表可知,原告自然人(85.01%)、非多诉主体(79.8%)、无律师代理(66.8%)、本地律师代理(69.4%)是行政诉讼原告当事人的 4 个主要特征。可见,行政诉讼原告以自然人为主体,律师代理的比例很小,即使有也以本地律师为主,符合一般大众认知。

表 1.11　　　　　　　　　行政诉讼当事人概况

原告当事人情况	自然人	法人	多诉主体	一般主体	有律师代理	无律师代理	本地律师代理	外地律师代理
案件数	78 782	13 897	18 636	74 043	30 815	61 864	21 399	9 416
占比	85.01%	14.99%	20.11%	79.89%	33.25%	66.75%	23.09%	10.16%

自然人是行政纠纷维权的主要群体,原告法人案件数明显偏少,通过省级行政区与原告法人案件数的交叉分析,可以发现原告法人案件比例占前 5 的省级行政区是广西、广东、青海、海南、江西(由于西藏的基数太小,在此不予计入),其中,广东、广西等地的原告法人比例远高于其他地区,从经济发展水平看,这两个地区属两个极端,这既可以说明经济发达地区的法人及其他组织对提起行政诉讼并不忌惮,也可以认为有些省级行政区的行政诉讼案件数偏少,因此并不多的法人诉讼数会占比较大的比例。相对应的,北京、上海、天津、黑龙江、贵州等省级行政区的原告自然人案件比例高居前 5,可能这些省级行政区的原告法人群体在日常经营活动中受行政机关关注较多,因此不太愿意"撕破脸皮"提起行政诉讼。

表 1.12　　省级行政区与原告当事人交叉分析

序号	区域	原告自然人案件数	原告自然人案件数比	原告法人案件数	原告法人案件数比	序号	区域	原告自然人案件数	原告自然人案件数比	原告法人案件数	原告法人案件数比
1	全国	78 782	85.01%	13 897	14.99%	17	甘肃	1 312	85.86%	216	14.14%
2	北京	6 366	94.77%	351	5.23%	18	辽宁	2 632	85.73%	438	14.27%
3	上海	2 239	90.39%	238	9.61%	19	湖北	2 953	85.10%	517	14.90%
4	天津	1 263	90.02%	140	9.98%	20	新疆	899	84.10%	170	15.90%
5	黑龙江	1 851	89.64%	214	10.36%	21	湖南	3 147	83.23%	634	16.77%
6	贵州	1 876	88.87%	235	11.13%	22	安徽	2 671	82.82%	554	17.18%
7	河北	2 916	88.42%	382	11.58%	23	内蒙古	1 099	82.82%	228	17.18%
8	吉林	2 736	88.20%	366	11.80%	24	重庆	3 119	81.71%	698	18.29%
9	河南	6 969	88.04%	947	11.96%	25	福建	1 806	80.45%	439	19.55%
10	四川	3 114	87.79%	433	12.21%	26	宁夏	697	75.35%	228	24.65%
11	山东	5 598	87.16%	825	12.84%	27	江西	1 179	75.19%	389	24.81%
12	陕西	1 905	86.91%	287	13.09%	28	海南	803	75.19%	265	24.81%
13	山西	1 616	86.51%	252	13.49%	29	青海	223	72.64%	84	27.36%
14	江苏	6 746	86.47%	1 056	13.53%	30	广东	3 638	69.59%	1 590	30.41%
15	云南	588	86.34%	93	13.66%	31	广西	1 668	67.89%	789	32.11%
16	浙江	5 149	86.03%	836	13.97%	32	西藏	4	57.14%	3	42.86%

二、原告代理情况分析

无律师代理是行政诉讼原告代理的基本特征,这一点也许与行政诉讼的行政行为合法性的举证责任倒置有关,所以公民启动行政诉讼的压力并不大。有代理律师所属地中,本地律师占其中的绝大多数。但是,通过省级行政区与代理情况的交叉分析又可以发现,律师代理比例排前 5 的省级行政区是海南、宁夏、青海、广东、云南,均远高于全国平均水平,其中,海南、宁夏的律师代理案件数高于其他地区,甚至高于无律师代理案件数。与之相联系的是撤诉率的情况,这两个地区的撤诉率同样高居全国前列。但是在代理律师所属地方面,两者又有很大差异,海南的外地律师代理率高达 29.68%,居全国之首,宁夏则只有 9.84%,甚至低于全国平均水平。这里可以假设两种可能:其一,有些经济水平高的地区,原告提起行政诉讼时愿意出资聘请专业律师;其二,在部分地区,"民告官"仍是一种艰难的、无可奈何的举动,原告自己不敢或无力操作,一旦决定提起诉讼,只能求助于专业律师。

表 1.13　省级行政区与原告代理情况交叉分析

序号	区域	律师代理案件数	律师代理案件比例	无律师代理案件数	无律师代理案件比例	序号	区域	律师代理案件数	律师代理案件比例	无律师代理案件数	无律师代理案件比例
1	全国	30 815	33.25%	61 864	66.75%	17	内蒙古	461	34.74%	866	65.26%
2	海南	682	63.86%	386	36.14%	18	山西	643	34.42%	1 225	65.58%
3	宁夏	558	60.32%	367	39.68%	19	山东	2 209	34.39%	4 214	65.61%
4	青海	147	47.88%	160	52.12%	20	湖北	1 078	31.07%	2 392	68.93%
5	广东	2 490	47.63%	2 738	52.37%	21	河北	1 023	31.02%	2 275	68.98%
6	云南	307	45.08%	374	54.92%	22	陕西	651	29.7%	1 541	70.3%
7	安徽	1 445	44.81%	1 780	55.19%	23	西藏	2	28.57%	5	71.43%
8	河南	3 198	40.4%	4 718	59.6%	24	湖南	1 078	28.51%	2 703	71.49%
9	福建	890	39.64%	1 355	60.36%	25	黑龙江	510	24.7%	1 555	75.3%
10	新疆	419	39.2%	650	60.8%	26	北京	1 647	24.52%	5 070	75.48%
11	广西	955	38.87%	1 502	61.13%	27	江苏	1 898	24.33%	5 904	75.67%
12	贵州	812	38.47%	1 299	61.53%	28	辽宁	738	24.04%	2 332	75.96%
13	甘肃	581	38.02%	947	61.98%	29	重庆	891	23.34%	2 926	76.66%
14	浙江	2 236	37.36%	3 749	62.64%	30	上海	570	23.01%	1 907	76.99%
15	江西	561	35.78%	1 007	64.22%	31	吉林	652	21.02%	2 450	78.98%
16	四川	1 240	34.96%	2 307	65.04%	32	天津	243	17.32%	1 160	82.68%

在律师代理案件中,海南、贵州、青海、安徽、黑龙江等地的外地律师代理率又远高于本地律师。这些地区的经济水平相对落后,这一定程度上可以佐证上述第二种假设,由于忌惮当地的行政机关,忧虑本地律师的诉讼活动无法充分保障自身权益,因此这些地区的原告当事人更倾向于聘请外地律师。另外,宁夏、广东、新疆、海南、云南等地区的本地律师代理比例远高于其他地区,则可能反映了另一种观念,就是行政诉讼案件需要熟悉当地政治生态的律师来从中斡旋,这可能更符合原告的期望和诉求。

表 1.14　省级行政区与原告代理律师地域的交叉分析

序号	区域	本地律师代理案件数	本地律师代理案件比例	外地律师代理案件数	外地律师代理案件比例	序号	区域	本地律师代理案件数	本地律师代理案件比例	外地律师代理案件数	外地律师代理案件比例
1	全国	21 399	23.09%	9 416	10.16%	4	新疆	373	34.89%	46	4.30%
2	宁夏	467	50.49%	91	9.84%	5	海南	365	34.18%	317	29.68%
3	广东	2 171	41.53%	319	6.10%	6	云南	219	32.16%	88	12.92%

续表

序号	区域	本地律师代理案件数	本地律师代理案件比例	外地律师代理案件数	外地律师代理案件比例	序号	区域	本地律师代理案件数	本地律师代理案件比例	外地律师代理案件数	外地律师代理案件比例
7	广西	776	31.58%	179	7.29%	20	湖北	739	21.30%	339	9.77%
8	安徽	950	29.46%	495	15.35%	21	重庆	795	20.83%	96	2.52%
9	青海	89	28.99%	58	18.89%	22	北京	1 326	19.74%	321	4.78%
10	西藏	2	28.57%	0	0	23	河北	651	19.74%	372	11.28%
11	河南	2 257	28.51%	941	11.89%	24	辽宁	602	19.61%	136	4.43%
12	福建	613	27.31%	277	12.34%	25	陕西	427	19.48%	224	10.22%
13	甘肃	401	26.24%	180	11.78%	26	上海	450	18.17%	120	4.84%
14	湖南	884	23.38%	194	5.13%	27	贵州	358	16.96%	454	21.51%
15	江西	361	23.02%	200	12.76%	28	江苏	1 167	14.96%	731	9.37%
16	浙江	1 372	22.92%	864	14.44%	29	内蒙古	197	14.85%	264	19.89%
17	山东	1 467	22.84%	742	11.55%	30	吉林	361	11.64%	291	9.38%
18	山西	425	22.75%	218	11.67%	31	天津	156	11.12%	87	6.20%
19	四川	777	21.91%	463	13.05%	32	黑龙江	201	9.73%	309	14.96%

三、多诉主体案件分析

有些行政相对人在本年度累积提起超过3件以上的行政诉讼(包括3起),本报告将这类原告称之为多诉主体。本报告共收录多诉主体提起的行政诉讼判决5 456件,裁定13 180件,共计18 636件行政诉讼案件,占行政诉讼总量的20.11%,值得引起重视。虽然法院在司法审查一般只关注个案诉求,但是考察近年来的司法案例,法院似乎已经将轻率提起多起同类诉讼作为判断诉权正当性的要素,如在"陆红霞与南通市发展和改革委员会行政复议案"中,法院就认为:"对于个别当事人反复多次提起轻率的、相同的或者类似的诉讼请求,或者明知无正当理由而反复提起的诉讼,人民法院对其起诉应严格依法审查。本案原告陆红霞所提起的相关诉讼因明显缺乏诉讼的利益、目的不当、有悖诚信,违背了诉权行使的必要性,因而也就失去了权利行使的正当性,属于典型的滥用诉权行为。"[①]

[①]《中华人民共和国最高人民法院公报》2015年11期。

结合本报告的其他数据也可以发现，多诉主体的胜诉率、律师代理率都极低，如原告李帮君在北京与河北两地共提起行政诉讼112起，被裁定驳回起诉92件，判决败诉20件。原告张国平在上海提起行政诉讼54起，败诉51件。当然，多诉主体的原因比较复杂，考察具体的裁判文书文本可以发现，有的原告明显是为了其他诉求而频繁提起政府信息公开之诉，希望间接实现利益主张；而有的原告似乎只是热衷于维权活动，如原告彭坚在浙江提起过30起行政诉讼，主要针对市场监督管理、质量监督检疫检验、工商行政管理等部门没有"妥善"处理其商业举报行为，其中13件都以和解后的原告撤诉方式结案。

从省级行政区与多诉主体分布的交叉分析看来，多诉主体案件比例前5的省级行政区分别为北京2 895件（43%）、吉林904件（29%）、新疆260件（24%）、天津286件（20%）、福建397件（18%）、宁夏162件（18%）。从多诉主体所涉行政管理领域的分布看，北京的案由主要为政府信息公开、吉林为教育行政管理、新疆为资源行政管理、天津为城乡建设行政管理、福建为资源行政、宁夏为资源行政。从多诉主体涉及行政行为种类来看，政府信息公开在全国都占绝对多数。

表1.15　　　　　　　省级行政区与多诉主体的交叉分析

序号	区域	多诉主体案件数	多诉主体比例	一般主体案件数	一般主体比例	序号	区域	多诉主体案件数	多诉主体比例	一般主体案件数	一般主体比例
1	全国	18 636	20.11%	74 043	79.89%	17	甘肃	252	16.49%	1 276	83.51%
2	北京	3 225	48.01%	3 492	51.99%	18	山东	912	14.20%	5 511	85.80%
3	吉林	1 009	32.53%	2 093	67.47%	19	陕西	308	14.05%	1 884	85.95%
4	上海	798	32.22%	1 679	67.78%	20	山西	238	12.74%	1 630	87.26%
5	天津	365	26.02%	1 038	73.98%	21	广西	311	12.66%	2 146	87.34%
6	新疆	264	24.70%	805	75.30%	22	辽宁	369	12.02%	2 701	87.98%
7	福建	497	22.14%	1 748	77.86%	23	湖南	452	11.95%	3 329	88.05%
8	浙江	1 297	21.67%	4 688	78.33%	24	河北	378	11.46%	2 920	88.54%
9	江苏	1 682	21.56%	6 120	78.44%	25	内蒙古	149	11.23%	1 178	88.77%
10	广东	1 122	21.46%	4 106	78.54%	26	四川	394	11.11%	3 153	88.89%
11	重庆	768	20.12%	3 049	79.88%	27	江西	173	11.03%	1 395	88.97%
12	河南	1 551	19.59%	6 365	80.41%	28	贵州	215	10.18%	1 896	89.82%
13	安徽	623	19.32%	2 602	80.68%	29	海南	97	9.08%	971	90.92%
14	宁夏	172	18.59%	753	81.41%	30	云南	49	7.20%	632	92.80%
15	湖北	595	17.15%	2 875	82.85%	31	青海	22	7.17%	285	92.83%
16	黑龙江	349	16.90%	1 716	83.10%	32	西藏	0	0.00%	7	100.00%

第四节 影响行政诉讼发生的特定因素

除了探究行政诉讼发生的当事人、行政管理领域、行政行为种类等分布规律之外,若干影响行政诉讼发生的特定因素也是本报告关注的重点。

一、不予受案

不予受案是指不予立案、受理,驳回起诉、上诉的案件类型。在立案登记制度的贯彻实施下,行政诉讼受案情况已经有了明显好转。[1] 不予受案意味着原告起诉不符合法定要求或者存在法律上受案范围的限制,但是毕竟提起行政诉讼就意味着纠纷的产生,若司法机关没有受理该起纠纷,那么当事人可能会继续以其他非正规途径主张维权。这组数据一定程度呼应了学者所提出的"行政纠纷解决存在明显的双轨制度需求现象",即公民对通过(准)司法渠道和党政渠道解决行政纠纷有同等程度的诉求,行政诉讼只是他们用来解决同政府之间纠纷的一种策略而已,而且通常同其他策略并行不悖。[2] 不予受案是一组比较矛盾的数据。在既有制度下,尽可能多地将行政纠纷吸收至行政诉讼等法律途径是必要的,只要依据法律制度进行表达、沟通与裁判,无论最后的结果如何,都有利于法治发展。因此,不予受案率比较高至少可以说明三点:第一,当地人民群众可能因法律专业知识的缺失而导致行政诉讼的维权渠道不畅。第二,可能有法律之外的其他原因,导致纠纷受案受阻。第三,当地的很多行政纠纷不属于法律问题。

2016年度的行政纠纷未被法院受理的案件数高达46 056件,占案件总量的49.69%。其中原告自然人占比90.27%,远远高于原告法人。多诉主体占比25.26%,也高于全国平均标准(20.11%),但是律师代理率(23.93%)远低于全国平均水平(33.25%)。可见这些案件中的原告自然人不偏好聘请律师,同时多诉主体偏多,因此容易被法院拒之门外。

---

[1] 参见2017年度《最高人民法院工作报告》。
[2] 程金华:《中国行政纠纷解决的制度选择——以公民需求为视角》,《中国社会科学》2009年第6期。

表 1.16　　不予受案案件数与原告当事人交叉分析

原告当事人情况	自然人	法人	多诉主体	一般主体	有律师代理	无律师代理	本地律师代理	外地律师代理
不予受案数	41 577	4 480	11 634	34 422	11 022	35 034	7 055	3 967
占本项案件比	90.27%	9.73%	25.26%	74.74%	23.93%	76.07%	15.32%	8.61%

从数据上看来,各地区不予受案数的中位值为 1 216 件,不予受案比的中位值为 48%。其中北京、吉林、新疆、天津等地的不予受案率均高于 60%,如此可能将行政纠纷分流至信访等其他途径,是社会矛盾的潜在隐患。另一方面,上海在案件基数较大的情况下,仍然保持很低的不予受案率,说明行政诉讼的救济渠道较为通畅。

表 1.17　　不予受案数及比例

比例区间	省级行政区	不予受案数	比例	比例区间	省级行政区	不予受案数	比例
高比例区间	北京	4 941	73.56%	中位区间	江西	751	47.90%
	吉林	2 031	65.47%		内蒙古	624	47.02%
	天津	913	65.07%		辽宁	1 414	46.06%
	新疆	679	63.52%	中低比例区间	河北	1 500	45.48%
	黑龙江	1 216	58.89%		湖南	1 697	44.88%
	江苏	4 537	58.15%		山东	2 755	42.89%
中高比例区间	四川	2 062	58.13%		河南	3 109	39.27%
	云南	393	57.71%		青海	120	39.09%
	山西	979	52.41%		安徽	1 234	38.26%
	广西	1 280	52.10%	低比例区间	广东	1 948	37.26%
	湖北	1 785	51.44%		贵州	769	36.43%
	陕西	1 118	51.00%		宁夏	331	35.78%
中位区间	重庆	1 907	49.96%		海南	376	35.21%
	甘肃	760	49.74%		上海	786	31.73%
	浙江	2 940	49.12%		西藏	1	14.29%
	福建	1 100	49.00%				

另外,本报告的不予受案文书都是行政裁定,因此如果在地区案件总数的基础上减去不予受案件数,所得案件数的排名与省级行政区 GDP、常住人口的排名进行对比,可以发现原来行政诉讼案件总数排名中所呈现的位差异常,基本上都得以纠正了,仅剩重庆的排名仍比较异常,这说明不予受案的执行标准还是较为一致的,也进一步印证了地区 GDP 与其常住人口对行政诉讼发生指数的重要影响。

二、高院案件

由于行政诉讼案件的一审管辖以基层法院为主,少数法定事由可由中院管辖,因此诉至高院的案件一般为二审或者再审案件。可以说,诉至高院的双方当事人矛盾已经比较尖锐,在一定程度上可以反映各地区行政纠纷发生的持续程度、疑难程度。同时,行政案件的审级越高,越有利于排除公权力的干预。从这一点而言,高级法院审理的案件越多,裁判的公正性越强。2016 年度高院行政诉讼判决书 5 177 件,裁定书 16 907 件,共计 22 084 件,占行政诉讼总数的 23.83%。

表 1.18　　　　　　　高院案件数与原告当事人交叉分析

原告当事人情况	自然人	法人	多诉主体	一般主体	有律师代理	无律师代理	本地律师代理	外地律师代理
高院案件数	19 473	2 611	5 320	16 764	5 834	16 250	3 496	2 338
占本项比	88.18%	11.82%	24.09%	75.91%	26.42%	73.58%	15.83%	10.59%

高院案件指数的高低主要表征两点:首先,一定程度上可以说明行政纠纷发生的行政机关层级,只有一审在中院审理的案件,二审才有可能在高院审理。根据《行政诉讼法》的管辖规定,中院一审管辖的案件是"对国务院部门或者县级以上地方人民政府所作的行政行为提起诉讼的案件,海关处理的案件,本辖区内重大、复杂的案件,其他法律规定由中级人民法院管辖的案件"。高级人民法院管辖"本辖区内重大、复杂的第一审行政案件"。其中,"重大、复杂"要件在实践中基本没有适用,海关案件也属于少数,而对国务院部门提起的行政诉讼也已经被我们排除。可见,本报告中的高院案件数可以间接表现

为"各地区县级以上地方人民政府的行政纠纷发生情况"。其次,高院案件也能体现再审案件的情况,说明案件相对复杂、疑难,引起行政纠纷的持续。

如下表所示,高院案件数的中位值为 569 件,高院案件比的中位值为 25%。高院案件的高比例区间中有西藏、宁夏、海南、陕西、甘肃、吉林等地区。另外,行政诉讼案件总数减去高院案件数的各地区排名与原排名基本一致,因此高院案件的影响并不大。

表 1.19 各地区高院案件数及比例

比例区间	省级行政区	高院案件数	比例	比例区间	省级行政区	高院案件数	比例
高比例区间	西藏	3	42.86%	中位区间	浙江	1 499	25.05%
	宁夏	352	38.05%		天津	333	23.73%
	海南	401	37.55%		云南	148	21.73%
	陕西	817	37.27%	中低比例区间	重庆	829	21.72%
	甘肃	569	37.24%		安徽	653	20.25%
	吉林	1 128	36.36%		湖北	702	20.23%
中高比例区间	广西	795	32.36%		北京	1 342	19.98%
	山西	577	30.89%		上海	482	19.46%
	江苏	2 372	30.40%		福建	356	15.86%
	山东	1 920	29.89%	低比例区间	广东	785	15.02%
	青海	90	29.32%		河北	468	14.19%
	贵州	570	27.00%		新疆	151	14.13%
中位区间	河南	2 082	26.30%		湖南	472	12.48%
	黑龙江	539	26.10%		内蒙古	128	9.65%
	江西	398	25.38%		辽宁	231	7.52%
	四川	892	25.15%				

三、再审案件

依据《行政诉讼法》第 90 条、91 条规定,当事人对已经发生法律效力的判决、裁定,认为确有错误的,可以向上一级人民法院申请再审。当事人的申请符合法定 8 种违法情形之一的,人民法院应当再审。可见,当事人提起再审表明对行政行为的违法性认知或维权诉求比较坚定,而再审案件一旦受理,无论最后的裁判结果如何,说明行政行为或多或少有违法性存在,因此行政诉讼再审案件数是行政纠纷持续的表征。2016年度全国行政诉讼再审案件数为15 706个,占全部案件数的16.95%。

表1.20 再审案件数与原告当事人交叉分析

原告当事人情况	自然人	法人	多诉主体	一般主体	有律师代理	无律师代理	本地律师代理	外地律师代理
再审案件数	7 080	921	1 736	6 265	1 063	6 938	802	261
占本项比	88.49%	11.51%	21.70%	78.30%	13.29%	86.71%	10.02%	3.26%

各地再审案件分布如下表1.21所示,再审案件数的中位值为432件,再审案件比的中位值为17%。其中江苏(2 744件/35%)、吉林(1 131件/36%)、陕西(854件/39%)的再审案件数与再审案件比都偏高。总体上,除了新疆之外,各地区再审案件数和案件比的排名与诉讼总数水平保持一致。

表1.21 各地区再审案件数及比例

比例区间	省级行政区	再审案件数	比例	比例区间	省级行政区	再审案件数	比例
高比例区间	新疆	432	40.41%	中位区间	浙江	1 000	16.71%
	陕西	854	38.96%		广东	799	15.28%
	吉林	1 131	36.46%		云南	99	14.54%
	江苏	2 744	35.17%		辽宁	444	14.46%
	山西	586	31.37%		河北	441	13.37%
	广西	730	30.41%	中低比例区间	福建	282	12.56%
中高比例区间	黑龙江	628	29.71%		天津	121	8.62%
	西藏	2	28.57%		内蒙古	112	8.44%
	上海	632	25.51%		贵州	153	7.25%
	重庆	874	22.90%		湖南	231	6.11%
	青海	66	21.50%		安徽	111	3.44%
	湖北	664	19.14%	低比例区间	宁夏	25	2.70%
中位区间	江西	293	18.98%		河南	168	2.12%
	甘肃	290	18.69%		北京	43	1.12%
	四川	635	17.90%		海南	12	0.64%
	山东	1 104	17.19%				

四、撤诉案件

2016年度的撤诉案件数有8 550件,占案件总数的9.23%。与其他几类案件相比,撤诉案件中的原告法人比例偏高(25.37%),多诉主体比例偏低(18.08%),律师代理率比较高(39.63%)。可见专业律师的介入有助于行政纠纷的化解,外地律师的作用可能大于本地律师。

表1.22 撤诉案件数与原告当事人交叉分析

原告当事人情况	自然人	法人	多诉主体	一般主体	有律师代理	无律师代理	本地律师代理	外地律师代理
撤诉案件数	6 381	2 169	1 546	7 004	3 388	5 162	2 508	880
占本项比	74.63%	25.37%	18.08%	81.92%	39.63%	60.37%	29.33%	10.29%

各地区撤诉案件的中位值231件,撤诉案件比的中位值为8.82%。海南、宁夏、新疆、青海、甘肃等地的撤诉率位居前5,尤其是海南和宁夏均高于20%,联系律师代理率可以发现,这两个地区的律师代理率同样位居全国前列,如此可以进一步验证全国数据的结论:律师代理对行政纠纷的化解有较大促进作用。当然,行政诉讼撤诉一般意味着行政纠纷得到化解,但事实上撤诉多表现为行政机关作出了某些让步和妥协,说明行政过程中或多或少存在违法或瑕疵,因此过高的撤诉率并不乐观。

表1.23 各地区撤诉案件数及比例

比例区间	省级行政区	撤诉案件数	比例	比例区间	省级行政区	撤诉案件数	比例
高比例区间	海南	316	29.59%	中高比例区间	安徽	473	14.67%
	宁夏	232	25.08%		陕西	318	14.51%
	新疆	173	16.18%		湖北	440	12.68%
	青海	47	15.31%		辽宁	373	12.15%
	甘肃	230	15.05%		河南	933	11.79%

续表

比例区间	省级行政区	撤诉案件数	比例	比例区间	省级行政区	撤诉案件数	比例
中位区间	福建	245	10.91%	中低比例区间	广东	344	6.58%
	广西	261	10.62%		四川	231	6.51%
	浙江	626	10.46%		天津	79	5.63%
	贵州	215	10.18%		上海	135	5.45%
	湖南	379	10.02%		黑龙江	111	5.38%
	内蒙古	117	8.82%	低比例区间	河北	170	5.15%
	江苏	686	8.79%		吉林	132	4.26%
	江西	137	8.74%		北京	198	2.95%
	山西	150	8.03%		云南	16	2.35%
	山东	507	7.89%		西藏	0	0.00
	重庆	276	7.23%				

五、行政复议后诉讼案件

2015年修订后的《行政诉讼法》规定，无论复议机关是否作出维持决定，在后续的行政诉讼中都将成为被告。此举为行政复议机关的依法行政提出了更高的要求，迫使其尽可能在复议阶段就实质性化解行政纠纷。因此，若行政案由中涉及行政复议案件的比例过高，一定程度上可以说明行政系统内的纠纷化解机制未能充分发挥功能。本报告收集到原告在行政复议后又提起诉讼的案件共计10 104件，案件比例平均占诉讼总数的10.9%，案件量不小，各种替代性纠纷解决机制仍有较大发挥空间。

表1.24　　　　行政复议案件数与原告当事人交叉分析

原告当事人情况	自然人	法人	多诉主体	一般主体	有律师代理	无律师代理	本地律师代理	外地律师代理
复议后诉讼案件数	8 722	1 383	2 815	7 289	3 297	6 807	1 746	1 551
占本项比	86.31%	13.69%	27.86%	72.14%	32.63%	67.37%	17.28%	15.35%

复议后诉讼案件的中位值为244件,比例的中位值为9.13%。行政复议后诉讼案件的高比例地区为北京、海南、贵州、浙江、福建、山东,这些地区在行政复议方面还有较大改进空间。而山西、辽宁、新疆、云南、宁夏、西藏等地的行政复议诉讼案件比均低于6%,比较理想。

表1.25　　　　　　各地区行政复议案件数及比例

比例区间	省级行政区	行政复议后诉讼案件数	比例	比例区间	省级行政区	行政复议后诉讼案件数	比例
高比例区间	北京	1 257	18.71%	中位区间	河北	301	9.13%
	海南	181	16.95%		江西	140	8.93%
	贵州	330	15.63%		四川	314	8.85%
	浙江	924	15.44%		陕西	191	8.71%
	福建	316	14.08%		河南	600	7.58%
	山东	902	14.04%	中低比例区间	天津	102	7.27%
中高比例区间	上海	347	14.01%		内蒙古	91	6.86%
	广东	687	13.14%		吉林	201	6.48%
	安徽	383	11.88%		黑龙江	131	6.34%
	湖北	405	11.67%	低比例区间	山西	103	5.51%
	甘肃	170	11.13%		辽宁	163	5.31%
	江苏	829	10.63%		新疆	31	2.90%
中位区间	青海	31	10.10%		云南	17	2.50%
	广西	244	9.93%		宁夏	11	1.19%
	重庆	356	9.33%		西藏	0	0.00%
	湖南	346	9.15%				

小　　结

行政诉讼发生指数不是简单取决于案件数多少,而是要考察各地区行政纠纷发生的相对水平,必须结合各地相关因素才能做出合理判断,本报告通过行政诉讼案件数与地区基础数据之间相关性分析,发现行政诉讼发生率普遍与地方GDP、地区常住人口数等两个因素密切相关,因此各地区行政诉讼案件总数与人均数排名的差异非常大。在综合相关影响因素的基础上,我们发现北京、重庆、吉林等地的案件数畸高,而广东、深圳、云南的案件数则明显偏低。

行政管理领域中,案件数位居前列的是资源行政管理,城乡建设行政管理、公安行政管理,这三类也普遍是各地行政诉讼案件高发的领域,但宁夏、辽宁、青海等地在上述领域的行政纠纷比重非常高,依法行政有很大的提高空间。相比行政管理领域,各地容易引起纠纷的行政行为种类分布则比较均匀,仅北京的政府信息公开案件与宁夏的行政赔偿案件所占比例比较异常。

行政诉讼原告以自然人为主体,律师代理的比例很小,即使有也以本地律师为主,符合一般大众认知。其中,广东、广西等地的原告法人比例远高于其他地区,从经济发展水平看,这两个地区属两个极端。海南、宁夏等地的律师代理率远高于其他地区,与之相联系的是撤诉率的情况,这两个省份的撤诉率居全国前列。但是在代理律师所在地方面,两者又有很大差异,海南的外地律师代理率高达29.68%,居全国之首,宁夏则只有9.84%,甚至低于全国平均水平。最后,本年度单独提起过3起以上行政诉讼的多诉主体需要政府引起重视,这类多诉主体案件大约占行政诉讼总量的20.11%,北京、吉林、上海等地的比例甚至超过30%,其中多诉主体案件主要集中于政府信息公开。

在若干特殊类型的案件中,目前行政纠纷中未被行政诉讼吸收的案件量高达49.69%,其中北京、吉林、新疆、天津等地的不予受案率均高于60%,如此可能将行政纠纷分流至信访等其他途径,是社会矛盾的潜在隐患。另一方面,上海在案件基数较大的情况下,仍然保持很低的不予受案率,说明行政诉讼的救济渠道较为通畅。另外,原告在行政复议后又提起诉讼的案件比例平均占诉讼总数的10.9%,案件量不小,各种替代性纠纷解决机制仍有较大发挥空间。山西、辽宁、新疆、云南、宁夏、西藏等地的行政复议诉讼案件比均低于6%,比较理想。最后,行政诉讼的撤诉率方面,海南、宁夏、新疆、青海、甘肃等地均高于15%,位居全国前列,而恰好这5个地区的GDP位于全国倒数,而且行政诉讼案件总量其实相对较低。因此,撤诉率既意味着纠纷化解,一定程度上也隐含了原告或被告有所妥协的现实,行政诉讼的合法性审查结论可能并不是当事人最重视的。

表1.26　各地区行政诉讼发生指数相关排名汇总

省级行政区	行政诉讼案件总数	每百万人均行政案件数	地区常住人口	地区GDP	不予受案	高院案件	再审案件	撤诉案件	多诉主体	行政复议后诉讼案件	律师代理案件	原告自然人案件	本地律师代理案件	外地律师代理案件	占比最高的行政管理领域	占比最高的行政行为种类
安徽	12	21	8	13	25	21	27	6	12	9	6	21	7	5	资源行政管理	行政强制
北京	3	1	26	12	1	23	30	29	1	1	25	1	22	28	城乡建设行政管理	政府信息公开
福建	17	16	15	10	16	25	22	11	6	5	8	24	11	11	资源行政管理	行政复议
甘肃	23	15	22	27	14	5	14	5	16	11	12	16	12	13	城乡建设行政管理	行政征收
广东	6	25	1	1	26	26	18	22	9	8	4	29	2	25	资源行政管理	行政确认
广西	16	23	11	17	10	7	6	12	20	14	10	30	6	23	资源行政管理	行政登记
贵州	19	13	19	25	27	12	25	14	27	3	11	5	27	2	资源行政管理	行政征收
海南	27	4	28	28	29	3	31	1	28	2	1	26	4	1	公安行政管理	行政强制
河北	11	27	6	8	20	27	21	27	23	17	20	6	23	16	资源行政管理	行政处罚
河南	1	10	3	5	23	13	29	10	11	21	7	8	10	12	公安行政管理	行政处罚
黑龙江	20	19	17	21	5	14	7	26	15	25	24	4	32	6	资源行政管理	行政处罚
湖北	10	14	9	7	11	22	12	8	14	10	19	18	20	20	资源行政管理	行政征收
湖南	8	18	7	9	21	29	26	15	22	16	23	20	13	26	资源行政管理	行政处罚
吉林	13	5	21	23	2	6	3	28	2	24	30	7	30	21	资源行政管理	政府信息公开
江苏	2	8	5	2	6	9	4	17	8	12	26	13	28	22	城乡建设行政管理	行政确认
江西	22	29	13	16	17	15	13	18	26	18	14	27	15	10	资源行政管理	行政登记

第二章　行政诉讼发生指数 / 47

续表

省级行政区	行政诉讼案件总数	每百万人均行政案件数	地区常住人口	地区GDP	不予受案案件	高院案件	再审案件	撤诉案件	多诉主体	行政复议后诉案件	律师代理案件	原告自然人案件	本地律师代理案件	外地律师代理案件	占比最高的行政管理领域	占比最高的行政行为种类
辽宁	14	11	14	14	19	31	20	9	21	27	27	17	24	29	公安行政管理	行政处罚
内蒙古	25	20	23	18	18	30	24	16	24	23	16	22	29	3	资源行政管理	行政登记
宁夏	28	2	29	29	28	2	28	2	13	30	2	25	1	19	资源行政管理	行政赔偿
青海	30	22	30	30	24	11	11	4	30	13	3	28	8	4	城乡建设行政管理	行政确认
山东	4	12	2	3	22	10	16	20	17	6	18	10	14	18	公安行政管理	行政复议
山西	21	24	18	24	9	8	5	19	19	26	17	12	17	15	公安行政管理	行政处罚
陕西	18	17	16	15	12	4	2	7	18	20	21	11	18	14	公安行政管理	行政赔偿
上海	15	7	24	11	30	24	9	25	3	7	29	2	25	17	城乡建设行政管理	政府信息公开
四川	9	28	4	6	7	16	15	23	25	19	15	9	26	27	资源行政管理	行政补偿
天津	24	9	27	19	3	18	23	24	4	22	31	3	19	8	城乡建设行政管理	政府信息公开
西藏	31	31	31	31	31	1	8	31	31	31	22	31	31	24	资源行政管理	行政确认
新疆	26	26	25	26	4	28	1	3	5	28	9	19	9	32	资源行政管理	行政确认
云南	29	30	12	22	8	19	19	30	29	29	5	14	3	30	资源行政管理	行政登记
浙江	5	6	10	4	15	17	17	13	7	4	13	15	5	9	资源行政管理	行政复议
重庆	7	3	20	20	13	20	10	21	10	15	28	23	16	7	资源行政管理	行政确认

第三章 行政违法指数

行政违法指数是法治政府司法指数的重要组成部分，对法治政府建设情况具有极强的表征力。行政违法案件多或者少、比例高或者低、程度强或者弱等都能直观展现法治政府建设的成绩或者不足。本部分以中国裁判文书网所收入的2016年各个省、自治区、直辖市的中级人民法院以上法院判决行政机关违法的全部8 745份判决书为主要研究对象，辅以2016年各个省、自治区、直辖市的中级人民法院以上法院的全部38 080份行政判决书、54 599份行政裁定书，从行政违法数及结构分析、行政违法排名的变量分析这两部分展开研究。

第一节 行政违法数的省级行政区排名

在此首先要制作和分析行政违法数排名，再分析行政违法数在领域、行为类型、当事人方面的分布。行政违法数排名是行政违法数在各个省自治区直辖市的分布，是行政违法数的中国地图式呈现，这是本研究的出发点，所有工作都紧紧围绕于此。行政管理领域很多，比如环境保护、公安、城管、城乡建设等。普通民众熟悉这些领域，时常打交道，其相关数据能与老百姓的感受发生联系，也与行政执法主体相关。行政行为有不同的类型，比如行政处罚、行政许可、行政征收、行政规划、行政补偿、行政合同等。这些都是行政实务界常用的概念，更是理论界构筑行政行为体系的重要范畴，其相关数据对实务和理论都能发挥很好的指引作用。

根据我们的统计，2016年全国中级及以上人民法院判决行政行为违法的判决数为8 745个，平均每个省级行政区为282个。

从表1.27中可以看出，判决行政行为违法的案件数多于或接近500的有5个省级行政区，分别为河南、山东、广东、贵州、浙江。这5个省级行政区的行政违法案件数占全国行政违法案件数的41.6%。其中,排首位的河南有1 377个行政违法案件,占全国行政违法案件数的15.7%,是居第二位的山东的2倍。广东、贵州、浙江之间的数量差距不大。这5个省级行政区排在前列,一个重要原因是人口多。尤其广东、山东、河南,都是人口大省前三甲。判决行政行为违法的案件数少于100的有6个省级行政区,分别是云南(82个)、上海(81个)、青海(76个)、新疆(62个)、天津(33个)、西藏(3个)。这6个省级行政区的行政违法案件数只占全国行政违法案件数的3.8%。尤其上海、天津,作为人口多、人口密度很大的直辖市能排在后6位,说明它们法治政府建设很有成效。

表1.27　　　　　各省级行政区判决行政违法案件数

违法案件数排名	省级行政区	判决违法案件数	撤诉案件数	判决违法案件数+撤诉案件数(排名)
1	河南	1 377	933	2 310(1)
2	山东	663	507	1 170(2)
3	广东	555	344	899(5)
4	贵州	553	215	768(7)
5	浙江	493	626	1 119(3)
6	安徽	411	473	884(6)
7	湖南	358	379	737(9)
8	湖北	315	440	755(8)
9	江苏	303	686	989(4)
10	河北	300	170	470(15)
11	四川	275	231	506(14)
12	重庆	268	276	544(11)
13	广西	253	261	514(12)
14	吉林	243	132	375(20)
15	辽宁	237	373	610(10)
16	山西	225	150	375(21)
17	福建	193	245	438(17)
18	陕西	191	318	509(13)
19	宁夏	190	232	422(18)
20	北京	182	198	380(19)
21	黑龙江	182	111	293(24)
22	江西	180	137	317(23)

续表

违法案件数排名	省级行政区	判决违法案件数	撤诉案件数	判决违法案件数＋撤诉案件数（排名）
23	内蒙古	171	117	288(25)
24	海南	154	316	470(16)
25	甘肃	136	230	366(22)
26	云南	82	16	98(30)
27	上海	81	135	216(27)
28	青海	76	47	123(28)
29	新疆	62	173	235(26)
30	天津	33	79	112(29)
31	西藏	3	0	3(31)

在行政诉讼实践中，时常会出现当事人撤诉现象。撤诉有多种，但实践中往往是因为行政机关认识到自己的行政行为违法，对原行为作出纠正，或者与原告达成和解，原告基于诉讼目的已经达到而撤诉。所以，撤诉案件近似行政违法案件，在考察行政违法时，撤诉案件数也很有意义，可以将判决行政违法案件数与撤诉案件数加在一起进行观察分析。从表1.27中可以看出，判决行政违法案件数加撤诉案件数的总和排在前5位的依次是河南、山东、浙江、江苏、广东。河南不但在判决行政违法案件数遥遥领先其他省级行政区，撤诉案件数也明显多于其他省级行政区，两者相加后，就更大大多于其他省级行政区。在前5位方阵中，增加了江苏，而在违法数方面居第4位的贵州变为第7位，跳出了该方阵。判决行政违法案件数加撤诉案件数的总和排在后6位的是新疆、上海、青海、天津、云南、西藏，也都是前述判决行政违法案件数排在后6位的省级行政区。从整体来看，判决行政违法案件数加撤诉案件数之总和的排名与判决行政违法案件数排名虽略有差异，但大体一致。其中，变化最大的是吉林，判决行政违法案件数排在第14位，但判决行政违法案件数加撤诉案件数之总和排在第20位，这是因为吉林撤诉案件相对少。与之相反的是，海南判决行政违法案件数排在24位，但因为撤诉案件较多（316个），判决行政违法案件数加撤诉案件数之总和却排在16位。所以，海南以及其他判决行政违法案件数加撤诉案件数之总和排在前列的地区都需要进一步改善相关工作。

第二节 行政违法数的领域分布

一、各领域行政违法案件数排名

中国裁判文书网将行政案件涉及的领域划分为资源行政管理、城乡建设管理、公安行政管理、乡镇政府及街道办事处、其他行政管理等38个领域。其中,基于乡镇人民政府和街道办事处已单列成一管理领域,其他行政管理领域是指省市县区各级人民政府。需要特别说明的是,由于一个案件可能涉及几个管理领域,为了准确反映各个领域的真实情况,统计时不得不重复计算,所以表中总数的合计数会多于行政违法案件总数,各领域占比相加所得总数也会大于100%。

表1.28　　　　　　　　各领域行政违法案件数

排名	领域	违法数	■	◆	考虑撤诉数 ●	★
1	资源行政管理	2 296	22.44%(1)	33.3%(10)	49.2%(8)	8.47%(1)
2	其他行政管理	2 280	22.33%(2)	24.7%(17)	27.8%(34)	5.10%(3)
3	城乡建设行政管理	1 490	14.58%(3)	31.0%(13)	47.1%(11)	5.63%(2)
4	乡镇政府及街道办事处	1 187	11.63%(4)	34.0%(9)	44.5%(13)	3.52%(4)
5	人力资源和社会保障行政管理	785	7.67%(5)	15.2%(31)	23.7%(36)	2.59%(5)
6	公安行政管理	661	6.46%(6)	9.1%(35)	15.7%(37)	2.34%(6)
7	城市管理	367	3.59%(7)	47.3%(4)	54.0%(3)	0.92%(7)
8	交通运输行政管理	263	2.58%(8)	21.6%(23)	32.6%(27)	0.88%(8)
9	工商行政管理	151	1.48%(9)	27.7%(14)	40.2%(17)	0.51%(9)
10	环境保护行政管理	98	0.96%(10)	35.0%(8)	45.5%(12)	0.29%(10)
11	水利行政管理	88	0.86%(11)	48.6%(3)	53.7%(4)	0.21%(13)
12	农业行政管理	84	0.82%(12)	32.9%(11)	43.2%(15)	0.25%(11)
13	司法行政管理	72	0.71%(13)	26.8%(15)	37.3%(22)	0.22%(12)
14	卫生与计划生育行政管理	71	0.70%(14)	24.5%(18)	32.8%(26)	0.20%(14)
15	民政行政管理	40	0.39%(15)	21.9%(22)	36.4%(24)	0.16%(15)
16	旅游行政管理	38	0.37%(16)	40.0%(6)	52.1%(6)	0.12%(17)

续表

排名	领域	违法数	■	◆	考虑撤诉数 ●	★
17	质量监督检验检疫行政管理	28	0.27%(17)	19.4%(26)	30.5%(31)	0.10%(21)
18	行政监察	28	0.27%(18)	15.6%(30)	29.0%(33)	0.12%(18)
19	专利行政管理	24	0.24%(19)	54.5%(2)	68.8%(2)	0.08%(23)
20	食品药品安全行政管理	24	0.24%(20)	24.2%(19)	47.2%(10)	0.13%(16)
21	税务行政管理	24	0.24%(21)	17.4%(28)	33.7%(25)	0.11%(19)
22	财政行政管理	18	0.18%(22)	18.0%(27)	40.6%(16)	0.11%(20)
23	教育行政管理	18	0.18%(23)	15.8%(29)	30.4%(32)	0.08%(24)
24	烟草专卖行政管理	13	0.13%(24)	31.7%(12)	37.8%(20)	0.03%(28)
25	信息电讯行政管理	9	0.09%(25)	20.5%(24)	37.5%(21)	0.04%(26)
26	体育行政管理	7	0.07%(26)	43.8%(5)	50.0%(7)	0.02%(31)
27	邮政行政管理	7	0.07%(27)	24.1%(20)	43.6%(14)	0.03%(29)
28	盐业行政管理	6	0.06%(28)	25.0%(16)	30.8%(30)	0.02%(35)
29	物价行政管理	6	0.06%(29)	13.6%(32)	36.7%(23)	0.04%(25)
30	商标行政管理	6	0.06%(30)	7.7%(36)	10.0%(38)	0.02%(36)
31	文化行政管理	5	0.05%(31)	38.5%(7)	52.9%(5)	0.02%(32)
32	信访管理	5	0.05%(32)	13.5%(33)	38.5%(19)	0.04%(27)
33	金融行政管理	5	0.05%(33)	4.7%(38)	31.3%(29)	0.09%(22)
34	统计行政管理	4	0.04%(34)	66.7%(1)	71.4%(1)	0.01%(37)
35	新闻出版广电行政管理	4	0.04%(35)	22.2%(21)	39.1%(18)	0.02%(33)
36	审计行政管理	4	0.04%(36)	20.0%(25)	23.8%(35)	0.01%(38)
37	经贸与外资管理行政	2	0.02%(37)	9.5%(34)	32.1%(28)	0.02%(34)
38	海关行政管理	1	0.01%(38)	5.3%(37)	48.6%(9)	0.03%(30)

注：

按判决违法案件数从多到少进行排名；

■，系判决违法案件数与全部判决违法案件数(8 745个)的比例；

◆，系本领域的判决违法案件数占本领域的判决案件数的比例以及排名；

●，系本领域的判决违法案件数加撤诉案件数，与本领域的判决案件数加撤诉案件数的比例以及排名；

★，系本领域的判决违法案件数加本领域撤诉案件数，与判决违法案件数加撤诉案件数的比例以及排名。

从表1.28中可以看出，总数高于600个，排在前6位的依次是资源行政管理、其他行政管理、城乡建设行政管理、乡镇政府及街道办事处、人力资源和社会保障行政管理、公安行政管理。有一半的管理领域总的违法数少于40个,有三分之二的管理领域的违法数少于100个。行政违法案件数集中在前9个管理领域。资源行政管理以2 296的高数字位居首位,说明土地、林业、能源等方面的纠纷和行政违法情况很突出,这是我国经济快速发展过程中常见的现象。城乡建设行政管理领域靠前也是我国各地城市大拆大建、推进城市改造等现象的真实反映。实践中工伤认定纠纷多等把人力资源和社会保障行政管理领域推到了前面,也说明国家在大力推进社会保障工作过程中有不少需要完善的地方。公安行政管理是传统的强势部门,一直以来行政行为数量巨大、纠纷多,行政违法数也比较突出。

从本领域判决行政违法案件数与本领域判决案件数之比来看,排在前6位的依次是统计行政管理、专利行政管理、水利行政管理、城市管理、体育行政管理。说明在这几领域,纠纷形成后,作为当事人一方的行政机关违法概率高,尤其是排在前列,案件数还不少的专利行政管理、水利行政管理领域、城市管理领域。

如前所述,考察行政违法时撤诉案件数也有重要意义,这里也需要联系各领域的撤诉案件数进行考察。"本领域判决行政违法案件数+本领域撤诉案件数"除以"判决行政违法案件数+撤诉案件数"所得数值的排名基本与上述判决行政违法案件数排名一致。排在前5位的领域相同,只是第2、3位的排序对调了一下。"本领域判决行政违法案件数+本领域撤诉案件数"除以"本领域判决案件数+该地区撤诉案件数"所得数值的排名与本领域判决行政违法率(本领域判决行政违法案件数/本领域判决案件数)的排名也基本一致。较大差异出现在"其他行政管理领域",排序从第17位变为第34位,但从两者的数值(24.7%和27.8%)来看,相差又不太大。所以,撤诉案件数对各领域行政违法案件数排名影响不大。

二、行政违法案件集中领域的省级行政区排名

我们选取行政违法案件数排在前列的资源行政管理、城乡建设行政管理、人力资源和社会保障管理、公安行政管理等4个领域,按地区进行了排名。这几个领域数字大,统计意义也大。省市县区人民政府所在的其他行政管理领域、乡镇政府及街道办事处虽然数字也很大,排在前列,但它们是政府或类似于政府,与一般的管理领域概念有别,所以在此不予特别观察。

表1.29　　　　　　　　　资源行政领域的省级行政区排名

排名	省级行政区	违法数	占比（排名）	全国占比（排名）	考虑撤诉数 ◇	考虑撤诉数 □
1	河南	255	18.5%(23)	11.1%(1)	30.4%(25)	11.0%(1)
2	贵州	228	41.2%(5)	9.9%(2)	48.8%(7)	7.0%(3)
3	广东	148	26.7%(12)	6.4%(3)	35.2%(20)	5.0%(8)
4	宁夏	140	73.7%(1)	6.1%(4)	86.4%(1)	7.2%(2)
5	浙江	127	25.8%(13)	5.5%(5)	39.1%(13)	5.3%(6)
6	安徽	124	30.2%(8)	5.4%(6)	44.4%(9)	5.2%(7)
7	广西	118	46.6%(3)	5.1%(7)	67.2%(3)	6.2%(4)
8	山东	118	17.8%(26)	5.1%(8)	28.2%(27)	4.8%(9)
9	湖南	108	30.2%(9)	4.7%(9)	49.1%(6)	5.4%(5)
10	吉林	86	35.4%(6)	3.7%(10)	43.3%(10)	2.7%(17)
11	湖北	85	27.0%(10)	3.7%(11)	46.1%(8)	4.4%(10)
12	海南	75	48.7%(2)	3.3%(12)	65.5%(4)	3.4%(12)
13	江西	75	41.7%(4)	3.3%(13)	55.9%(5)	3.0%(14)
14	河北	73	24.3%(17)	3.2%(14)	35.0%(21)	2.7%(16)
15	四川	69	25.1%(15)	3.0%(15)	41.5%(11)	3.3%(13)
16	江苏	55	18.2%(25)	2.4%(16)	39.7%(12)	3.7%(11)
17	重庆	49	18.3%(24)	2.1%(20)	36.0%(17)	2.8%(15)
18	辽宁	49	20.7%(19)	2.1%(19)	35.6%(18)	2.3%(19)
19	福建	49	25.4%(14)	2.1%(17)	38.7%(14)	2.0%(21)
20	山西	49	21.8%(18)	2.1%(18)	28.5%(26)	1.6%(22)
21	内蒙古	42	24.6%(16)	1.8%(21)	30.6%(24)	1.3%(24)
22	陕西	38	19.9%(20)	1.7%(22)	38.3%(15)	2.1%(20)
23	黑龙江	28	15.4%(28)	1.2%(23)	22.2%(29)	1.0%(25)
24	北京	27	14.8%(29)	1.2%(24)	20.1%(30)	0.9%(26)
25	甘肃	26	19.1%(22)	1.1%(25)	38.2%(16)	1.5%(23)
26	云南	22	26.8%(11)	1.0%(26)	31.8%(23)	0.6%(27)
27	青海	15	19.7%(21)	0.7%(27)	24.7%(28)	0.5%(28)
28	新疆	10	16.1%(27)	0.4%(28)	67.9%(2)	2.5%(18)
29	天津	4	12.1%(30)	0.2%(29)	35.6%(19)	0.4%(29)
30	上海	3	3.7%(31)	0.1%(30)	11.4%(31)	0.2%(30)
31	西藏	1	33.3%(7)	0.0%(31)	33.3%(22)	0.0%(31)

注：

排名，系资源领域判决行政违法数从多到少的排名；

违法数，系该省级行政区资源领域判决违法案件数；

占比（排名），系该省级行政区资源领域判决违法数占该省级行政区判决违法总数的比例，以及按比例从大到小的排名；

全国占比（排名），系该省级行政区资源领域判决违法数占全国资源领域判决违法数的比例，以及从大到小的排名；

◇，系该省级行政区资源领域判决行政违法数加资源领域撤诉案件数，占该省级行政区判决违法案件总数加撤诉案件数的比例，以及从大到小的排名；

□，系该省级行政区资源领域判决违法数加资源领域撤诉案件数，占全国资源领域判决违法案件数加全国资源领域撤诉案件数的比例，以及从大到小的排名。

从表 1.29 中可以看出，不论是从资源管理领域判决行政违法案件数，还是该数在该地区判决行政违法案件总数中的占比来看，宁夏、贵州、广西都很靠前，因为这些省级行政区资源比较丰富，资源型经济比重较大，资源领域案件多发频发，违法现象严重。相反，上海、北京等大城市自然资源少，相关案件少，表中的相关排序就靠后。根据前述方法，加上撤诉案件数后得出的排序也与上述排序基本一致，即高位的仍在高位、低位的仍在低位，只是高位、低位中的次序略有变化。但新疆的变化很大，从第 28 位变为第 2 位，这是因为新疆在这个领域的撤诉数达 100 个，撤诉数很高。

表 1.30　　城乡建设领域的省级行政区排名

排名	省级行政区	违法数	占比（排名）	全国占比（排名）	考虑撤诉数 ◇	考虑撤诉数 □
1	浙江	176	35.7%(3)	11.8%(1)	49.8%(2)	10.6%(2)
2	河南	165	12.0%(19)	11.1%(2)	21.4%(23)	11.2%(1)
3	贵州	121	21.9%(6)	8.1%(3)	26.5%(16)	5.3%(6)
4	山东	112	16.9%(13)	7.5%(4)	29.3%(13)	7.7%(4)
5	安徽	111	27.0%(4)	7.4%(5)	47.6%(3)	9.2%(3)
6	黑龙江	69	37.9%(2)	4.6%(6)	40.2%(8)	2.6%(12)
7	江苏	66	21.8%(7)	4.4%(7)	44.2%(4)	6.4%(5)
8	广东	63	11.4%(22)	4.2%(8)	15.0%(28)	2.9%(10)
9	湖北	58	18.4%(10)	3.9%(9)	36.7%(9)	5.0%(7)
10	北京	48	26.4%(5)	3.2%(10)	41.5%(5)	3.2%(9)
11	吉林	48	19.8%(8)	3.2%(11)	28.0%(14)	2.6%(13)
12	青海	43	56.6%(1)	2.9%(12)	66.3%(1)	2.2%(16)
13	山西	40	17.8%(11)	2.7%(13)	27.5%(15)	2.4%(15)
14	重庆	33	12.3%(18)	2.2%(14)	24.2%(19)	2.5%(14)
15	福建	32	16.6%(15)	2.1%(15)	23.7%(20)	1.7%(20)
16	辽宁	31	13.1%(17)	2.1%(16)	35.6%(10)	3.9%(8)
17	湖南	30	8.4%(30)	2.0%(15)	19.4%(25)	2.7%(11)
18	江西	30	16.7%(14)	2.0%(17)	26.5%(17)	1.8%(19)
19	广西	30	11.9%(21)	2.0%(18)	17.4%(26)	1.6%(22)
20	河北	29	9.7%(25)	1.9%(20)	14.2%(29)	1.5%(25)
21	宁夏	27	14.2%(16)	1.8%(21)	25.6%(18)	1.9%(17)
22	四川	24	8.7%(27)	1.6%(22)	15.8%(27)	1.6%(23)
23	陕西	23	12.0%(20)	1.5%(23)	20.4%(24)	1.5%(24)
24	内蒙古	18	10.5%(23)	1.2%(24)	21.5%(22)	1.4%(27)
25	甘肃	14	10.3%(24)	0.9%(26)	30.7%(12)	1.8%(18)
26	上海	14	17.3%(12)	0.9%(25)	41.2%(6)	1.6%(21)
27	海南	13	8.4%(29)	0.9%(27)	22.5%(21)	1.4%(26)

续表

排名	省级行政区	违法数	占比（排名）	全国占比（排名）	考虑撤诉数 ◇	考虑撤诉数 □
28	新疆	12	19.4%(9)	0.8%(28)	31.5%(11)	0.8%(28)
29	云南	7	8.5%(28)	0.5%(29)	8.5%(30)	0.2%(30)
30	天津	3	9.1%(26)	0.2%(30)	41.2%(7)	0.7%(29)
31	西藏	0	0.0%(31)	0.0%(31)	0.0%(31)	0.0%(31)

注：
排名，系城乡建设领域判决违法案件数从大到小的排名；
违法数，系该省级行政区城乡建设领域判决违法的案件数；
占比（排名），系该省级行政区城乡建设领域判决违法数，占该省级行政区判决违法总数的比例，以及从大到小的排名；
全国占比（排名），系该省级行政区城乡建设领域判决违法的案件数，占全国城乡建设领域判决违法案件数的比例，以及从大到小的排名；
◇，系该省级行政区城乡建设领域判决违法数加城乡建设领域撤诉数，占该省级行政区判决违法数加撤诉数的比例，以及从大到小的排名；
□，系该省级行政区城乡建设领域判决违法数加城乡建设领域撤诉数，占全国城乡建设领域判决违法案件数加全国城乡建设领域撤诉数的比例，以及从大到小的排名。

从表1.30可以看出，不论是从城乡建设领域判决行政违法案件数，还是从该数在该地区判决行政违法案件总数中的占比来看，浙江、贵州、安徽等3个省级行政区都靠前，是该领域案件多发频发地区。相反，海南、云南、天津则是较少发生该领域案件的地区。青海在该领域判决行政违法案件数上虽然不算多，居中游水平（在各个省级行政区中第12位），但青海该领域判决行政违法案件数在该地区判决行政违法案件数中的占比却很高(56.6%，第1位），而考虑撤诉数后，这个占比进一步上升到66.3%，仍然位居第1位。这说明青海省内还是较频繁发生城乡建设行政违法案件。江苏也从第7位变为第4位，由21.8%变为44.2%，数值增加了1倍。这是因为江苏在这一领域的撤诉数高达122个。占比的数值增加超过1倍，且位次也发生明显变化的有辽宁、湖南、甘肃、上海、海南、天津。这说明在上述省级行政区，相对于该领域的违法数而言，该领域的撤诉数也不小，由此影响了数值和位次。

表1.31　　人力资源与社会保障领域的省级行政区排名

排名	省级行政区	违法数	占比（排名）	全国占比（排名）	考虑撤诉数 ◇	考虑撤诉数 □
1	重庆	134	50.0%(2)	17.1%(1)	57.6%(2)	13.4%(1)
2	广东	79	14.2%(7)	10.1%(2)	20.3%(9)	8.9%(2)

第三章 行政违法指数 / 57

续表

排名	省级行政区	违法数	占比（排名）	全国占比（排名）	考虑撤诉数 ◇	考虑撤诉数 □
3	四川	71	25.8%(4)	9.0%(3)	32.7%(4)	7.3%(3)
4	湖南	58	16.2%(6)	7.4%(4)	22.7%(6)	6.5%(5)
5	山东	51	7.7%(18)	6.5%(5)	13.3%(18)	6.9%(4)
6	河南	45	3.3%(24)	5.7%(6)	4.5%(28)	4.6%(7)
7	河北	36	12.0%(8)	4.6%(7)	15.7%(14)	3.6%(11)
8	湖北	32	10.2%(10)	4.1%(8)	15.8%(13)	3.9%(9)
9	甘肃	27	19.9%(5)	3.4%(9)	30.1%(5)	3.5%(12)
10	辽宁	26	11.0%(9)	3.3%(10)	19.5%(10)	3.7%(10)
11	山西	22	9.8%(13)	2.8%(11)	14.0%(16)	2.4%(16)
12	福建	19	9.8%(12)	2.4%(13)	20.9%(8)	3.4%(13)
13	安徽	19	4.6%(22)	2.4%(13)	10.5%(21)	3.4%(14)
14	陕西	19	9.9%(11)	2.4%(12)	14.9%(15)	2.2%(18)
15	吉林	19	7.8%(17)	2.4%(14)	10.8%(20)	2.0%(19)
16	新疆	18	29.0%(3)	2.3%(16)	41.3%(3)	2.3%(17)
17	江西	17	9.4%(14)	2.2%(17)	18.5%(11)	2.7%(15)
18	浙江	16	3.2%(25)	2.0%(18)	11.3%(19)	4.5%(8)
19	内蒙古	15	8.8%(15)	1.9%(19)	13.8%(17)	1.8%(20)
20	江苏	14	4.6%(23)	1.8%(20)	22.5%(7)	6.2%(6)
21	广西	13	5.1%(21)	1.7%(21)	7.3%(25)	1.4%(21)
22	青海	6	7.9%(16)	0.8%(22)	17.6%(12)	1.1%(22)
23	云南	6	7.3%(19)	0.8%(23)	7.3%(26)	0.4%(26)
24	宁夏	4	2.1%(29)	0.5%(27)	7.5%(24)	1.1%(23)
25	黑龙江	4	2.2%(28)	0.5%(26)	5.3%(27)	0.7%(25)
26	海南	4	2.6%(26)	0.5%(24)	3.8%(29)	0.4%(27)
27	北京	4	2.2%(27)	0.5%(25)	3.3%(30)	0.4%(28)
28	贵州	3	0.5%(30)	0.4%(28)	0.7%(31)	0.3%(29)
29	天津	2	6.1%(20)	0.3%(30)	8.8%(23)	0.2%(30)
30	西藏	2	66.7%(1)	0.3%(29)	66.7%(1)	0.1%(31)
31	上海	0	0.0%(31)	0.0%(31)	10.0%(22)	0.7%(24)

注：
排名，系人力资源与社会保障领域判决违法案件数从大到小的排名；
违法数，系该省级行政区人力资源与社会保障领域判决违法的案件数；
占比（排名），系该省级行政区人力资源与社会保障领域判决违法案件数，占省级行政区判决违法案件总数的比例，以及从大到小的排名；
全国占比（排名），系该省级行政区人力资源与社会保障领域判决违法案件数，占全国人力资源与社会保障领域判决违法案件数的比例，以及从大到小的排名；
◇，系省级行政区人力资源与社会保障领域判决违法数加人力资源与社会保障领域撤诉数，占该省级行政区判决违法数加撤诉数的比例，以及从大到小的排名；
□，系省级行政区人力资源与社会保障领域判决违法数加人力资源与社会保障领域撤诉数，占全国人力资源与社会保障领域判决违法案件数加全国人力资源与社会保障领域撤诉数的比例，以及从大到小的排名。

从表1.31中可以看出，不论是从人力资源与社会保障行政违法案件数，还是从该数在该地区判决行政违法案件总数中的占比来看，重庆、四川、湖南等3个省级行政区都靠前，是该领域案件多发频发地区。在违法数上，重庆以134个遥遥领先，比第2位的广东多出65个。新疆虽然在违法数上排名居中游，但占比却升至第3位，为29.0%，也就是说，人力资源与社会保障行政违法案件占据新疆行政违法案件的近三成。考虑撤诉数后的两项占比与前面两项占比基本一致。江苏、浙江的变化相对较大，江苏从原来的第23位、第20位变为第7位、第6位，这是因为江苏在人力资源与社会保障行政方面的撤诉数多(70个)。浙江从原来的第25位、第18位，变为第19位、第8位。这是因为浙江在此方面的撤诉数不算多(45个)，而且浙江的行政违法案件总数大。

表1.32　　　　　　　　公安领域的省级行政区排名

排名	省级行政区	违法数	占比（排名）	全国占比（排名）	考虑撤诉数 ◇	考虑撤诉数 □
1	河南	104	7.6%(13)	15.7%(1)	12.0%(15)	14.1%(1)
2	山东	70	10.6%(7)	10.6%(2)	16.7%(9)	9.7%(2)
3	山西	49	21.8%(2)	7.4%(3)	29.3%(2)	5.9%(4)
4	河北	42	14.0%(4)	6.4%(4)	19.9%(7)	5.2%(5)
5	湖南	36	10.1%(8)	5.4%(5)	15.9%(11)	5.0%(7)
6	浙江	36	7.3%(16)	5.4%(6)	11.9%(16)	5.0%(6)
7	辽宁	30	12.7%(6)	4.5%(7)	27.6%(4)	6.4%(3)
8	安徽	30	7.3%(15)	4.5%(8)	13.6%(14)	4.9%(8)
9	广东	28	5.0%(19)	4.2%(9)	9.1%(21)	4.3%(10)
10	四川	25	9.1%(10)	3.8%(10)	15.0%(12)	3.6%(13)
11	甘肃	23	16.9%(3)	3.5%(11)	28.9%(3)	3.7%(11)
12	江苏	19	6.3%(17)	2.9%(12)	16.5%(10)	4.6%(9)
13	陕西	18	9.4%(9)	2.7%(13)	20.6%(6)	3.7%(12)
14	湖北	18	5.7%(18)	2.7%(14)	10.3%(19)	2.8%(15)
15	福建	16	8.3%(11)	2.4%(15)	14.1%(13)	2.4%(16)
16	黑龙江	15	8.2%(12)	2.3%(16)	17.3%(8)	2.8%(14)
17	重庆	12	4.5%(22)	1.8%(17)	8.2%(23)	1.9%(18)
18	吉林	11	4.5%(21)	1.7%(18)	5.7%(24)	1.1%(24)
19	贵州	11	2.0%(30)	1.7%(19)	3.2%(30)	1.5%(21)
20	北京	9	4.9%(20)	1.4%(20)	11.3%(18)	1.8%(19)
21	广西	9	3.6%(26)	1.4%(21)	9.3%(20)	2.0%(17)

续表

排名	省级行政区	违法数	占比（排名）	全国占比（排名）	考虑撤诉数 ◇	考虑撤诉数 □
22	天津	8	24.2%(1)	1.2%(22)	44.4%(1)	1.6%(20)
23	新疆	8	12.9%(5)	1.2%(23)	22.9%(5)	1.3%(22)
24	内蒙古	7	4.1%(23)	1.1%(24)	8.4%(22)	1.2%(23)
25	江西	7	3.9%(25)	1.1%(25)	5.5%(25)	0.8%(26)
26	上海	6	7.4%(14)	0.9%(26)	11.8%(17)	0.8%(25)
27	海南	6	3.9%(24)	0.9%(27)	5.1%(26)	0.7%(27)
28	宁夏	4	2.1%(29)	0.6%(28)	4.1%(29)	0.7%(28)
29	青海	2	2.6%(27)	0.3%(29)	5.1%(27)	0.3%(29)
30	云南	2	2.4%(28)	0.3%(30)	4.8%(28)	0.3%(30)
31	西藏	0	0.0%(31)	0.0%(31)	0.0%(31)	0.0%(31)

注：

排名，系公安领域判决违法案件数从大到小的排名；

违法数，系该省级行政区公安领域判决违法的案件数；

占比（排名），系该省级行政区公安领域判决违法案件数，占省级行政区判决违法案件总数的比例，以及从大到小的排名；

全国占比（排名），系该省级行政区公安领域判决违法案件数，占全国公安领域判决违法案件数的比例，以及从大到小的排名；

◇，系该省级行政区公安领域判决违法数加公安领域撤诉数，占该省级行政区判决违法数加撤诉数的比例，以及从大到小的排名；

□，系该省级行政区公安领域判决违法数加公安领域撤诉数，占全国公安领域判决违法案件数加全国公安领域撤诉数的比例，以及从大到小的排名。

从表 1.32 可以看出，在公安领域判决行政违法案件数方面，排在前 6 位的依次是河南、山东、山西、河北、湖南、浙江。排在首位的河南大大多于其他省级行政区，是第 2 位山东的 2 倍。该地区公安行政违法案件数在该地区行政违法案件数中的占比，最高的是天津，数值为 24.2%，尚未达到四分之一。可见，公安违法案件在各个省级行政区违法案件中的比重都不太大。案件数多，占比相对大的是山西，其案件数为 49 个，占比 21.8%。上海公安违法案件数是 6 个，该数在上海违法案件总数中的占比为 7.4%，数值不大。自 2016 年 3 月开始，上海展开了声势浩大的道路交通大整治运动，公安机关对交通违法行为进行了严格处理。本统计很难看出该整治运动对上海公安违法案件数产生了直接影响。考虑撤诉数后，排名与前述排名基本一致，撤诉数对前述排名影响不大。

第三节　行政违法数的行为类型分布

一、各行为类型的行政违法案件数排名

中国裁判文书网对年行政案件按司法解释设定的行为类型确定案由。行为类型包括行政处罚、行政补偿、行政裁决、行政登记、行政复议、行政给付、行政规划、行政强制、行政合同、行政监督、行政许可、行政征收、行政征用、政府信息公开、其他行政行为等28类。由于一个案件可能涉及几个行为类型，统计时会有重复，图表中的合计数会多于行政违法案件数，各个行为类型占比相加所得总数也会大于100%。

表1.33　　　　　　　　行为类型排名

排名	行为类型	违法数	违法占比	总数占比（排名）	考虑撤诉 ▲	考虑撤诉 ●
1	行政复议	1 036	10.84%	16.8%(19)	29.8%(23)	12.3%(2)
2	行政强制	930	9.73%	48.3%(1)	61.7%(3)	9.1%(5)
3	行政登记	907	9.49%	36.8%(5)	54.4%(6)	10.5%(4)
4	政府信息公开	781	8.17%	19.4%(16)	31.2%(20)	8.3%(6)
5	行政征收	735	7.69%	30.8%(6)	53.3%(8)	10.7%(3)
6	行政处罚	690	7.22%	10.9%(25)	17.5%(28)	6.7%(9)
7	行政确认	596	6.23%	13.7%(22)	25.6%(25)	7.3%(7)
8	行政补偿	454	4.75%	30.1%(7)	53.5%(7)	6.8%(8)
9	行政许可	307	3.21%	28.4%(8)	41.6%(13)	3.1%(10)
10	其他行政行为	238	2.49%	26.7%(9)	77.7%(2)	12.9%(1)
11	行政给付	205	2.14%	45.7%(2)	52.7%(9)	1.5%(13)
12	行政处理	190	1.99%	21.8%(13)	35.6%(16)	2.1%(11)
13	行政合同	119	1.24%	37.1%(4)	57.9%(5)	1.6%(12)
14	行政裁决	108	1.13%	21.1%(14)	34.8%(17)	1.2%(15)
15	行政批复	68	0.71%	42.5%(3)	58.2%(4)	0.7%(19)
16	行政决定	62	0.65%	24.7%(12)	47.6%(11)	1.0%(16)
17	行政答复	58	0.61%	9.9%(27)	33.3%(19)	1.5%(14)
18	行政撤销	50	0.52%	25.0%(10)	48.5%(10)	0.8%(18)
19	行政受理	30	0.31%	14.0%(21)	28.3%(24)	0.4%(20)

续表

排名	行为类型	违法数	违法占比	总数占比（排名）	考虑撤诉 ▲	考虑撤诉 ●
20	行政监督	14	0.15%	20.6%(15)	33.3%(18)	0.2%(22)
21	行政批准	11	0.12%	10.5%(26)	30.9%(21)	0.2%(21)
22	行政规划	5	0.05%	19.2%(17)	40.0%(15)	0.1%(24)
23	行政征用	4	0.04%	12.9%(23)	42.6%(12)	0.1%(23)
24	行政复函	3	0.03%	18.8%(18)	92.1%(1)	0.9%(17)
25	行政检查	2	0.02%	25.0%(11)	40.0%(14)	0.0%(26)
26	行政允诺	2	0.02%	15.4%(20)	21.4%(26)	0.0%(28)
27	行政执行	1	0.01%	12.5%(24)	17.9%(27)	0.0%(25)
28	行政命令	1	0.01%	4.2%(28)	30.0%(22)	0.0%(27)

注：

排名，系该类型判决违法案件数从大到小的排名；

违法数，系该类型判决违法的案件数；

违法占比，系该类型判决违法案件数占判决违法案件总数的比例；

总数占比（排名），系该类型判决违法案件数，占该类型判决案件数的比例，以及从大到小的排名；

▲，系该类型判决违法案件数加该类型撤诉数，占该类型判决案件数加该类型撤诉数的比例，以及从大到小的排名；

●，系该类型判决违法案件数加该类型撤诉数，占判决行政违法案件数加撤诉数的比例，以及从大到小的排名。

从表1.33中可以看出，违法数高于700个，排在前5位的是行政复议、行政强制、行政登记、政府信息公开、行政征收。有一半以上的行为类型少于100个。排在前列的5大类型中有权力性很强的行政行为，如行政强制、行政征收，也有权力性不强的行政登记、政府信息公开，还有作为纠纷处理机制的行政复议。我国社会正处在社会变革期，深层矛盾暴露，各种利益交织冲突，有的利益对抗还十分剧烈，同时国民的权利意识和法治意识明显增强。上述5大类型违法行为的频发正是当下我国行政纠纷和社会矛盾的真实反映。

二、各行为类型行政违法案件的省级行政区排名

对行为类型行政违法案件在各地区分布情况进行观察时，我们选取了排在前列的行政复议、行政强制、行政登记、政府信息公开、行政征收。它们的数据明显多于后序的类型，统计意义大。

表 1.34　　　　　　　　行政复议的省级行政区排名

排名	省级行政区	违法数	占比（排名）	全国占比（排名）	考虑撤诉数 ☆	考虑撤诉数 ★
1	贵州	127	23.0%(1)	12.3%(1)	25.9%(9)	6.8%(6)
2	河南	123	8.9%(20)	11.9%(2)	14.3%(22)	9.6%(1)
3	山东	110	16.6%(6)	10.6%(3)	25.6%(10)	8.7%(2)
4	广西	57	22.5%(2)	5.5%(4)	29.5%(6)	3.8%(11)
5	广东	52	9.4%(16)	5.0%(5)	16.2%(21)	4.5%(8)
6	安徽	47	11.4%(14)	4.5%(6)	21.2%(15)	4.5%(7)
7	浙江	44	8.9%(21)	4.3%(7)	27.7%(7)	7.9%(3)
8	湖北	41	13.0%(9)	4.0%(8)	25.3%(12)	4.3%(9)
9	湖南	41	11.5%(13)	4.0%(9)	19.3%(18)	3.5%(12)
10	河北	39	13.0%(10)	3.8%(10)	19.7%(17)	2.9%(13)
11	江苏	39	12.9%(11)	3.8%(11)	38.6%(2)	7.6%(4)
12	四川	33	12.0%(12)	3.2%(12)	16.8%(19)	2.2%(18)
13	北京	32	17.6%(4)	3.1%(14)	35.3%(4)	3.8%(10)
14	陕西	32	16.8%(5)	3.1%(13)	26.0%(8)	2.6%(14)
15	甘肃	26	19.1%(3)	2.5%(15)	31.3%(5)	2.3%(16)
16	内蒙古	26	15.2%(7)	2.5%(16)	20.8%(16)	1.7%(21)
17	江西	25	13.9%(8)	2.3%(17)	25.5%(11)	2.4%(15)
18	吉林	22	9.1%(19)	1.9%(21)	16.6%(20)	2.0%(19)
19	福建	21	10.9%(15)	2.0%(18)	22.5%(14)	2.3%(17)
20	辽宁	21	8.9%(22)	2.0%(20)	13.9%(23)	1.6%(23)
21	山西	21	9.3%(17)	2.0%(19)	13.2%(24)	1.4%(24)
22	重庆	16	6.0%(26)	1.5%(22)	12.8%(25)	1.7%(22)
23	黑龙江	15	8.2%(23)	1.5%(23)	10.2%(28)	0.9%(26)
24	青海	6	7.9%(24)	0.6%(24)	23.1%(13)	1.0%(25)
25	海南	5	3.2%(28)	0.5%(26)	50.5%(1)	7.0%(5)
26	云南	5	6.1%(25)	0.5%(25)	8.3%(29)	0.3%(28)
27	上海	3	3.7%(27)	0.3%(28)	35.5%(3)	2.0%(20)
28	天津	3	9.1%(18)	0.3%(27)	11.8%(26)	0.2%(29)
29	宁夏	2	1.1%(30)	0.2%(30)	2.1%(30)	0.2%(30)
30	新疆	2	3.2%(29)	0.2%(29)	11.8%(27)	0.4%(27)
31	西藏	0	0.0%(31)	0.0%(31)	0.0%(31)	0.0%(31)

注：

排名，系判决行政复议违法案件数从大到小的排名；

违法数，系该省级行政区判决行政复议违法的案件数；

占比（排名），系该省级行政区判决行政复议违法案件数，占该省级行政区判决违法案件总数的比例，以及从大到小的排名；

全国占比（排名），系该省级行政区判决行政复议违法案件数，占全国判决行政复议违法案件数的比例，以及从大到小的排名；

☆，系省级行政区判决行政复议违法案件数加行政复议撤诉案件数，占该省级行政区判决行政违法案件总数加该省级行政区撤诉案件数的比例，以及从大到小的排名；

★，系该省级行政区判决行政复议违法案件数加行政复议撤诉案件数，占全国判决行政复议违法案件数加全国行政复议撤诉案件数的比例，以及从大到小的排名。

行政复议是解决行政纠纷的重要机制。它排在行政违法的首位,说明各地要进一步提高复议决定的合法性水平,助力该机制价值的实现。从表 1.34 中可以看出,判决行政复议违法案件数排在前 5 位的依次是,贵州、河南、山东、广西和广东。其中,前 3 位的数值大大多于第 4、5 位。从行政复议违法案件数在该省级行政区行政违法案件总数中的占比来看,贵州和广西依然很高,分别排第 1 和第 2;河南、广东却变化较大,分别下降至第 20 位、第 16 位,说明行政复议在河南、广东省区内并不是多发的行政违法行为类型。判决行政复议违法案件数少于等于 5 个,排在后 5 位的是上海(3 个)、天津(3 个)、宁夏(2 个)、新疆(2 个)、西藏(0 个)。从行政复议违法案件数在省级行政区行政违法案件数中的占比来看,这 5 个省级行政区也排名靠后,而变化相对大一点的是天津,从第 28 位变为第 18 位。加上撤诉数后,海南的有关占比分别跃居第 1 位、第 5 位,上海分别跃居第 3 位、第 20 位,这是因为从该省级行政区内数据而言,海南(147 个)、上海(40 个)的行政复议撤诉数很高,同时也说明海南、上海需要花大力气解决行政复议撤诉问题。

表 1.35　　　　　　　　行政强制的省级行政区排名

排名	省级行政区	违法数	占比（排名）	全国占比（排名）	考虑撤诉数 ☆	考虑撤诉数 ★
1	河南	146	10.6%(13)	15.7%(1)	15.6%(13)	14.2%(2)
2	浙江	138	28.0%(2)	14.8%(2)	39.4%(2)	14.4%(1)
3	贵州	95	17.2%(5)	10.2%(3)	19.9%(8)	7.1%(4)
4	安徽	85	20.7%(4)	9.1%(4)	36.9%(3)	11.9%(3)
5	山东	85	12.8%(7)	9.1%(5)	14.2%(16)	6.0%(5)
6	福建	40	20.7%(3)	4.3%(6)	25.4%(5)	3.2%(9)
7	湖北	36	11.4%(10)	3.9%(7)	17.0%(10)	3.6%(8)
8	江苏	33	10.9%(12)	3.5%(8)	25.2%(6)	5.7%(6)
9	湖南	32	8.9%(14)	3.4%(9)	13.3%(18)	3.1%(10)
10	广东	30	5.4%(18)	3.2%(10)	7.9%(23)	2.8%(12)
11	上海	27	33.3%(1)	2.9%(11)	43.2%(1)	2.6%(13)
12	黑龙江	25	13.7%(6)	2.7%(12)	16.0%(12)	1.9%(17)
13	江西	23	12.8%(8)	2.5%(13)	22.3%(7)	2.8%(11)
14	北京	20	11.0%(11)	2.2%(14)	14.3%(15)	1.7%(18)
15	四川	19	6.9%(15)	2.0%(15)	12.3%(19)	2.2%(15)
16	广西	13	5.1%(20)	1.4%(17)	9.1%(21)	1.5%(20)

续表

排名	省级行政区	违法数	占比（排名）	全国占比（排名）	考虑撤诉数 ☆	考虑撤诉数 ★
17	山西	13	5.8%(17)	1.4%(16)	15.2%(14)	2.4%(14)
18	河北	11	3.7%(23)	1.2%(19)	5.2%(25)	1.0%(23)
19	吉林	11	4.5%(21)	1.2%(18)	7.2%(24)	1.1%(22)
20	青海	9	11.8%(9)	1.0%(20)	16.3%(11)	0.8%(24)
21	海南	8	5.2%(19)	0.9%(21)	28.4%(4)	3.6%(7)
22	辽宁	8	3.4%(25)	0.9%(22)	10.5%(20)	1.7%(19)
23	陕西	7	3.7%(24)	0.8%(23)	8.9%(22)	1.1%(21)
24	甘肃	6	4.4%(22)	0.6%(24)	19.8%(9)	2.0%(16)
25	内蒙古	5	2.9%(26)	0.5%(25)	3.5%(27)	0.4%(26)
26	重庆	3	1.1%(27)	0.3%(26)	4.3%(26)	0.7%(25)
27	天津	2	6.1%(16)	0.2%(27)	13.9%(17)	0.3%(27)
28	宁夏	0	0.0%(28)	0.0%(28)	1.0%(29)	0.1%(28)
29	西藏	0	0.0%(29)	0.0%(29)	0.0%(30)	0.0%(30)
30	新疆	0	0.0%(30)	0.0%(30)	1.6%(28)	0.1%(29)
31	云南	0	0.0%(31)	0.0%(31)	0.0%(31)	0.0%(31)

注：

排名，系判决行政强制违法案件数从大到小的排名；

违法数，系该省级行政区判决行政强制违法的案件数；

占比（排名），系该省级行政区判决行政强制违法案件数，占该省级行政区判决违法案件总数的比例，以及从大到小的排名；

全国占比（排名），系该省级行政区判决行政强制违法案件数，占全国判决行政强制违法案件数的比例，以及从大到小的排名；

☆，系该省级行政区判决行政强制违法案件数加行政强制撤诉案件数，占该省级行政区判决行政违法案件总数加该省级行政区撤诉案件数的比例，以及从大到小的排名；

★，系该省级行政区判决行政强制违法案件数加行政强制撤诉案件数，占全国判决行政强制违法案件数加全国行政强制撤诉案件数的比例，以及从大到小的排名。

从表1.35中可以看出，从该省级行政区判决行政强制违法案件数和该数在所在省级行政区判决行政违法案件数中的占比来看，排在前列的是浙江、贵州、安徽、山东、福建。其中，浙江违法数达138个，占比也超过四分之一，说明行政强制违法在浙江是多发频发。河南的违法数是146个，位居第1位，但占比却位居第13位，也就说，从全国看，河南的行政强制违法多，但从其省内来看，也只占违法数的一成。上海的违法数是27，位居第11位，但占比却位居第1位，为33.3%，也就是说，上海的违法案件中，有三分之一是行政强制违法。2015年以来，上海持续开展了"五违四必"大整治运动，拆除了很多违法建筑，由此也产生了不少纠纷,上海行政强制违法占比高应该与此有关。考虑撤诉案件后,两项占比的排名与前面两项的排名总体一致。但海南、甘肃的变化大一些。

表1.36　　　　　　　　行政登记的省级行政区排名

排名	省级行政区	违法数	占比（排名）	全国占比（排名）	考虑撤诉数 ☆	考虑撤诉数 ★
1	宁夏	113	59.5%(1)	12.5%(1)	60.5%(1)	6.3%(3)
2	河南	89	6.5%(24)	9.8%(2)	14.2%(20)	11.5%(1)
3	湖南	62	17.3%(4)	6.8%(3)	27.5%(6)	6.0%(4)
4	山东	55	8.3%(19)	6.1%(4)	21.0%(13)	8.7%(2)
5	安徽	47	11.4%(12)	5.2%(5)	21.2%(12)	5.3%(6)
6	浙江	47	9.5%(15)	5.2%(6)	17.6%(19)	5.1%(8)
7	广东	43	7.7%(22)	4.7%(7)	13.7%(23)	4.4%(9)
8	湖北	42	13.3%(8)	4.6%(8)	27.4%(7)	5.5%(5)
9	内蒙古	40	23.4%(2)	4.4%(9)	30.3%(3)	3.1%(12)
10	甘肃	31	22.8%(3)	3.4%(10)	40.3%(2)	3.8%(11)
11	黑龙江	29	15.9%(5)	3.2%(11)	23.9%(9)	2.6%(15)
12	河北	26	8.7%(17)	2.9%(12)	13.8%(21)	2.4%(18)
13	江苏	26	8.6%(18)	2.9%(13)	22.4%(10)	4.3%(10)
14	福建	24	12.4%(11)	2.6%(16)	19.5%(15)	2.2%(19)
15	吉林	24	9.9%(13)	2.6%(17)	12.7%(25)	1.7%(23)
16	江西	24	13.3%(9)	2.6%(14)	25.7%(8)	2.9%(14)
17	陕西	24	12.6%(10)	2.6%(15)	22.0%(11)	2.5%(16)
18	广西	22	8.7%(16)	2.4%(19)	29.1%(4)	5.1%(7)
19	海南	22	14.3%(7)	2.4%(18)	29.0%(5)	2.9%(13)
20	辽宁	19	8.0%(20)	2.1%(20)	13.8%(22)	1.9%(21)
21	山西	18	8.0%(21)	2.0%(21)	18.2%(18)	2.5%(17)
22	四川	16	5.8%(26)	1.8%(22)	11.9%(26)	1.9%(22)
23	重庆	15	5.6%(27)	1.7%(23)	13.7%(24)	2.2%(20)
24	贵州	13	2.4%(29)	1.4%(25)	5.3%(29)	1.6%(24)
25	云南	13	15.9%(6)	1.4%(24)	18.8%(16)	0.9%(26)
26	北京	12	6.6%(23)	1.3%(26)	10.1%(28)	1.0%(25)
27	新疆	6	9.7%(14)	0.7%(27)	20.0%(14)	0.8%(27)
28	青海	2	2.6%(28)	0.2%(29)	10.8%(27)	0.5%(28)
29	天津	2	6.1%(25)	0.2%(28)	18.4%(17)	0.4%(29)

续表

排名	省级行政区	违法数	占比（排名）	全国占比（排名）	考虑撤诉数 ☆	考虑撤诉数 ★
30	上海	1	1.2%(30)	0.1%(30)	3.6%(30)	0.2%(30)
31	西藏	0	0.0%(31)	0.0%(31)	0.0%(31)	0.0%(31)

注：

排名，系判决行政登记违法案件数从大到小的排名；

违法数，系该省级行政区判决行政登记违法的案件数；

占比(排名)，系该省级行政区判决行政登记违法案件数，占该省级行政区判决违法案件总数的比例，以及从大到小的排名；

全国占比(排名)，系该省级行政区判决行政登记违法案件数，占全国判决行政登记违法案件数的比例，以及从大到小的排名；

☆，系该省级行政区判决行政登记违法案件数加行政登记撤诉案件数，占该省级行政区判决行政违法案件总数加该省级行政区撤诉案件数的比例，以及从大到小的排名；

★，系该省级行政区判决行政登记违法案件数加行政登记撤诉案件数，占全国判决行政登记违法案件数加全国行政登记撤诉案件数的比例，以及从大到小的排名。

从表1.36中可以看出，不论是从该省级行政区判决行政登记违法案件数来看，还是从该数在该省级行政区判决行政违法案件总数中的占比来看，宁夏都排第1，而且案件数明显领先于第2位的河南，是该类型违法行为多发频发的省级行政区。在这两个数值上，湖南也很靠前。河南、山东、浙江虽然在判决行政登记违法案件数方面靠前，依次排第2位、第4位、第6位，但在占比方面，分别降至第24位、第19位、第15位。考虑撤诉数后，两个占比的排名与前面的排名基本一致，但广西的变化较大。

表1.37 政府信息公开的省级行政区排名

排名	省级行政区	违法数	占比（排名）	全国占比（排名）	考虑撤诉数 ☆	考虑撤诉数 ★
1	河南	153	11.1%(10)	19.6%(1)	14.3%(14)	14.0%(1)
2	山东	81	12.2%(8)	10.4%(2)	16.6%(11)	7.9%(5)
3	江苏	58	19.1%(3)	7.4%(3)	37.3%(4)	10.0%(2)
4	浙江	42	8.5%(12)	5.4%(4)	20.5%(8)	7.9%(4)
5	贵州	40	7.2%(16)	5.1%(5)	7.7%(21)	2.9%(13)
6	河北	38	12.7%(6)	4.9%(7)	14.9%(13)	3.1%(11)
7	湖北	38	12.1%(9)	4.9%(8)	20.9%(7)	5.0%(7)
8	上海	38	46.9%(1)	4.9%(6)	65.0%(1)	5.5%(6)

续表

排名	省级行政区	违法数	占比（排名）	全国占比（排名）	考虑撤诉数 ☆	考虑撤诉数 ★
9	广东	35	6.3%(18)	4.5%(9)	10.3%(17)	4.1%(8)
10	江西	33	18.3%(4)	4.2%(10)	19.7%(9)	2.5%(15)
11	重庆	28	10.4%(11)	3.6%(11)	17.5%(10)	3.5%(9)
12	北京	26	14.3%(5)	3.3%(12)	22.0%(6)	3.0%(12)
13	陕西	24	12.6%(7)	3.1%(13)	22.7%(5)	3.3%(10)
14	四川	21	7.6%(14)	2.7%(14)	11.5%(16)	2.3%(17)
15	湖南	17	4.7%(21)	2.2%(15)	9.5%(18)	2.5%(14)
16	福建	16	8.3%(13)	2.0%(16)	15.7%(12)	2.3%(16)
17	黑龙江	12	6.6%(17)	1.5%(18)	7.1%(23)	0.9%(23)
18	辽宁	12	5.1%(20)	1.5%(17)	8.9%(20)	1.5%(18)
19	安徽	11	2.7%(25)	1.4%(20)	3.4%(28)	1.0%(22)
20	吉林	11	4.5%(22)	1.4%(19)	7.2%(22)	1.2%(21)
21	山西	10	4.4%(23)	1.3%(21)	5.7%(25)	0.9%(24)
22	广西	9	3.6%(24)	1.2%(22)	4.3%(27)	0.8%(25)
23	甘肃	8	5.9%(19)	1.0%(23)	13.5%(15)	1.4%(20)
24	天津	7	21.2%(2)	0.9%(24)	44.7%(3)	1.4%(19)
25	云南	6	7.3%(15)	0.8%(25)	9.5%(19)	0.5%(27)
26	内蒙古	4	2.3%(26)	0.5%(26)	4.6%(26)	0.5%(26)
27	宁夏	1	0.5%(29)	0.1%(27)	1.0%(30)	0.1%(29)
28	青海	1	1.3%(28)	0.1%(28)	2.6%(29)	0.1%(30)
29	新疆	1	1.6%(27)	0.1%(29)	6.2%(24)	0.3%(28)
30	海南	0	0.0%(30)	0.0%(30)	48.1%(2)	9.8%(3)
31	西藏	0	0.0%(31)	0.0%(31)	0.0%(31)	0.0%(31)

注：

排名，系判决政府信息公开违法案件数从大到小的排名；

违法数，系该省级行政区判决政府信息公开违法的案件数；

占比（排名），系该省级行政区判决政府信息公开违法案件数，占该省级行政区判决违法案件总数的比例，以及从大到小的排名；

全国占比（排名），系该省级行政区判决政府信息公开违法案件数，占全国判决政府信息公开违法案件数的比例，以及从大到小的排名；

☆，系该省级行政区判决政府信息公开违法案件数加政府信息公开撤诉案件数，占省级行政区判决行政违法案件总数加该省级行政区撤诉案件数的比例，以及从大到小的排名；

★，系该省级行政区判决行政处罚违法案件数加政府信息公开撤诉案件数，占全国判决政府信息公开违法案件数加全国政府信息公开撤诉案件数的比例，以及从大到小的排名。

从表1.37中可以看出，在省级行政区判决政府信息公开违法案件数方面，河南以唯一过百的案件数位居首位，遥遥领先于各省级行政区，比第2位的山东多出72个;没有案件或者只有1个案件的地区有5个;上海以38个案件排在第8位。从判决政府信息公开违法案件数在该地区判决行政违法案件数中的占比来看,上海跃居第1位,为46.9%,接近一半。也就是说,从上海内部情况来看,政府信息公开违法还比较严重。此表显示,考虑撤诉案件后的两项比值的地区排名与前面两项比值的排名大体一致。

表1.38　　　　　　　行政征收的省级行政区排名

排名	省级行政区	违法数	占比（排名）	全国占比（排名）	考虑撤诉数 ☆	考虑撤诉数 ★
1	贵州	113	20.4%(3)	15.4%(1)	25.3%(8)	7.9%(3)
2	山东	76	11.5%(9)	10.3%(2)	19.5%(14)	7.5%(4)
3	河南	68	4.9%(18)	9.3%(3)	13.7%(22)	11.0%(1)
4	吉林	66	27.2%(1)	9.0%(4)	33.7%(2)	4.8%(7)
5	安徽	62	15.1%(5)	8.4%(5)	30.8%(5)	8.2%(2)
6	浙江	60	12.2%(7)	8.2%(6)	20.7%(12)	6.0%(6)
7	湖北	31	9.8%(10)	4.2%(7)	32.1%(3)	7.1%(5)
8	广西	30	11.9%(8)	4.1%(8)	20.9%(11)	3.1%(13)
9	黑龙江	28	15.4%(4)	3.8%(9)	18.1%(16)	1.8%(18)
10	江西	26	14.4%(6)	3.5%(10)	22.2%(10)	2.3%(14)
11	江苏	20	6.6%(12)	2.7%(11)	23.5%(9)	4.6%(8)
12	青海	19	25.0%(2)	2.6%(12)	31.3%(4)	1.4%(23)
13	四川	19	6.9%(11)	2.6%(13)	13.8%(21)	2.2%(16)
14	广东	16	2.9%(24)	2.2%(14)	5.4%(30)	1.6%(20)
15	辽宁	13	5.5%(17)	1.8%(15)	25.6%(7)	4.1%(10)
16	陕西	12	6.3%(13)	1.6%(16)	13.1%(23)	1.4%(22)
17	内蒙古	10	5.8%(15)	1.4%(17)	20.3%(13)	2.2%(15)
18	海南	9	5.8%(16)	1.2%(18)	14.2%(20)	1.3%(24)
19	山西	9	4.0%(20)	1.2%(19)	14.3%(19)	1.9%(17)
20	湖南	8	2.2%(26)	1.1%(22)	16.5%(17)	3.7%(12)
21	宁夏	8	4.2%(19)	1.1%(20)	14.6%(18)	1.6%(19)
22	重庆	8	3.0%(22)	1.1%(21)	8.5%(25)	1.3%(25)
23	河北	7	2.3%(25)	1.0%(23)	6.4%(28)	1.1%(27)
24	福建	6	3.1%(21)	0.8%(24)	27.8%(6)	3.8%(11)
25	云南	5	6.1%(14)	0.7%(25)	7.2%(27)	0.3%(29)
26	甘肃	4	2.9%(23)	0.5%(26)	18.5%(15)	1.6%(21)
27	北京	2	1.1%(27)	0.3%(27)	10.9%(24)	1.2%(26)
28	上海	0	0.0%(28)	0.0%(28)	8.0%(26)	0.4%(28)

续表

排名	省级行政区	违法数	占比（排名）	全国占比（排名）	考虑撤诉数 ☆	考虑撤诉数 ★
29	天津	0	0.0%(29)	0.0%(29)	5.7%(29)	0.1%(30)
30	西藏	0	0.0%(30)	0.0%(30)	0.0%(31)	0.0%(31)
31	新疆	0	0.0%(31)	0.0%(31)	57.8%(1)	4.5%(9)

注：
排名，系判决行政征收违法案件数从大到小的排名；
违法数，系该省级行政区判决行政征收违法的案件数；
占比（排名），系该省级行政区判决行政征收违法案件数，占该省级行政区判决违法案件总数的比例，以及从大到小的排名；
全国占比（排名），系该省级行政区判决行政征收违法案件数，占全国判决行政征收违法案件数的比例，以及从大到小的排名；
☆，系该省级行政区判决行政征收违法案件数加行政征收撤诉案件数，占该省级行政区判决行政违法案件总数加该省级行政区撤诉案件数的比例，以及从大到小的排名；
★，系该省级行政区判决行政征收违法案件数加行政征收撤诉案件数，占全国判决行政征收违法案件数加全国行政征收撤诉案件数的比例，以及从大到小的排名。

从表1.38中可以看出，不论是从该省级行政区判决行政征收违法案件数来看，还是从该数在该省级行政区判决行政违法案件总数中的占比来看，贵州、吉林、安徽的排名很靠前。说明行政征收违法在这些省级行政区多发频发。河南以68个判决行政征收违法案件数，排名第3位，但从该数在判决行政违法案件数中的占比来看，却以4.9%排名18位。也就是说，在行政征收违法数方面，河南在全国有一定影响，但行政征收违法在河南省内却并不是最主要的违法行政类型。考虑撤诉数后的两项占比的排名与前面两项占比的排名基本一致。只是黑龙江、福建的变化相对大一点。黑龙江从原来的第4位变为第16位，第9位变为第18位，这是因为该省在行政征收方面的撤诉案件数少（8个）。相反，由于福建在行政征收方面的撤诉案件数较多（66个），所以其排名分别从第21位变为第6位、第24位变为第11位。

第四节 行政违法案件的当事人分布

一、原告与律师参与情况

从表1.39中可以看出，原告为自然人的行政违法案件数超过300的有河南(825个)、贵州(402个)、山东(394个)、浙江(326个),在判决行政违法案件数中的占比依次为59.9%、72.2%、59.4%、66.1%。河南的绝对数最多,是排第2的贵州的2倍,这与河南人口多不无关系。在原告为自然人的行政违法案件数与判决行政违法案件数之比上,绝大多数省级行政区都超过50%(广东、海南、重庆、新疆、西藏除外)。也就是说,在判决行政违法案件中,绝大多数省级行政区都是自然人为原告的案件多于法人或者其他组织为原告的案件。

原告有律师的比例超过50%的省级行政区有24个,超过三分之二。其中,宁夏的比例最高(88.4%),云南(76.8%)、江西(76.7%)、青海(73.7%)、福建(72.5%)也超过70%。在原告聘请律师案件方面,只有宁夏(82.1%)、北京(64.3%)、福建(62.2%)、广东(58.6%)、广西(54.2%)、海南(53.9%)、云南(73.2%)、重庆(59.7%)超过了50%。所以,从全国看,聘请本地律师的比例普遍不高。宁夏比例很高,可能与宁夏外地律师较少有关系。

表1.39 原告与律师参与

省级行政区	违法案件数	原告为自然人		原告有律师		原告有本地律师	
		数量	占比	数量	占比	数量	占比
安徽	411	262	63.7%	286	69.6%	190	46.2%
北京	182	92	50.5%	124	68.1%	117	64.3%
福建	193	112	58.0%	140	72.5%	120	62.2%
甘肃	136	81	59.6%	81	59.6%	57	41.9%
广东	555	222	40.0%	358	64.5%	325	58.6%
广西	253	150	59.3%	149	58.9%	137	54.2%
贵州	553	402	72.7%	299	54.1%	67	12.1%
海南	154	64	41.6%	91	59.1%	83	53.9%
河北	300	195	65.0%	186	62.0%	143	47.7%
河南	1 377	825	59.9%	774	56.2%	562	40.8%
黑龙江	182	126	69.2%	103	56.6%	86	47.3%
湖北	315	165	52.4%	192	61.0%	152	48.3%
湖南	358	181	50.6%	202	56.4%	177	49.4%
吉林	243	147	60.5%	98	40.3%	66	27.2%
江苏	303	180	59.4%	171	56.4%	132	43.6%
江西	180	110	61.1%	138	76.7%	77	42.8%
辽宁	237	137	57.8%	98	41.4%	90	38.0%
内蒙古	171	93	54.4%	100	58.5%	71	41.5%
宁夏	190	161	84.7%	168	88.4%	156	82.1%

续表

省级行政区	违法案件数	原告为自然人		原告有律师		原告有本地律师	
		数量	占比	数量	占比	数量	占比
青海	76	55	72.4%	56	73.7%	30	39.5%
山东	663	394	59.4%	403	60.8%	285	43.0%
山西	225	121	53.8%	130	57.8%	106	47.1%
陕西	191	123	64.4%	99	51.8%	84	44.0%
上海	81	68	84.0%	20	24.7%	20	24.7%
四川	275	149	54.2%	150	54.5%	116	42.2%
天津	33	17	51.5%	13	39.4%	11	33.3%
西藏	3	0	00.0%	1	33.3%	1	33.3%
新疆	62	24	38.7%	28	45.2%	28	45.2%
云南	82	62	75.6%	63	76.8%	60	73.2%
浙江	493	326	66.1%	335	68.0%	239	48.5%
重庆	268	89	33.2%	165	61.6%	160	59.7%

二、较高级别行政机关违法情况

行政诉讼的被告是行政机关。通过对被告的分析，我们可以观察违法行政的行政机关分布。根据《行政诉讼法》第15条规定，中级法院一审受理对国务院部门或者县级以上地方人民政府所作的行政行为提起诉讼的案件、海关处理的案件、本辖区内重大复杂案件。这三个方面的案件情况，很能反映法治政府建设情况，比如说对县级以上地方人民政府所作的行政行为提起诉讼的案件，若政府败诉，说明作为较高级别的行政机关的行政执法还存在问题。这通过中院一审案件中判决行政违法案件数和中院一审案件中判决行政违法案件率来体现。中院一审案件中判决行政违法案件率＝中院一审案件中判决行政违法案件数/中院一审案件数。中院一审案件中行政违法案件数多、中院一审案件中行政违法案件率高表明该省级行政区法治政府建设还需进一步加强。

从表1.40中可以看出，在中院一审案件中行政违法案件数排在前5位的依次是河南、贵州、浙江、广西和安徽。其中，第1位的河南比第2位的贵州多出264个，贵州也比第3位的浙江多出近100个，广西和安徽相差不多。从中还可以看出，在中院一审案件中行政违法案件率排在前5位的依次是宁夏、贵州、河南、青海和广西,它们都处于我国的中西部地区。在这两个方面,贵州和河南都位列前5位,表明这两个省的较高级别行政机关违法情况在全国比较突出。在中院一审案件中行政违法案件数排在后5位的是云南(22个)、新疆(14个)、天津(8个)、上海(2个)、西藏(0个)。在中院一审案件中行政违法案件率排在后5位的是云南(25.6%)、天津(21.6%)、海南(18.1%)、上海(2.3%)、西藏(0%)。在这两个方面,上海和天津都处于后5位,表明这两个直辖市的较高级别行政机关在依法行政方面表现很好。

表1.40　　　　中院一审案件中判决行政违法案件数排名

排序	省级行政区	违法数	占比(排名)	考虑撤诉数 ■	考虑撤诉数 ◆
1	河南	596	61.3%(3)	1 192(1)	62.6%(4)
2	贵州	332	69.9%(2)	525(3)	76.1%(1)
3	浙江	237	48.6%(10)	545(2)	48.9%(15)
4	广西	161	58.5%(5)	358(8)	66.8%(3)
5	安徽	156	46.8%(11)	461(4)	57.2%(9)
6	宁夏	152	89.4%(1)	220(14)	54.7%(10)
7	山东	148	29.8%(22)	356(9)	35.5%(27)
8	湖南	133	42.5%(14)	363(7)	52.5%(11)
9	广东	104	25.6%(25)	273(12)	36.4%(26)
10	湖北	103	40.9%(16)	407(6)	58.8%(7)
11	吉林	103	51.0%(8)	152(20)	45.5%(21)
12	河北	102	43.8%(13)	184(19)	45.7%(20)
13	陕西	81	44.0%(12)	289(11)	57.6%(8)
14	黑龙江	81	51.3%(7)	134(23)	49.8%(13)
15	四川	80	38.6%(18)	199(17)	45.4%(22)
16	江苏	79	29.8%(23)	413(5)	43.4%(24)
17	辽宁	73	37.4%(19)	265(13)	46.7%(19)
18	内蒙古	73	54.5%(6)	128(26)	51.0%(12)
19	江西	62	41.6%(15)	136(21)	47.6%(18)
20	甘肃	61	50.4%(9)	219(15)	62.4%(5)
21	福建	56	31.3%(20)	210(16)	49.5%(14)
22	重庆	54	40.0%(17)	198(18)	48.2%(16)
23	山西	44	30.8%(21)	129(25)	44.0%(23)
24	北京	42	25.6%(26)	136(22)	37.6%(25)
25	青海	36	60.0%(4)	51(27)	47.7%(17)

续表

排序	省级行政区	违法数	占比 （排名）	考虑撤诉数 ■	◆
26	海南	23	18.1%(29)	307(10)	69.3%(2)
27	云南	22	25.6%(27)	28(28)	27.5%(28)
28	新疆	14	28.0%(24)	133(24)	59.6%(6)
29	天津	8	21.6%(28)	20(30)	17.2%(29)
30	上海	2	2.3%(30)	27(29)	12.2%(30)
31	西藏	0	0.0%(31)	0(31)	0.0%(31)

注：
排序，系该省级行政区中院一审案件中判决行政违法案件数从大到小的排列；
违法数，系该省级行政区中院一审案件中判决行政违法的案件数；
占比（排名），系该省级行政区中院一审案件中判决行政违法案件数，占该省级行政区中院一审案件数的比例，以及从大到小的排名；
■，系该省级行政区中院一审案件中判决行政违法案件数，加该省级行政区撤案件数，以及从大到小的排名；
◆，系该省级行政区中院一审案件中判决行政违法案件数加该省级行政区撤案件数，占该省级行政区中院一审案件数加该省级行政区撤诉案件数的比例，以及从大到小的排名。

从表1.40中可以看出，加上撤诉数后，中院一审案件中行政违法案件数的排序发生了一些变化。在前5位的地区中，广西从第4位变为第8位，江苏从第16位变为第5位。也就是说，较高级别行政机关的违法状况，广西没有案件数排名那么高，江苏不像案件数排名那么低，但江苏较高级别行政机关却能积极通过协商化解矛盾和纠纷。河南还处于首位，其他3个省级行政区的排名是相互调换了一下。在后5位中，新疆从原来的第28位变为第24位，由于变化幅度不大，所以撤诉数因素对较高级别行政机关违法状况的排序没有产生很大影响。

第五节 行政违法数排名的变量分析

一、行政违法数在行政案件数中的占比

（一）行政违法案件数在行政案件数中的占比

表1.41显示，就行政违法案件数在该省级行政区行政案件数中的占比，排在前5位的依次是青海(54.3%)、宁夏(52.5%)、西藏(50%)、贵州(49%)、

海南(40.7%)。这一定程度反映出这5个省级行政区行政违法比例偏高(西藏例外,因为其案件数少,统计学意义较小)。排在后5位的是重庆(16.4%)、江苏(11.7%)、北京(11.5%)、天津(9.3%)、上海(5.2%)。北京、天津、重庆、上海这四大直辖市位居后列,尤其上海位列最后,这一定程度说明它们法治政府建设良好。

表1.41　行政违法案件数在该省级行政区行政案件数的占比

排名	省级行政区	违法数	案件数	占比(排名)	加撤诉数占比(排名)
1	河南	1 377	3 879	35.5%(6)	48.0%(7)
2	山东	663	3 165	20.9%(22)	31.9%(24)
3	广东	555	2 941	18.9%(24)	27.4%(27)
4	贵州	553	1 128	49.0%(4)	57.2%(5)
5	浙江	493	2 425	20.3%(23)	36.7%(17)
6	安徽	411	1 522	27.0%(12)	44.3%(11)
7	湖南	358	1 707	21.0%(21)	35.3%(19)
8	湖北	315	1 248	25.2%(16)	44.7%(10)
9	江苏	303	2 583	11.7%(28)	30.3%(25)
10	河北	300	1 630	18.4%(25)	26.1%(28)
11	四川	275	1 256	21.9%(19)	34.0%(22)
12	重庆	268	1 636	16.4%(27)	28.5%(26)
13	广西	253	916	27.6%(11)	43.7%(12)
14	吉林	243	940	25.9%(14)	35.0%(20)
15	辽宁	237	1 287	18.4%(26)	36.7%(18)
16	山西	225	739	30.4%(7)	42.2%(13)
17	福建	193	901	21.4%(20)	38.2%(16)
18	陕西	191	758	25.2%(17)	47.3%(9)
19	宁夏	190	362	52.5%(2)	71.0%(1)
20	北京	182	1 589	11.5%(29)	21.3%(30)
21	黑龙江	182	738	24.7%(18)	34.5%(21)
22	江西	180	680	26.5%(13)	38.8%(15)
23	内蒙古	171	587	29.1%(9)	40.9%(14)
24	海南	154	378	40.7%(5)	67.7%(2)
25	甘肃	136	538	25.3%(15)	47.7%(8)
26	云南	82	272	30.1%(8)	34.0%(23)
27	上海	81	1 559	5.2%(31)	12.8%(31)
28	青海	76	140	54.3%(1)	65.8%(3)
29	新疆	62	217	28.6%(10)	60.3%(4)

续表

排名	省级行政区	违法数	案件数	占比(排名)	加撤诉数占比(排名)
30	天津	33	353	9.3%(30)	25.9%(29)
31	西藏	3	6	50.0%(3)	50.0%(6)

注：
排名，系判决行政违法案件数从大到小的排序；
占比(排名)，系该省级行政区判决行政违法案件数占该省级行政区经判决案件数的比例，以及从大到小的排名；
加撤诉数占比(排名)，系该省级行政区判决行政违法案件数加该省级行政区撤诉案件数，占该省级行政区判决案件数加该省级行政区撤诉案件数的比例，以及从大到小的排名。

表1.41显示，加上撤诉数后，行政违法案件数与行政案件数之比排在前5位的省级行政区中，包含原有的4个省级行政区，宁夏跃居首位，西藏由第3位变为第6位，而新疆由原来的第10位变为第4位，其他4个省级行政区的位次在相互间微调。行政违法案件数在行政案件数中的占比排在后5位的省级行政区中，包含原有的3个地区(上海、天津、北京)，上海仍然是倒数第1，江苏由28位变为25位，广东由第24位变为第27位。新疆、湖北、甘肃、内蒙古的变化较大，位次从第10位变为第4位、第16位变为第10位、第15位变为第8位、第9位变为第14位。也就是说，行政违法状况排名不仅要看经判决行政行为违法的案件数，以及该数在经判决案件数中的占比，而且还要看撤诉案件数以及有关占比。撤诉案件数是影响行政违法状况排名的重要因素。

(二) 省级行政区行政违法案件数在全国行政违法案件中的占比

表1.42 省级行政区行政违法案件数在全国行政违法案件中的占比

排名	省级行政区	违法数	判决占比	撤诉数	判决加撤诉占比(排名)
1	河南	1 377	15.7%	933	13.4%(1)
2	山东	663	7.6%	507	6.8%(2)
3	广东	555	6.3%	344	5.2%(5)
4	贵州	553	6.3%	215	4.4%(7)
5	浙江	493	5.6%	626	6.5%(3)
6	安徽	411	4.7%	473	5.1%(6)
7	湖南	358	4.1%	379	4.3%(9)
8	湖北	315	3.6%	440	4.4%(8)

续表

排名	省级行政区	违法数	判决占比	撤诉数	判决加撤诉占比(排名)
9	江苏	303	3.5%	686	5.7%(4)
10	河北	300	3.4%	170	2.7%(15)
11	四川	275	3.1%	231	2.9%(13)
12	重庆	268	3.1%	276	3.1%(11)
13	广西	253	2.9%	261	3.0%(12)
14	吉林	243	2.8%	132	2.2%(19)
15	辽宁	237	2.7%	373	3.5%(10)
16	山西	225	2.6%	150	2.2%(20)
17	福建	193	2.2%	245	2.5%(17)
18	陕西	191	2.2%	318	2.9%(14)
19	宁夏	190	2.2%	232	2.4%(18)
20	北京	182	2.1%	198	2.2%(21)
21	黑龙江	182	2.1%	111	1.7%(24)
22	江西	180	2.1%	137	1.8%(23)
23	内蒙古	171	2.0%	117	1.7%(25)
24	海南	154	1.8%	316	2.7%(16)
25	甘肃	136	1.6%	230	2.1%(22)
26	云南	82	0.9%	16	0.6%(29)
27	上海	81	0.9%	135	1.2%(27)
28	青海	76	0.9%	47	0.7%(28)
29	新疆	62	0.7%	173	1.4%(26)
30	天津	33	0.4%	79	0.6%(30)
31	西藏	3	0.0%	0	0.0%(31)

注：

排名，系判决行政违法案件数从大到小的排名；

判决占比，系该省级行政区判决行政违法案件数，占全国判决行政违法案件数的比例；

判决加撤诉占比(排名)，系该省级行政区判决行政违法案件数加该省级行政区撤诉案件数，占全国判决行政违法案件数加全国撤诉案件数的比例，以及从大到小的排名。

省级行政区判决行政违法案件数在全国判决行政违法案件中的占比排名，与前述判决行政违法案件数的全国排名应是完全一致。表1.42显示，该占比超过10%的只有河南。超过5%但低于10%的有4个省级行政区，超过3%但低于5%的有7个省级行政区，低于1%的有6个省级行政区。加上撤诉数后的排名整体变化不大。相对而言，变化大一点的情况是，河北由第10位变为第15位，海南由第24位变为第16位。

(三) 一审行政违法二审维持案件数及其占比

法院一审判决行政违法后,二审维持了该行政违法判决,这说明行政机关确实违法了。以此为指标能很好地表征法治政府建设情况。它通过一审行政违法二审维持案件数、该数在二审案件数中的占比来共同体现。一审行政违法二审维持案件数多、占比高,均表明该省级行政区法治政府建设还需进一步加强。

表 1.43　　　　一审行政违法二审维持案件数及其占比

排名	省级行政区	一审行政违法二审维持案件数	二审案件数	占比(排名)
1	河南	579	2 996	19.3%(5)
2	山东	313	2 746	11.4%(13)
3	广东	264	2 603	10.1%(19)
4	重庆	183	1 374	13.3%(8)
5	安徽	155	1 221	12.7%(10)
6	浙江	154	1 790	8.6%(22)
7	江苏	153	2 259	6.8%(28)
8	湖南	144	1 386	10.4%(17)
9	贵州	142	693	20.5%(3)
10	湖北	124	960	12.9%(9)
11	四川	113	1 044	10.8%(16)
12	北京	111	1 451	7.6%(26)
13	河北	100	1 381	7.2%(27)
14	山西	95	652	14.6%(6)
15	海南	85	323	26.3%(2)
16	福建	73	742	9.8%(21)
17	吉林	72	723	10.0%(20)
18	上海	70	1 523	4.6%(31)
19	黑龙江	67	573	11.7%(12)
20	辽宁	67	1 121	6.0%(30)
21	陕西	65	583	11.1%(15)
22	内蒙古	55	459	12.0%(11)
23	广西	47	594	7.9%(25)
24	江西	41	490	8.4%(23)
25	甘肃	39	378	10.3%(18)
26	宁夏	26	194	13.4%(7)

续表

排名	省级行政区	一审行政违法二审维持案件数	二审案件数	占比(排名)
27	新疆	20	175	11.4%(14)
28	天津	20	325	6.2%(29)
29	青海	19	93	20.4%(4)
30	云南	18	222	8.1%(24)
31	西藏	2	6	33.3%(1)

注：
排名，系一审行政违法二审维持案件数从大到小的排名；
占比(排名)，系该省级行政区一审行政违法二审维持案件数，占该省级行政区二审案件数的比例及其排名；

从表 1.43 中可以看出，在一审行政违法二审维持案件数上，排在前 5 位的依次是河南、山东、广东、重庆和安徽，它们多为人口大省。第 1 位的河南比第 2 位的山东多出 266 个，差距明显。但两省人口差不多，甚至山东更多。这两省之后的差距放缓，呈现缓步下降梯形。安徽与浙江、浙江与江苏之间都相差 1 个案件。黑龙江与辽宁、新疆与天津的案件数相等。排在后 5 位的是新疆、天津、青海、云南、西藏。从表中可以看出，一审行政违法二审维持案件数在二审案件数中的占比排在前 5 位的是西藏、海南、贵州、青海、河南，都为中西部地区，排在后 5 位的是河北、江苏、天津、辽宁和上海。所有省级行政区的占比都低于 20%。三分之一的省级行政区低于 10%。引人注目的是，在案件数排名中并无优势的上海在占比方面却排到了最后一位，大大提升了整体形势。

二、每百万人口的行政违法案件数排名

根据已有判决数量，结合各省级行政区人口数量，可得出每百万人的行政违法判决数。从宏观角度说，行政违法数还是受到人口等因素的影响。所以考虑人口因素，从每百万人口行政违法案件发生率角度进行考察，比从行政违法案件绝对数角度考察显得更公平。两者都靠前的话，说明该省级行政区法治政府建设存在明显不足，两者都靠后的话，说明该省级行政区法治政府建设成效良好。

从表 1.44 中可以看出，宁夏以每百万人 28.15 个行政违法案件遥遥领先。

每百万人高于 10 个行政违法案件的,还有海南(16.79 个)、贵州(15.56 个)、河南(14.45 个)、青海(12.82 个)。每百万人行政违法案件数排在前 5 位,且在前述行政违法案件总数排名也进入前 5 位的有贵州和河南。这说明贵州和河南的法治政府建设值得检讨。排在后 4 位、低于 3 件的是新疆、天津、云南、西藏。在前述行政违法案件总数中,新疆、天津、西藏也排在后 4 位。当然,这 3 个地区的法治政府建设是否取得了较好成效,仍有结合其他因素展开讨论的空间。鉴于宁夏在每百万人行政违法案件数中领先很多,且在行政违法案件总数中位于第 19 位,不算很低,所以,宁夏的法治政府建设情况也不容乐观。

表 1.44　　　　　　　　每百万人行政违法案件数

排名	省级行政区	违法数/百万人	撤诉数	结合撤诉数/百万人(排名)
1	宁夏	28.15	232	34.37(2)
2	海南	16.79	316	34.46(1)
3	贵州	15.56	215	6.05(16)
4	河南	14.45	933	9.79(4)
5	青海	12.82	47	7.93(11)
6	吉林	8.89	132	4.83(22)
7	浙江	8.82	626	11.2(3)
8	重庆	8.79	276	9.06(6)
9	北京	8.38	198	9.11(5)
10	内蒙古	6.79	117	4.64(23)
11	山东	6.67	507	5.1(20)
12	安徽	6.63	473	7.63(12)
13	山西	6.11	150	4.07(24)
14	辽宁	5.41	373	8.52(9)
15	湖北	5.35	440	7.48(13)
16	湖南	5.25	379	5.56(18)
17	广西	5.23	261	5.39(19)
18	甘肃	5.21	230	8.81(7)
19	广东	5.05	344	3.13(25)
20	陕西	5.01	318	8.34(10)
21	福建	4.98	245	6.32(15)
22	黑龙江	4.79	111	2.92(27)
23	河北	4.02	170	2.28(29)
24	江西	3.92	137	2.98(26)
25	江苏	3.79	686	8.58(8)

续表

排名	省级行政区	违法数/百万人	撤诉数	结合撤诉数/百万人(排名)
26	上海	3.35	135	5.58(17)
27	四川	3.33	231	2.8(28)
28	新疆	2.59	173	7.21(14)
29	天津	2.11	79	5.06(21)
30	云南	1.72	16	0.34(30)
31	西藏	0.91	0	0(31)

从表1.44中可以看出,考虑撤诉数后,每百万人行政违法案件数的前5位情况发生了变化,浙江、北京进入了前5位,贵州从第3位变为第16位,变化很大。排在后5位的也发生了变化,新疆从第28位变为第14位。此外,有明显变化的还有,吉林从第6位变为22位,江苏从第25位变为第8位。陕西从第20位变为第10位。总体而言,两组数据之间还是有较大变化。

三、GDP每千亿元的行政违法案件数排名

根据判决行政违法案件数,结合各省级行政地生产总值,可得出每千亿元GDP的行政违法案件数。从宏观角度说,行政违法案件数还是受到人口、经济发展程度、地理位置、区域面积等因素的影响。所以考虑地区生产总值,从每千亿元地区生产总值行政违法案件发生率角度进行考察比从行政违法案件绝对数角度考察显得更公平。

从表1.45中可以看出,宁夏以59.96/千亿元GDP占据榜首,比排在第二位贵州高出13个,高于20/千亿元GDP的还有海南(37.99个)、河南(34.02个)、青海(29.54个)。排在后四位,低于5/千亿元GDP的是江苏、上海、西藏、天津,说明它们在这方面情况较好(但西藏案件数少,统计意义不大)。

表1.45　　　　　　　每千亿元的行政违法案件数

排名	省级行政区	违法数/千亿元	撤诉数	结合撤诉数/千亿元(排名)
1	宁夏	59.96	232	73.22(2)
2	贵州	46.96	215	18.26(7)
3	海南	37.99	316	77.96(1)

续表

排名	省级行政区	违法数/千亿元	撤诉数	结合撤诉数/千亿元(排名)
4	河南	34.02	933	23.05(4)
5	青海	29.54	47	18.27(6)
6	甘肃	18.89	230	31.94(3)
7	山西	17.24	150	11.49(16)
8	安徽	16.84	473	19.38(5)
9	吉林	16.44	132	8.93(17)
10	重庆	15.11	276	15.56(11)
11	广西	13.81	261	14.25(12)
12	黑龙江	11.83	111	7.21(23)
13	湖南	11.35	379	12.01(15)
14	辽宁	10.65	373	16.77(9)
15	浙江	10.43	626	13.25(14)
16	陕西	9.85	318	16.39(10)
17	山东	9.75	507	7.45(21)
18	江西	9.73	137	7.41(22)
19	湖北	9.64	440	13.47(13)
20	内蒙古	9.43	117	6.45(25)
21	河北	9.35	170	5.3(26)
22	四川	8.35	231	7.01(24)
23	北京	7.09	198	7.71(20)
24	广东	6.86	344	4.25(29)
25	福建	6.70	245	8.5(19)
26	新疆	6.43	173	17.93(8)
27	云南	5.54	16	1.08(30)
28	江苏	3.92	686	8.86(18)
29	上海	2.87	135	4.79(27)
30	西藏	2.61	0	0(31)
31	天津	1.85	79	4.42(28)

从表1.45中可以看出,考虑撤诉数后,排名情况有了不小的变化,贵州从第2位变为第7位,跳出了前5位,宁夏由第1位变为第2位,海南由第3位变为第1位,青海由第5位变为第6位。在原来的后5位中,第28位的江苏变为第18位。此外,原来第7位的山西变为第16位,第9位的吉林变为第17位,第12位的黑龙江变为第23位,原来第26位的新疆变为第8位。

综合整体情况来看,案件数多和比例高的多属于西部地区、中部地区,案件数少和比例低的多属于东部地区。在前述按行政违法案件与人口、GDP等关联所呈现情况来看,情况亦是如此。所以,目前,我国东部地区法治政府建设取得了较好成效,而中西部地区在这一方面还需要进一步加强。

第四章　行政不作为指数

行政不作为是研究评价法治政府的重要指标之一。学界对于行政不作为的界定形成了多种学说。有的持申请说，认为行政不作为是指行政主体对相对人的申请，应当履行且实际能够履行作为义务，而不履行或拖延履行的行为。① 有的持实质说，认为行政不作为是行政主体在负有法定义务时，消极地不做出一定的动作，可以分程序上的不为和实质上的不为。程序上有所为，但实质上未完全履行法定义务，构成实质的不作为。② 还有的持消极说，认为行政不作为就是行政机关消极地不作出一定动作。③ 以上学说的共通之处在于，都确认了行政机关没有积极依法履行职责，都体现出政府履责的消极性特点。行政不作为在主观上表现为行政主体对其行政职权的放弃，客观上则表现为不履行或拖延履行所承担的行政作为义务。行政作为是法治政府的主要标志之一，与之相对的行政不作为理应是考量评价法治政府的一个重要负面指标。作为对我国法治政府评估的成果，本报告采取司法审判大数据分析方法，对我国各地行政不作为案件进行实证研究，力图客观反映当前我国行政不作为案件的表现状况，并进行合理解读。

行政不作为的概念在学界与实务界一直存在较大分歧，但这并不影响其成为行政诉讼案件中非常重要的一种诉讼案由。④ 在有关行政不作为案件的实证研究中，行政不作为类型、行政不作为发生领域和行政不作为案件发生地域等是三个最值得考察分析的方面。以下我们以中国裁判文书网中获取的2016年全国中级人民法院以上审理的一审、二审和再审等行政诉讼案件判决书为范围，对其中行政不作为案件进行了相关统计分析，围绕行政不作为的类型、涉及领域和发生地域三个视角进行实证研究，最后分析有关影响因素。

---

① 参见罗豪才：《中国司法审查制度》，北京大学出版社1993年版，第168页。
② 参见熊菁华：《试论行政不作为责任》，《行政法学研究》1999年第2期。
③ 参见张海棠、娄正涛：《行政不作为案件的审理思路》，《东方法学》2012年第3期。
④ 参见2004年1月14日《最高人民法院关于规范行政案件案由的通知》，法发〔2004〕2号。

第一节　行政不作为案件的类型分析

在学理研究上,学者们对行政不作为依据不同标准进行了不同的类型化区分。例如,按照不作为侵犯的客体为标准进行分类,可以分为侵犯公共利益的行政不作为与侵犯个人利益的行政不作为;①以作为产生条件为标准,可以分为依申请行政不作为与依职权行政不作为;②根据行政主体消极违反的是抽象不作为义务还是具体不作为义务,还可以划分为具体行政不作为与抽象行政不作为。③ 此外,也有人总结了行政不作为的拒绝履行、不予答复和拖延履行三种表现形式,行政复议不作为和行政不作为,排除性行政不作为和授益性行政不作为,等等。由此试图透过纷繁复杂的行政不作为现象,分析把握行政不作为的共同规律及个性特征,进而推进行政不作为研究向纵深发展。④ 基于本报告主旨,我们的行政不作为案件大数据实证分析首先选择的是行政不作为案件数据中的一个重要而且便利的考量指标,即行政行为的种类。这里我们基本排除了以上学界对行政不作为类型的诸多划分标准,而直接使用裁判文书中对行政行为的划分,如政府信息公开不作为、行政补偿不作为、行政裁决不作为、行政处罚不作为等。

一、行政不作为案件分类概况

根据第三方提供的 2016 年度(包含 2017 年上传网站)全国行政案件裁判文书的数据统计,可以得出全国的行政案件判决书共 38 080 份。以案由而非裁判结果为筛选条件,从中筛选出 3 626 份行政不作为案件判决书。3 626 件行政不作为案件属于行政不作为案发数,其与法院认定行政不作为数量存在差异。对 3 626 份行政不作为案件判决书依据案由筛选可得,标明了行政行为种类的不作为案件判决书 1 147 份,未标明行政行为种类的不作为判决书(案由为空白)2 479 份。在行政不作为案件中,行政不作为

---

① 参见薛乐乐:《论行政不作为的司法救济》,郑州大学 2015 年博士学位论文,第 14 页。
② 参见熊菁华:《论行政不作为的救济》,中国政法大学 2001 博士学位论文,第 26 页。
③ 参见程建勇:《论行政不作为的司法救济》,西南政法大学 2008 年博士学位论文,第 10 页。
④ 参见尚海龙、尹士国:《行政不作为类型化研究现状与反思》,《人民论坛》2014 年第 23 期。

的隐蔽性较强,有的是在行政行为施行过程中的不作为,更多的情况下难以判断不作为的具体类型。这也许是某些不作为案件难以标明行政行为种类的原因。

在对各类行政行为中的不作为进行进一步细化筛选过程中,常常出现一个案件中包括多个行政不作为的情况。为了避免重复统计和简化分析,只对单一行政不作为类型进行统计,总计为1031件。行政不作为类型如图1.6所示。从图1.6、图1.7中可以看出,行政不作为类型有20种,其中政府信息公开不作为以338件排列第一,约占统计案件总数32.78%(取小数点后两位);行政复议不作为案发数量排名第二,约占统计案件总数25.31%,案件数量为261件;行政登记不作为案发数为126件,约占统计案件12.22%,排列第三;行政许可不作为案发数77件,约占7.47%;行政补偿不作为案件51件,约占4.95%。这五类案发数量相加约占统计案件总数的80%左右。在行政行为不作为案件中行政规划不作为、行政救助不作为、行政批准不作为案发数量分别只有1件,研究意义不大。选取案发数量较大的几类行政不作为进行分析,更能反映法治政府建设情况。

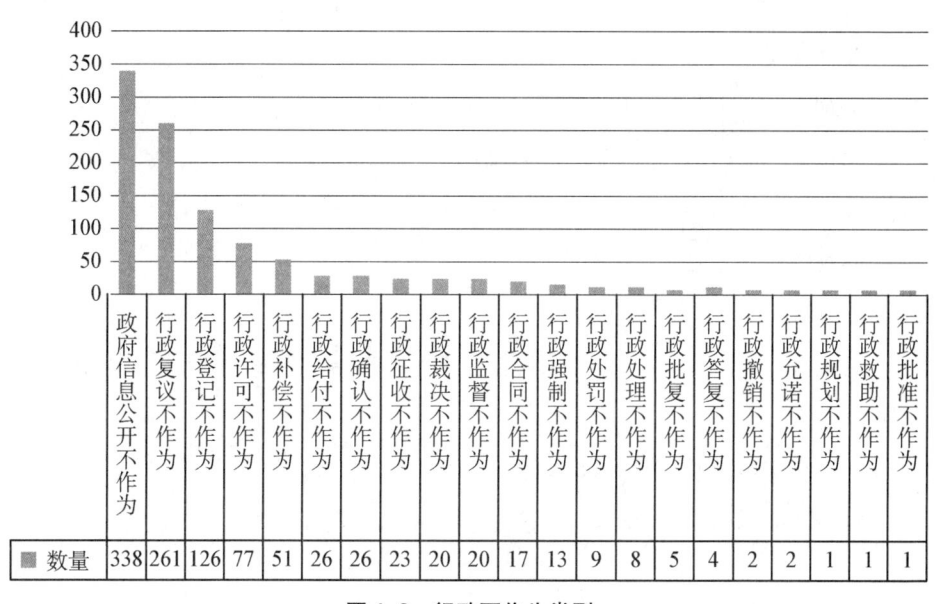

类型	数量
政府信息公开不作为	338
行政复议不作为	261
行政登记不作为	126
行政许可不作为	77
行政补偿不作为	51
行政给付不作为	26
行政确认不作为	26
行政征收不作为	23
行政裁决不作为	20
行政监督不作为	20
行政合同不作为	17
行政强制不作为	13
行政处罚不作为	9
行政处理不作为	8
行政批复不作为	5
行政答复不作为	4
行政撤销不作为	2
行政允诺不作为	2
行政规划不作为	1
行政救助不作为	1
行政批准不作为	1

图1.6 行政不作为类型

行政不作为类型

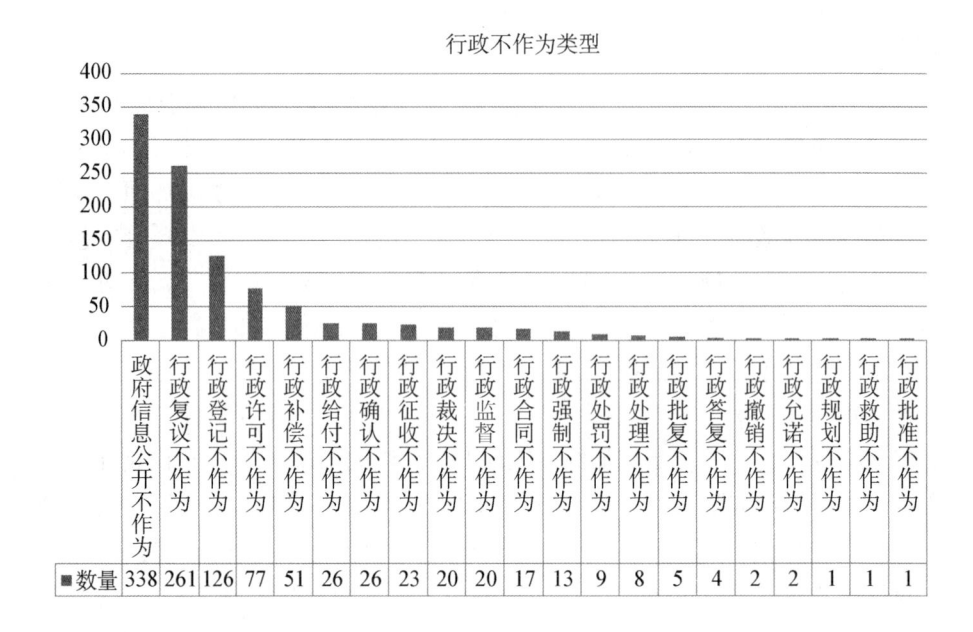

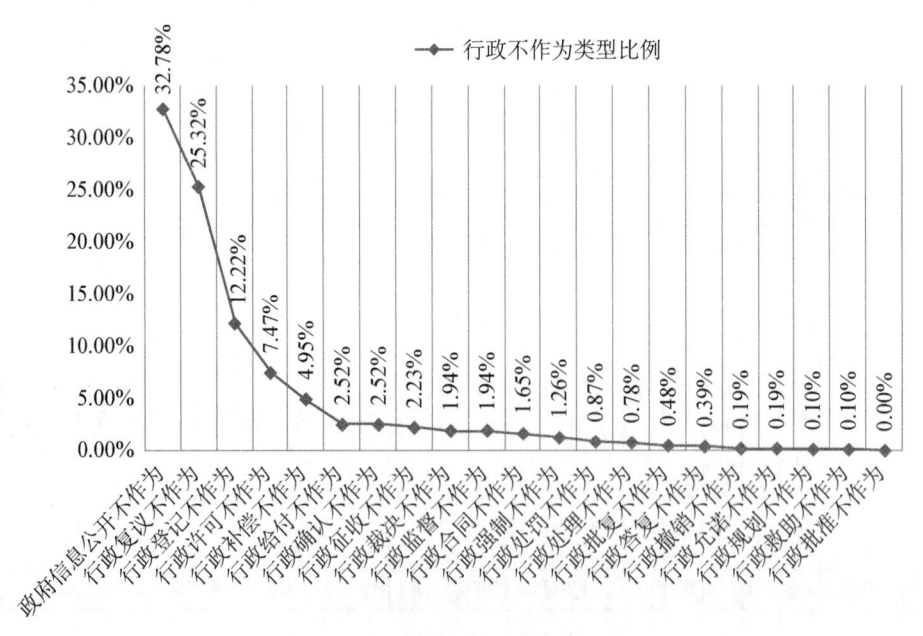

类型	数量	比例
政府信息公开不作为	338	32.78%
行政复议不作为	261	25.32%
行政登记不作为	126	12.22%
行政许可不作为	77	7.47%
行政补偿不作为	51	4.95%
行政给付不作为	26	2.52%
行政确认不作为	26	2.52%
行政征收不作为	23	2.23%
行政裁决不作为	20	1.94%
行政监督不作为	20	1.94%
行政合同不作为	17	1.65%
行政强制不作为	13	1.26%
行政处罚不作为	9	0.87%
行政处理不作为	8	0.78%
行政批复不作为	5	0.48%
行政答复不作为	4	0.39%
行政撤销不作为	2	0.19%
行政允诺不作为	2	0.19%
行政规划不作为	1	0.10%
行政救助不作为	1	0.10%
行政批准不作为	1	0.00%

图 1.7 行政不作为类型及其比例

二、各省级行政区案发行政不作为的类型分析

上面初步统计了案发行政不作为的具体类型。根据上文的类型分析，不能评判各省级行政区的法治政府建设状况，还需要通过案发数量来表现地域差异，分析各省级行政区依法履行政府职能、依法行政、执法、对行政权力的制约和监督的情况。

原告认定	河南	湖南	江苏	陕西	浙江	山东	湖北	四川	广东	吉林	黑龙江	安徽	福建	贵州	广西	江西	重庆	北京	辽宁	山西	河北	云南	甘肃	宁夏	天津	海南	内蒙古	青海	上海	西藏	新疆
	39	30	27	27	27	24	21	18	14	14	13	12	11	10	8	8	7	5	5	5	4	3	2	2	2	2	0	0	0	0	0

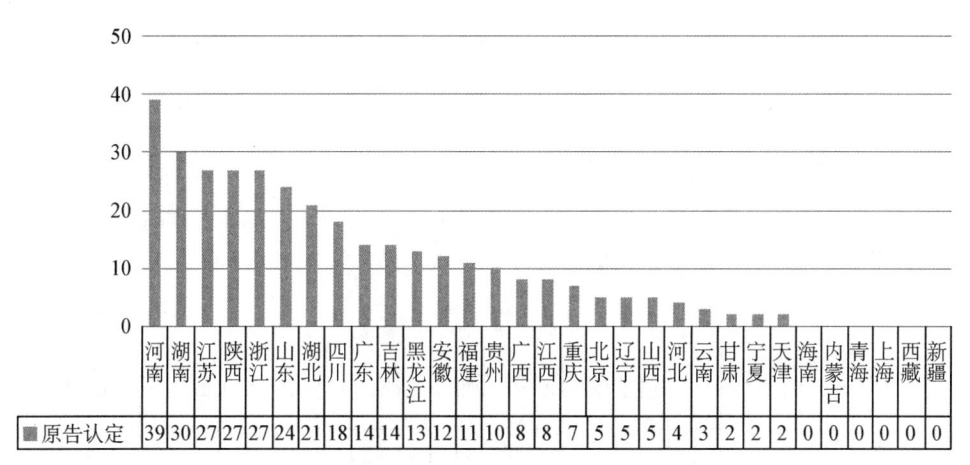

图 1.8　各省级行政区政府信息公开不作为案发数

表 1.46　各省级行政区政府信息公开行政不作为案发数

		省级行政区	
信息公开不作为案发数	案件数区段	大于 30	1 地：河南
		10—30	13 地：湖南、江苏、陕西、浙江、山东、湖北、四川、广东、吉林、黑龙江、安徽、福建、贵州
		小于 10	17 地：广西、江西、重庆、北京、辽宁、山西、河北、云南、甘肃、宁夏、天津、海南、内蒙古、上海、西藏、新疆

《政府信息公开条例》第 1 条指出，该条例制定之目的就是为了保障公民、法人和其他组织依法获取政府信息，提高政府工作的透明度，促进依法行政，充分发挥政府信息对人民群众生产、生活和经济社会活动的服务作用。由图 1.8 可知，政府信息公开不作为案件数排名为河南、湖南、江苏、陕西、浙江、山东、湖北、

四川、广东、吉林、黑龙江、安徽、福建、贵州、广西、江西、重庆、北京、辽宁、山西、河北、云南、甘肃、宁夏、天津、海南、内蒙古、青海、上海、西藏、新疆。

政府信息公开不作为案发数最突出的省级行政区为河南39件,数据说明河南省相较于其他省级行政区而言,政府工作透明度、依法履行职能方面存在较多争议,是政府信息公开不作为易发、高发地区。同时,以案发数量10件为区分分段,大于10件的有14省级行政区,小于10件的有17地,在我国近半数省级行政区存在不同程度政务公开、政府透明、依法履职争议。

	浙江	福建	江苏	山东	安徽	湖北	湖南	黑龙江	河南	吉林	四川	河北	辽宁	北京	广西	江西	广东	陕西	天津	贵州	内蒙古	山西	甘肃	海南	宁夏	重庆	青海	上海	西藏	新疆	云南
行政复议不作为	32	28	27	18	16	16	16	13	12	10	10	9	8	7	7	7	6	6	3	2	2	2	1	1	1	1	0	0	0	0	0

图1.9　各省级行政区行政复议不作为案发数

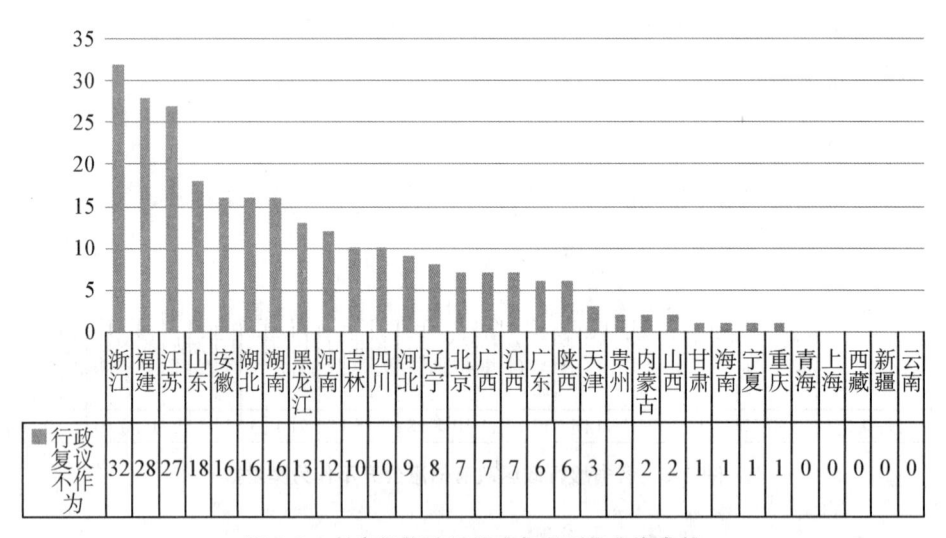

表1.47　各省级行政区行政复议不作为案发数

行政复议不作为案发数	案件数区段	省级行政区
	大于20	3地:浙江、福建、江苏
	10—20	8地:山东、安徽、湖北、湖南、黑龙江、河南、吉林、四川
	小于10	20地:河北、辽宁、北京、广西、江西、广东、陕西、天津、贵州、内蒙古、山西、甘肃、海南、宁夏、重庆、青海、上海、西藏、新疆、云南。

行政复议是指在公民、法人或者其他组织认为具体行政行为侵犯其合法权益,向行政机关提出行政复议申请,行政机关受理行政复议申请、作出行政复议决定。《行政复议法》第3条对行政机关及行政人员依法履职做出了具体

规定。行政复议是行政机关实施的被动行政行为,兼具行政监督、行政救济和行政司法行为的特征和属性。

浙江省行政复议不作为案发数 32 件,约占统计案件数 34.58%,福建省 28 件,约占统计案件数 26.17%,江苏省 27 件,占统计案件数 25.23%。此三省行政复议不作为案发数量较为突出,以案件 10 为区分分段,案发数量多于 10 的只有 11 个省级行政区,少于 10 的却有 20 个省级行政区。这说明行政复议不作为案件发生的省级行政区相对集中,这些地区在对公民、法人和其他社会组织的权利救济及对下级行政机关的监督问题上不作为争议严重,不利于提高行政机关的依法行政能力和保障公民、法人和其他社会组织合法权利诉求。

	山东	江苏	广东	河南	甘肃	新疆	四川	吉林	湖南	贵州	浙江	云南	陕西	山西	辽宁	江西	湖北	广西	福建	安徽	黑龙江	河北	重庆	西藏	天津	上海	青海	宁夏	内蒙古	海南	北京
行政登记不作为	51	18	12	4	4	3	3	3	3	3	2	2	2	2	2	2	2	2	2	2	1	1	0	0	0	0	0	0	0	0	0

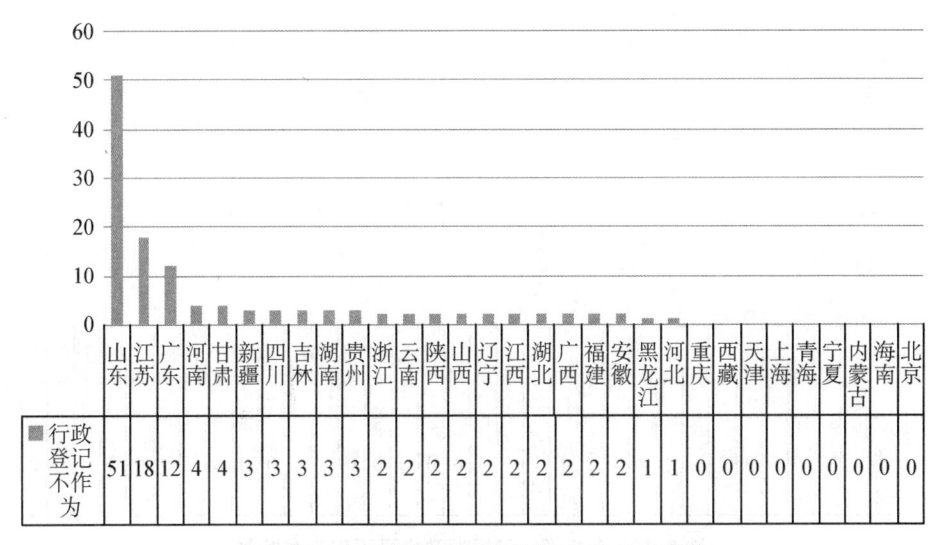

图 1.10 各省级行政区行政登记不作为案发数

表 1.48 各省级行政区行政登记不作为案发数

		省级行政区
行政登记不作为案发数	案发数区段	
	大于 30	1 地:山东
	10—30	2 地:江苏、广东
	小于 10	28 地:河南、甘肃、新疆、四川、吉林、湖南、贵州、浙江、云南、陕西、山西、辽宁、江西、湖北、广西、福建、安徽、黑龙江、河北、重庆、西藏、天津、上海、青海、宁夏、内蒙古、海南、北京

行政登记是指行政机关为实现一定的行政管理目的,根据法律、法规、规章的有关规定,依相对人申请,对符合法定条件的涉及相对人人身权、财产权等方面的法律事实予以书面记载的行为。

山东行政登记不作为案发数为 51 件,最为突出,江苏 18 件、广东 12 件紧随其后。在其他 28 个省级行政区中,虽有行政登记不作为争议,但案件发生数较为平均,与前三的省级行政区相比有明显的差异。统计表明,山东、江苏、广东三省行政管理部门在履行行政登记职责时存在的不作为争议较为严重。这不仅仅是对行政相对人权利的损害,也造成了行政资源的浪费,不利于化解社会矛盾纠纷。

	安徽	云南	湖南	浙江	吉林	江苏	山西	重庆	福建	广东	广西	湖北	山东	北京	甘肃	贵州	海南	河北	河南	黑龙江	江西	辽宁	内蒙古	宁夏	青海	陕西	上海	四川	天津	西藏	新疆
行政许可不作为	39	17	5	3	2	2	2	2	1	1	1	1	1	0	0	0	0	0	0	0	0	0	0	0	0	0	0	0	0	0	0

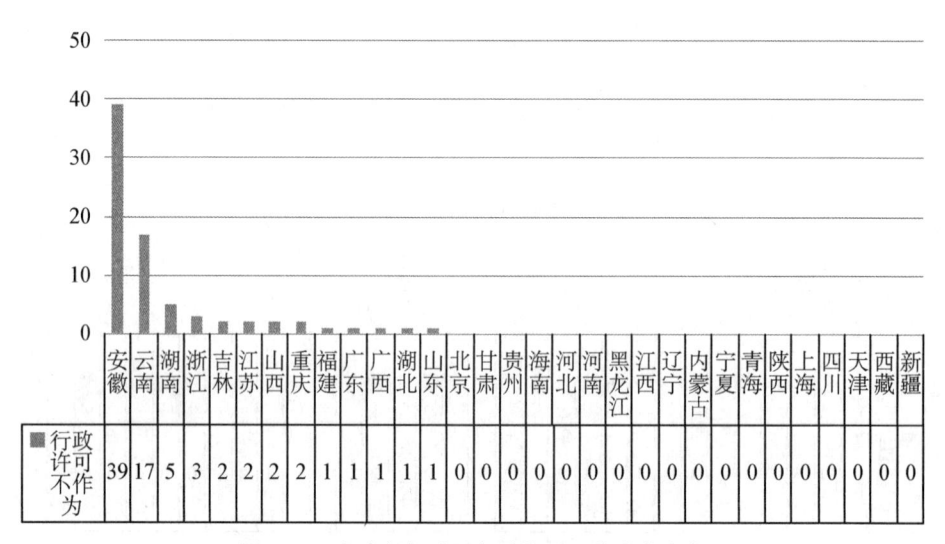

图 1.11 各省级行政区行政许可不作为案发数

表 1.49 各省级行政区行政许可不作为案发数

			省级行政区
行政许可不作为案发数	案发数区段	大于 30	1 地:安徽
		10—30	1 地:云南
		小于 10	29 地:湖南、浙江、吉林、江苏、山西、重庆、福建、广东、广西、湖北、山东、北京、甘肃、贵州、海南、河北、河南、黑龙江、江西、辽宁、内蒙古、宁夏、青海、陕西、上海、四川、天津、西藏、新疆

《行政许可法》第2条指出，行政许可是指行政机关根据公民、法人或者其他组织的申请，经依法审查，准予其从事特定活动的行为。由图1.11可知，安徽省行政许可不作为情况相对突出，案件数量为39件。数据表明，多数省级行政区的行政许可不作为争议较少或不存在行政许可不作为争议，只有安徽与云南的行政许可不作为案发数相对突出。

	浙江	青海	湖南	安徽	贵州	河南	福建	海南	宁夏	山东	云南	黑龙江	江西	重庆	北京	甘肃	广东	广西	河北	湖北	吉林	江苏	辽宁	内蒙古	山西	陕西	上海	四川	天津	西藏	新疆
行政补偿不作为	14	6	5	4	4	4	3	2	2	2	2	1	1	1	0	0	0	0	0	0	0	0	0	0	0	0	0	0	0	0	0

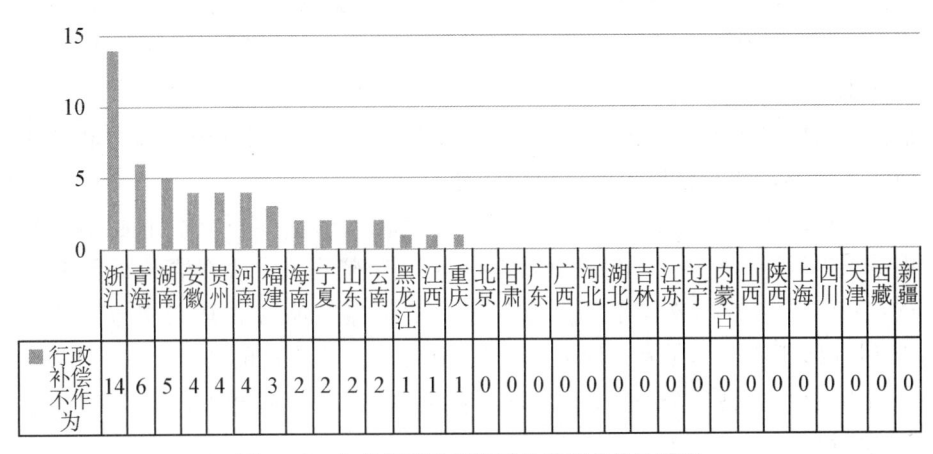

图1.12 各省级行政区行政补偿不作为案发数

行政补偿是指国家行政机关及其工作人员在管理国家和社会公共事务的过程中，因合法的行政行为给公民、法人或其他组织的合法权益造成了损失，由国家依法予以补偿的制度。

行政补偿不作为案发数相对较少。通过图1.12可知，浙江行政补偿不作为案件发生数相对突出，以14件高居首位。青海、湖南、安徽、贵州、河南、福建、海南、宁夏、山东、云南、黑龙江、江西、重庆13地存在行政补偿不作为争议，其余17省级行政区并无行政补偿不作为案件发生。

三、法院认定的行政不作为

案由所称的不作为不一定真正成立。判决书中认定的行政不作为，即法院一审确认行政不作为后，二审、再审维持该行政不作为判决，才真正属于行政不作为。鉴于此，我们对2016年全国中级人民法院以上审理的行政案件中原告诉称行政不作为的3 626件案件判决书以人工筛选方式进行甄别，统计其中被终审法院认定属于行政不作为的案件数据。在这3 626件行政不作为纠纷行政诉讼案件中,一审法院审结支持攻方全部请求(包括行政不作为)的为278件,驳回攻方全部请求337件,驳回攻方部分请求为179件。通过进一步查看驳回攻方部分请求的179件判决书,发现在驳回攻方部分请求中,驳回原告认定行政不作为的案件4件,法院认定行政不作为为175件。其中较为特殊的为,案件号自〔2016〕豫05行初27号到〔2016〕豫05行初148号的122件案件中,被告均为河南省安阳市北关区人民政府,此122件案件均被法院认定为行政不作为;〔2016〕陕01行初82号、〔2016〕粤71行初22号、〔2016〕浙10行初124号、〔2016〕京04行初44号为原告认定行政不作为法院却不认定的情况。由此可知,在一审终审的794件行政不作为纠纷案件中,453件被法院最终认定,341件被法院驳回而未予认定。

以审级作为筛选条件,筛选二审审结案件中法院认定行政不作为情况,判决结果为两种:改判253件,维持原判2 568件;梳理其中改判情况如下,法院认定不作为212件,不属于不作为案件41件。维持原判情况,法院认定不作为443件,不属于不作为案件2 125件。所以在二审终审的2 821件行政不作为纠纷案件中,法院认定属于行政不作为的有655件,法院不予认定的为2 166件。

再审案件11件中的3件被法院认定行政不作为,另外8件法院判决不予认定。

最终,一审、二审、再审法院认定行政不作为案件数总计为1 111件,约占原告诉称行政不作为案件总数(3 626)的30.6%。

对全国行政案件裁判文书的数据,按案由进行筛选可得知原告起诉行政不作为数量与类型,按照一审认定行政不作为二审再审维持的筛选方式可得知法院认定的行政不作为数量与类型。图1.13可知,原告诉称与法院认定的不作为数量之间具有差异。其中,政府信息公开不作为原告诉称数为338件,法院认定数只有135件,相差203件;行政复议不作为原告诉称数有261件,法院认定数为86件,相差175件;行政登记不作为原告诉称数126件,法院认定数18件,相差108件;行政许可不作为原告诉称数77件,法院认定数13件,相差64件;行政补偿不作为原告诉称数51件,法院认定数20件,相差32件。据此,各省级行政区法院认定行政不作为排名以河南省排名最高,认定案件数283件,其余如下图1.14所示:依次为山东、广东、浙江、江苏、安徽、辽宁、湖南、湖北、吉林、陕西、河北、贵州、四川、福建、山西、广西、黑龙江、宁夏、江西、甘肃、重庆、北京、内蒙古、云南、海南、青海、天津、新疆。

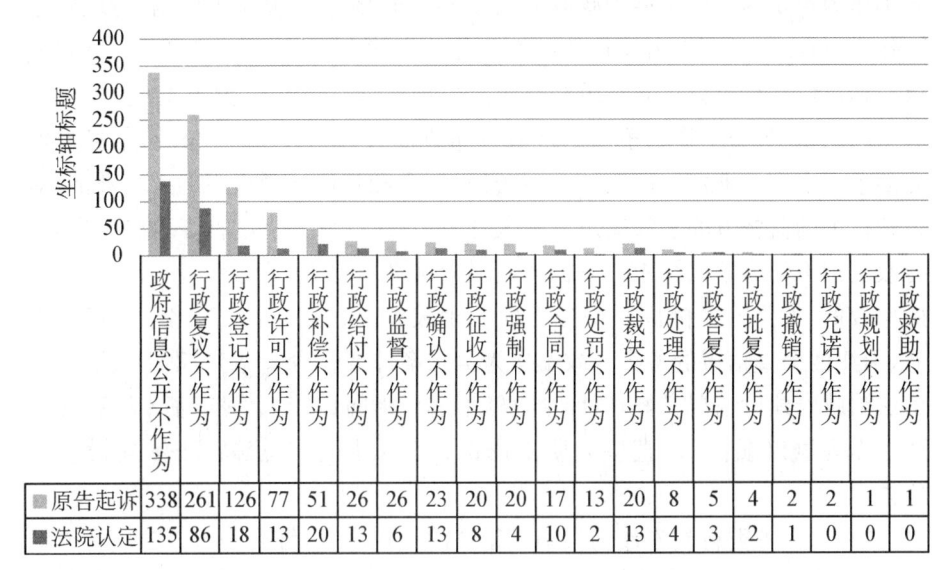

	政府信息公开不作为	行政复议不作为	行政登记不作为	行政许可不作为	行政补偿不作为	行政给付不作为	行政监督不作为	行政确认不作为	行政征收不作为	行政强制不作为	行政合同不作为	行政处罚不作为	行政裁决不作为	行政处理不作为	行政答复不作为	行政批复不作为	行政撤销不作为	行政允诺不作为	行政规划不作为	行政救助不作为
原告起诉	338	261	126	77	51	26	26	23	20	20	17	13	20	8	5	4	2	2	1	1
法院认定	135	86	18	13	20	13	6	13	8	4	10	2	13	4	3	2	1	0	0	0

图 1.13　各类行政不作为原告诉称与法院认定数比较

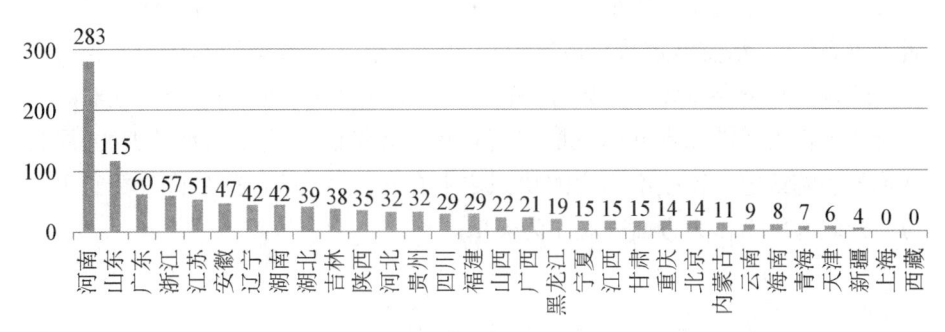

各省级行政区经法院认定行政不作为数排名：河南 283、山东 115、广东 60、浙江 57、江苏 51、安徽 47、辽宁 42、湖南 42、湖北 39、吉林 38、陕西 35、河北 32、贵州 32、四川 29、福建 29、山西 22、广西 21、黑龙江 19、宁夏 15、江西 15、甘肃 15、重庆 14、北京 14、内蒙古 11、云南 9、海南 8、青海 7、天津 6、新疆 4、上海 0、西藏 0

图 1.14　各省级行政区经法院认定行政不作为数排名

小　　结

第一，在行政行为类型方面，政府信息公开不作为的数量远超其余类型行政不作为数量；政府信息公开不作为、行政复议不作为、行政登记不作为、行政许可不作为、行政补偿不作为五类行政不作为争议已经占到全部行政不作为争议的 80% 左右，远大于其余 15 类行政不作为争议的占比之和。这说明，行政不作为争议的主要类型为政府信息公开不作为、行政复议不作为、行政登记不作为、行政许可不作为及行政补偿不作为五类争议,政府信息公开、行政复议、行政登记、行政许可和行政补偿成为行政不作为的易发、多发类型。

第二,在各类不作为争议的地域分布方面,河南省在政务公开、信息透明方面争议突出。浙江、福建、江苏对公民、法人和其他社会组织的权利救济,对行政机关的监督方面争议突出。山东省一些部门存在"脸难看,门难进"现象,行政登记不作为争议严重。安徽省行政许可不作为争议突出,表明行政办事效率较低,为公民提供优质服务方面表现较差。相比较而言,北京、重庆、上海、天津四个直辖市的各类行政不作为争议案件数较少,一定程度上表明直辖市法治政府建设情况良好,对四个直辖市进行横向比较,上海市基本不存在行政不作为争议案件,这直接表明上海的法治发展水平较高,法治建设较为优秀。

第三,在各类行政不作为诉请获得法院支持方面,综合一审、二审、再审情况,法院认定行政不作为案件共计1 111件,约占原告诉称行政不作为的30%。无论是法院认定还是原告诉称中,政府信息公开不作为案件数量一直居于较高位置,法院认定数量占比约在40%左右。行政登记不作为原告诉称与法院认定数量存在较大差异,法院认定数仅占原告诉称数的18%左右。各类行政不作为案件原告诉称数量与法院认定数量的案件存在差异表明,原告诉称与法院认定对行政不作为的认识之上存在较大差异,且在行政登记不作为与行政许可不作为方面表现尤为突出。

第二节 行政不作为案件涉及的领域

对行政不作为案件的第二考量指标,我们选择了案件的发生领域,即行政不作为案件发生在哪些政府部门。由此,我们可以初步判断哪些政府部门是各地行政不作为的高发主体,从而有针对性地改进政府工作作风,并为建设法治政府提供参考依据。

一、行政不作为的领域分布

为了避免重复统计,通过对3 626件行政不作为争议案件案由的统计,剔除多个行政不作为争议类型，只对单一行政不作为类型进行统计，总计为 1 031 件行政不作为争议案件，涉及公安、资源行政管理、乡镇街道、人力资源和社会保障、城乡建设、交通运输、工商、城市建设行政管理、卫生与计划生育、司法、环保、税务、教育、金融、物价、食品药品、行政监察、审计、水利、财政、农业、新闻 22 个部门。

由图 1.15 图 1.16 可知，资源行政管理领域不作为案发数约占统计总案件数的 24.63%（计小数点后两位），乡镇及街道行政管理领域不作为案发数约占 8.54%，城乡建设行政管理领域约占 7.57%，公安行政管理领域约占 6.50%，人力资源和社会保障行政管理领域约占 2.81%，此五类案件占统计案件的 50% 左右。因此，可得出公安行政管理领域、资源行政管理领域、乡镇及街道行政管理领域、城乡建设行政管理领域、人力资源和社会保障领域部分为行政不作为争议多发、高发领域。

行政不作为领域	资源行政管理部门	乡镇及街道行政管理部门	城乡建设行政管理部门	公安行政管理部门	人力资源和社会保障行政管理部门	工商行政管理部门	交通运输行政管理部门	卫生与计划生育行政管理部门	环境保护行政管理部门	城市管理行政管理部门	教育行政管理部门	民政行政管理部门	司法行政管理部门	农业行政管理部门	物价行政管理部门	食品药品行政管理部门	财政行政管理部门	行政监察管理部门	新闻出版广电行政管理部门	金融行政管理部门	审计行政管理部门	水利行政管理部门
	254	88	78	67	29	20	10	10	10	7	6	5	5	4	4	3	2	1	1	1	1	1

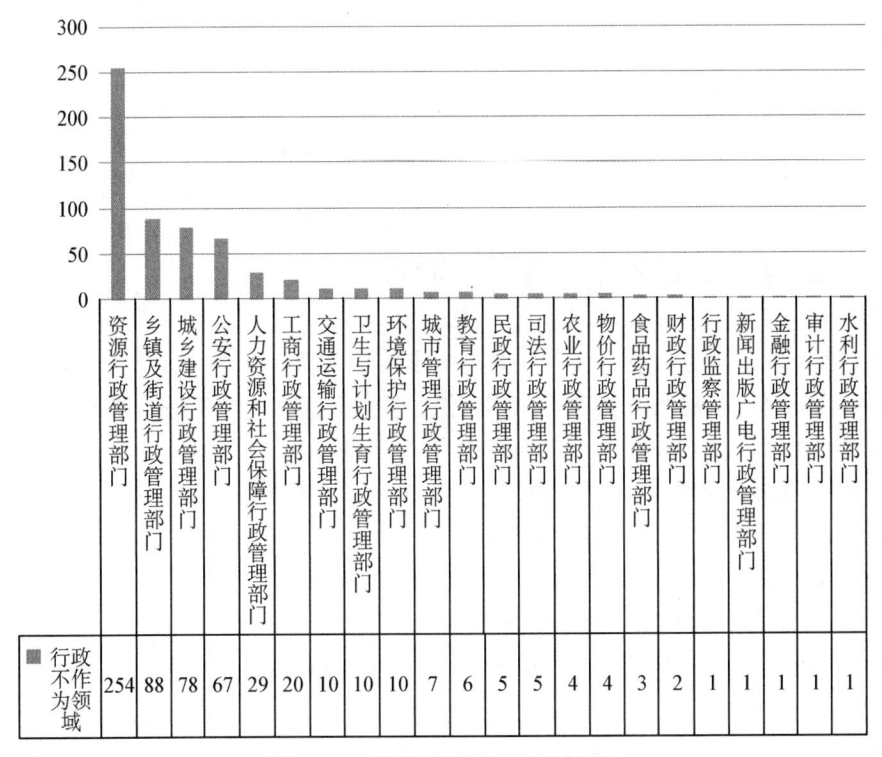

图 1.15　行政不作为案发领域分布

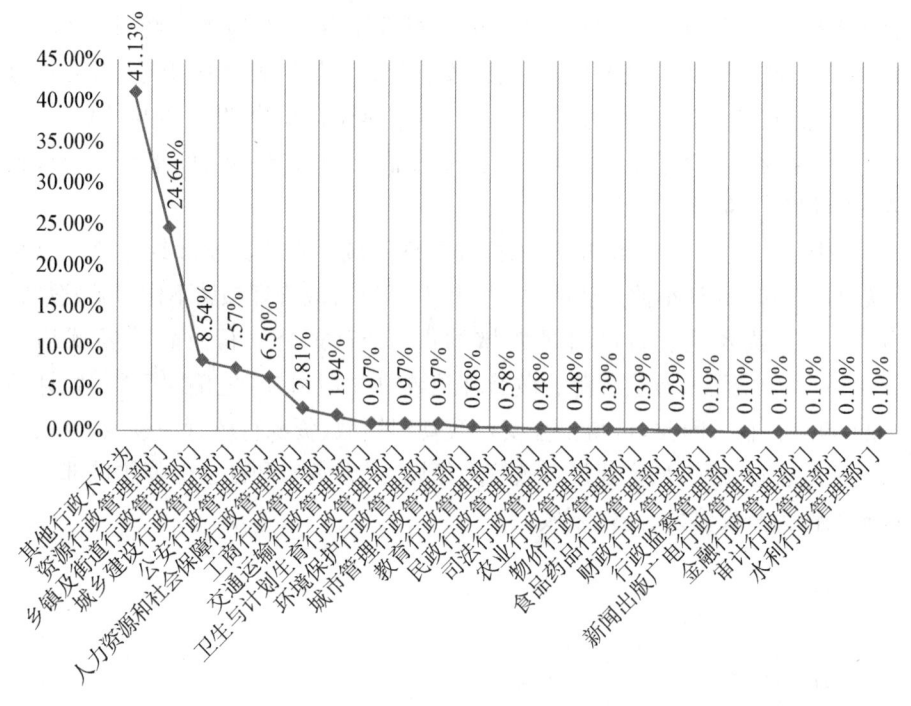

图 1.16　行政不作为纠纷发生领域

二、各类行政不作为案件涉及领域

前述政府信息公开不作为争议,由图 1.17 可知,涉及乡镇及街道行政管理部门 55 件、资源行政管理部门 33 件、公安管理部门 27 件、城乡建设行政管理部门 13 件,占涉及相关部门案件数的 3/4 左右。统计表明,在政府信息公开领域,确实有很大一部分机关存在不作为争议案件现象,且以乡镇、公安、资源行政管理、城乡建设部门最为严重。

通过图 1.18 可知,行政复议不作为涉及资源行政管理部门 37 件,公安管理部门 28 件,乡镇及街道行政管理部门 17 件,占涉及相关部门行政不作为案发数的 3/4 左右。在行政复议不作为案件中,以公安、资源行政管理、乡镇及街道行政管理部门为行政复议不作为争议易发、高发领域,这几个部门的行政复议多涉及基层法治服务体系。统计数据说明三个部门行政复议工作存在拒绝履职或延迟履行法定职责的争议,对公民、法人和其他组织的合法权利保障不到位的现象,对行政权力缺乏有效的制约和监督,基层法治政府建设情况相对较弱。

第四章 行政不作为指数

政府信息公开不作为	乡镇及街道行政管理部门	资源行政管理部门	公安行政管理部门	城乡建设行政管理部门	环境保护行政管理部门	交通运输行政管理部门	教育行政管理部门	人力资源和社会保障行政管理部门	城市管理行政管理部门	农业行政管理部门	物价行政管理部门	财政行政管理部门	卫生与计划生育行政管理部门	民政行政管理部门	司法行政管理部门	金融行政管理部门	审计行政管理部门	工商行政管理部门	食品药品行政管理部门	行政监察管理部门	新闻出版广电行政管理部门	水利行政管理部门
	55	33	27	13	7	5	5	3	2	2	2	2	1	1	1	1	1	0	0	0	0	0

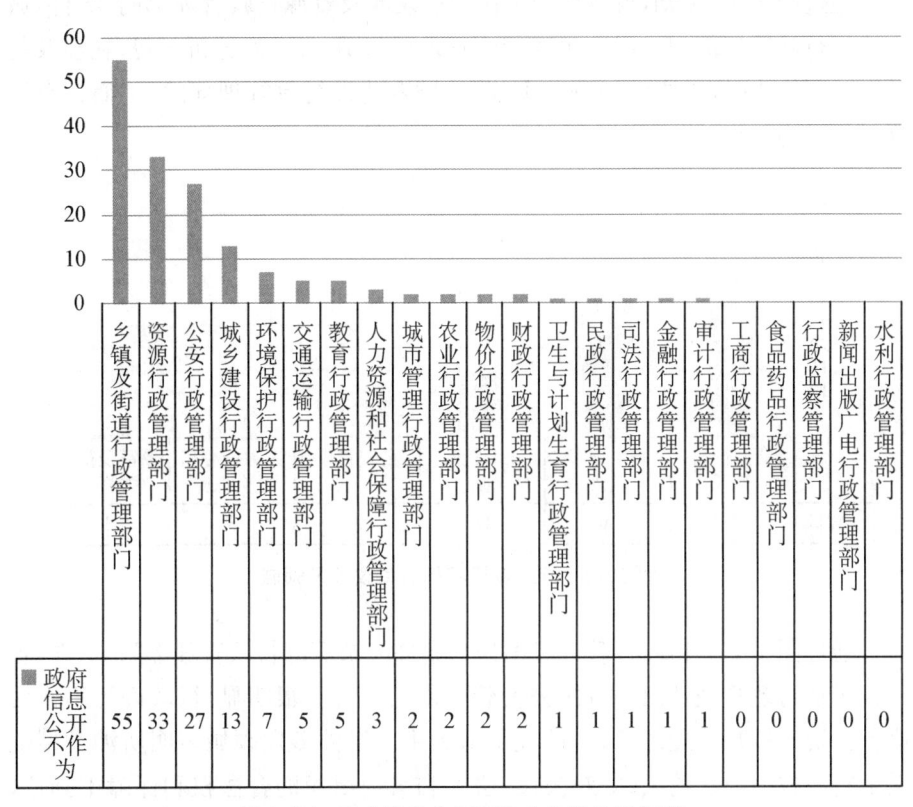

图 1.17 政府信息公开不作为争议涉及领域

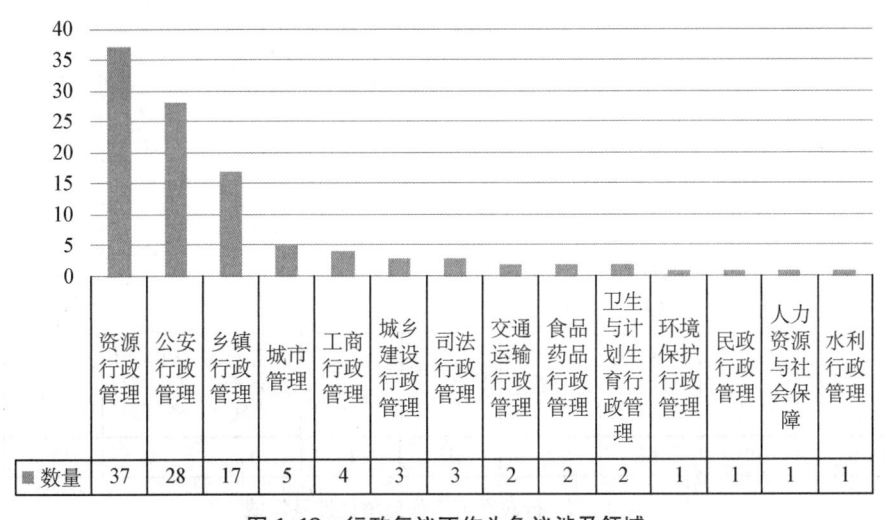

数量	资源行政管理	公安行政管理	乡镇行政管理	城市管理	工商行政管理	城乡建设行政管理	司法行政管理	交通运输行政管理	食品药品行政管理	卫生与计划生育行政管理	环境保护行政管理	民政行政管理	人力资源与社会保障	水利行政管理
	37	28	17	5	4	3	3	2	2	2	1	1	1	1

图 1.18 行政复议不作为争议涉及领域

通过图1.19可知,行政登记不作为争议涉及资源行政管理部门45件,城乡建设行政管理部门30件,工商行政管理部门15件。经分析可得,在涉及行政登记不作为时,以资源行政管理部门、城乡建设行政管理部门、工商行政管理部门最为严重。

数量	资源行政管理	城乡建设行政管理	工商行政管理	公安管理	人力资源和社会保障	乡镇及街道办事处
	45	30	15	3	3	1

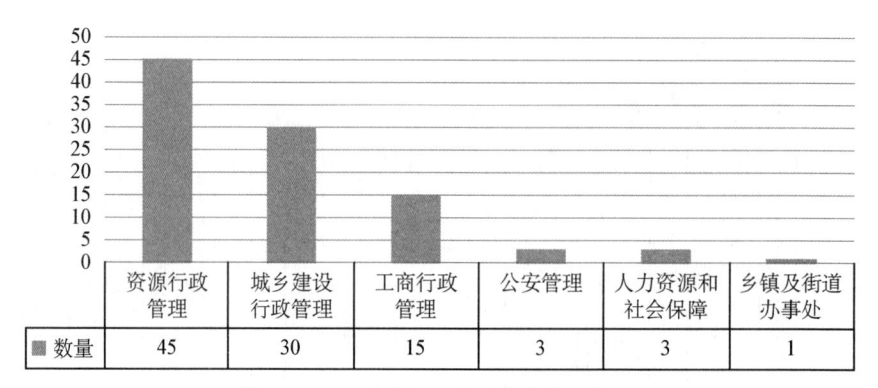

图1.19 行政登记不作为争议涉及领域

通过图1.20可知,行政许可不作为案件涉及资源行政管理部门49件,乡镇及街道行政管理部门14件,公安管理部门2件。很明显,行政许可不作为案件以资源行政管理部门、乡镇及街道为主。案件多发领域表明所涉类型机关的行政权力缺乏约束,即对公民、法人和其他组织的合法权利保障不到位,不利于公共利益及社会秩序的维护。

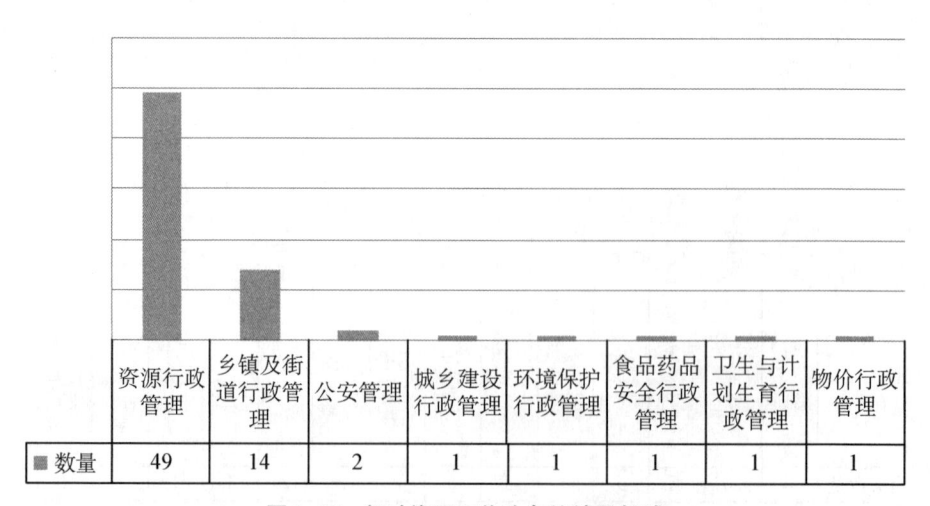

数量	资源行政管理	乡镇及街道行政管理	公安管理	城乡建设行政管理	环境保护行政管理	食品药品安全行政管理	卫生与计划生育行政管理	物价行政管理
	49	14	2	1	1	1	1	1

图1.20 行政许可不作为争议涉及领域

通过图 1.21 可知,行政补偿不作为争议涉及领域主要为资源行政管理部门(21 件)、城乡建设行政管理部门(9 件)、乡镇及街道行政管理部门(2 件)、交通行政管理部门(1 件)四个部门。透过数据表明,行政补偿不作为案件多发生在资源行政管理部门与城乡建设行政管理部门;资源行政管理部门在行政补偿工作中,政府工作人员法治思维和依法行政能力存在欠缺,对公民、法人及其他社会组织的合法权益造成损害。

	资源行政管理	城乡建设行政管理	乡镇及街道行政管理	交通行政管理
数量	21	9	2	1

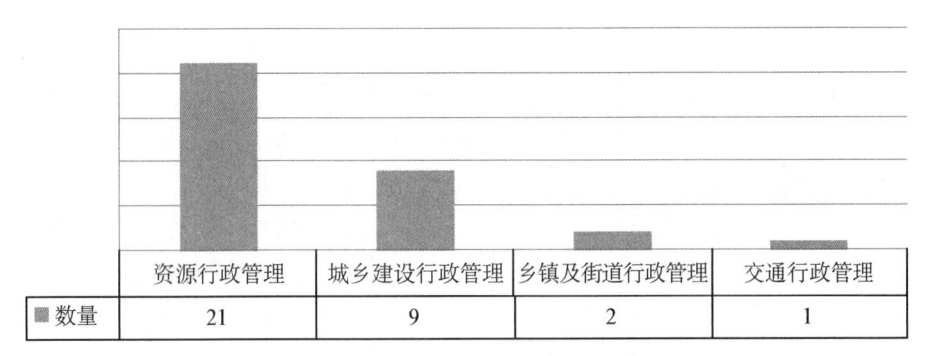

图 1.21　行政补偿不作为争议涉及领域

三、法院认定的行政不作为所涉领域

从图 1.22 可知,原告诉称与法院认定的不作为案件数之间的差异在行政管理领域方面的表现,资源行政管理领域不作为原告诉称数有 254 件,法院认定数为 77 件,相差 177 件;乡镇及街道行政管理领域不作为原告诉称数 88 件,法院认定数 38 件,相差 50 件;城乡建设领域行政不作为原告诉称 78 件,法院认定数有 28 件,相差 50 件;公安管理领域行政不作为原告诉称数为 67 件,法院认定数只有 10 件,相差 57 件;人力资源和社会保障领域不作为原告诉称数 29 件,法院认定数 11 件,相差 18 件;工商行政管理领域不作为原告诉称数 20 件,法院认定数 2 件,相差 18 件。

小　　结

第一,在行政管理领域方面,行政不作为诉讼案件频发的主要领域为公安

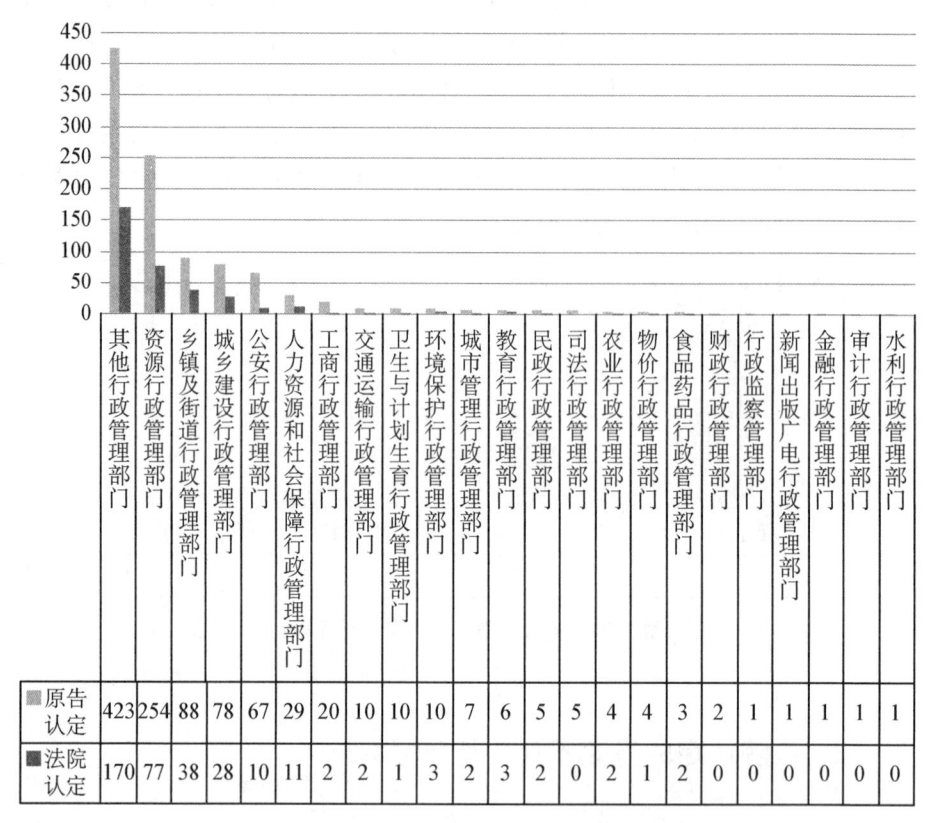

	其他行政管理部门	资源行政管理部门	乡镇及街道行政管理部门	城乡建设行政管理部门	公安行政管理部门	人力资源和社会保障行政管理部门	工商行政管理部门	交通运输行政管理部门	卫生与计划生育行政管理部门	环境保护行政管理部门	城市管理行政管理部门	教育行政管理部门	民政行政管理部门	司法行政管理部门	农业行政管理部门	物价行政管理部门	食品药品行政管理部门	财政行政管理部门	行政监察管理部门	新闻出版广电行政管理部门	金融行政管理部门	审计行政管理部门	水利行政管理部门
原告认定	423	254	88	78	67	29	20	10	10	10	7	6	5	5	4	4	3	2	1	1	1	1	1
法院认定	170	77	38	28	10	11	2	2	1	3	2	3	2	0	2	1	2	0	0	0	0	0	0

图 1.22 行政不作为领域原告诉称与法院认定数比较

行政管理、资源行政管理、乡镇及街道管理、人力资源和社会保障、城乡建设五个部门。其中,公安行政管理部门行政不作为案发数最多,说明治安管理的行政不作为争议呈严重易发、多发态势。

第二,通过行政行为类型和行政管理领域的交叉分析发现,乡镇及街道行政管理部门的政府信息公开、政务公开属于行政不作为争议易发、高发点。资源行政管理部门在行政复议不作为、行政补偿不作为、行政许可不作为、行政登记不作为案件数量上排名靠前,资源行政管理部门的行政不作为争议严重,且不作为类型呈现多样化状态。

第三,在原告有关行政不作为获得法院支持率方面,总体上支持率较低。以资源行政管理领域为例,原告诉称数排名第一,但法院认定数却只有原告认定数的 30% 左右。且在其他几类案发数量较大的不同类型中,法院认定数与原告诉称数的差异非常明显。支持率较高的为乡镇及街道行政管理类的行政不作为案件,法院认定数占到43%。由此可分析出,一方面对行政不作为的认知,法院与原告之间的差异较大,所争议行政不作为并非真正存在,行政机关的履职情况良好;另一方面,行政不作为争议的易发、多发也说明行政机关履职离公众的满意度存在较大差距。

第三节 行政不作为案件的地域分布

我国幅员辽阔,各地发展不平衡,法治政府建设的情况也不尽相同。就行政不作为而言同样如此,为此,我们将各类行政不作为案件的发生地域作为第三个考量指标,试图从中找出我国各省(市)在各种行政不作为案件中的表现情况。

一、各省级行政区行政不作为发案基本情况

根据第三方提供的2016年度(包含2017年上传网站)裁判的全国行政案件裁判文书的数据统计,如图1.23所示,全国共有38 080起行政案件被判决,其中行政不作为案件的发生数量为3 626件,占全国行政案件发生数量的9.52%(取小数点后两位),平均每个省级行政区116.97件行政不作为案件发生。从总体来看行政不作为发生率约占1/10。

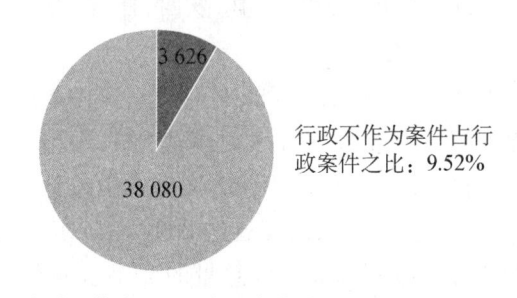

图1.23 行政不作为案件与行政案件

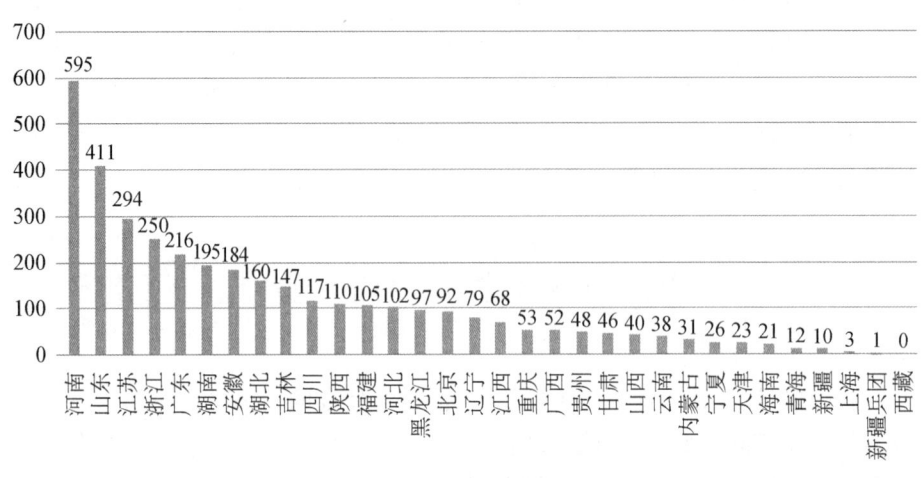

图 1.24　行政不作为案件发生数

数据（从高到低）：河南 595、山东 411、江苏 294、浙江 250、广东 216、湖南 195、安徽 184、湖北 160、吉林 147、四川 117、陕西 110、福建 105、河北 102、黑龙江 97、北京 92、辽宁 79、江西 68、重庆 53、广西 52、贵州 48、甘肃 46、山西 40、云南 38、内蒙古 31、宁夏 26、天津 23、海南 21、青海 12、新疆 10、上海 3、新疆兵团 1、西藏 0。

上述数据中共统计了 31 个省级行政区，以行政不作为案件发生数为标准，省级行政区排名从高到低依次为河南、山东、江苏、浙江、广东、湖南、安徽、湖北、吉林、四川、陕西、福建、河北、黑龙江、北京、辽宁、江西、重庆、广西、贵州、甘肃、山西、云南、内蒙古、宁夏、天津、海南、青海、新疆（新疆兵团）、上海、西藏。由于西藏自治区提起行政不作为的案件数量为 0，我们在后续的论述中将不予考虑。我国国家统计局对国土划分为：东部地区包括北京、天津、河北、辽宁、上海、江苏、浙江、福建、山东、广东和海南 11 个省（市）级行政区，中部地区有山西、吉林、黑龙江、安徽、江西、河南、湖北、湖南 8 个省级行政区，西部地区包括四川、重庆、贵州、云南、西藏、陕西、甘肃、青海、宁夏、新疆、广西、内蒙古 12 个省（市）级行政区。

根据图 1.24 的数据，河南省以 595 件行政不作为案件的发生量高居第一位，其次是山东省的 411 件案件，合计达到 1 006 件案件，占全国行政不作为案件发生数量 3 626 件的 28%。行政不作为案件发生数量超过 200 件的有三个省级行政区，即江苏省的 294 件、浙江省的 250 件、广东省的 216 件，合计 760 件，约占全国 3 626 件行政不作为案件总量的 21%。行政不作为案件发生数量超过 100 件的省级行政区还有湖南省（195 件）、安徽省（184 件）、湖北省（160 件）、吉林省（147 件）、四川省（117 件）、陕西省（110 件）、福建省（105 件）以及河北省（102 件）。这八个省级行政区的行政不作为案件共发生 1 120 起，约为全国行政不作为案件总量的 31%。青海、新疆（包括新疆兵团）以及上海的行政不作为案件仅分别为12件、11件、3件,西藏更是没有行政不作为案件。

通过分析比较东中西三个地区数据发现,行政不作为案件发生数量较多的几个省级行政区集中在东部和中部地区。从我国国家统计局对国土划分的标准来看,我国对东中西部的划分标准侧重于以经济水平的高低来进行划分,那么行政不作为发案数是否与经济发展水平有关呢?这需要进行验证。

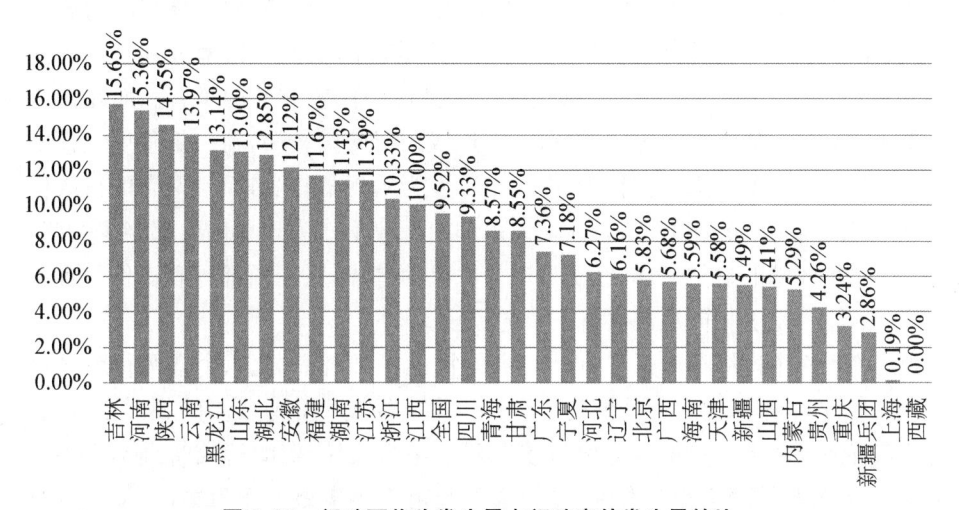

图1.25 行政不作为发生量占行政案件发生量的比

为了更清晰地了解行政不作为案件发生数的情况,我们根据行政不作为案件发生量占全部行政案件发生数量的比例进行统计并制作了图1.25。图1.25显示,行政不作为案件发生数在行政案件发生数的占比排名(从高到低)依次为吉林、河南、陕西、云南、黑龙江、山东、湖北、安徽、福建、湖南、江苏、浙江、江西、四川、青海、甘肃、广东、宁夏、河北、辽宁、北京、广西、海南、天津、新疆、山西、内蒙古、贵州、重庆、新疆兵团、上海。从我国整体行政为案件发生数量的结果来看,全国的行政不作为案件发生数占全国行政案件发生数为9.52%。从行政不作为占各省市各自的行政案件来看,若以全国的9.52%为衡量标准,超过平均水平的有13个省级行政区,包括吉林的15.65%、河南的15.36%、陕西的14.55%、云南的13.97%、黑龙江的13.14%、山东的13%、湖北的12.85%、安徽的12.12%、福建的11.67%、湖南的11.43%、江苏的11.39%、浙江的10.33%、江西的10%。由此可以看出,各省级行政区的比率呈现较为稳定的下降趋势且差距不大。

下面分析这13个超过全国平均水平的省级行政区的具体情况,它们大多位于东部和中部地区,分别为东部地区 4 个省级行政区,中部地区 7 个省级行政区,西部地区 2 个省级行政区。整体可以看出,东中部之间相互交融有一定的相似性,但是,中部城市的行政不作为发生数比例整体比较靠前,约为 1/2。因此,中部地区的法治治理存在一定的问题,对造成这种现象的原因还需要进一步的分析。山东和福建是在东部地区行政不作为案件数量比较靠前,但是相对于中西部地区的部分城市的排名较为靠后的两个城市;吉林与河南属于中部行政不作为案件比较多城市;属于西部地区的陕西和云南分别在全国的排位中排在第三位和第四位,属于在全国排位中比较靠前的位置。而在低于全国平均水平的省级行政区中,东西部地区的行政区较多,在一定程度上表明东西部的行政不作为案件较少,即政府不作为的现象较少,而且两者的行政区分布情况有一定的相似性,总体来说东部的行政不作为现象比西部略少一些。考虑到东西部的自然条件、经济发展等状况的差异,对东西部行政不作为现象较少的原因是否相同还需要进一步的比较。

鉴于六个省级行政区各有其自身的特色,我们特对此六个省级行政区进行一个对比,来探讨一下他们的行政不作为案件发生数量较多的领域是什么。山东省涉及较多的是城乡建设行政管理不作为案件、资源行政管理不作为案件、公安行政管理不作为案件、乡镇政府及街道办事处不作为案件;福建省行政不作为案件涉及较多的是资源行政管理不作为案件,公安行政管理不作为案件、乡镇政府及街道办事处不作为案件;吉林省涉及较多的是乡镇政府及街道办事处不作为案件、资源行政管理不作为案件、公安行政管理不作为案件、城乡建设行政管理不作为案件;河南省涉及较多的是乡镇政府及街道办事处不作为案件、公安行政管理不作为案件、交通行政管理不作为案件、资源行政管理不作为案件;陕西省的不作为案件多涉及交通行政管理不作为案件、资源行政管理不作为案件、公安行政管理不作为案件、乡镇政府及街道办事处不作为案件等类型;云南省的行政不作为案件涉及的类型是资源行政管理不作为案件、城乡建设行政管理不作为案件、公安行政管理不作为案件、工商行政管理不作为案件。可以看出案件发生领域虽然不尽一致,但在公安管理、资源行政管理和城乡建设等方面还是有一定的相似性,说明这三个领域属于行政不作为的高发领域。

为了通过探讨上述六个省级行政区的行政不作为高发领域,以便有针对性地为今后的依法行政工作提供指引,我们对东中西三个地区的行政不作为发生的领域进行比较,结果如下图所示:

第四章　行政不作为指数 / 105

	公安行政管理案件	资源行政管理案件	城乡建设行政管理案件	交通运输行政管理案件	城市管理案件	工商行政管理案件	环境保护行政管理案件	农业行政管理案件
东部	261	245	152	33	35	33	15	13
中部	177	210	86	58	16	13	9	13
西部	67	112	57	30	1	8	4	4

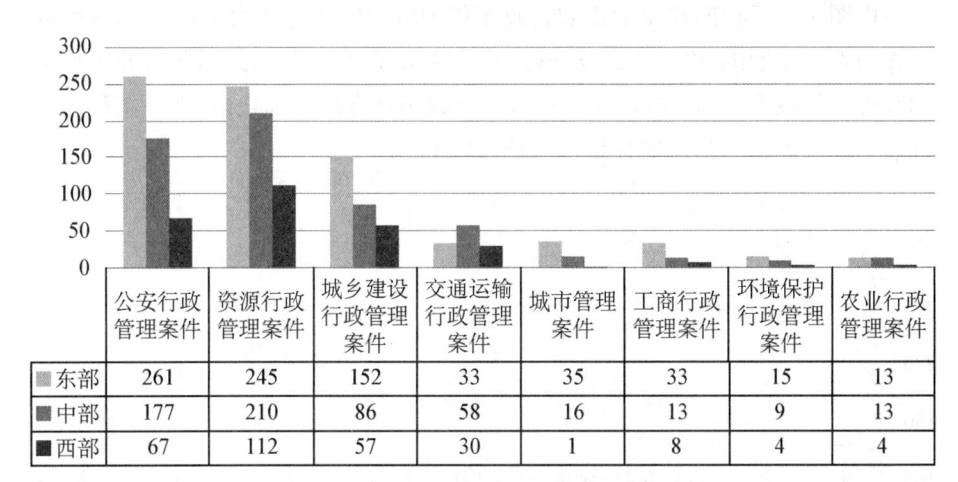

图1.26　东中西部行政不作为案件发生数比较

如图1.26所示，东中西部地区行政不作为案件发生领域都是以公安行政管理、资源行政管理和城乡建设行政管理领域为主，只是东部地区的公安领域案件最多，而中西部地区则是资源领域案件比较多。公安、资源和城乡建设领域的案件在东部地区约占全部案发数的84%，在中部地区约占全部案发数的81%，在西部地区约占全部案发数的83%。可见，从全国所涉及的行政不作为案件发生领域来看，公安、资源、城建领域的不作为争议比较突出，而该现象与上述六个省级行政区的情况也相契合，表明今后我国这几个领域将是治理行政不作为的主要方向。

二、各省级行政区法院认定行政不作为的基本情况

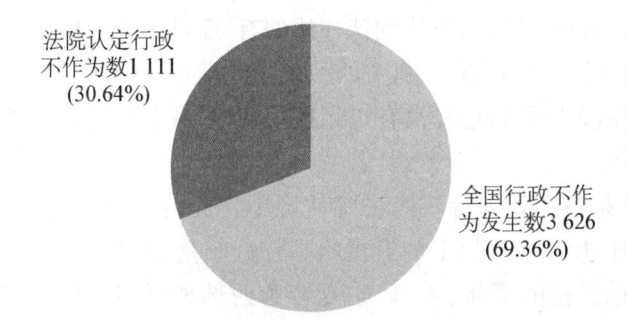

图1.27　法院最终认定的行政不作为

- 法院认定行政不作为数1 111（30.64%）
- 全国行政不作为发生数3 626（69.36%）

由图 1.27 可知,法院对提起行政不作为诉讼的认定数为 1 111 件,占行政不作为发案总数的 30.64%。从整体的角度来评价,法院最终认定行政不作为的案件数量仅占 30% 左右。应该说,这个数字在合理范围之内,在一定程度上也表明了我国的法治政府建设推进比较顺利。

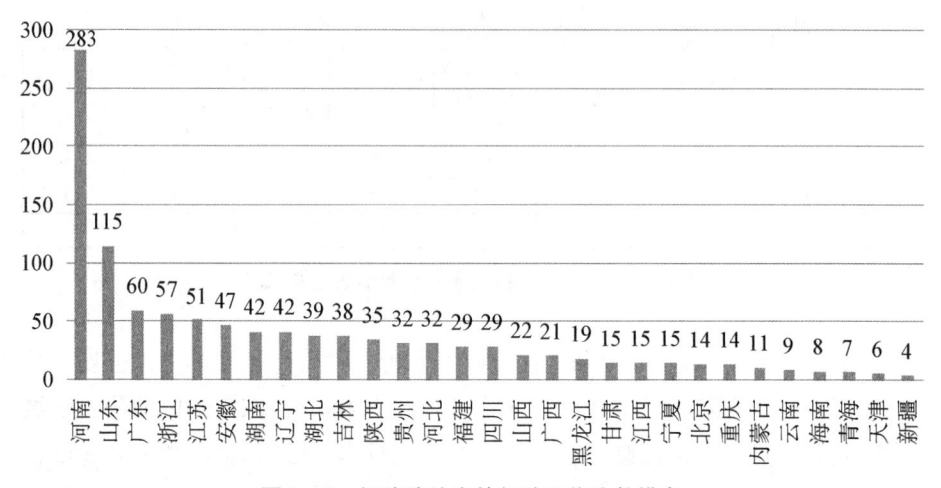

图 1.28　经法院认定的行政不作为数排名

图 1.28 是对法院最终认定为行政不作为数量的统计排名,比较突出的是河南省和山东省,分别是 283 件和 115 件,两个省判决行政不作为约占全国的三分之一。这两个省认定的行政不作为主要集中在公安行政管理案件、城乡建设行政管理案件、乡镇政府及街道办事处案件这三个领域。上述两省三个领域的行政主体应当对自己的履行法定职责情况予以充分重视,分析频繁存在行政不作为的原因。河南与山东两省法院的判决结果显示,判决要求行政机关限期履行的有 225 件,判决确认违法的有 35 件。该项数据表明约有一半的案件在诉讼后可以通过行政机关的积极作为满足行政相对方的需求。对确认违法的案件,表明履行已经没有实际意义,但是当事人仍可以通过行政赔偿程序予以救济。

图 1.29 是各个省级行政区法院认定不作为与行政不作为发案数的占比情况。占比达到 50% 以上的有贵州、青海、宁夏、山西、辽宁五个省级行政区域。排在前三位的贵州、青海、宁夏皆为西部地区,且这三个省级行政区的行政不作为发案数并不是很多。因此,样本数量较小也是造成这三个省

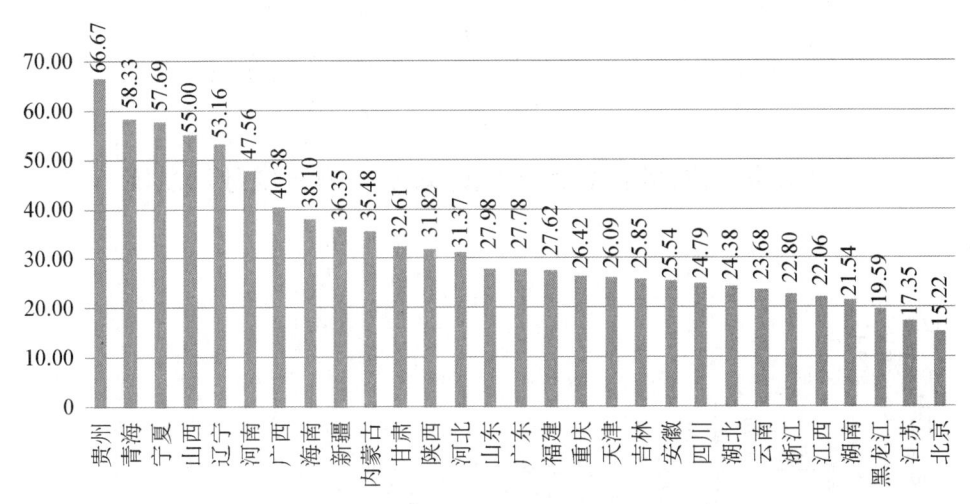

图 1.29　经法院认定不作为数与行政不作为发案数的占比

级行政区占比率较高的原因之一。但是最根本的原因还是行政机关的不作为现象比较突出，主要体现在行政征收行为造成的后续补偿机制未处理好，以及信息公开方面存在问题。作为中部地区的山西省，主要是资源行政管理方面行政不作为现象比较突出。该省的矿物等资源比较丰富，因此存在该类现象也符合社会常理。东部的辽宁省行政不作为现象的责任主体多为人民政府，可见该类行政主体应当多注重履行法定职责。虽然简政放权是对政府机关的要求，但它并不是让政府无为而治，对于政府机关来说法定职责必须履行。

通过对上面两图的对比观察，我们可以发现，河南省无论是在行政不作为的发案数、法院最终认定的行政不作为数还是法院认定行政不作为数占发案数的比重来讲，其排名都是比较靠前的。因此，河南省的法治政府建设还面临一些困难。此外，山东省、广东省、辽宁省和安徽省的情况较之河南省虽然略好一些，仍有需要改进的地方。剩余行政区法院认定的行政不作为的案件数量以及占比的差异都不是特别显著，且法院认定为行政不作为案件的数量亦不是很多，显示出我国各行政区的行政部门在整体上都积极地履行法定职责，为建设法治政府而努力。

第四节 行政不作为排名的影响因素

一、人口因素对各省级行政区行政不作为案发数的影响

图1.30 各省级行政区人口数量①

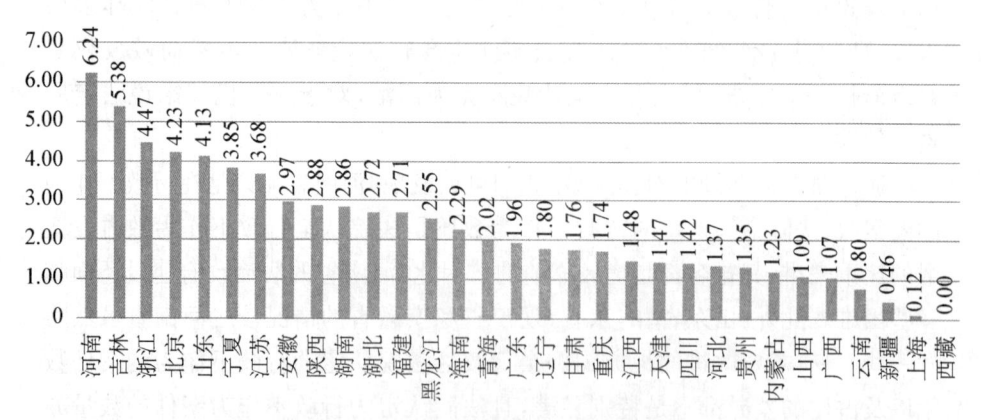

图1.31 每百万人口的行政不作为案发数

---

① 数据来自:《中国统计年鉴(2017)》

表1.50　　各省级行政区每百万常住人口行政不作为案发数排名

省级行政区	案发数排名	百万常住人口案发数排名	差值	省级行政区	案发数排名	百万常住人口案发数排名	差值
河南	1	1	0	江西	17	20	3
山东	2	5	3	重庆	18	19	1
江苏	3	7	4	广西	19	27	8
浙江	4	3	−1	贵州	20	24	4
广东	5	16	11	甘肃	21	18	−3
湖南	6	10	4	山西	22	26	4
安徽	7	8	1	云南	23	28	5
湖北	8	11	3	内蒙古	24	25	1
吉林	9	2	−7	宁夏	25	6	−19
四川	10	22	12	天津	26	21	−5
陕西	11	9	−2	海南	27	14	−13
福建	12	12	0	青海	28	15	−13
河北	13	23	10	新疆	29	29	0
黑龙江	14	13	−1	上海	30	30	0
北京	15	4	−11	西藏	31	31	0
辽宁	16	17	1				

根据图1.31的行政不作为案发数，结合各省级行政区人口数量（图1.30），可得每百万人口的行政不作为案发数，统计结果如图1.31所示。理论上来说，若不考虑其他因素，一个省级行政区行政不作为案件发生的数量越高表明该省级行政区的法治政府建设存在的瑕疵越严重。但是，从科学的角度来讲，仅从一个角度去定性该省级行政区的法治建设水平难免有失偏颇。因此，我们考虑了一些相关因素来斧正图1.28的欠缺。首先，我们考虑了人口因素对各省级行政区排名的影响。在案件发生总数排名靠前的情况下，若每百万人口案件发生数也靠前，则法治政府建设的排名良好程度相应的也应靠后，反之亦然。

经过计算，最终所得结果依次排序为河南、吉林、浙江、北京、山东、宁夏、江苏、安徽、陕西、湖南、湖北、福建、黑龙江、海南、青海、广东、辽宁、甘肃、重庆、江西、天津、四川、河北、贵州、内蒙古、山西、广西、云南、新疆、上海、西藏。可以看出，除上海等个别地方外，中部、东部地区的省级行政区每百万人口行政不作为案件发生数总体比较靠前，西部地区每百万人口行政不作为案件发生数仅有宁夏、陕西排位较前。为了进一步对比说明行政不作为案件发生数与每百万人口发生数之间的关系,即人口因素的影响,我们列出表1.50对这两项(行政不作为案发排名和每百万人口行政不作为案发数排名)排名进行对比,差值为每百万人口案发数排名减去行政不作为案发数排名的结果,名次差为正代表实际每百万人口案发数排名下降,为负则代表每百万人口案发数排名上升,绝对数值越大代表受该地区人口数量影响越大。绝对值较大的省级行政区有:宁夏(-19)、海南(-13)、青海(-13)、四川(12)、北京(-11)、河北(10)、广西(8)、吉林(-7)、云南(5)。因此,可以看出,人口因素对于人口相对较多或者相对较少的省级行政区影响比较明显。

二、经济发展水平对各省级行政区行政不作为案发数的影响

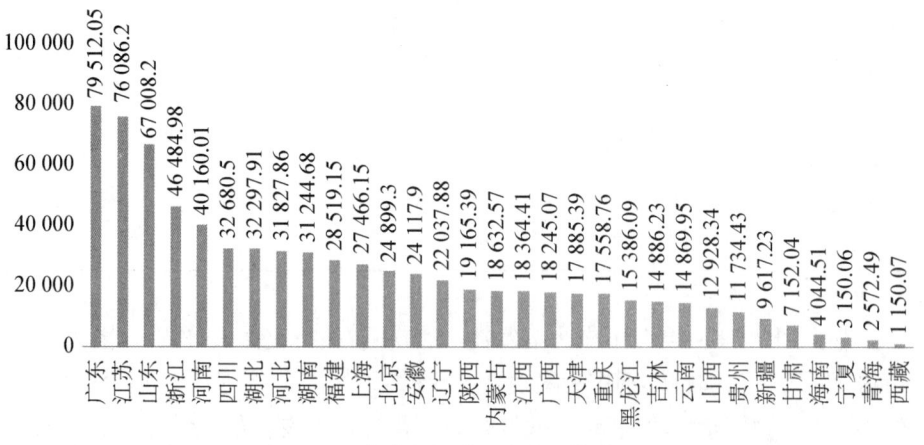

图1.32 各省级行政区生产总值/亿元

表1.51 各省级行政区经济发展水平项下行政不作为案发数排名

省级行政区	案发总数排名	经济发展水平排名	差值	省级行政区	案发总数排名	经济发展水平排名	差值
河南	1	5	4	湖北	8	7	-1
山东	2	3	1	吉林	9	22	13
江苏	3	2	-1	四川	10	6	-4
浙江	4	4	0	陕西	11	15	4
广东	5	1	-4	福建	12	10	-2
湖南	6	9	3	河北	13	8	-5
安徽	7	13	6	黑龙江	14	21	7

续表

省级行政区	案发总数排名	经济发展水平排名	差值	省级行政区	案发总数排名	经济发展水平排名	差值
北京	15	12	−3	内蒙古	24	16	−8
辽宁	16	14	−2	宁夏	25	29	4
江西	17	17	0	天津	26	19	−5
重庆	18	20	2	海南	27	28	1
广西	19	18	−2	青海	28	30	7
贵州	20	25	5	新疆	29	26	−3
甘肃	21	27	6	上海	30	11	−19
山西	22	24	2	西藏	31	31	0
云南	23	23	0				

其次,我们考虑了经济发展因素对各省级行政区排名的影响。一般来说,经济发展水平必然影响到法治政府的建设程度,这是我国各省级行政区经济发展不均衡而存在的合理差异。因此,根据行政不作为案发数(图1.28),结合各省级行政区生产总值(图1.32)的影响,我们列出表1.51对两项排名进行对比,采取的方法与人口因素的影响相同,即差值为经济发展水平排名减去案发数排名的结果,绝对数值越大代表该省级行政区受经济发展水平影响越大。

绝对值较大的省级行政区有:上海(−19)、吉林(13)、内蒙古(−8)、黑龙江(7)、青海(7)、安徽(6)、甘肃(6)、河北(−5)、贵州(5)、天津(−5)、河南(4)、广东(−4)、四川(−4)、陕西(4)、宁夏(4)。从表1.51我们可以看出,经济发展比较靠前的几个省级行政区都属于东部地区;西部几个省级行政区中只有四川属于经济发展比较靠前(第六位)。上海的负值最大,表明上海的行政不作为案件受经济发展影响最大,经济发展水平越高,上海的法治建设程度越高;其次是内蒙古、河北、天津、四川,经济水平发展较好的城市,法治政府建设也呈正比状态。吉林的正值最大,表明吉林的经济发展水平较低影响到该省法治建设程度也比较低,黑龙江、青海、甘肃、贵州也属于类同吉林的情况;而安徽和河南的情况则有所不同,这两个省的经济发展较好,经济发展水平较高,应将这两个省的情况单独考虑。同时,浙江、江西和云南省经济发展水平对排名的影响不大,可以不考虑经济发展带来的影响。

小　结

行政行为是整个行政法的核心内容,探究司法实践中的行政不作为相关问题有非常重要的意义。通过分析我们可以知道,由于东中西部之间存在差异,导致在不同的因素衡量一个地区法治建设水平上也是有所不同的,有些省级行政区的法治政府与经济发展之间、人口密度之间的相关性比较低。这说明,经济发展对于法治政府建设虽然具有重要影响并且也是基础性因素,但是显然并非唯一因素,人口因素亦是如此。根据上述几个方面的因素,我们可以得出:东部法治水平明显要好于中西部地区。例如,上海虽然受人口因素影响较大,但行政纠纷处理良好,并没有因为人口过多就导致行政不作为案件频繁,行政机关怠于履行法定职责等现象。天津、广东、河北、四川也是如此。可见这几个省级行政区的法治政府建设工作进展良好。当然,东部地区的法治政府建设情况并非全部优良,其他一些省级行政区的状况还有进一步的进展空间,需要行政机关继续为化解纠纷而努力。西部地区的新疆、青海、甘肃、贵州等地受地理原因等的影响比较明显,法治政府水平较低,行政不作为现象比较多,行政机关履行法定职责受到经济、地域等因素的影响,存在一些不能令人满意的地方。但是四川、广西、云南比较突出,行政机关克服外界的困难因素,并且注重提高服务水平、积极履行法定职责,使得该省级行政区的法治政府建设较为良好。中部地区的法治政府建设水平整体上比较平均,但河南和安徽的表现略为逊色。这两个省的行政不作为现象较多,行政机关不积极履行法定职责对其法治政府建设带来消极的影响。

第五章　行政赔偿指数

国家赔偿制度是现代法制的重要组成部分，是法治国家和法治政府的重要标志。它体现了国家机关守法的法治原则，彰显着权利应该受到保护、损害应该得到救济、权力应该受到约束的现代法精神。行政赔偿是国家赔偿制度的重要组成部分，它给受到行政权侵害的社会主体予以赔偿和抚慰，体现着法治的温度，同时也彰显着法治的力度，是打造公共权力之笼这一工程的重要环节。从立法精神看，包括行政赔偿在内的国家赔偿本质上是恢复正义和给受害人以权利救济的法律制度。从国家赔偿制度在法律体系中的地位来看，它的首要功能不是监督国家机关，更不是维护国家机关的各项权力，其焦点所在，其实是对受害人的救济。至少就总体来看，行政赔偿制度所力图传递的，最重要的应该是法治的温暖、正义的展示和人性的关怀。

行政赔偿争议，有的在行政体系内部就已经解决，但也有相当一部分要进入司法渠道，通过诉讼的方式加以解决，行政赔偿诉讼制度即为此而构筑。这是行政赔偿制度的重要部分，甚至可以说是关键部分，因为来自行政机关之外的司法机关不但更权威，而且更具公信力。本报告对于行政赔偿制度的关注，即集中于行政赔偿诉讼方面。

基于对行政赔偿制度的认识，本报告将依据所掌握的数据，试图描述、说明和分析全国31个省、自治区和直辖市相关方面的客观状况，进而努力辨识制度运行中的某些特点，探寻其相关因素，并力图初步揭示制度设计和运行中的一些缺失，以引起人们注意并加以改进。

报告所依据的基本数据是2 903个行政赔偿案件的裁判文书，由第三方提供。在此基础上，我们又对数据进行了细化和挖掘，形成了内容较为丰富的数据表。我们又把内在思路外化为指标体系，并与这些数据比较对照，从而建构各指标与数据的关联。我们也制作了一系列图表，以清晰展示各指标之间的关系。

本报告的统计分析指标共包括四个类别，分别是：第一，行政赔偿案件数量及其空间分布,揭示行政赔偿案件总量及其内部各类型案件数量、某些指标项下数值在全国(港澳台除外)31个省级行政区以及在各个大区[①]之间的差异。第二,行政赔偿案件的结构问题,主要考察:行政赔偿案件发生在哪几类行政机关,有哪些违法行为类型,是否提出精神损害赔偿请求等。第三,行政赔偿案件的裁判结果,包括:获赔数与违法数之比即获得赔偿案件数与确认违法案件数之间的比率;获赔数与发案数之比,即获得赔偿案件数与各地区案发数的比率;精神损害赔偿获得支持率;争议发生到裁判做出为止的时间长度。第四,行政赔偿案件与所处社会环境之间的关系,该类指标用以考察行政赔偿案件数量、结构、特征以及结果等与社会各方面特别是经济、人口、文化、法制等因素间的关联性。

表 1.52　　　　　　　　行政赔偿司法指数表

行政赔偿指数	案件数	案发数
		地域分布:省际
		地域分布:大区际
	案件类型结构	赔偿义务机关类型
		违法行为类型
		申请精神赔偿案件比率
	案件结果	获赔数与违法数之比
		获赔数与发案数之比
		精神赔偿申请获支持率
		争议解决时长
	影响因素	百万人口案件数
		万人律师比
		其他

[①] 东部地区包括北京市、天津市、河北省、上海市、江苏省、浙江省、福建省、山东省、广东省、海南省。中部地区包括山西省、安徽省、江西省、河南省、湖北省、湖南省。西部地区包括内蒙古自治区、广西壮族自治区、重庆市、四川省、贵州省、云南省、西藏自治区、陕西省、甘肃省、青海省、宁夏回族自治区、新疆维吾尔自治区。东北地区包括辽宁省、吉林省、黑龙江省(国家统计局,《第三次全国农业普查主要数据公报(第二号)》,注 14。载 http://www.stats.gov.cn/tjsj/tjgb/nypcgb/qgnypcgb/201712/t20171215_1563539.html。2018 年 6 月 18 日访问)。

应该讲,为了深入理解研究对象,文本和数据的阅读爬梳、提取加工、统计分析,最好能与实际的调查研究相结合,这样才会使得出的结论更加信实可靠。但受主客观条件所限,我们未能这样做。同时,因为这是我们首次开展此项研究,也难以进行时间维度上的比较分析。这都会不可避免地对本报告的深度和厚度有所影响。希望这些遗憾和缺陷在进一步的研究中得到克服。

第一节 行政赔偿案件数量及地域分布

一、行政赔偿案件各大区分布

表1.53　　　　　　　　四大区案件数及占比

四大经济带	东部地区	中部地区	西部地区	东北地区	总计
案件数	1 167	884	555	297	2 903
所占百分比	40.2%	30.5%	19.1%	10.2%	100.0%

很明显,各大区的案发量差距较大,中东部合计占到七成还多。西部和东北合计却只有三成。我国是个大国,各地自然和人文情况的差别很大,这种基础性的差异必然也会影响到行政赔偿案件的地域分布。东部和中部人口集中,经济也相对较为发达,因此导致行政赔偿案件占全国案发量的比重较大。西部地广人稀,经济体量也较小,这样的基础条件表现在行政赔偿领域,首先就是案件数量占全国之比较低。东北人口约占全国的一成,行政赔偿案件案发量也占到同样比例,看起来也是对应的。当然,大区的划分与经济水平、人口密度并不严格对应,这种参差一定会影响到我们观察和分析问题的准确度。

二、各省级行政区行政赔偿案件数排名

由下图折线的坡度与落差可知,各省级行政区依案件数多寡可分为五个梯队,即250件以上,有浙江、湖南、河南三省。150件以上250件以下,有山东、广东、安徽、辽宁四省。100件以上150件以下,有江苏、宁夏、湖北、上海四个省级行政区。介于50件到100件的有四川、北京、贵州、福建、黑龙江、吉林、河北、重庆、广西、山西、海南十一个省级行政区,此梯队坡度较缓,所囊括

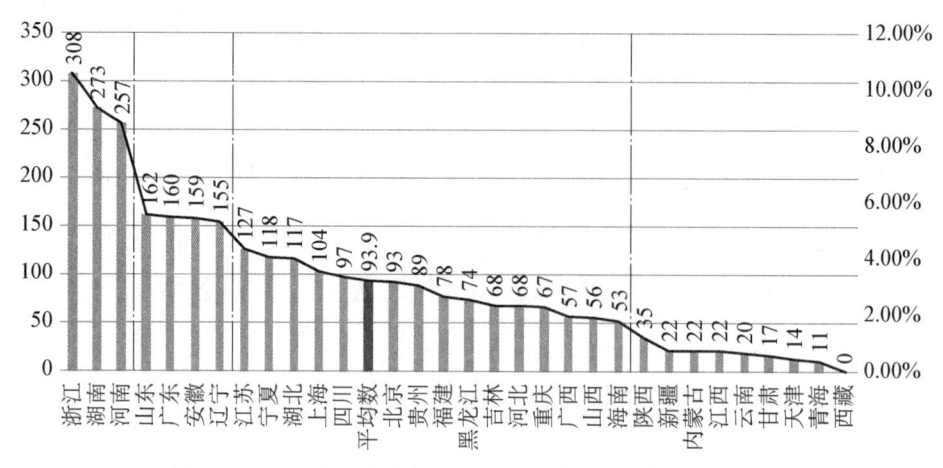

图 1.33　2016 年度各省级行政区行政赔偿判决书份数及占比

省份数量最多。50 件以下,有陕西、青海等九个省级行政区。

综观全图可见,各省级行政区案发数最大极值发生在浙江省,为 308 件,占全国总件数的 10.61%,相反的另一极则是西藏自治区,数据未呈现符合条件的判决。各省级行政区案件数均值为 93.9 件,大致等同于北京市的案件数。案件数较多省份,或者人口稠密而众多,如河南,该省 2016 年末总人口为 9 947 万人;或者经济发达,如浙江;或者两者兼而有之,如广东和山东,广东省 2016 年总人口与国民生产总值均位居全国首位。案件数低于平均数的省份,则或者是人口较少,如青海;或者经济欠发达,如甘肃;或者两者兼有并且文化上有独特之处,如西藏。它们多数为中西部地区。

三、各省级行政区每百万人口案件数排名

各省级行政区的人口基数存在巨大差异,有的上亿,而有的尚不足千万。这样,如果单就案发数进行比较,在方法上有失于简单。为此,结合由国家统计局编写发布的《中国统计年鉴 2017》中 2016 年末各省级行政区总人口数[①],核算出各地区每百万人口的案件数,对各省级行政区每百万人口数案件量进行比较和排列,这样可能更有助于揭示行政赔偿案件的实际。

---

① 数据来源:中国统计年鉴 2017,http://www.stats.gov.cn/tjsj/ndsj/2017/indexch.htm.

制图如下：

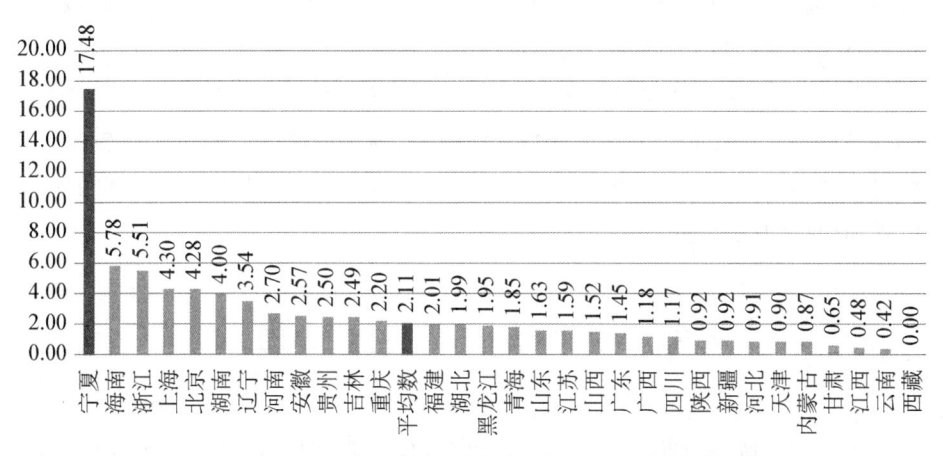

图 1.34　2016 年度各省级行政区每百万人口行政赔偿案件数

在该图中，宁夏回族自治区以每百万人 17.48 件的案件数超出全国平均数竟达七倍之多，为第二位海南省的三倍，略低于海南、浙江、上海以及北京之和，有些不可思议。查阅该省的判决文书后得知，118 份判决书仅牵涉 13 个案件。其中，围绕平罗县人民政府及该县林管局为被告的林权变更登记及行政赔偿一案，因一方当事人众多，即该共同诉讼涉及原告 228 人，导致所采集样本中 106 件判决书与之有关。如果以 13 件案件来算，宁夏的百万人口案件数就会降到一个比较低的水平。当然，这也说明宁夏所发生的行政赔偿案件涉及面广，影响大。

就全国而言，该图显示，每百万人口平均行政赔偿案件数为 2.11 件。包括宁夏在内，超过 2.11 的有 12 个省级行政区，占三分之一强，平均数以下的省级行政区为 19 个，约三分之二。这说明案件在省际分布得不均衡，也说明，案件数与人口多少不是简单的对应关系。排在前三甲的是宁夏、海南、浙江，超过 5 件。尾随其后的是上海、北京、湖南，百万人口平均案件超过 4 件。其后是辽宁、河南、安徽、贵州、吉林、重庆六个省级行政区。以上是高于 2.11 件的 12 个省份。百万人口平均案件数低于 2.11 而高于 1 的有 10 个省级行政区，分别是福建、湖北、黑龙江、青海、山东、江苏、山西、广东、广西、四川。平均数低于 1 件的有陕西、新疆、河北、天津、内蒙古、甘肃、江西、云南、西藏 9 个省级行政区。

浙江行政赔偿案件不仅案发量排在各省级行政区之首，而且每百万人口案件数也高居第三。上海、北京紧随其后。这可能意味着，在人口较为密集的地区，行政公权力活跃，公民和社会组织权利意识较强，行政赔偿案发生率较高。广东和山东两省案发量较高,但每百万人口案件数则居于中游,分别为 20 名和 17 名。它们与浙江的差异,值得注意。河南、湖南的行政赔偿案件数和每百万人口案件数也都比较高,值得思考。

人口低于 1 000 万的四个省份,西藏赔偿案件案发量为 0,但青海与宁夏(数字处理后)百万人口平均案件数大体持平,居于中游。海南省人口较少,但行政赔偿案件案发量与均值均较高,其中原因有待详查,可能与其优越的地理位置和独特的经济结构有关。

第二节 赔偿义务机关类型

本部分分析行政赔偿案件中赔偿义务机关的情况。行政赔偿诉讼中赔偿义务机关的各种情况,一定程度上是政府法治的晴雨表,反映着当前我国各级政府及其部门在执法中的合法程度及其违法方面的特点。本部分分别考察所涉赔偿义务机关的类型,各类型机关案发量和结构,各类型机关违法案件数及比例,各类型机关被判赔案件数、比例及其排名等。

一、赔偿义务机关类型概况

表 1.54　　　　赔偿义务机关类型

机关类型					
一级类型	二级类型	频率	百分比	有效百分比	累积百分比
政府	—	1 271	43.8	43.8	43.8
政府所属部门	—	1 632	56.2	56.2	100.0
	公安局	789	27.2	27.2	71.0
	国土资源局	157	5.4	5.4	76.4
	街道办事处	148	5.1	5.1	81.5
	城市管理和行政执法局	112	3.9	3.9	85.3
	住房保障和城乡建设管理局	91	3.1	3.1	88.5
	其他部门	335	11.5	11.5	100.0
总计		2 903	100.0	100.0	

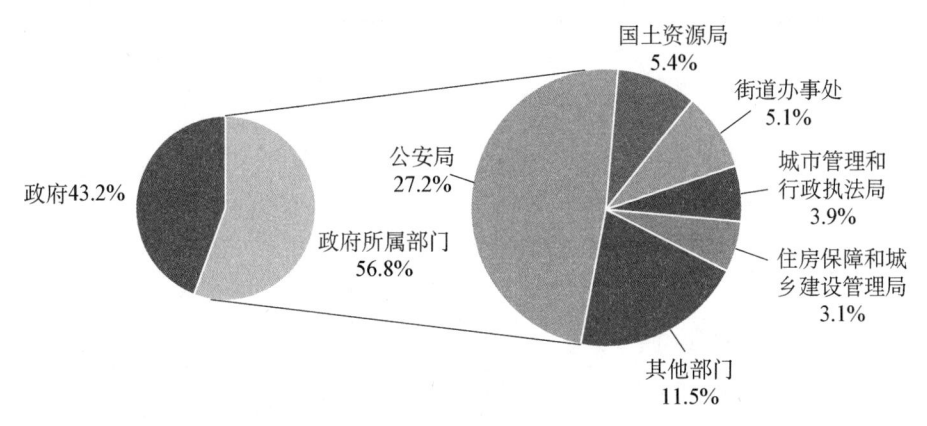

图 1.35　赔偿义务机关类型

图表显示,政府直接作为赔偿义务机关的案件数为 1 271 件,占 43.2%;政府所属部门为赔偿义务机关的案件数为 1 632 件,占 56.8%。在政府各部门(含街道办事处)中,从案件数量来看,公安机关最高,占总案件数的 27.2%。其次是国土资源部门、街道办事处、城市管理和行政执法部门、住房保障和城乡建设部门,分别占比 5.4%、5.1%、3.9%、3.1%。对比可以看出,公安机关案件占比之高是很突出的。

上述行政机关都与公民、法人和社会组织之间经常性地发生直接而广泛的联系,经常涉及公民人身权和财产权等权利,因而发生行政争议的概率就会比较高,行政赔偿诉讼案件数量随之抬高。

二、违法机关类型

以下两表,力图揭示所有案件中被确认违法案件所涉机关的类别以及其违法比率。

表 1.55　　　　　各类型机关确认违法案件数

一级类型	二 级 类 型	频率	百分比	有效百分比	累积百分比
政府	—	919	57.4	57.4	57.4
政府所属部门	—	681	42.6	42.6	100.0
	街道办事处	131	8.2	8.2	65.6

续表

一级类型	二级类型	频率	百分比	有效百分比	累积百分比
政府所属部门	公安局	116	7.2	7.2	72.9
	国土资源局	116	7.2	7.2	80.1
	城市管理和行政执法局	80	5.0	5.0	85.1
	住房保障和城乡建设管理局	59	3.7	3.7	88.8
	环境保护局	32	2.0	2.0	90.8
	房产管理局	30	1.9	1.9	92.7
	其他部门	117	7.3	7.3	100.0
总计		1 600	100.0	100.0	

表 1.56　　违法案件超过 30 件的机关违法率排行

机关类型	环保局	街道办	国土局	政府	城管局	房产局	住房和城建局	公安局
案件数	33	148	157	1 271	112	43	91	789
确认违法数	32	131	116	919	80	30	59	116
违法率	97.0%	88.5%	73.9%	72.3%	71.4%	69.8%	64.8%	14.7%
排名	1	2	3	4	5	6	7	8

如表 1.55 所示，在 2 903 件行政赔偿裁判文书中，确认违法的有 1 600 件，占比 55.1%。违法案件数量超过 30 件的机关类型有八个。我们计算了这八类机关违法率（违法案件数与该类机关案发数之比），并做出了简单排名。七大类机关违法比例超过平均值 55.1%，都在 60% 以上。公安机关违法率明显低于平均值，为 14.7%。

其中，环保局所涉的 33 件行政赔偿案件中，有 32 件被确认违法，违法率高达 97.0%，居榜首。这意味着公众的环保意识正不断增强。值得注意的是，案发量占第四位的街道办事处在违法率方面排名上升到了第二位，在 148 件文书中，被确认违法 131 次，比例为 88.5%。这个比例是比较高的。这项结果意味着该类机构在提升工作水平改善法治状况方面有待改善。国土资源局列第三。以政府为被告的案件数最多，被确认违法的有 919 件，比率为 72.3%。公安局为被告的案发量占比也比较高，但被确认违法的比例是 14.7%，列第八,似乎显示公安机关涉及行政赔偿争议的数量较多,但被认定为违法的比例并不很高,远低于平均比例的55.1%。

三、被确认赔偿机关类型

表1.57　　　各类型机关被确认赔偿的案件数

机关类型	频率	百分比	有效百分比	累积百分比
政府	309	51.8	51.8	51.8
街道办事处	92	15.4	15.4	67.3
公安局	70	11.7	11.7	79.0
国土资源局	28	4.7	4.7	83.7
城市管理和行政执法局	24	4.0	4.0	87.8
房产管理局	17	2.9	2.9	90.6
住房保障和城乡建设管理局	17	2.9	2.9	93.5
管理委员会	11	1.8	1.8	95.3
道路运输管理所	7	1.2	1.2	96.5
建设局	7	1.2	1.2	97.7
水利局	2	0.3	0.3	98.0
安全生产监督管理局	1	0.2	0.2	98.2
不动产交易中心	1	0.2	0.2	98.3
防汛抗旱指挥部	1	0.2	0.2	98.5
工商行政管理局	1	0.2	0.2	98.7
环境环保局	1	0.2	0.2	98.8
林业局	1	0.2	0.2	99.0
农场	1	0.2	0.2	99.2
农业局	1	0.2	0.2	99.3
商务粮食局	1	0.2	0.2	99.5
市场监督管理局	1	0.2	0.2	99.7
卫生和计划生育局	1	0.2	0.2	99.8
文化广电新闻出版局	1	0.2	0.2	100.0
总计	596	100.0	100.0	

由上表可以看出,共596件案件获得赔偿,以政府为赔偿义务机关的获赔案件是309件。政府各部门中,获赔案件数从高到低排在前十位的各类机关依次是:街道办事处(92)、公安局(70)、国土资源局(28)、城市管理和行政执法局(24)、房产管理局(17)、住房保障和城乡建设管理局(17)、管理委员会

(11)、道路运输管理所(7)、建设局(7)、水利局(2)等。其中,街道办事处、公安局件数最多,其次是国土、城管,涉及房产部门的也较多。值得一提的是,违法率最高的环保机关,只有一件被判赔,比例较低。

四、各类型机关判赔率

判赔率是相对于获赔率而言的。因为研究样本都是判决结案的,所以称为判赔率。判赔率包括被判赔偿案件数与确认违法案件数之比,以及被判赔偿案件数与各类机关案发量之比。

表1.58　　　　　　　各类型机关判赔率

机关类型	街道办	国土局	政府	城管局	房产局	住房城建局	公安局
案件数	148	157	1 271	112	43	91	789
确认违法数	131	116	919	80	30	59	116
被判赔偿案件数	92	28	309	24	17	17	70
获赔数与违法数之比	70.2%	24.1%	33.6%	30.0%	56.7%	28.8%	60.3%
排名	1	7	4	5	3	6	2
获赔数与发案数之比	62.2%	17.8%	24.3%	21.4%	39.5%	18.7%	8.9%
排名	1	6	3	4	2	5	7

被判承担行政赔偿的行政机关,以被判赔偿案件数与确认违法案件数之比而论,街道办事处、公安局和房产管理局排在前三位。若以被判赔偿案件数与各类机关案发量之比来说,排在前三的机关依次是街道办事处、房产管理局和政府,若不论"政府"一类,则紧接其后的是城市管理和行政执法局。街道办事处在两个排行中都居榜首,且比率远高于其他机关。房产管理局则两次都在前三名。判赔率2中,除政府和街道外,各类型机关都低于40%,接近40%的有1个类型(房产管理局),而介于20%—30%的也有1个类型(城市管理和行政执法局),介于10%—20%的有2个类型(住房保障和城市建设管理局、国土资源局),低于10%的也有1个类型(公安部门)。不同类型机关的判赔率呈梯度排列,是行政赔偿案件结构上的一个特点。

第三节 具体违法情形

在各个案件中,行政机关被确认违法的行政行为主要有哪些种类,各种类的行政行为所占的比例如何,这些不同种类的行政行为在案件进展各环节中的表现有何特殊之处,是本部分需要研究的问题。

在本部分,首先,我们根据国家赔偿法第三条并结合其他法律规定,同时考虑样本案件的具体情况,将违法情形分为十余种。之后我们先从总体状况入手说明,第一,我们分别列出行政赔偿案件案发量中不同类别违法情形上的案件数量。第二,列举被确认违法案件在不同违法情形类别上的数量分布状况。第三,又列举了需要做出赔偿的案件在违法类别方面的分布情况。

在进行总体描述和说明的同时,我们又对强制拆除和违法拘留两类案件量最多的具体违法种类进行了更为细致的剖析,发现这两类案件在数量上、地域分布上、获赔率方面的区别还是很大的。

一、总体情况

表 1.59　　　　所有行政赔偿案件的具体违法种类

	频率	百分比	有效百分比	累积百分比
强制拆除	893	30.8	30.8	30.8
违法拘留	644	22.2	22.2	52.9
违法征收财产	325	11.2	11.2	64.1
颁证行为	214	7.4	7.4	71.5
行政不作为	90	3.1	3.1	74.6
政府信息公开	79	2.7	2.7	77.3
备案登记行为	74	2.5	2.5	79.9
违法扣押财产	71	2.4	2.4	82.3
强制清表	69	2.4	2.4	84.7
殴打	41	1.4	1.4	86.1
责令改正	38	1.3	1.3	87.4
罚款	35	1.2	1.2	88.6
答复告知行为	25	0.9	0.9	89.5

续表

	频率	百分比	有效百分比	累积百分比
行政不作为(人)	22	0.8	0.8	90.3
行政审批	22	0.8	0.8	91.0
其他违法行为	261	9.0	9.0	100.0
总计	2 903	100.0	100.0	

该表反映所有案件中所涉及的违法情形,不管其最终是否被确认。根据数据可知,最易引起行政赔偿诉讼的行政行为是强制拆除和违法拘留。紧接其后的八项分别是:违法征收财产、颁证行为、行政不作为、政府信息公开、备案登记行为、违法扣押财产、强制清表、殴打。其中,违法拘留和殴打是侵犯人身权行为,而强制拆除、违法征收财产、违法扣押财产属于侵犯财产权。

排在第一位的是强制拆除,这种情形占到了30.8%。此类违法情形排在第一位且占比很高,并不是一件让人惊异的事情。一个时期以来,各地为了发展经济、改善住房状况、调整城市布局,对房屋拆迁产生出大量而强烈的需求,而土地与房屋又牵涉到较为大额的财产利益,这势必引发各利益主体较为频繁的冲突。这一现象不仅在沿海而且在内陆都是众所周知的。所以,强制拆除引发案件比例之高,可以看作是一个具有时代特色的景观。

政府信息公开方面违法案件数是79件,占2.7%。这既反映出社会层面对与财产不直接相关的权利的关注和追求,也反映司法机关对政府行政公开性和透明度的强烈关注。

表1.60 被确认违法的行为种类

	频率	百分比	有效百分比	累积百分比
强制拆除	736	46.0	46.0	46.0
颁证行为	196	12.3	12.3	58.3
违法征收财产	192	12.0	12.0	70.3
违法拘留	75	4.7	4.7	74.9
强制清表	56	3.5	3.5	78.4
备案登记行为	53	3.3	3.3	81.8
政府信息公开	46	2.9	2.9	84.6
违法扣押财产	41	2.6	2.6	87.2

续表

	频率	百分比	有效百分比	累积百分比
责令改正	34	2.1	2.1	89.3
行政不作为	31	1.9	1.9	91.3
行政审批	13	0.8	0.8	92.1
罚款	12	0.8	0.8	92.8
其他违法行为	115	7.2	7.2	100.0
总计	1 600	100.0	100.0	

该表揭示被确认违法案件的违法行为种类。依表1.59在全部案件数量的结构中,排在前三位的违法情形是:强制拆除、违法拘留、违法征收财产;而在所确认的违法情形中,依本表,居于榜首的依然是强制拆除,但后面两名则有所不同,第二名是颁证行为,第三名仍然是违法征收财产,违法拘留现降为第四名。

在现代社会,大量有关个人和组织的身份、资格、属性、行为、关系等情况和信息需要公权力机关加以登记或认可,从而导致颁证行为的大量增加。这些登记和认可行为与公民和组织的权利能力和行为能力关系密切,进而影响到他们的各种权利状况,这样该领域的行政争议和行政机关违法的可能性就都大大增加了。

表1.61　　　　　　　　　获赔案件中具体违法种类

	频率	百分比	有效百分比	累积百分比
强制拆除	354	59.4	59.4	59.4
违法征收财产	85	14.3	14.3	73.7
违法拘留	50	8.4	8.4	82.0
颁证行为	23	3.9	3.9	85.9
违法扣押财产	21	3.5	3.5	89.4
强制清表	11	1.8	1.8	91.3
殴打	6	1.0	1.0	92.3
行政不作为	6	1.0	1.0	93.3
执法行为	5	0.8	0.8	94.1
其他违法行为	35	5.9	5.9	100.0
总计	596	100.0	100.0	

被判赔的违法情形中,排在前三位的是强制拆除、违法征收财产、违法拘留,紧接着是颁证行为。

综合上述三个表格所给出的信息,可以看出,在上述三个序列中,即所有案件、所有确认违法案件、所有获得赔偿案件中,排在最前面的具体违法情况,具有高度一致性。这些违法行为要么侵犯了公民和组织的人身权,要么侵犯了他们的财产权。有意思的是,从总体上看,侵犯财产利益的案件比例更高。以获得赔偿案件为例来看,强制拆除、违法征收两项总和(439件)远远超过了违法拘留(50)和殴打(6)案件的两项之和,前者几乎是后者的八倍。侵犯财产权案件与侵犯人身权案件获赔件数上的巨大差异,可以看作是行政赔偿案件的一个结构性特征。

二、"强制拆除"和"违法拘留"两类案件情况

(一)强制拆除案件

表1.62　　　　　各大区强制拆除案件数量及其占比

	行政赔偿案发量	强制拆除案件量	两者之比	比例排名
东部	1 167	467	40.0%	1
中部	884	212	24.0%	3
西部	555	118	21.3%	4
东北	297	96	32.3%	2
合计	2 903	893	30.8%	

从上表可以看出,就全国情况来看,在行政赔偿领域,强制拆迁案件占比为30.8%,约三分之一。其中,东部地区和东北地区高于全国平均比例,而中部和西部地区则低于全国平均占比。东部地区高达40.0%。西部地区则只有21.3%,低于全国平均一半。从绝对数量看,东部案件数几乎占到一半,为467件;中部地区其次,为212件;东北虽然强拆案件比例高,但绝对数量只有96件,低于西部的118件。强拆案件数量的总体结构与国家整个经济格局大体一致。

表1.63　　　各大区强制拆除案件被认定违法的数量及比例

	强制拆除赔偿案件量	被认定违法案件数	两者之比	排名
东部	467	397	85.0%	2
中部	212	155	73.1%	4

续表

	强制拆除赔偿案件量	被认定违法案件数	两者之比	排名
西部	118	96	81.3%	3
东北	96	88	91.7%	1
合计	893	736	82.4%	

在被认定违法案件与该大区强制拆除类案件量之比这一维度上,东北拔得头筹,为91.7%。东部地区第二,为85.0%。西部为81.3%。中部为73.1%。全国平均为82.4%。

表1.64　　　　　　　各大区强制拆除案件获赔率

	强制拆除赔偿案量	被认定违法案件数	获得赔偿案件数	获赔数与违法数之比	排名	获赔数与发案数之比	排名
东部	467	397	178	44.8%	3	38.1%	3
中部	212	155	86	55.5%	2	40.6%	2
西部	118	96	33	34.4%	4	28.0%	4
东北	96	88	57	64.8%	1	59.4%	1
合计	893	736	354	48.1%		39.6%	

获赔数与违法数之比项下,全国为48.1%。东北最高,64.8%,中部其次,为55.5%。东北和中部的获赔数与违法数之比高于全国平均。东部和西部低于全国平均。东部地区为44.8%,西部地区为34.4%。从高到低的排名依次是东北、中部、东部和西部。这与"认定违法"项下的排名顺序非常不同。

获赔数与发案数之比项下,全国为39.6%。四大区高低顺序依然是东北、中部、东部、西部,依次为59.4%,40.6%,38.1%,28.0%。强制拆除类案件获赔率高于全部行政赔偿案件的获赔率,这也是一个鲜明的特点。

(二) 违法拘留案件

表1.65　　　　　各大区违法拘留行政赔偿案件数量

	行政赔偿案件量	违法拘留赔偿案件数	违法拘留赔偿案件占比	排名
东部	1 167	132	11.3%	4

续表

	行政赔偿案件量	违法拘留赔偿案件数	违法拘留赔偿案件占比	排名
中部	884	360	40.7%	1
西部	555	111	20.0%	2
东北	297	41	13.8%	3
总计	2 903	644	22.2%	

可以看出,在全国层次上,违法拘留案件占全部行政赔偿案件的22.2%,比重还是比较大的。其中,中部地区占比更是高达40.7%。东部地区则最低,为11.3%。这似乎和强制拆迁类案件恰恰形成反照,拘留类案件少的强拆类案件多,而强拆类案件多的拘留类案件少。

表1.66　　各大区违法拘留行政赔偿案件认定违法的比例

	违法拘留赔偿案件数	被认定违法案件数	认定违法占比	排名
东部	132	20	15.2%	2
中部	360	34	9.4%	4
西部	111	11	9.9%	3
东北	41	10	24.4%	1
总计	644	75	11.6%	

行政机关被认定为违法的案件比例,全国为11.6%。东北最高,为24.4%,其次为东部,为15.2%,接着是西部和中部,分别是9.9%和9.4%。中部案件发生率40%,为最高,但行政机关被认定为违法的比例则最低,为9.4%。

表1.67　　各大区违法拘留行政赔偿案件获赔率情况

	违法拘留赔偿案件数	被认定违法案件数	获得赔偿案件数	获赔数与违法数之比	排名	获赔数与发案数之比	排名
东部	132	20	14	70.0%	2	10.6%	2
中部	360	34	22	64.7%	3	6.1%	4
西部	111	11	9	81.8%	1	8.1%	3
东北	41	10	5	50.0%	4	12.2%	1
总计	644	75	50	66.7%		7.8%	

就违法拘留行政赔偿案件的获赔情况来看,获赔数与违法数之比是比较高的,各大区都超过了50%,全国是66.7%,最高的是西部地区,达到81.8%。获赔数与发案数之比在全国层次上低于10%,为7.8%。最低的是中部地区,为6.1%。东北地区12.2%,最高。东部10.6%,居第二。西部8.1%,为第三。

就强制拆除和违法拘留两类案件总体情况来看,认定行政机关违法案件占比,前者远高于后者,分别是82.4%和11.6%,相差70.8%。这个差别是极其明显的。同时,两类案件的获赔数与违法数之比差别不大,两者分别是48.1%和66.7%,差距是18.6%。但获赔数与发案数之比的差距则比较大,两者分别是39.6%和7.8%,相差31.8%。这就意味着,财产权类案件的获赔数与发案数之比远远高于人身权案件的获赔数与发案数之比。原因何在,值得探究。

第四节 获得赔偿总体情况

国家赔偿法作为权利救济法,主要目的是满足合法的赔偿请求,因此案件获得赔偿的情况就成为评价其制度设计和运行的重要方面。本部分,我们不仅要考察获得赔偿的案件数量及其在地域上的分布,而且要考察获赔的比率大小和地域差异,同时还将分析确认违法但不赔偿的原因何在,并试图分析其合理性。

一、案件获得赔偿概况

在搜集的2 903件判决中,最终获赔的有596件,获赔数与发案数之比为20.5%。获赔数与违法数之比就是596与认定违法的案件数1 600之间的比率,为37.3%。未获赔偿的有2 307件,占比79.5%。就全国而言,大约五分之一的案件获得了赔偿。应该说,这个比例并不算高。

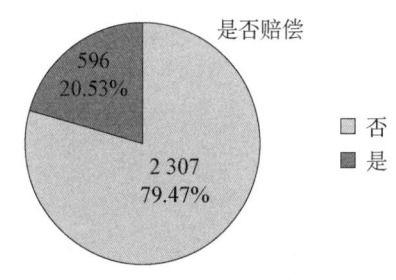

图1.36 行政赔偿案件获赔与未获赔案件数量

表 1.68　各大区获赔案件数及获赔率

	获赔案件数	确认违法案件数	案发数	获赔数与违法数之比	获赔数与发案数之比
东北	129	203	297	63.5%	43.4%
东部	227	703	1 167	32.4%	19.5%
西部	71	333	555	21.3%	12.8%
中部	169	363	884	46.6%	19.1%

获赔数与违法数之比方面，东北、中部、东部、西部依次是 63.5%、46.6%、32.4%、21.3%。在获赔数与发案数之比方面，最高的仍是东北。东部和中部都接近 20%，分别为 19.5% 和 19.1%，但都与东北相差 1 倍。西部地区获赔数与发案数之比更低，仅 12.8%。不管是获赔数与发案数之比还是获赔数与违法数之比，东北与其他地区的差别都是非常巨大的。

下表反映的是各省级行政区获得赔偿的案件数、每省级行政区获得赔偿案件数量占全国获赔案件数的比例、各省级行政区在数量和该比例上的排名。该表中，辽宁、浙江、安徽和河南排在前 4 名，获赔案件都在 50 件以上。这四省的获赔案件量为 293，几乎占全国获赔案件总量(596)的一半。第 5—11 名都在二十几件。紧接着 12—17 名都是十件或十几件。18 名以后，都是个位数。可见，各省级行政获赔案件数量差距较大。

表 1.69　各省级行政区获得赔偿案件数及占比

	频率	百分比	有效百分比	累积百分比
辽宁	92	15.4	15.4	15.4
浙江	91	15.3	15.3	30.7
安徽	57	9.6	9.6	40.3
河南	53	8.9	8.9	49.2
吉林	25	4.2	4.2	53.4
山东	24	4.0	4.0	57.4
广东	23	3.9	3.9	61.2
北京	22	3.7	3.7	64.9
江苏	22	3.7	3.7	68.6
山西	22	3.7	3.7	72.3
湖北	21	3.5	3.5	75.8
贵州	15	2.5	2.5	78.4
河北	15	2.5	2.5	80.9

续表

	频率	百分比	有效百分比	累积百分比
湖南	13	2.2	2.2	83.1
福建	12	2.0	2.0	85.1
黑龙江	12	2.0	2.0	87.1
四川	10	1.7	1.7	88.8
青海	8	1.3	1.3	90.1
陕西	8	1.3	1.3	91.4
上海	8	1.3	1.3	92.8
海南	7	1.2	1.2	94.0
重庆	7	1.2	1.2	95.1
甘肃	5	0.8	0.8	96.0
广西	5	0.8	0.8	96.8
内蒙古	5	0.8	0.8	97.7
新疆	4	0.7	0.7	98.3
江西	3	0.5	0.5	98.8
天津	3	0.5	0.5	99.3
宁夏	2	0.3	0.3	99.7
云南	2	0.3	0.3	100.0
总计	596	100.0	100.0	

二、获赔率

表 1.70　各省级行政区获赔数与发案数之比及其排名

	未获赔			获赔		
	计数	占本地发案数之比（排名）	占全国未赔数之比	计数	获赔数与发案数之比（排名）	占全国获赔数之比
安徽	102	64.2%(26)	4.4%	57	35.8%(5)	9.6%
北京	71	76.3%(23)	3.1%	22	23.7%(8)	3.7%
福建	66	84.6%(12)	2.9%	12	15.4%(19)	2.0%
甘肃	12	70.6%(24)	0.5%	5	29.4%(7)	0.8%
广东	137	85.6%(10)	5.9%	23	14.4%(21)	3.9%
广西	52	91.2%(4)	2.3%	5	8.8%(27)	0.8%
贵州	74	83.1%(14)	3.2%	15	16.9%(17)	2.5%
海南	46	86.8%(8)	2.0%	7	13.2%(23)	1.2%
河北	53	77.9%(20)	2.3%	15	22.1%(11)	2.5%
河南	204	79.4%(18)	8.8%	53	20.6%(13)	8.9%

续表

	未获赔			获赔		
	计数	占本地发案数之比(排名)	占全国未赔数之比	计数	获赔数与发案数之比(排名)	占全国获赔数之比
黑龙江	62	83.8%(13)	2.7%	12	16.2%(18)	2.0%
湖北	96	82.1%(16)	4.2%	21	17.9%(15)	3.5%
湖南	260	95.2%(2)	11.3%	13	4.8%(29)	2.2%
吉林	43	63.2%(27)	1.9%	25	36.8%(4)	4.2%
江苏	105	82.7%(15)	4.6%	22	17.3%(16)	3.7%
江西	19	86.4%(9)	0.8%	3	13.6%(22)	0.5%
辽宁	63	40.6%(29)	2.7%	92	59.4%(2)	15.4%
内蒙古	17	77.3%(21)	0.7%	5	22.7%(10)	0.8%
宁夏	116	98.3%(1)	5.0%	2	1.7%(30)	0.3%
青海	3	27.3%(30)	0.1%	8	72.7%(1)	1.3%
山东	138	85.2%(11)	6.0%	24	14.8%(20)	4.0%
山西	34	60.7%(28)	1.5%	22	39.3%(3)	3.7%
陕西	27	77.1%(22)	1.2%	8	22.9%(9)	1.3%
上海	96	92.3%(3)	4.2%	8	7.7%(28)	1.3%
四川	87	89.7%(6)	3.8%	10	10.3%(25)	1.7%
天津	11	78.6%(19)	0.5%	3	21.4%(12)	0.5%
新疆	18	81.8%(17)	0.8%	4	18.2%(14)	0.7%
云南	18	90.0%(5)	0.8%	2	10.0%(26)	0.3%
浙江	217	70.5%(25)	9.4%	91	29.5%(6)	15.3%
重庆	60	89.6%(7)	2.6%	7	10.4%(24)	1.2%

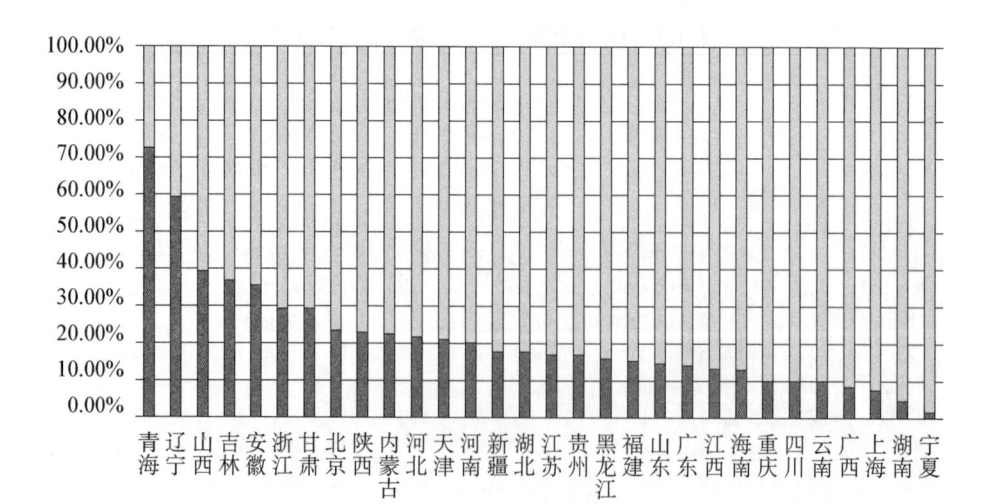

图 1.37 各省级行政区获赔数与发案数之比排名

获得赔偿案件数超过五十的有辽宁、安徽、浙江、河南四省。其中,浙江和河南的行政赔偿案件本来就数量多、基数大,分别为 308 件和 257 件。安徽和辽宁的行政赔偿发案总数分别为 159 和 155 件,基数也不小。总的案件多,获赔案件亦多,大体是这样的。

获赔数与发案数之比排在前五名的是:青海、辽宁、山西、吉林、安徽,获赔数与发案数之比依次是 72.7%、59.4%、39.3%、36.8%、35.8%。辽宁、安徽两省案件数量多,获赔数与发案数之比也较高。浙江数量居全国之首,获赔数与发案数之比也排名不低,列第 6 名。排在后五名的是宁夏、湖南、上海、广西、云南。这五个省级行政区获赔数与发案数之比分别是 1.7%、4.8%、7.7%、8.8%、10.0%。

获赔案件数低于 10 的有 13 个省级行政区,大都是人口较少案件数量也较少的省级行政区。其中,上海、重庆、天津三个直辖市赫然列于这 13 个省级行政区中,重庆为 7 件、天津为 3 件、上海 8 件。上海获赔的仅 8 件,而上海的发案总数是比较高的,获赔率就很低了。另一直辖市北京获赔案件为 22 件,获赔数与发案数之比超过了平均数。

表 1.71　　各省级行政区获赔数与违法数之比及其排名

	未获赔			获赔		
	计数	占本地发案数之比(排名)	占全国未赔数之比	计数	获赔数与违法数之比(排名)	占全国获赔数之比
安徽	40	41.2%(24)	4.0%	57	58.8%(7)	9.6%
北京	29	56.9%(18)	2.9%	22	43.1%(13)	3.7%
福建	13	52.0%(20)	1.3%	12	48.0%(11)	2.0%
甘肃	5	50.0%(21)	0.5%	5	50.0%(9)	0.8%
广东	53	69.7%(11)	5.3%	23	30.3%(20)	3.9%
广西	20	80.0%(3)	2.0%	5	20.0%(27)	0.8%
贵州	49	76.6%(7)	4.9%	15	23.4%(24)	2.5%
海南	27	79.4%(5)	2.7%	7	20.6%(26)	1.2%
河北	11	42.3%(23)	1.1%	15	57.7%(8)	2.5%
河南	87	62.1%(15)	8.7%	53	37.9%(16)	8.9%
黑龙江	27	69.2%(12)	2.7%	12	30.8%(19)	2.0%
湖北	23	52.3%(19)	2.3%	21	47.7%(12)	3.5%
湖南	32	71.1%(10)	3.2%	13	28.9%(21)	2.2%

续表

	未获赔			获赔		
	计数	占本地发案数之比（排名）	占全国未赔数之比	计数	获赔数与违法数之比（排名）	占全国获赔数之比
吉林	14	35.9%（25）	1.4%	25	64.1%（6）	4.2%
江苏	55	71.4%（9）	5.5%	22	28.6%（22）	3.7%
江西	4	57.1%（16）	0.4%	3	42.9%（14）	0.5%
辽宁	33	26.4%（28）	3.3%	92	73.6%（3）	15.4%
内蒙古	11	68.8%（13）	1.1%	5	31.3%（18）	0.8%
宁夏	112	98.2%（1）	11.2%	2	1.8%（30）	0.3%
青海	1	11.1%（29）	0.1%	8	88.9%（2）	1.3%
山东	82	77.4%（6）	8.2%	24	22.6%（25）	4.0%
山西	8	26.7%（27）	0.8%	22	73.3%（4）	3.7%
陕西	3	27.3%（26）	0.3%	8	72.7%（5）	1.3%
上海	46	85.2%（2）	4.6%	8	14.8%（29）	1.3%
四川	29	74.4%（8）	2.9%	10	25.6%（23）	1.7%
天津	4	57.1%（17）	0.4%	3	42.9%（15）	0.5%
新疆	4	50.0%（22）	0.4%	4	50.0%（10）	0.7%
云南	0	0.0%（30）	0.0%	2	100.0%（1）	0.3%
浙江	154	62.9%（14）	15.3%	91	37.1%（17）	15.3%
重庆	28	80.0%（4）	2.8%	7	20.0%（28）	1.2%

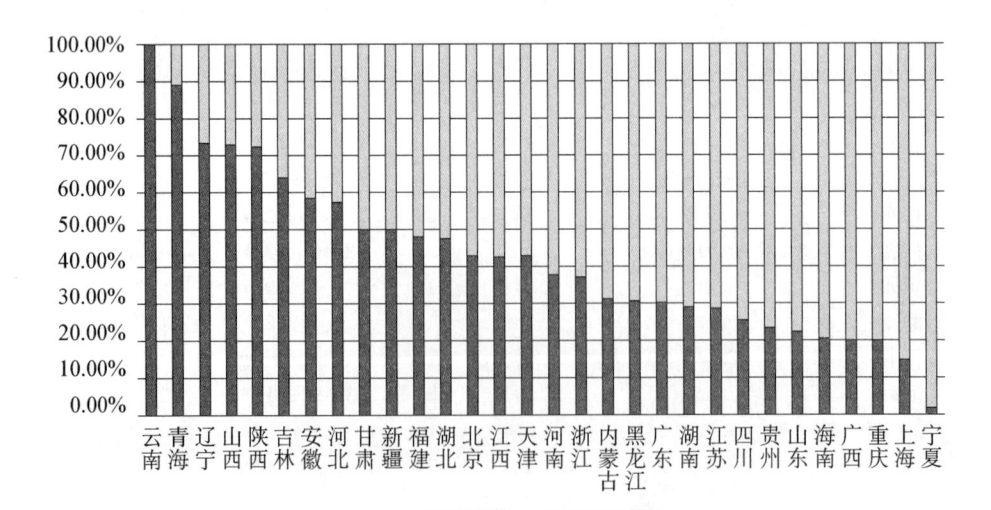

图 1.38　各省级行政区获赔数与违法数之比排名

获赔数与违法数之比方面,全国是 37.3%。排在前五位的是云南、青海、辽宁、山西、陕西,分别是 100%、88.9%、73.6%、73.3%、72.7%。其中,青辽晋三省在获赔数与发案数之比排行中也进入前五。在获赔数与发案数之比排行中居第四第五位的吉林和安徽在获赔数与违法数之比排行中虽未进入前五,但却排在第六位和第七位,获赔数与违法数之比分别是 58.8%、64.1%,比率较高。获赔数与违法数之比排行的后五位,与获赔数与发案数之比的后五位重复率也比较高。后五位分别是宁夏 1.8%、上海 14.8%、重庆 20.0%、广西 20.0%、海南 20.6%。浙江获赔数与违法数之比是 37.1%,与全国平均数几乎持平。

三、确认违法而未予赔偿的事由

有些案件的行政行为被认定违法,但申请人并没有获得赔偿,其中的因由何在值得分析。

表 1.72　　确认违法但不赔偿的各种事由及所涉案件数量

	频率	百分比	有效百分比	累积百分比
证据不足	339	33.8	33.8	33.8
不属于赔偿范围	224	22.3	22.3	56.1
因公民、法人和其他组织自己的行为致使损害发生	156	15.6	15.6	71.7
无因果关系	130	13.0	13.0	84.6
刑事退赔未完结	106	10.6	10.6	95.2
另行作出赔偿(补偿)决定	23	2.3	2.3	97.5
无损害结果	11	1.1	1.1	98.6
责令采取相应补救措施	9	0.9	0.9	99.5
超过国家赔偿请求时效	4	0.4	0.4	99.9
当事人撤回赔偿请求	1	0.1	0.1	100.0
总计	1 003	100.0	100.0	

确认违法但不予赔偿的案件数为 1 003 件,其不赔偿的事由排在前列的是:证据不足,占 33.80%,然后分别为不属于赔偿范围,因公民、法人和其他组织自己行为致使损害发生的,无因果关系,刑事退赔未完结的等。

其中,因证据不足导致不予赔偿的比例较高,占三分之一强。这让我们怀疑,国家赔偿法的举证责任制度是否阻碍了赔偿的实现。根据《国家赔偿法》

第十五条的规定,双方当事人对自己的主张负有举证责任,谁主张谁举证,这是原则。但也有举证责任倒置的例外情形。据该法十五条第二款的规定,赔偿义务机关采取行政拘留或者限制人身自由的强制措施期间,被限制人身自由的人死亡或者丧失行为能力的,赔偿义务机关的行为与被限制人身自由的人的死亡或者丧失行为能力是否有因果关系,赔偿义务机关应当提供证据。举证责任倒置的情形较少,而且限制较严。这对于受害人来讲是不利的。在行政赔偿案件中,让申请人举证证明行政机关及其工作人员的行为导致其合法利益受损往往是比较困难的。国家赔偿法出于权利救济目的,对赔偿义务机关举证责任应该进一步有所加重。

第五节 提出和获得精神损害赔偿情况

精神损害赔偿在法律上得到承认并得到制度化实施的历史并不长。在我国,它首先是在民事领域得到承认的,而后才纳入国家赔偿领域。精神损害赔偿制度化体现了对人权的尊重,也体现了国家机关亦应守法的法治精神。

本部分我们主要关注的问题有,申请和获得法院肯定的精神损害案件数量,获得精神损害抚慰金的案件数量,各自占比情况,各省级行政区相应情况及其排名。

表1.73　　　　申请精神损害赔偿案件占案发数比例

	频率	百分比	有效百分比	累积百分比
未申请	2 337	80.5	80.5	80.5
申请	566	19.5	19.5	100.0
总计	2 903	100.0	100.0	

表1.74　　　　法院认可案件数占申请案件数之比

	频率	百分比	有效百分比	累积百分比
未支持	529	93.5	93.5	93.5
支持	27	4.8	4.8	98.2
仅支持赔礼道歉	10	1.8	1.8	100.0
总计	566	100.0	100.0	

如果说国家赔偿是法治较高阶段的产物的话,其中的精神损害赔偿就更是一种对较高层次权利的尊重和保护,从而更体现着法治的细致和温情,更体现着法治对人性的关怀。法治的温度在此一领域得到鲜明展现。在 2 903 件判决书中,共有 566 份提出了精神损害赔偿的要求,占比 19.5%。考虑到精神损害赔偿条款是在 2010 年修法时才加入的内容,这类实践在我国为时较短,如此高比例地提出精神损害赔偿的要求,应该证明我国社会的权利意识还是比较充分的。

当然,与提出精神损害赔偿比例较高相比,这种要求得到法院支持的比例是比较低的。在 566 件此类判决书中,得到支持的只有 37 件,占比为 6.6%。其中,以赔礼道歉为承担责任方式的又占 10 起,最终获得精神损害抚慰金的只有 27 件。获得精神损害抚慰金总金额 336 000 元,平均每案获得 12 444 元。总体上看,似乎显示出精神赔偿领域高需求和低回应之间的不协调。

表 1.75　　各省级行政区申请精神损害赔偿案件数及排名

	未申请			申请		
	计数	占本地发案数之比(排名)	占全国未申请数之比	计数	占本地发案数之比(排名)	占全国申请数之比
安徽	119	74.8%(22)	5.1%	40	25.2%(9)	7.1%
北京	65	69.9%(25)	2.8%	28	30.1%(6)	4.9%
福建	67	85.9%(7)	2.9%	11	14.1%(24)	1.9%
甘肃	10	58.8%(28)	0.4%	7	41.2%(3)	1.2%
广东	138	86.3%(6)	5.9%	22	13.8%(25)	3.9%
广西	44	77.2%(17)	1.9%	13	22.8%(14)	2.3%
贵州	61	68.5%(26)	2.6%	28	31.5%(5)	4.9%
海南	50	94.3%(2)	2.1%	3	5.7%(29)	0.5%
河北	53	77.9%(14)	2.3%	15	22.1%(16)	2.7%
河南	209	81.3%(12)	8.9%	48	18.7%(19)	8.5%
黑龙江	60	81.1%(13)	2.6%	14	18.9%(18)	2.5%
湖北	88	75.2%(20)	3.8%	29	24.8%(11)	5.1%
湖南	205	75.1%(21)	8.8%	68	24.9%(10)	12.0%
吉林	57	83.8%(9)	2.4%	11	16.2%(22)	1.9%
江苏	108	85.0%(8)	4.6%	19	15.0%(23)	3.4%
江西	20	90.9%(3)	0.9%	2	9.1%(28)	0.4%

续表

	未申请			申请		
	计数	占本地发案数之比(排名)	占全国未申请数之比	计数	占本地发案数之比(排名)	占全国申请数之比
辽宁	139	89.7%(4)	5.9%	16	10.3%(27)	2.8%
内蒙古	17	77.3%(16)	0.7%	5	22.7%(15)	0.9%
宁夏	117	99.2%(1)	5.0%	1	0.8%(30)	0.2%
青海	4	36.4%(29)	0.2%	7	63.6%(2)	1.2%
山东	134	82.7%(10)	5.7%	28	17.3%(21)	4.9%
山西	37	66.1%(27)	1.6%	19	33.9%(4)	3.4%
陕西	27	77.1%(18)	1.2%	8	22.9%(13)	1.4%
上海	81	77.9%(15)	3.5%	23	22.1%(17)	4.1%
四川	73	75.3%(19)	3.1%	24	24.7%(12)	4.2%
天津	10	71.4%(24)	0.4%	4	28.6%(7)	0.7%
新疆	16	72.7%(23)	0.7%	6	27.3%(8)	1.1%
云南	7	35.0%(30)	0.3%	13	65.0%(1)	2.3%
浙江	266	86.4%(5)	11.4%	42	13.6%(26)	7.4%
重庆	55	82.1%(11)	2.4%	12	17.9%(20)	2.1%

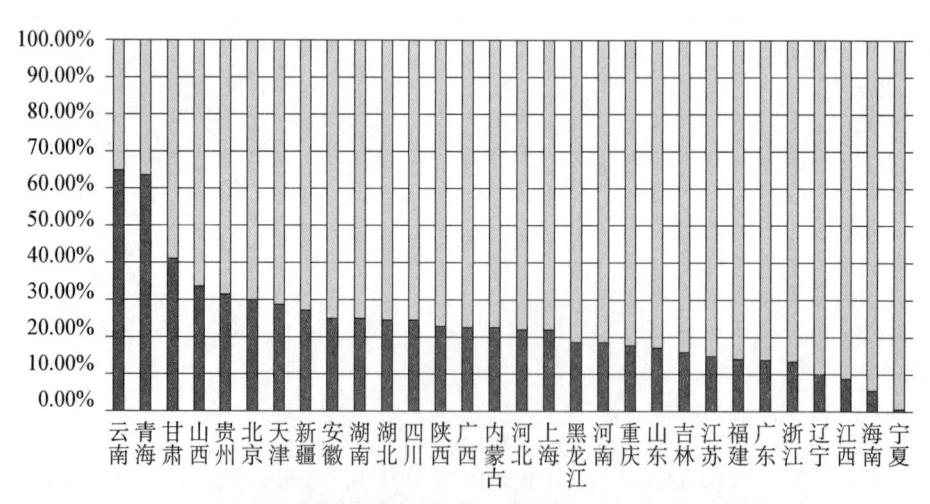

图 1.39 各省级行政区提出精神损害案件比率排名

由表 1.75 和图 1.39 可见,就绝对数量而言,提出精神损害案件数较多的省级行政区有:湖南,68 件;河南,48 件;浙江,42 件;安徽,40 件;湖北,29 件;北京、贵州、山东均为 28 件;四川,24 件;上海,23 件;广东,22 件。其他省级行政区都低于 20 件。

各省级行政区提出精神损害赔偿案件数与该地案发数之比,有云南、青海两个省级行政区超过 60%,但这两省级行政区案件绝对值较小。占本地发案数之比超过 30% 的有山西、贵州和北京。宁夏以 0.8% 垫底,依次升高分别是海南、江西、辽宁、浙江,分别是 5.7%、9.1%、10.3%、13.6%。

表 1.76　　法院支持精神损害赔偿案件与提出申请案件数之比

	不支持		支持赔礼道歉			支持抚慰金		
	计数	占本地申请数之比	计数	占本地申请数之比	占全国赔礼道歉数之比	计数	占本地申请数之比（排名）	占全国支持抚慰金数之比
安徽	33	82.5%	0	0.0%	0.0%	7	17.5%(5)	25.9%
北京	28	100.0%	0	0.0%	0.0%	0	0.0%(/)	0.0%
福建	11	100.0%	0	0.0%	0.0%	0	0.0%(/)	0.0%
甘肃	6	85.7%	0	0.0%	0.0%	1	14.3%(6)	3.7%
广东	22	100.0%	0	0.0%	0.0%	0	0.0%(/)	0.0%
广西	12	92.3%	1	7.7%	10.0%	0	0.0%(/)	0.0%
贵州	28	100.0%	0	0.0%	0.0%	0	0.0%(/)	0.0%
海南	2	66.7%	0	0.0%	0.0%	1	33.3%(3)	3.7%
河北	8	53.3%	6	40.0%	60.0%	1	6.7%(9)	3.7%
河南	45	93.8%	0	0.0%	0.0%	3	6.3%(10)	11.1%
黑龙江	14	100.0%	0	0.0%	0.0%	0	0.0%(/)	0.0%
湖北	25	86.2%	3	10.3%	30.0%	1	3.4%(13)	3.7%
湖南	67	98.5%	0	0.0%	0.0%	1	1.5%(15)	3.7%
吉林	7	63.6%	0	0.0%	0.0%	4	36.4%(2)	14.8%
江苏	19	100.0%	0	0.0%	0.0%	0	0.0%(/)	0.0%
江西	1	50.0%	0	0.0%	0.0%	1	50.0%(1)	3.7%
辽宁	15	93.8%	0	0.0%	0.0%	1	6.3%(11)	3.7%
内蒙古	5	100.0%	0	0.0%	0.0%	0	0.0%(/)	0.0%
宁夏	1	100.0%	0	0.0%	0.0%	0	0.0%(/)	0.0%

续表

	不支持		支持赔礼道歉			支持抚慰金		
	计数	占本地申请数之比	计数	占本地申请数之比	占全国赔礼道歉数之比	计数	占本地申请数之比（排名）	占全国支持抚慰金数之比
青海	7	100.0%	0	0.0%	0.0%	0	0.0%(/)	0.0%
山东	27	96.4%	0	0.0%	0.0%	1	3.6%(12)	3.7%
山西	19	100.0%	0	0.0%	0.0%	0	0.0%(/)	0.0%
陕西	7	87.5%	0	0.0%	0.0%	1	12.5%(7)	3.7%
上海	23	100.0%	0	0.0%	0.0%	0	0.0%(/)	0.0%
四川	24	100.0%	0	0.0%	0.0%	0	0.0%(/)	0.0%
天津	4	100.0%	0	0.0%	0.0%	0	0.0%(/)	0.0%
新疆	4	66.7%	0	0.0%	0.0%	2	33.3%(4)	7.4%
云南	13	100.0%	0	0.0%	0.0%	0	0.0%(/)	0.0%
浙江	41	97.6%	0	0.0%	0.0%	1	2.4%(14)	3.7%
重庆	11	91.7%	0	0.0%	0.0%	1	8.3%(8)	3.7%

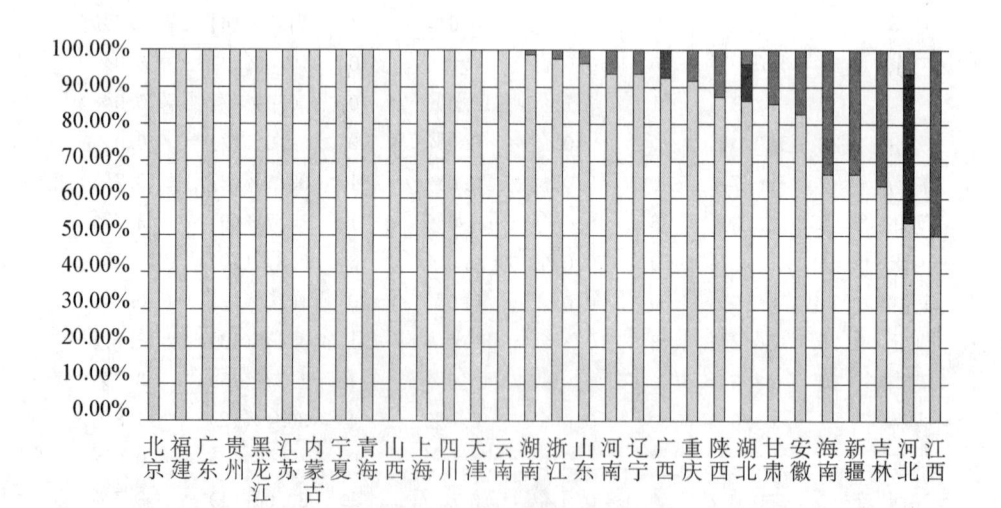

图 1.40　法院对精神损害请求支持与否的情况

相对于还算较高的精神损害赔偿申请率，法院对其的支持率却是很低的。

提出率为19.5%,支持数仅37件,与提出请求的案件数之比为6.6%,而与案发数的比例则为1.27%。也就是说,提出请求的案件中,每15件可有1件获得支持。而对于总案件数来讲,80件案件才会有1件获得支持。

由以上表和图可见,不少省级行政区的不支持率为100%,这样的省份有14个。不支持率在90%到100%的有7个省级行政区。这两者合计为21个,占省级行政区总个数的70%。获得精神损害抚慰金的共有27个案件,分布在15个省级行政区,总金额336 000元,平均每案获得12 444元。

表1.77　　法院支持精神损害抚慰金各省级行政区数量

省级行政区	频率	百分比	省级行政区	频率	百分比
安徽	7	25.9	湖南	1	3.7
吉林	4	14.8	江西	1	3.7
河南	3	11.1	辽宁	1	3.7
新疆	2	7.4	山东	1	3.7
甘肃	1	3.7	陕西	1	3.7
海南	1	3.7	浙江	1	3.7
河北	1	3.7	重庆	1	3.7
湖北	1	3.7	总计	27	100.0

《国家赔偿法》第三十五条规定:"有本法第三条或者第十七条规定情形之一,致人精神损害的,应当在侵权行为影响的范围内,为受害人消除影响,恢复名誉,赔礼道歉;造成严重后果的,应当支付相应的精神损害抚慰金。"据此,只有受到精神损害而且损害后果严重的,才可获得精神损害抚慰金。

根据以上数据可知,获得精神损害赔偿的难度是很大的,获得精神损害抚慰金就更加困难。这与我国国家赔偿法精神损害赔偿制度建立时间较短有关系,但似乎也可看出法院的态度过于谨慎。进一步扩大精神损害赔偿及其抚慰金的适用范围,应该是国家赔偿法的一个努力方向。

第六节　裁　判　时　长

本部分观察案件有效裁判的时长——从争议发生到本次裁判做出的时间

长度。在整理出相关数据后,先考察不同时长区段的案件数量分布状况,然后列出各大区平均用时并排名。

表1.78　　　　　　　所有案件裁判用时统计表

间隔天数区间	案件数	所占案件比	间隔天数区间	案件数	所占案件比
0—500	1 096	37.75%	3 001—3 500	71	2.45%
501—1 000	764	26.32%	3 501—4 000	137	4.72%
1 001—1 500	369	12.71%	4 001—4 500	12	0.41%
1 501—2 000	166	5.72%	45 001—5 000	13	0.45%
2 001—2 500	146	5.03%	5 001—10 000	62	2.14%
2 501—3 000	63	2.17%	10 001—	4	0.14%

据上表,在500天以内得到有效裁判的案件有1 096件,占37.75%。介于501到1 000天的案件为764件,占26.32%。两项合计64.07%。这意味着,超过六成的行政赔偿案件在争议事件发生后1 000天之内得以裁判。76.78%的案件是在1 500天之内得到有效裁判的。3.14%的案件是在4 000天以上才得到有效裁判的。其他的案件用时则在1 500天到4 000天之间。

表1.79　　　　　　　全国各地区裁判平均用时及排名

地区	最短/最长(天)	平均值(天)	排名	地区	最短/最长(天)	平均值(天)	排名
东部	125/10 827	1 102	2	中部	59/10 100	939	1
西部	133/11 200	1 293	3	东北	70/15 659	1 782	4
全国总计	59/15 659	1 183					

据表1.79,在四大区中,平均用时从短到长排列顺序依次是中部、东部、西部和东北。东北地区与中部和东部地区之间时长相差几乎一倍。

争议解决时间长短和当事人获得救济的快慢,不仅仅是一个效率问题,而且还是正义的有机构成部分,是评价司法正义的一个重要标度。当然,案件平均用时的长短,也是一个多因素影响下的变量,这些因素可能有:案件的复杂程度、法院的办案效率、律师参与的程度、裁判地与案发地、当事人居住地的距离、交通通信工具的发达和普及程度等。

第七节 相关性分析

行政赔偿制度和案件有其内部的运作规律,同时又受到外部诸多因素的制约和影响,而且,制度运作也对外界环境施加一定的影响。我们现在尚无力考察行政赔偿制度的外部影响,但是观察外界各种因素与行政赔偿制度和行政赔偿案件的相关性还是值得尝试的。这些相关的外界因素主要包括经济、地理、人口、法治发展水平和特点、法律职业,等等。当然,这种相关性的分析可能是很困难的。

行政赔偿诉讼案件的数量、性质、特点和在法治整体框架中的位置,表面看来与任何单一因素都未能呈现出线性的正负比例关系,这是很自然的事情。因为,这里所存在的,是复杂的多种相关因素的交织互动,任何简单地把行政赔偿某一指标与单一社会因素相挂钩的分析,可能都无法取得较好的效果。但是,假定在某些因素相同的情况下,再来看某一指标与某一社会因素之间有否某种关系,似乎勉强还可算作一个可行和有效的方法。大区内部各省级行政区的经济文化状况可能存在着更高的同质性,所以大区内的观察比较可能更容易发现行政赔偿制度规律性的蛛丝马迹。四大直辖市与此同理。所以,在省级行政区层次之外,应更重视大区和直辖市的相关性分析。

一、省级行政区层面的相关性分析

据表1.80,城镇化率、人均GDP和万人律师比呈现相当强的正相关。这一点其实比较容易理解。只是此点未能与行政赔偿案件直接联系,故对于分析行政赔偿案件不能有直接的帮助。但是,如果我们把万人律师比作为法治水平的一个较为可靠的指标,则我们分析赔偿案件的法治意义和水平时,就可以大体上有所参照,不至于偏离太远。

据表1.80,各省级行政区每百万案件数与确认违法案件数有弱相关关系,也许是数量上的正相关。确认违法案件数、获得赔偿案件数两者其实具有法律上的因果关系,因违法故赔偿,所以图表显示其关联紧密。获得赔偿案件中提出精神损害赔偿请求的比例也较高。同时,案件平均耗时时长与百万人口案件数也有一定的正相关关系。这也许显示,案件数量多的地方,单位案件耗时也会较长。

表1.80 各省份相关性检验

		每百万案件数	●	■	▲	◆	▼	★	城镇化率	人均GDP	□	◇	☆	平均用时
每百万案件数	皮尔逊	1	0.531**	-0.190	-0.428*	-0.419*	-0.243	-0.162	0.139	0.076	0.163	0.010	0.240	0.635**
	Sig.		0.003	0.314	0.018	0.021	0.195	0.391	0.464	0.690	0.390	0.957	0.202	0.000
	个案数	30	30	30	30	30	30	30	30	30	30	30	30	30
●	皮尔逊	0.531**	1	0.428*	-0.252	-0.241	-0.238	-0.223	0.169	0.128	0.128	-0.166	0.099	0.582**
	Sig.	0.003		0.018	0.180	0.199	0.206	0.235	0.372	0.499	0.501	0.382	0.604	0.001
	个案数	30	30	30	30	30	30	30	30	30	30	30	30	30
■	皮尔逊	-0.190	0.428*	1	0.665**	0.355	0.079	0.019	-0.017	-0.104	0.016	-0.171	-0.100	0.045
	Sig.	0.314	0.018		0.000	0.054	0.678	0.922	0.928	0.586	0.934	0.367	0.599	0.814
	个案数	30	30	30	30	30	30	30	30	30	30	30	30	30
▲	皮尔逊	-0.428*	-0.252	0.665**	1	0.633**	0.239	0.151	-0.222	-0.272	-0.108	-0.172	-0.197	-0.215
	Sig.	0.018	0.180	0.000		0.000	0.204	0.425	0.238	0.146	0.571	0.363	0.296	0.254
	个案数	30	30	30	30	30	30	30	30	30	30	30	30	30
◆	皮尔逊	-0.419*	-0.241	0.355	0.633**	1	-0.048	-0.241	-0.264	-0.201	-0.046	-0.506**	-0.038	-0.364*
	Sig.	0.021	0.199	0.054	0.000		0.799	0.200	0.158	0.287	0.810	0.004	0.841	0.048
	个案数	30	30	30	30	30	30	30	30	30	30	30	30	30

续表

		每百万案件数	●	■	▲	◆	▶	★	城镇化率	人均GDP	□	◇	☆	平均用时
▶	皮尔逊	-0.243	-0.238	0.079	0.239	-0.048	1	0.869**	-0.366	-0.360	-0.237	0.096	-0.283	-0.030
	Sig.	0.195	0.206	0.678	0.204	0.799		0.000	0.046	0.051	0.206	0.613	0.129	0.874
	个案数	30	30	30	30	30	30	30	30	30	30	30	30	30
★	皮尔逊	-0.162	-0.223	0.019	0.151	-0.241	0.869**	1	-0.299	-0.331	-0.266	0.172	-0.283	-0.057
	Sig.	0.391	0.235	0.922	0.425	0.200	0.000		0.109	0.074	0.155	0.364	0.130	0.764
	个案数	30	30	30	30	30	30	30	30	30	30	30	30	30
城镇化率	皮尔逊	0.139	0.169	-0.017	-0.222	-0.264	-0.366	-0.299	1	0.935**	0.864**	0.568**	0.801**	-0.031
	Sig.	0.464	0.372	0.928	0.238	0.158	0.046	0.109		0.000	0.000	0.001	0.000	0.873
	个案数	30	30	30	30	30	30	30	30	30	30	30	30	30
人均GDP	皮尔逊	0.076	0.128	-0.104	-0.272	-0.201	-0.360	-0.331	0.935**	1	0.820**	0.406	0.776**	-0.093
	Sig.	0.690	0.499	0.586	0.146	0.287	0.051	0.074	0.000		0.000	0.026	0.000	0.626
	个案数	30	30	30	30	30	30	30	30	30	30	30	30	30
□	皮尔逊	0.163	0.128	0.016	-0.108	-0.046	-0.237	-0.266	0.864**	0.820**	1	0.531**	0.926**	0.028
	Sig.	0.390	0.501	0.934	0.571	0.810	0.206	0.155	0.000	0.000		0.003	0.000	0.884
	个案数	30	30	30	30	30	30	30	30	30	30	30	30	30

续表

		每百万案件数	●	■	▲	◆	▼	★	城镇化率	人均GDP	□	◇	☆	平均用时
◇	皮尔逊	0.010	−0.166	−0.171	−0.172	−0.506**	0.096	0.172	0.568**	0.406	0.531**	1	0.391	0.002
	Sig.	0.957	0.382	0.367	0.363	0.004	0.613	0.364	0.001	0.026	0.003		0.032	0.992
	个案数	30	30	30	30	30	30	30	30	30	30	30	30	30
☆	皮尔逊	0.240	0.099	−0.100	−0.197	−0.038	−0.283	−0.283	0.801**	0.776**	0.926**	0.391	1	−0.076
	Sig.	0.202	0.604	0.599	0.296	0.841	0.129	0.130	0.000	0.000	0.000	0.032		0.690
	个案数	30	30	30	30	30	30	30	30	30	30	30	30	30
平均用时	皮尔逊	0.635**	0.582**	0.045	−0.215	−0.364*	−0.030	−0.057	−0.031	−0.093	0.028	0.002	−0.076	1
	Sig.	0.000	0.001	0.814	0.254	0.048	0.874	0.764	0.873	0.626	0.884	0.992	0.690	
	个案数	30	30	30	30	30	30	30	30	30	30	30	30	30

注：
●，系确认违法占本地案发数之比；
■，系判决赔偿占本地案发数之比；
▲，系精神赔偿案件申请数占本地案发数之比；
◆，系精神赔偿支持数占本地案发数之比；
★，系精神赔偿支持数占申请数之比；
□，系受过高等教育占比；
◇，系受过教育占比；
☆，系每万人律师数。
标识色表示因素间含有不同程度的相关性，依据 spss 中相关性规则，sig 若小于 0.05（*）意为具有统计学意义上的相关性，sig 若小于 0.01（**）意为相关性显著。

二、大区层面和大区内部相关性分析

表1.81揭示大区层面的相关性,它并未告诉我们太多东西。结合其他数据进行分析可见,从百万人口案件量来看,东北地区最高,然后依次是中部、东部,而西部最低。四区比较,西部地区和其他三大区不处在一个层次上。西部地区地广人稀,行政争议总量相较于地域面积来说是较少的,而其他三个地区经济人口密度都比较大。先天存在的自然地理条件和长期以来形成的人文地理格局,对于损害赔偿案件数量状况形成了极大的影响。

在东北地区,不管是百万人口案件数还是获赔率等,都显示与高等教育率和律师万人比的正相关。最明显的例证是,这些指标,辽宁比其他两省都高。

在东部地区除去京津沪的其他省级行政区,浙江和广东经济基础大,律师万人比亦高,唯浙江文化基础更好一些,浙江案发量高,获赔率也高。江苏、山东、福建情况比较接近。河北经济文化略显薄弱,百万人口案件数显得较低,在七省中垫底。海南地理位置和经济情况都比较特殊一些,百万人口案件较高,而且其律师万人比也较高。

在中部六省,各省经济文化发展水平大体相当,国民经济生产总值和文化上的指标,在四个大区中包括与西部比较都是较低的,律师万人比也较低,但是各省百万人口案件量却是仅次于东北而高于东部,可能的一个解释是,稠密的人口,在特殊的经济发展阶段中容易引发更多的权益争议。六省中,江西案件少,律师万人比也最低。湖南案发量和人均都较高,百万人口案件均量为该大区最高,但获赔率却较低。

西部地区情况复杂,既有省,又有直辖市,还有四个自治区,鉴于这三种行政单位情况区别比较大,我们做些简化,此处不考虑自治区和直辖市,而只着眼于六个省。我们看到,首先,案件数量在很大程度上与人口规模密切相关,这在四川和贵州体现得最为明显。青海人口不足千万,案件数量就明显较少。第二,确认违法案件占各省案发量的比率从高到低依次是:青、贵、甘、川、陕、滇,这似乎显示,确认违法率与经济文化水平和律师万人比有负相关的关系。以律师万人比来看,律师万人比高,确认违法率低。

表 1.81　各经济带相关性检验

		每百万案件数	●	▲	★	◆	■	▼	城镇化率	人均GDP	☆	◇	□	平均用时
每百万案件数	皮尔逊	1	0.014	0.801	0.938	-0.586	0.797	0.814	-0.016	0.125	0.335	0.962*	-0.077	0.318
	Sig.		0.986	0.199	0.062	0.414	0.203	0.186	0.984	0.875	0.665	0.038	0.923	0.682
	个案数	4	4	4	4	4	4	4	4	4	4	4	4	4
●	皮尔逊	0.014	1	0.527	0.109	-0.795	-0.277	0.232	0.361	0.233	0.493	0.285	0.329	0.834
	Sig.	0.986		0.473	0.891	0.205	0.723	0.768	0.639	0.767	0.507	0.715	0.671	0.166
	个案数	4	4	4	4	4	4	4	4	4	4	4	4	4
▲	皮尔逊	0.801	0.527	1	0.902	-0.815	0.651	0.929	-0.110	-0.074	0.275	0.921	-0.177	0.822
	Sig.	0.199	0.473		0.098	0.185	0.349	0.071	0.890	0.926	0.725	0.079	0.823	0.178
	个案数	4	4	4	4	4	4	4	4	4	4	4	4	4
★	皮尔逊	0.938	0.109	0.902	1	-0.560	0.897	0.963*	-0.290	-0.180	0.093	0.940	-0.353	0.530
	Sig.	0.062	0.891	0.098		0.440	0.103	0.037	0.710	0.820	0.907	0.060	0.647	0.470
	个案数	4	4	4	4	4	4	4	4	4	4	4	4	4
◆	皮尔逊	-0.586	-0.795	-0.815	-0.560	1	-0.136	-0.545	-0.458	-0.445	-0.739	-0.770	-0.400	-0.748
	Sig.	0.414	0.205	0.185	0.440		0.864	0.455	0.542	0.555	0.261	0.230	0.600	0.252
	个案数	4	4	4	4	4	4	4	4	4	4	4	4	4

续表

		每百万案件数	●	▲	★	◆	■	▶	城镇化率	人均GDP	☆	◇	□	平均用时
■	皮尔逊	0.797	−0.277	0.651	0.897	−0.136	1	0.870	−0.611	−0.478	−0.302	0.707	−0.656	0.258
	Sig.	0.203	0.723	0.349	0.103	0.864		0.130	0.389	0.522	0.698	0.293	0.344	0.742
	个案数	4	4	4	4	4	4	4	4	4	4	4	4	4
▶	皮尔逊	0.814	0.232	0.929	0.963*	−0.545	0.870	1	−0.434	−0.365	−0.052	0.862	−0.495	0.688
	Sig.	0.186	0.768	0.071	0.037	0.455	0.130		0.566	0.635	0.948	0.138	0.505	0.312
	个案数	4	4	4	4	4	4	4	4	4	4	4	4	4
城镇化率	皮尔逊	−0.016	0.361	−0.110	−0.290	−0.458	−0.611	−0.434	1	0.981*	0.922	0.050	0.998*	−0.133
	Sig.	0.984	0.639	0.890	0.710	0.542	0.389	0.566		0.019	0.078	0.950	0.002	0.867
	个案数	4	4	4	4	4	4	4	4	4	4	4	4	4
人均GDP	皮尔逊	0.125	0.233	−0.074	−0.180	−0.445	−0.478	−0.365	0.981*	1	0.933	0.150	0.974*	−0.211
	Sig.	0.875	0.767	0.926	0.820	0.555	0.522	0.635	0.019		0.067	0.850	0.026	0.789
	个案数	4	4	4	4	4	4	4	4	4	4	4	4	4
☆	皮尔逊	0.335	0.493	0.275	0.093	−0.739	−0.302	−0.052	0.922	0.933	1	0.426	0.894	0.142
	Sig.	0.665	0.507	0.725	0.907	0.261	0.698	0.948	0.078	0.067		0.574	0.106	0.858
	个案数	4	4	4	4	4	4	4	4	4	4	4	4	4

续表

		每百万案件数	●	▲	★	◆	■	▼	城镇化率	人均GDP	☆	◇	□	平均用时
◇	皮尔逊	0.962*	0.285	0.921	0.940	−0.770	0.707	0.862	0.050	0.150	0.426	1	−0.017	0.547
	Sig.	0.038	0.715	0.079	0.060	0.230	0.293	0.138	0.950	0.850	0.574		0.983	0.453
	个案数	4	4	4	4	4	4	4	4	4	4	4	4	4
□	皮尔逊	−0.077	0.329	−0.177	−0.353	−0.400	−0.656	−0.495	0.998**	0.974*	0.894	−0.017	1	−0.182
	Sig.	0.923	0.671	0.823	0.647	0.600	0.344	0.505	0.002	0.026	0.106	0.983		0.818
	个案数	4	4	4	4	4	4	4	4	4	4	4	4	4
平均用时	皮尔逊	0.318	0.834	0.822	0.530	−0.748	0.258	0.688	−0.133	−0.211	0.142	0.547	−0.182	1
	Sig.	0.682	0.166	0.178	0.470	0.252	0.742	0.312	0.867	0.789	0.858	0.453	0.818	
	个案数	4	4	4	4	4	4	4	4	4	4	4	4	4

注：
●，系确认违法占本地案发数之比；
▲，系判决赔偿案件占本地案发数之比；
★，系精神赔偿申请数占违法案件数之比；
◆，系精神赔偿申请数占本地案发数之比；
■，系精神赔偿支持数占本地案发数之比；
▼，系精神赔偿支持数占申请数之比；
☆，系受过高等教育占比；
◇，系受过教育占比；
□，系每万人律师数。

标识色表示因素间含有不同程度的相关性，依据 spss 中相关性规则，sig 若小于 0.05(＊)意为具有统计学意义上的相关性，sig 若小于 0.01(＊＊)意为相关性显著。

三、直辖市层面的相关性分析

表1.82检测直辖市层面行政赔偿案件的相关性。据表发现，判决赔偿案件占确认违法案件数之比与精神赔偿支持数占申请数之比两者间有较强正相关。还发现，在直辖市，判决赔偿占本地案发数之比与精神赔偿支持数占本地案发数之比两者之间高度正相关。这就是说，行政赔偿最终获得支持的比率与精神损害赔偿最终获得的支持率在数量上是正比例关系，一个地方获得判决赔偿的比例越高，其获得精神损害赔偿的比例相应也越高，反之则越低。又发现，城镇化率和人均GDP不仅与精神赔偿支持案件数占该省案发数、精神赔偿支持案件数占该省精神赔偿申请数之比之间，而且与判决赔偿占本地案发数之比之间都有显著负相关。这是因为，京津沪精神赔偿支持案件数均为0，而京津沪精神赔偿申请数较高，同时京津沪判决赔偿占本地案发数之比也较低。这可能意味着，相较于全国平均状况，四个直辖市存在更大的精神赔偿申请率较高和支持率较低的反差，存在着更大的行政赔偿案件高发生率与低赔偿率之间的反差。

在四个直辖市中，北京和上海不仅经济文化发达，人口密度高，而且律师万人比在全国居于最顶端。相应地，这两个地方案发量和百万人口案件量都比较高。居于西部的重庆经济文化水平则远低于京津沪，城市化率也较低，案发量和百万人口案件数也较低。但天津的案发量和百万人口均量都最低，这有些费解。

就确认违法案件数与该市案发量的比率来看，四市都超过了50%且差距较小，从高到低依次是京渝沪津，比率依次为54.84%、52.24%、51.92%和50.00%。

获赔数与违法数之比，从高到低依次是：京,43.14%；津,42.86%；渝,20.00%；沪,14.81%。它们在全国的排名依次是6、12、24、28。获赔数与发案数之比，各市高低顺序相同，比率分别是：23.66%、21.43%、10.45%和7.69%，在全国的排名则是13、14、27、29，在全国的排位处于中下游。可见，高的经济社会基础和高的律师万人比不一定导致高的获赔率。除了经济社会基础和律师万人比，各市发展模式、治理风格和文化风格差异可能与获赔率有着较大关系。另外，这些相关性可能在法治发展的不同阶段也会存在较大差异。

表 1.82 各直辖市相关性检验

		每百万案件数	●	▲	★	◆	■	▼	城镇化率	人均GDP	☆	◇	□	平均用时
每百万案件数	皮尔逊	1	0.787	−0.150	−0.297	−0.013	−0.288	−0.288	0.447	0.323	0.617	0.509	0.859	0.106
	Sig.		0.213	0.850	0.703	0.987	0.712	0.712	0.553	0.677	0.383	0.491	0.141	0.894
	个案数	4	4	4	4	4	4	4	4	4	4	4	4	4
●	皮尔逊	0.787	1	0.290	0.139	0.204	−0.081	−0.081	0.188	0.125	0.669	0.594	0.814	0.685
	Sig.	0.213		0.710	0.861	0.796	0.919	0.919	0.812	0.875	0.331	0.406	0.186	0.315
	个案数	4	4	4	4	4	4	4	4	4	4	4	4	4
▲	皮尔逊	−0.150	0.290	1	0.987*	0.921	−0.483	−0.483	0.385	0.491	0.639	0.721	0.358	0.774
	Sig.	0.850	0.710		0.013	0.079	0.517	0.517	0.615	0.509	0.361	0.279	0.642	0.226
	个案数	4	4	4	4	4	4	4	4	4	4	4	4	4
★	皮尔逊	−0.297	0.139	0.987*	1	0.908	−0.460	−0.460	0.339	0.460	0.535	0.632	0.221	0.703
	Sig.	0.703	0.861	0.013		0.092	0.540	0.540	0.661	0.540	0.465	0.368	0.779	0.297
	个案数	4	4	4	4	4	4	4	4	4	4	4	4	4
◆	皮尔逊	−0.013	0.204	0.921	0.908	1	−0.784	−0.784	0.702	0.787	0.778	0.854	0.498	0.524
	Sig.	0.987	0.796	0.079	0.092		0.216	0.216	0.298	0.213	0.222	0.146	0.502	0.476
	个案数	4	4	4	4	4	4	4	4	4	4	4	4	4

续表

		每百万案件数	●	▲	★	◆	■	▶	城镇化率	人均GDP	☆	◇	□	平均用时
■	皮尔逊	−0.288	−0.081	−0.483	−0.460	−0.784	1	1.000**	−0.984*	−0.999**	−0.784	−0.816	−0.621	0.015
	Sig.	0.712	0.919	0.517	0.540	0.216		0.000	0.016	0.001	0.216	0.184	0.379	0.985
	个案数	4	4	4	4	4	4	4	4	4	4	4	4	4
▶	皮尔逊	−0.288	−0.081	−0.483	−0.460	−0.784	1.000**	1	−0.984*	−0.999**	−0.784	−0.816	−0.621	0.015
	Sig.	0.712	0.919	0.517	0.540	0.216	0.000		0.016	0.001	0.216	0.184	0.379	0.985
	个案数	4	4	4	4	4	4	4	4	4	4	4	4	4
城镇化率	皮尔逊	0.447	0.188	0.385	0.339	0.702	−0.984*	−0.984*	1	0.988*	0.819	0.829	0.717	−0.042
	Sig.	0.553	0.812	0.615	0.661	0.298	0.016	0.016		0.012	0.181	0.171	0.283	0.958
	个案数	4	4	4	4	4	4	4	4	4	4	4	4	4
人均GDP	皮尔逊	0.323	0.125	0.491	0.460	0.787	−0.999**	−0.999**	0.988*	1	0.810	0.838	0.655	0.012
	Sig.	0.677	0.875	0.509	0.540	0.213	0.001	0.001	0.012		0.190	0.162	0.345	0.988
	个案数	4	4	4	4	4	4	4	4	4	4	4	4	4
☆	皮尔逊	0.617	0.669	0.639	0.535	0.778	−0.784	−0.784	0.819	0.810	1	0.991**	0.932	0.499
	Sig.	0.383	0.331	0.361	0.465	0.222	0.216	0.216	0.181	0.190		0.009	0.068	0.501
	个案数	4	4	4	4	4	4	4	4	4	4	4	4	4

续表

		每百万案件数	●	▲	★	◆	■	▼	城镇化率	人均GDP	☆	◇	□	平均用时
◇	皮尔逊	0.509	0.594	0.721	0.632	0.854	−0.816	−0.816	0.829	0.838	0.991**	1	0.876	0.519
	Sig.	0.491	0.406	0.279	0.368	0.146	0.184	0.184	0.171	0.162	0.009		0.124	0.481
	个案数	4	4	4	4	4	4	4	4	4	4	4	4	4
□	皮尔逊	0.859	0.814	0.358	0.221	0.498	−0.621	−0.621	0.717	0.655	0.932	0.876	1	0.401
	Sig.	0.141	0.186	0.642	0.779	0.502	0.379	0.379	0.283	0.345	0.068	0.124		0.599
	个案数	4	4	4	4	4	4	4	4	4	4	4	4	4
平均用时	皮尔逊	0.106	0.685	0.774	0.703	0.524	0.015	0.015	−0.042	0.012	0.499	0.519	0.401	1
	Sig.	0.894	0.315	0.226	0.297	0.476	0.985	0.985	0.958	0.988	0.501	0.481	0.599	
	个案数	4	4	4	4	4	4	4	4	4	4	4	4	4

注：
●，系确认违法占本地案发数之比；
▲，系判决赔偿占本地案发数之比；
★，系判决赔偿案件占本地案发数之比；
◆，系精神赔偿申请数占本地案发数之比；
■，系精神赔偿支持数占本地案申请数之比；
▼，系精神赔偿支持数占本地案申请数之比；
☆，系受过高等教育占比；
◇，系受过教育占比；
□，系每万人律师数；
标识色表示因素间含有不同程度的相关性，依据spss中相关性规则，sig若小于0.05(*)意为具有统计学意义上的相关性，sig若小于0.01(**)意为相关性显著。

一个重要的指标是精神损害赔偿的申请率,我们用申请件数与案发数之比来表示。四市的比率从高到低依次是京津沪渝,依次为30.11%、28.57%、22.12%、17.91%。四市在三十个省级行政区的排名则为:7、8、16、20。四市排名中京津比较靠前,上海居于中游。这表明,四市公民精神权利的意识比较强,好的社会基础一定程度上有利于精神权利意识的发育和成长。

损害赔偿案件与社会各因素、法制各因素的关系是复杂的,也是综合的,现在很难说清楚到底何种因素与何种指标之间有着清晰的相互关系。我们目前所能给出的分析,只能是带着很大的推测成分。困难让我们慎重和克制:尽量不要做出过于全面和过于绝对的结论。

结　　语

法治已经有所发育和发展,但又是不充分、不平衡的,这一论断也适用于作为法治有机构成部分的行政赔偿制度。

我们看到,行政赔偿诉讼制度已经建立并平稳运行:为了争取对被侵犯权利的救济,公民、法人或其他组织向法院提出诉讼,得到了法院正式、经常性的回应和处理,并在一定程度上能够得到赔偿,乃至得到精神损害赔偿,有时还能获得抚慰金。这表明,作为法治标志性构筑要素的行政赔偿制度,在中国已落地生根并显示出自己的生机。

我们也看到,行政赔偿诉讼案件在地域上的分布是不均衡的,各种不同类型的案件也表现出发生率和获赔率方面的差异。不同类型的行政机关在违法率和赔偿率上也存在明显不同。

我们还初步看到,行政赔偿制度的全领域和各环节,一方面体现了整个法治发展的水平和特点并受其制约,同时也深受经济、人口等方方面面因素的影响。

必须承认,社会对行政赔偿包括精神损害赔偿的要求在不断提高,但制度供给和运行结果与人们的期待还存在差距,在某些方面甚至可以说存在相当大的差距。为了更好满足人民对公平正义日益提高的需求,这些差距需要得到弥补,也必须予以弥补。

第二篇

平安中国的司法指数研究报告

摘　　要

一、总体说明

"司法指数",是从法院生效判决的角度,通过提取法院刑事判决书的数据,通过逻辑分析,得出某地某时间段内的社会平安程度。本研究的判决书指2016年全国各地中级人民法院以上判决的刑事裁判文书。判决书的裁判主体包括中级人民法院和各省、市、自治区的高级人民法院。审级包括一审、二审和再审。通过检索,共获得符合条件的判决书6986份。

课题组依据研究的需要,从判决书中提取了76类数据,分别是:案号、案件审理省级行政区、是否取保候审、是否缓刑、是否有辩护人员参加、辩护人的产生方式、是否二审等。

据以提取数据的指标体系如下所示:

二、严重犯罪案件发生指数

(一) 八大类严重犯罪发生指数

2016年全国中级及以上人民法院判决的严重犯罪案件数量共计3 634件,平均每个省级行政区约有117.23件。案件数量最多的三个省级行政区分别为:广东、云南和安徽。上海市作为人口密度最大的省级行政区之一,案件总量仅有37件。与上海案件数相近的海南、青海、西藏等人口密度远远低于上海。每百万人严重犯罪发生率排名发生巨大变化,如西藏在总数中排名倒数第2位,但每百万人严重犯罪发生率中意外地排名在首位。

每百万人口案件发生率较高且案件总数较多的省级行政区平安程度较差,如云南、广东等地区;而每百万人口案件发生率较低且案件总数较少的省级行政区平安程度较好,如江西、上海等地区。

(二) 抢劫罪发生指数

2016年全国共发生抢劫罪486件。案件数最多的三个省级行政区分别是广东、四川和河南。上海人口密度最大,但抢劫案件数量仅有4件。抢劫罪在全国的发案数总体上相对均衡,但广东暴露出较大的社会治安隐患。宁夏在总数排名位居中游位置,但在每百万人口发生率中一跃为榜首。广东的抢劫发案绝对数高居榜首,由于其人口基数大,每百万人口发案数降为第3位,让人有理由对其安全程度表示怀疑。在区域层面,西南地区总体呈现出高抢劫率,上海、天津、北京、浙江和江苏等经济社会发展较为领先的地区抢劫率较低,社会治安较为良好。所有区域中,长江三角洲地域每百万人口抢劫罪发生数总体偏低,具有典型性。

(三) 故意伤害犯罪发生指数

各省级行政区2016年故意伤害罪共计2951件,案件数最多的分别是广东、云南与安徽,分别为288件、240件以及158件。故意伤害案件少发地区分别是天津和西藏、海南,分别为15件、18件、25件。故意伤害罪在全国的犯案数展现出总体不均衡、各地区差异巨大的状态,抢劫罪案件数排名第一的广东在故意伤害罪数量上也占据首位。

青海在总数中本来排名末位,但在每百万人口故意伤害罪的发案数中一跃成为榜首。所有区域中,黔川地区每百万人口抢劫罪发生数极低,具有典型性。值得一提的是,在两次图表比照中,天津综合下来是最令人有安全感的地区。

(四) 严重犯罪案发的相关性分析

每百万人口八类重罪案件数与GDP的Pearson相关系数值为-0.462,两者呈负相关,即该地区内GDP越高,每百万人口八类严重犯罪数越少。每百万人口严重犯罪案件数与城镇人口比例的Pearson相关系数值为-0.401,两者呈负相关。

每百万人口严重犯罪案件数与城镇文盲人口比例的Pearson相关系数值为0.491,两者呈正相关,即该地区内文盲占15岁及以上人口比例越高,每百万人口严重犯罪数越多。每百万人口严重犯罪案件数与义务教育率的Pearson相关系数值为-0.528,两者呈负相关,即该地区内义务教育率越高,每百万人口严重犯罪数越少。

三、常见多发案件发生指数

(一) 入室盗窃案发指数

2016年全国判决入室盗窃的数量共计303件,判决案件数最多的三个地区分别为:广东、福建与浙江,案件数量最少为天津,仅有1件,案件多集中于东南沿海地区,我国中部也是重灾区。西藏在总数中排名后两位,但在每百万人口的发案数中意外地排名在首位。

(二) 电信诈骗案发指数

2016年电信诈骗类案件的数量共计118件。广东判决的案例最多,共计25件;浙江次之,为13件;西藏、青海、黑龙江和天津四个省级行政区案件数为零。就地区分布来说,东南沿海地区是电信诈骗类案件发生的重灾区。每百万人口发案数的排名,广东、浙江、福建和总数排名一样,仍然占据前三。

(三) 交通肇事案件发生指数

2016年全国交通肇事罪案件数量共计1 025件,案件数最多省级行政区分别为:青海、湖南和贵州。其中,青海的判决数量遥遥领先其他省级行政区,突破了百位数。北京是人口密度较大的城市,案件数量却只有2件,与同为一线城市的上海的案件数量和排名相差较大。

对比发现,机动车保有量越多的城市,其交通肇事类案件的发案量并非就一定排名靠前。相反,像青海、湖南和贵州等汽车保有数量排名并不靠前的省级行政区,交通肇事类案件的数量反而排在前三名。

(四) 常见多发案件的相关性分析

每百万人口入室盗窃罪数与GDP的Pearson相关系数值为-0.382,两者呈负相关,即该地区内GDP越高,每百万人口入室盗窃数越少。每百万人口入室盗窃罪数与城镇人口比例的Pearson相关系数值为-0.385,两者呈负相关。

每百万人口入室盗窃罪数与15岁及以上人口文盲比例的Pearson相关系数绝对值为0.560,接近强相关。所得结论:教育能有效减少入室盗窃数量。

每百万人口电信诈骗数与人均可支配收入的Pearson相关系数绝对值为

0.365,两者呈正相关,即该地区内人均可支配收入越高,每百万人口电信诈骗发生数越多。每百万人口交通肇事数与 GDP 的 Pearson 相关系数值为—0.406,两者呈负相关。

每百万人口交通肇事罪数与 15 岁及以上人口文盲比例呈正相关,每百万人口交通肇事罪数与义务教育率呈负相关;即受教育程度越高,交通肇事罪的发生率越低。

四、案件情节危害指数

(一) 外来人口犯罪发生指数

2016 年全国外来人口犯罪的共计 1 344 件,占案件总数的 19.3%。其中,广东和上海外来人口犯罪案件数最高,分别为 231 件和 172 件。外来人口犯罪数量占比最多的地区是上海,高达 58.7%。其次是广东,占比高达 37.6%。

各省级行政区外来人口犯八种重罪排名前三位的为上海(40.54%)、广东(39.4%)和浙江(29.61%)。北京与上海相类似,均为外来人口极多的省级行政区,但北京的外来人口犯案数却很低。

各省级行政区外来人口犯入室盗窃案件排名前四位的为新疆(66.67%)、广东(62.5%)、吉林(50%)和上海(50%)。北京与上海相类似,但其在统计结果中排名并不靠前,可能与当地对外来人口的管控有关。

(二) 累犯发生指数

累犯犯罪的案件数量共计 1 048 件,占案件总数的 15.0%。累犯案件数量较多,说明我国对于罪犯的教育改造有待改进。广东排名最高,累犯犯罪数量高达 100 件,远远高出位列第二的浙江省的 33 件。海南仅有 1 件,是累犯案件最少的省级行政区。各省级行政区累犯案件数占比排名位居前三的分别是浙江、江苏、江西,占比分别为 18.7%、18.0%、17.6%。海南的累犯案件占比非常低,仅为 2.8%。

(三) 团伙犯罪发生指数

2016 年外来人口团伙犯罪数共计 1 897 件,占案件总数的 27.2%。广东团伙犯罪案件数达 221 件,位居首位。河南与浙江分别位列第二位、第三位,团伙犯罪犯案数分别为 120 件和 102 件。天津团伙犯罪案件数最少,仅有3件。江西团伙犯罪案件数占比高达39.1%，高居榜首。江西省团伙案件总数排名中等，但是团伙犯罪案件数占比排名却在第一位。其中缘由，值得关注。

各省级行政区八种严重犯罪案件团伙犯案排名前三位为海南(37.93%)、江西(37.23%)和贵州(35.07%)，排名后三位为天津(0%)、上海(2.70%)和西藏(10.53%)。各省级行政区入室盗窃案件团伙犯案情况排名，排名前三位为天津(100%)、西藏(100%)和江苏(90%)，排名后三位为山东(21.43%)、黑龙江(20%)和辽宁(0%)。整体数据均值为48%。团伙实施电信诈骗案件数量最多的三个省级行政区分别是广东、浙江、福建，其案件数量分别为：23件、11件和5件。这与电信诈骗犯罪分子大都集中在我国东南沿海经济发达地区的特点是相符的。

(四) 犯罪情节相关性分析

各个省级行政区外来人口犯罪的案件数量与人均GDP、人均可支配收入呈正比，其Pearson相关系数值分别为0.426、0.466，两者呈正相关。也就是说，人均可支配收入、人均GDP越高的地区，外来人口案件数越多。该结论与通常观点相互印证。

各省级行政区外来人口犯罪案件数与城镇人口比例相关系数为0.387，两者呈弱正相关。也就是说，城镇人口占比越高的地区，外来人口犯罪案件数越多，再次从另一角度说明了经济发达程度与外来人口犯罪的正相关关系。

各省级行政区累犯案件数与GDP相关系数为0.401，呈正中等程度相关关系。换言之，GDP的上升容易带来累犯案件数量的上升。团伙犯罪案件数与GDP的Pearson相关系数值为-0.441，团伙犯罪与人均GDP呈负相关关系。也就是说，人均GDP越高的地区，团伙犯罪数量越少。

团伙犯罪案件数与城镇人口比例相关系数绝对值为-0.378，呈弱相关性，并且团伙犯罪案件数与城镇人口比例呈负相关关系。团伙犯罪案件数与人均可支配收入相关系数值为-0.396，其相关性为弱相关。团伙犯罪案件数与受高等教育率的相关系数值为-0.475，为中等相关，并且呈负相关关系。也就是说，受高等教育率越高其团伙犯罪的概率就越低。团伙犯罪案件数与抚养比的相关系数为0.479，为中等相关。说明抚养比越高的地区，团伙犯罪的数量越多。

五、犯罪管控治理指数

（一）案件侦破速度排名及分析

北京侦破案件的间隔天数长达 768 天，在所有省级行政区中最长，其次是黑龙江、湖南、贵州和江西。间隔天数最短的是上海，仅隔 55 天。间隔天数较短的依次为海南、西藏、青海、新疆。其他省级行政区案发到采取强制措施间隔时间基本为一年左右。在间隔时间较长的省级行政区中，除北京外，基本都是经济发展水平较落后的地区。在间隔时间较短的省级行政区中，除上海外，基本属于地广人稀的边陲地区。间隔时间一般在一年左右的地区大部分处于中部、东部地区。北京与上海两个经济发达地区之所以出现如此迥异的结果，有待进一步的考察分析。

严重犯罪案件侦破时间均时最长的前三名是贵州（1 084 小时）、黑龙江（963 小时）和湖南（951 小时），最短的前三名是海南（57 小时）、西藏（28 小时）和上海（23 小时）。值得注意的是，北京和上海经济发展水平和人口密度等情况比较类似，但是案件侦破速度上却是两极分化严重。北京的平均到案时间为 817 小时，而上海仅为 23 小时。

（二）二审改判率排名及分析

2016 年广东的二审改判总数最高，为 379 个，接下来是河南、安徽、山东和湖南。二审改判数最少的为西藏，仅有 10 个改判的案件。在经济较为发达的北上广地区，出现了两极化的倾向。北京和上海的二审改判数较低，广东的二审改判数最高。

总数排名第二的河南在改判率排名中跃居第一，改判数位居第一的广东在改判率排名中退到第 20 名。北上广地区改判总数相距悬殊，但在将案件总数纳入考量后，改判率差距明显缩小。对比西藏和上海的改判数与改判率，上海的案件改判数是西藏的三倍，改判率却比西藏少 20%。二审改判率较高的地区主要在中部地带，二审改判数较少的地区除了北京与上海等少部分东部地区外，还包括一些地广人稀的边疆地区。

（三）律师参与率排名及分析

2016 年广东的委托辩护数最高，为 342 件，河南与安徽的委托辩护数，分别为260件与258件。山东省位居第四位,委托辩护数为227件。委托辩护数最少的是西藏,仅有18件。委托辩护数较少的地区多是经济欠发达的边疆地区,除此之外,还包括少部分的经济发达地区。

委托辩护率最高的省级行政区分别为天津、安徽、重庆,达到了70%左右。委托辩护率较低的为上海、贵州以及甘肃,其中以上海的委托辩护率最低,仅为12.63%。上海作为我国的经济、金融中心,无论是社会的法治环境还是居民的法律意识都应当在全国位居前列,却在委托辩护率排名中居于末位。个中原因,还需要进行深入研究。

全国的指定辩护总数普遍都不高,最高的是上海,为78件,其后依次为广东、云南、浙江,且4个省级行政区的指定辩护数相差较大。指定辩护数较少的为新疆、青海等。大部分省级行政区的委托辩护数都远超于指定辩护数,只有上海属于例外。上海的委托辩护数较少,指定辩护数却位居第一。

指定辩护率较高的地区依次是:上海(26.62%)、西藏(24.24%)、北京(23.15%),其中北京与上海属于经济发达地区,指定辩护率较高可能与司法资源较好有关。指定辩护率较低的地区主要是:天津(0)、新疆(2.27%)、福建(2.35%)。

(四) 律师辩护支持率排名及分析

各省级行政区律师辩护的支持数,以广东的支持数最高,为276件,其次,分别是安徽(168件)、云南(161件)、河南(158件)。支持数较少的地区主要为海南(18件)、西藏(21件)、天津(12件)。律师辩护支持率较高的地区主要为:天津(91.67%)、新疆(81.54%)、西藏(77.78%)。律师辩护支持率较低的地区主要为:黑龙江(43.00%)、陕西(47.87%)、北京(51.04%)。北京的律师辩护支持率最低,值得关注。

(五) 相关性分析

案件侦破速度与人均可支配收入、城镇人口比例的相关系数绝对值趋近于0。换言之,它们之间不存在相关性。

人均GDP与二审改判率的相关系数为-0.335,呈弱程度相关,即表示地区人均GDP越高,二审改判率越低。人均可支配收入与二审改判率的相关系数为-0.528,中等程度相关,负表示两者呈负相关。抚养比与二审改判率的相关系数为0.441,中等程度正相关。高等教育率与二审改判率的相关系数为

－0.474，中等程度相关，负表示两者呈负相关，即表示高等教育率越高，二审改判率越低。

人均可支配收入与律师参与率的相关系数绝对值趋近于0，这与一般观念不同。根据数据分析后发现，律师参与率与人均可支配收入之间不存在相关性。律师参与率与义务教育率的相关系数绝对值趋近于0，代表义务教育率与律师参与之间不存在任何相关关系。

第一章　总体说明

一、概念

(一) 平安中国

作为本课题研究对象的"平安中国",是通过客观的犯罪数据考察某一地方的平安建设情况,不涉及违法数据的统计分析。

(二) 司法指数

"司法指数",是从司法判决的角度来评价、衡量不同地方的平安状况。具体而言,从法院生效判决的角度,通过提取法院刑事判决书的数据,进行逻辑分析,得出某地某时间段内的社会平安程度。

二、本研究报告的框架设计

(一) 时间和空间

本研究的时间限定于 2016 年全年,地域为全国,数据提取过程中以省、自治区、直辖市为基本单位。

(二) 研究的方式与设计

本调查一共分为五个步骤:(1)通过理脉公司,获取全国法院公开的特定范围的判决书;(2)研究可以反映、评价平安情况的指标体系,从而明确需要从判决书中获取的数据。(3)对照指标体系,通过机器和人工两种方式,从判决书中提取本次调查研究所需要的数据,并对数据进行统计;(4)将数据录入 spss 数据处理系统,对数据进行分析;(5)根据处理、分析的数据撰写研究报告。

(三) 研究数据

原始数据。2016年全国各地中级人民法院以上判决的,用以反映当地平安情况的裁判文书。判决书的裁判主体包括中级人民法院和各省、市、自治区的高级人民法院。审级包括一审、二审和再审。通过理脉公司依据设定条件进行检索,共获得符合条件的判决书6986份。

初步数据。初步数据是依据指标体系的要求,从判决书中提取的有待进一步分析的数据。课题依据研究的需要,从判决书中提取了76类数据,分别是:案号、案件审理省市,是否取保候审,是否缓刑,是否有辩护人员参加,辩护人的产生方式,是否二审,二审提起主体,是否有辩护人,辩护人与一审是否发生变更,二审是否改判,文书链接、标题(案名),文书类型、审级(诉讼程序),案件类型、二级案由、三级案由、三级案由、放火罪、故意杀人罪、抢劫罪、强奸罪、故意伤害罪、走私、贩卖、运输、制造毒品罪、爆炸罪、投放危险物品罪、盗窃罪、抢夺罪、诈骗罪、交通肇事罪、危险驾驶罪、生产、销售伪劣商品罪、重大责任事故罪、拐卖妇女、儿童罪、非法吸收公共存款罪、扰乱公共秩序罪、非法拘禁罪、绑架罪、敲诈勒索罪、以危险方式损害公共安全罪、四级案由、法院层级、审理法院、裁判日期、发布日期、裁判日期数值、发布日期数值、攻方当事人名称、攻方代理人名称、攻方代理人类型(是否有律师)、攻方律师所在律所、守方当事人名称、守方代理人名称、守方代理人类型(是否为律师)、守方律师所在律所、第三方当事人名称、第三方代理人名称、第三方代理人类型(是否为律师)、第三方律师所在律所、是否为指导案例、典型案例、公报案例、裁判文书字数、案件发生日期、嫌疑人被强制拘留日期、一审判决日期、是否支持辩护人意见、盗窃罪中是否为入室盗窃、诈骗罪中是否为电信诈骗、是否为外来人员作案、是否累犯、是否团伙作案、是否组织犯罪、是否流窜作案、是否改判、改判原因。

(四) 指标体系

指标体系是依据一定的逻辑形成的、用以反映某地平安情况的所有指标的总体框架。指标体系是联系提取数据与最终平安评价之间的逻辑桥梁,决定了据此提取的数据能否或者在多大程度上反映出当地的平安情况。因此,指标体系是课题研究的核心与关键所在。

在本课题中,平安中国的指标体系如下所示:

平安中国	严重犯罪案件发生指数	八大类严重犯罪
		故意伤害罪
		抢劫罪
	常见多发案件发生指数	入室盗窃
		电信诈骗
		交通肇事
	案件情节危害指数	外来人口犯罪
		累犯
		团伙犯罪
	犯罪管控治理指数	案件侦破速度
		二审改判
		律师参与率
		律师辩解支持率

(五) 数据采集方法

数据采集方法有两种，其一是通过理脉用电脑编程的方式统一采集格式化数据。对于一些可以用逻辑概括的数据，如案号、文书类型、审理法院等，可以由电脑采集。其二是通过人工审看判决书的方式提取数据。有些数据无法用电脑统一采集，只能通过人工方式收集相关数据，如是否改判，改判理由等。

(六) 相关性分析工具

课题采用的相关性的工具为 Pearson 相关系数，用来衡量两个数据集合是否重合于在一条线上面，即衡量定距变量间的线性关系。相关系数的绝对值越大，相关性越强；相关系数越接近于 1 或 -1，相关度越强，相关系数越接近于 0，相关度越弱。通常情况下通过以下取值范围判断变量的相关强度：相关系数为 0.8—1.0 表示极强相关；相关系数为 0.6—0.8 表示强相关；相关系数为 0.4—0.6 表示中等程度相关；相关系数为 0.2—0.4 表示弱相关；相关系数为 0.0—0.2 表示极弱相关或无相关。①

---

① "Pearson 相关系数"，参见 https://zh.wikipedia.org/wiki/，2018-03-21。

(七) 本研究的局限性

第一,数据的种类直接受制于判决书记载的内容,如果判决书没有记载的数据,完全无法采集。在实践中,判决书记载的内容并不规范,有的判决书对有些内容不加以记载。如对被告人的户籍地,有的判决书记载,有的则不记载。如不记载,对于该项数据,就无法采集。

第二,由于研究对象的特殊性,数据收集是由数据录入员根据案件情况自己填写的。课题组针对判决书中可能会出现的各种表述明确了判断标准,但也不能完全避免录入人员对案件内容表述的判断不一致,从而导致录入数据的误差。

第三,对于缺失的数据 spss 软件本来是有自己的处理方式,但是由于分析对象以及数据收集的特殊性,无法使用,只能放弃。

第二章 严重犯罪案件发生指数

一、数据选取说明

课题组选取了八种严重犯罪加以考察,通过八种严重犯罪的案件数据来分析和比较不同地方的平安状况。八种严重犯罪包括故意杀人、故意伤害致人重伤或者死亡、强奸、抢劫、贩卖毒品、放火、爆炸、投毒罪。这八种犯罪都是严重侵犯他人人身安全、财产安全的犯罪。之所以选择八种严重犯罪作为本课题的首选维度来评价、衡量平安状况,理由如下:

第一,该八种犯罪严重影响群众安全感。"平安中国"的建设,归根结底是建设一个民众能够拥有安全感的社会,具体为:人的身体没有受到伤害、人的心理没有受到损害、人的财产没有受到侵害、人的社会关系没有受到迫害、人的生存环境没有发生灾害。① 该八种严重犯罪对被害人的身心或者财产造成严重打击甚至摧毁,严重影响群众主观安全感和社会整体平安水平。

第二,以严重犯罪案发情况来评价公众平安感是世界各国的通行做法。自从20世纪60年代美国首先建立社会指标以来,国际社会上关于社会发展方面各种指标体系层出不穷。目前国外的社会发展指标体系研究成果主要包括:美国斯坦福大学社会学教授英克尔斯提出的"现代化指标体系"、联合国开发计划署(UNDP)推出的"人类发展指数"(HDI, Human Decelopment Index)、世界银行的"世界发展指标"、美国社会卫生组织提出的ASH综合评价指标体系、美国海外开发署提出的PQLI生活质量指数方法,还有国家财富新标准、生活质量指数、痛苦指数等。其中关于民众安全感的评价指标就包括故意杀人、抢劫、强奸、放火等暴力犯罪以及危害公共安全犯罪。

第三,《刑法》的特别规定反映了该八种犯罪的突出社会危害性。我国《刑法》第14条规定:"已满十四周岁不满十六周岁的人,犯故意杀人、故意伤害致

---

① 余潇枫:《"平安中国":价值转移与体系建设》,《中共浙江省委党校学报》2012年第4期。

人重伤或者死亡、强奸、抢劫、贩卖毒品、放火、爆炸、投毒罪的,应当负刑事责任。"依据该规定,14周岁到16周岁的限制刑事责任能力人犯八种严重犯罪的,要追究其刑事责任,表明该八种犯罪的社会危害性比其他犯罪更加严重。

除上述八种重罪的整体分析之外,课题组对抢劫罪和故意伤害罪进行了罪名的单项分析。原因在于,该两种犯罪在八种严重犯罪中较为常见和多发,且对民众的安全感有着较大的影响。抢劫罪是一项侵害复合法权益的严重犯罪,既侵犯了被害人的人身权利,也侵犯了其财产权利,极大地影响当地民众的平安感。故意伤害罪是生活中比较常见的严重犯罪,且与民众的人身安全密切相关。

二、八大类严重犯罪发生指数

(一) 八大类严重犯罪发案总数分析

2016年全国中级及以上人民法院判决的严重犯罪案件数量共计3 634件,平均每个省级行政区约有117.23件。从图2.1中我们可以看出,案件数量最多的三个省级行政区分别为:广东、云南和安徽。广东以380件远多于其他地区,云南以276件位居第二,安徽以190件位居第三。案件数最少的为天津市,仅有18件。另外上海、海南与西藏分别有37件、29件以及19件。上海作为人口密度最大的省级行政区之一,案件总量仅有37件。与上海案件数相近的海南、青海、西藏等人口密度远远低于上海。可见,上海在严重犯罪的预防和治理工作方面卓有成效。

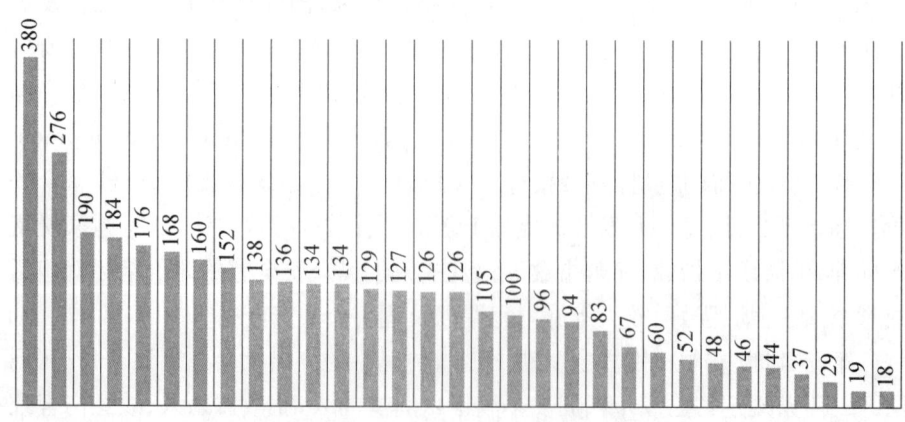

图2.1 各省级行政区严重犯罪案件数

(二) 每百万人严重犯罪发生率排名及分析

各省级行政区人口密度各有不同,有的甚至差异较大。如人口密度较高的上海,城镇人口密度为3 816人/平方公里,人口密度较低的西藏,城镇人口密度为2 624人/平方公里。[①] 相较于绝对数的简单排名,将人口密度因素纳入考量范围更能反映不同地方的平安情况。在案件总数排名靠前的情况下,若每百万人口案件发生数也靠前,则毫无疑问平安度相应靠后,反之亦然。

经过统计分析,最终结果如图2.1所示。西藏在图2.1中排名倒数第2位,但在图2.2中意外地排名在第三位。原因在于西藏常住人口仅为300.17万人,不足人口第一大省广东省的百分之三(广东省常住人口数量为10 430.03万人)。西藏严重犯罪案件只有19件,但均分到每百万人口之上却是较大的数字。青海的情况与西藏比较类似。青海常住人口的数量仅为593.46万人,面积较广,人口稀少,导致每百万人口的平均发案率较高。青海和西藏由于其地理人文等特殊原因,数据参考性相对较弱,与其他省级行政区的区别比较大,需要单独分析。除了西藏和青海之外,排名前三位的分别为:宁夏、云南和吉林;排名后三位的分别为:重庆、江苏与天津。图2.1中排名第一位的广东由于人口众多,在图2.2中排名第9位;图2.1中排名第三的安徽在图2中排名第14位。

为了进一步对比说明,我们列出表2.1中的名次差对两项排名进行对比。名次差为每百万人口发生数排名减去案件总数排名的结果,名次差为正代表实际每百万人口发生数少,为负则代表每百万人口发生数越多,绝对数值越大代表受该地区人口数量影响越大。结果绝对值大于10的地区有:四川(16)、河南(19)、安徽(11)、山东(19)、江苏(12)、河北(10)、湖南(10)、内蒙古(-12)、甘肃(-11)、宁夏(-24)、海南(-17)、青海(-24)、西藏(-27)。在这几个省级行政区中,绝对值为正值的多为案件数量大、人口众多但平均每百万人口的案件发生率并不高,从而反映出这些地区案件数量排名靠前是因为人口基数庞大,并不能直接证明这些地区社会治安较差;反之,绝对值为负数的地区,虽然案件总数排名不高,但是由于人口稀少,平均到每百万人口的案件发生率较高。我们从表中可以发现,人口基数庞大的几个人口大省和地广人稀的几个边远地区省级行政区排名的差值是最大的。这也直接地体现了人

[①] 31省级行政区城市人口密度排名(附榜单),参见 http://www.askci.com/news/finance/20171031/105631110834.shtml(2018-03-20)。

口密度对于平安程度的评价有着非常重要的影响。将人口密度和每百万人口的案件发生率纳入到平安中国的评价体系中,会使结果更具有参考价值。

综上,每百万人口案件发生率较高且案件总数较多的省级行政区平安程度较差,如云南、广东等地;而每百万人口案件发生率较低且案件总数较少的省级行政区平安程度较好,如江西、上海等地。

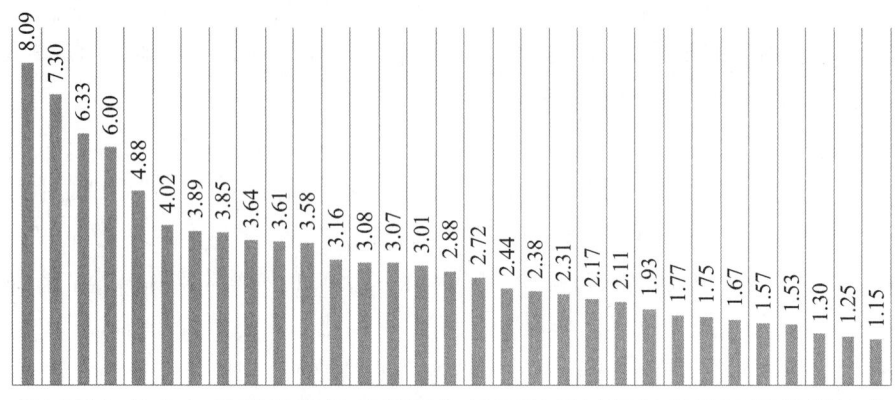

省/自治区/直辖市	青海	宁夏	西藏	云南	吉林	甘肃	内蒙古	贵州	广东	山西	福建	海南	北京	安徽	广西	辽宁	浙江	湖南	新疆	湖北	黑龙江	江西	河南	山东	河北	四川	陕西	上海	重庆	江苏	天津
数值	8.09	7.30	6.33	6.00	4.88	4.02	3.89	3.85	3.64	3.61	3.58	3.16	3.08	3.07	3.01	2.88	2.72	2.44	2.38	2.31	2.17	2.11	1.93	1.77	1.75	1.67	1.57	1.53	1.30	1.25	1.15

图 2.2　各省级行政区每百万人口平均重罪案件数

表 2.1　各省级行政区案件总数排名与每百万人口案发数排名对比

省/自治区/直辖市	案件总数排名	每百万人口发生数排名	名次差	省/自治区/直辖市	案件总数排名	每百万人口发生数排名	名次差
广东	1	9	8	重庆	27	29	2
福建	14	11	−3	甘肃	17	6	−11
浙江	9	17	8	广西	6	15	9
四川	10	26	16	辽宁	15	16	1
河南	4	23	19	陕西	23	27	4
山西	13	10	−3	新疆	24	19	−5
安徽	3	14	11	黑龙江	21	21	0
贵州	12	8	−4	北京	22	13	−9
山东	5	24	19	内蒙古	19	7	−12
湖北	11	20	9	宁夏	26	2	−24
吉林	12	5	−7	上海	28	28	0
江苏	18	30	12	海南	29	12	−17

续表

省/自治区/直辖市	案件总数排名	每百万人口发生数排名	名次差	省/自治区/直辖市	案件总数排名	每百万人口发生数排名	名次差
江西	20	22	2	青海	25	1	−24
云南	2	4	2	西藏	30	3	−27
河北	15	25	10	天津	31	31	0
湖南	8	18	10				

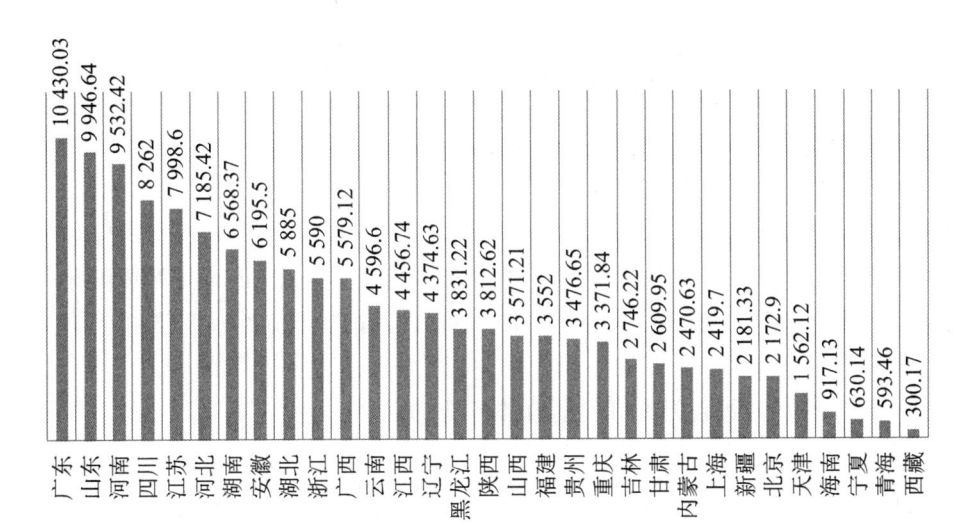

图2.3 各省级行政区人口数

广东 10 430.03
山东 9 946.64
河南 9 532.42
四川 8 262
江苏 7 998.6
河北 7 185.42
湖南 6 568.37
安徽 6 195.5
湖北 5 885
浙江 5 590
广西 5 579.12
云南 4 596.6
江西 4 456.74
辽宁 4 374.63
黑龙江 3 831.22
陕西 3 812.62
山西 3 571.21
福建 3 552
贵州 3 476.65
重庆 3 371.84
吉林 2 746.22
甘肃 2 609.95
内蒙古 2 470.63
上海 2 419.7
新疆 2 181.33
北京 2 172.9
天津 1 562.12
海南 917.13
宁夏 630.14
青海 593.46
西藏 300.17

三、抢劫罪发生指数

(一) 抢劫罪发案总数排名及分析

2016年全国共发生抢劫罪486件,平均每个省级行政区15.67件。案件数最多的三个省级行政区分别是广东、四川和河南省。第一名的广东与第二名的四川分别为77件与34件,差距明显。案件数最少的省级行政区分别是西藏和新疆、天津、青海,分别为西藏1件,其他三个地区皆为2件。上海作为人口密度最大的省级行政区之一,抢劫案件数量仅有3件。抢劫罪在全国的发案数总体上相对均衡,广东作为沿海经济发达地区,却暴露了较大的社会不

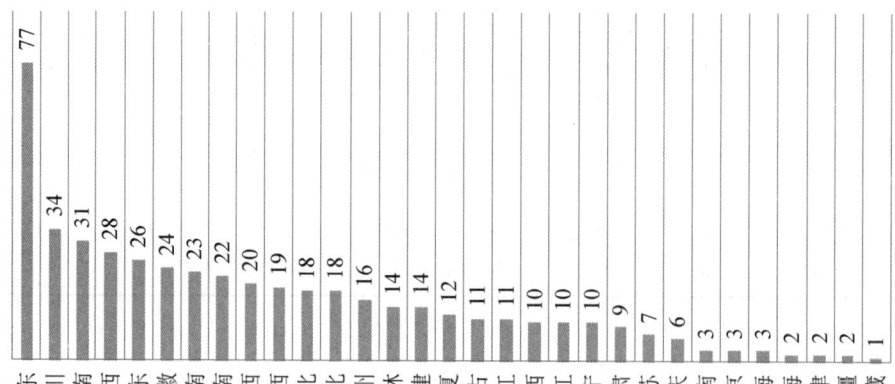

图2.4 各省级行政区抢劫案件数柱状图

广东77、四川34、河南31、山西28、山东26、安徽24、湖南23、云南22、江西20、广西19、湖北18、河北18、贵州16、吉林14、福建14、宁夏12、内蒙古11、浙江11、陕西10、黑龙江10、辽宁10、甘肃9、江苏7、重庆6、海南3、北京3、上海3、青海2、天津2、新疆2、西藏1

稳定隐患。西南地区和中部地区的抢劫罪数比起东北地区、华北地区和华东地区也相对较多。华东地区整体呈现出较为安全的样态。新疆、西藏和青海作为不发达地区，与北京、上海和天津发达地区的抢劫罪犯案率极其相近。

（二）抢劫罪每百万人口发案数排名及分析

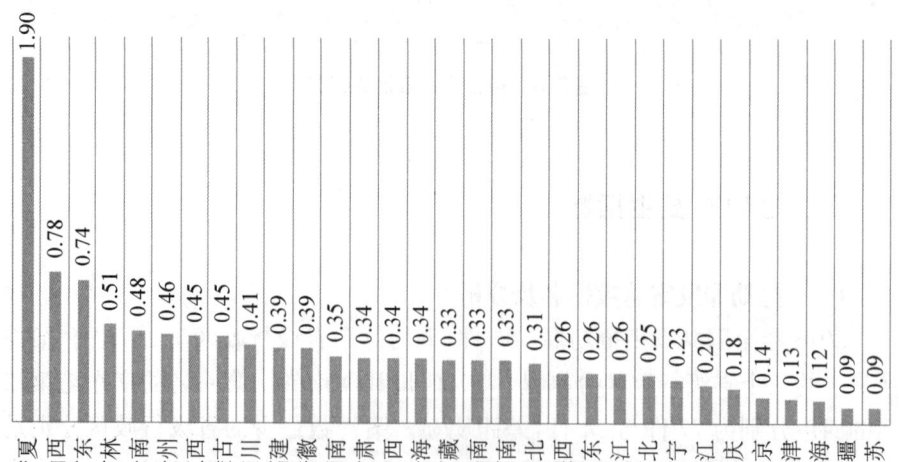

图2.5 各省级行政区抢劫每百万人口发生数柱状图

宁夏1.90、山西0.78、广东0.74、吉林0.51、云南0.48、贵州0.46、江西0.45、内蒙古0.45、四川0.41、福建0.39、安徽0.39、湖南0.35、甘肃0.34、广西0.34、青海0.34、西藏0.33、海南0.33、河南0.33、湖北0.31、陕西0.26、山东0.26、黑龙江0.26、河北0.25、辽宁0.23、浙江0.20、重庆0.18、北京0.14、天津0.13、上海0.12、新疆0.09、江苏0.09

图 2.5 是 2016 年抢劫罪在全国各省级行政区内的每百万人口发生率统计,应当结合表 2.5 的数据综合分析。宁夏在图 2.4 中排名中游位置,在图 2.5 却一跃为榜首。宁夏常住人口为 630 万人左右,不足广东省人口的百分之七。宁夏的抢劫案件虽然只有 12 件,但是由于人口基数小,每百万人口发案数排名立刻显著上升。广东的抢劫发案绝对数高居榜首,由于其人口基数巨大,每百万人口发案数降为第 3 位,但仍让人有足够理由对其安全程度表示怀疑。在区域层面,西南地区总体呈现出高抢劫率,上海、天津、北京、浙江和江苏等经济社会发展较为领先的地区抢劫率较低,社会治安更为安全。所有区域中,长江三角洲地域每百万人口抢劫罪发生数总体偏低,具有典型性。

为了作出进一步对比说明,下列表 2.2 将对两项排名进行名次差对比。名次差为每百万人口发生数排名减去案件总数排名的结果,名次差为正,代表实际每百万人口发生数少,为负则代表每百万人口发生数越多,绝对数值越大,代表受该地区人口数量影响越大。结果显示,绝对值大于等于 10 的地区有:河南(13)、河北(13)、山东(15)、吉林(-11)、宁夏(-15)、内蒙古(-10)、青海(-15)、西藏(-15)。正值表示该地区虽然案件数量多,但由于人口基数庞大,平安指数相对上升;负值表示该地区虽然案件数量少,但由于人口较少,平安指数相对下降。

表 2.2 各省级行政区案件总数排名与每百万人口案发数排名对比

省/自治区/直辖市	案件总数排名	每百万人口发生数排名	名次差	省/自治区/直辖市	案件总数排名	每百万人口发生数排名	名次差
广东	1	3	2	内蒙古	17	7	-10
四川	2	9	7	浙江	17	25	8
河南	3	16	13	陕西	19	20	1
山西	4	2	-2	黑龙江	19	20	1
山东	5	20	15	辽宁	19	24	5
安徽	6	10	4	甘肃	22	13	-9
湖南	7	12	7	江苏	23	30	7
云南	8	5	-3	重庆	24	26	2
江西	9	7	-2	海南	25	16	-9
广西	10	13	3	北京	25	27	2
湖北	11	19	8	上海	25	29	4
河北	11	24	13	青海	28	13	-15

省/自治区/直辖市	案件总数排名	每百万人口发生数排名	名次差	省/自治区/直辖市	案件总数排名	每百万人口发生数排名	名次差
贵州	13	6	-7	天津	28	28	0
吉林	14	4	-11	新疆	28	30	2
福建	14	10	-4	西藏	31	16	-15
宁夏	16	1	-15				

四、故意伤害犯罪发生指数

(一) 故意伤害案件总数排名及分析

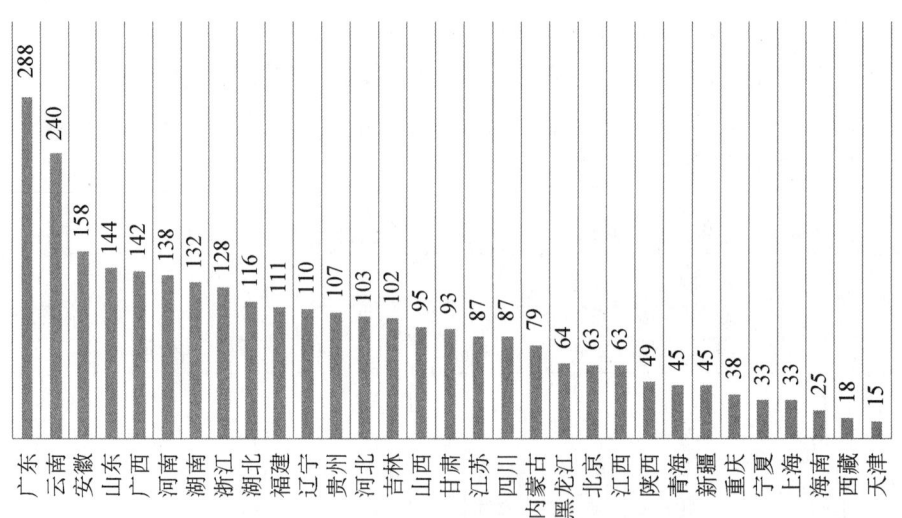

图2.6 各省级行政区故意伤害案件数柱状图

我们统计了各地区2016年故意伤害罪的数据,共计2951件,平均每个地区有95.19(四舍五入后取小数点后两位)件,判决案件数最多的三个地区分别是广东、云南与安徽,分别为288件、240件以及158件,第一、二名与第三名的差距较大。故意伤害案件罕发地区分别是天津和西藏、海南,分别为15件、18件、25件。上海作为人口密度最大的地区之一,案件数量仅有33件。故意伤害罪在全国的犯案数展现出总体不均衡、各地区之间差异巨大的状态,抢劫罪案件数排名第一的广东在故意伤害罪数也占据第一。从总体来看,中部地区的案件发生数量较为平均。西北偏远地区的案件数量总体较少。

(二) 故意伤害案件每百万人发案数排名及分析

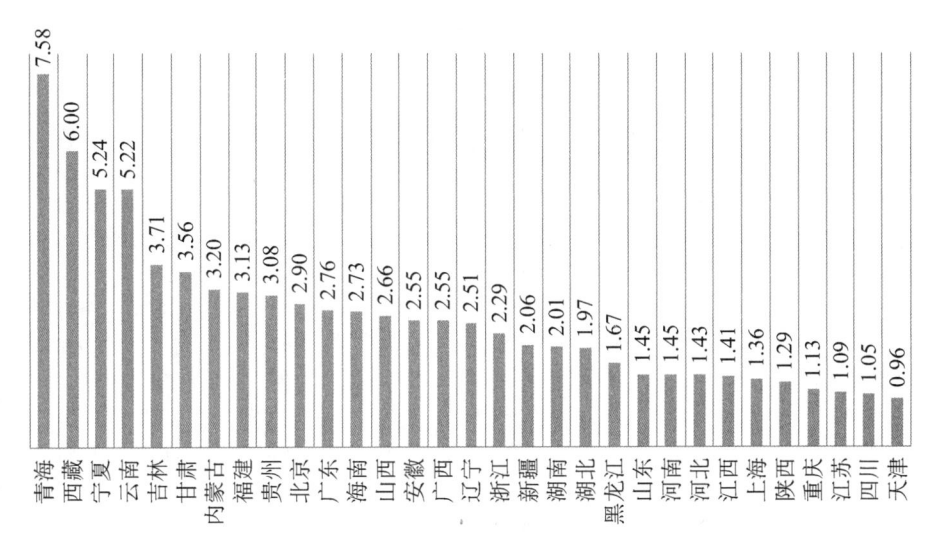

图2.7 各省级行政区故意伤害每百万人口发生数柱状图

在分析图2.6所示的故意伤害罪发案总数后,此处再来看各省级行政区每百万人口故意伤害罪的发案数。上图2.7是2016年故意伤害罪在各省级行政区的每百万人口发生数统计,通过结合图2.6的数据分析,来比对、衡量各省级行政区的平安程度。青海在图2.6中本来排名靠后,但在图2.7中一跃为榜首。该变化建立在青海常住人口数593万,不及广东人口6%的事实基础上。广东的故意伤害案件总数放在每百万人口为基数的数据中,排名下跌至第11位。

通过新一轮数据比对,可以看出,西北偏远地区反而呈现出高故意伤害发生率。所有区域中,黔川地区每百万人口抢劫罪发生数极低,具有典型性。值得一提的是,在两次图表比照中,天津地区综合下来是最让人有安全感的地区。

为进一步对比说明,下表2.3将对两项排名进行对比,名次差为每百万人口发生数排名减去案件总数排名的结果,名次差为正,代表实际每百万人口发生数少,为负则代表每百万人口发生数越多,绝对数值越大代表受该地区人口数量影响越大。绝对值大于等于10的地区有:广东(10)、安徽(11)、山东(18)、河南

(16)、湖南(12)、湖北(11)、河北(11)、甘肃(-10)、江苏(12)、四川(13)、北京(-11)、宁夏(-24)、内蒙古(-12)、青海(-23)、西藏(-28)、海南(-17)。

表2.3　各省级行政区案件总数排名与每百万人口案发数排名对比

省/自治区/直辖市	案件总数排名	每百万人口发生数排名	名次差	省/自治区/直辖市	案件总数排名	每百万人口发生数排名	名次差
广东	1	11	10	江苏	17	29	12
云南	2	4	2	四川	17	30	13
安徽	3	14	11	内蒙古	19	7	-12
山东	4	22	18	黑龙江	20	21	1
广西	5	14	9	北京	21	10	-11
河南	6	22	16	江西	21	25	4
湖南	7	19	12	陕西	23	27	4
浙江	8	17	9	青海	24	1	-23
湖北	9	20	11	新疆	24	18	-6
福建	10	8	-2	重庆	26	28	2
辽宁	11	16	5	宁夏	27	3	-24
贵州	12	9	-3	上海	27	26	-1
河北	13	24	11	海南	29	12	-17
吉林	14	5	-9	西藏	30	2	-28
山西	15	13	-2	天津	31	31	0
甘肃	16	6	-10				

五、严重犯罪案发的相关性分析

重罪发生率与平安程度的相关性还需要结合其他因素进行多角度、多层次分析。在既有可选择的数据范围内，本部分所选取预测变量有经济发展水平、受教育水平和城市化水平等方面。

(一) 严重犯罪案发的相关性整体分析

1. GDP 与重罪发案率相关性分析

GDP 是指在一定时期内(一个季度或一年)，一个国家或地区的经济中所生产出的全部最终产品和劳务的价值，常被公认为衡量国家或地区经济状况的最佳指标。① 一个地区的 GDP 不但可反映该地区的经济实力,也一定程度上代表了一个地区的整体发达程度。

如表 2.4 所示,每百万人口八类重罪案件数与 GDP 的 Pearson 相关系数绝对值为－0.462,落至中等程度相关,负表示两者呈负相关,即该地区内 GDP 越高,每百万人口八类严重犯罪数越少,反之亦然。

再进一步分析各地区每百万人口严重犯罪数排名与 GDP 排名的差值,两者差比为 GDP 名次减去每百万人口重案数名次,正值越大,代表治理效果越好;负值的绝对值越大,代表治理八类严重犯罪的经济投入仍需加强。如表 2.5 显示,个别地区 GDP 在全国范围内的排名与八类严重犯罪案发数的排名差距仍然较大。呈现负值的地区先后为江苏(－28)、山东(－21)、四川(－20)、河南(－18)、河北(－17)、上海(－17)、湖北(－13)、浙江(－13)、陕西(－12)、天津(－12)、湖南(－9)、重庆(－9)、广东(－8)、江西(－5)、辽宁(－2)、福建(－1)、安徽(－1)、北京(－1)。

表 2.4　　　　　　　GDP 与重案发生率的相关系数

GDP 与每百万人口八类严重犯罪平均案件发生数的相关系数	－0.462

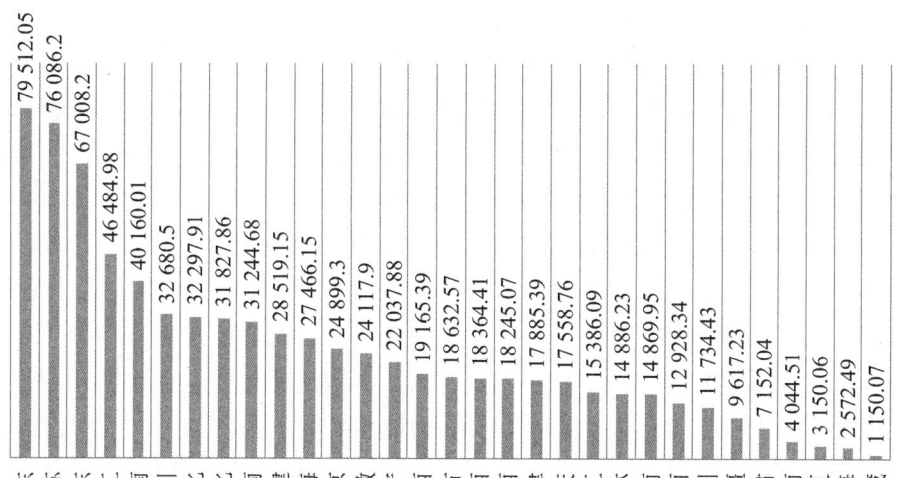

图 2.8　各省级行政区 GDP 排名

---

① "GDP 的概念"参见 https://baike.so.com/doc/4982068-5205265.html(2018－01－30)。

表 2.5　各省级行政区每百万人口严重犯罪数名次与 GDP 名次对比

省级行政区	每百万人口严重犯罪数名次	GDP名次	差比	省级行政区	每百万人口严重犯罪数名次	GDP名次	差比
天津	31	19	−12	江西	22	17	−5
江苏	30	2	−28	安徽	14	13	−1
河北	25	8	−17	四川	26	6	−20
黑龙江	21	21	0	广东	9	1	−8
湖南	18	9	−9	重庆	29	20	−9
山东	24	3	−21	新疆	19	26	7
广西	15	18	3	甘肃	6	27	21
辽宁	16	14	−2	青海	1	30	29
内蒙古	7	16	9	浙江	17	4	−13
上海	28	11	−17	贵州	8	25	17
河南	23	5	−18	吉林	5	22	17
陕西	27	15	−12	山西	10	24	14
北京	13	12	−1	福建	11	10	−1
湖北	20	7	−13	宁夏	2	29	27
云南	4	23	19	西藏	3	31	28
海南	12	28	16				

2. 城镇人口比与重罪发案率相关性分析

如表 2.6 显示，每百万人口严重犯罪案件数与城镇人口比例的 Pearson 相关系数值为−0.401，落至中等程度相关，负表示两者呈负相关，即该地区内城镇人口比例越高，每百万人口严重犯罪数越少，反之亦然。

城镇化是经济发展的必然产物，是社会现代化的重要内容和标志，城镇化的发展使人们的生活方式出现重大变化，原有社会结构瓦解，城市生活对现代人有着十分巨大的吸引力。[①] 在社会分层与社会结构转型方面，改革开放以来，我国社会成员重新分化与组合，随着人口乡城流动规模的空前扩大，人们由"单位人"逐渐转变为"社会人"，与原有社会结构相适应的社会控制与社会约束体系的制约作用日益削弱，而与新的社会结构相适应的社会控制与社会约束体系尚未完全建立起来，在这种社会转型变革的状态下，导致了乡城流动

---

① 常宇刚：《城镇化进程中的犯罪问题实证分析》，西南政法大学学位论文，2015 年。

人口犯罪率升高的现象。[①]

这种社会背景下,想要加强对严重犯罪的预防和整治,亟待解决是城镇与农村贫富差距和外来人口安置的问题。从犯罪学的理论上看,个体在外界环境因素的压力和内在因素的驱使下逐渐形成犯罪倾向。但犯罪倾向是否能够最终实现还要看有无适当的条件和机会。这种条件和机会是个体从事一定活动时所遇到的,具有独特的即时性的因素。如果缺少了它,再强烈的犯罪倾向也不能付诸实施。因此,缩小城乡差距,妥善安置外来人口,为外来人口提供良好的就业、住房、教育机会是减少一个地区外来人口严重犯罪发案率的有效措施。

表2.6　　　　　　城镇人口比与重罪发案率相关系数

城镇人口比与每百万人口平均重罪发生率的相关系数	−0.401

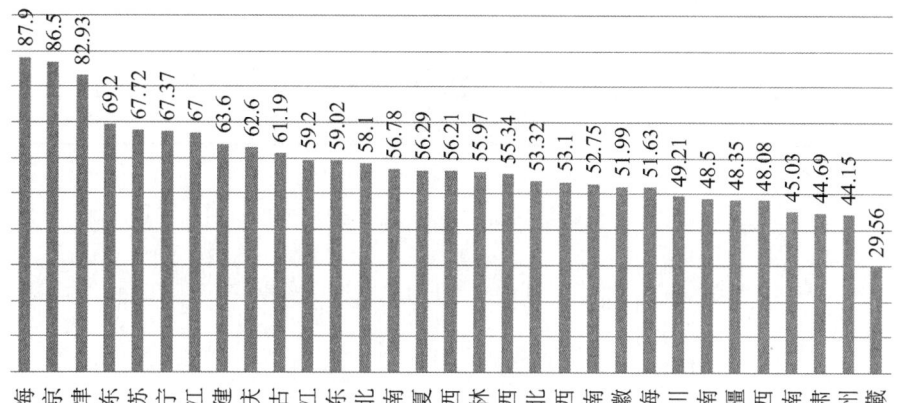

图2.9　各省级行政区城镇人口比例

3. 文盲占15岁及以上人口比例与重罪发案率相关性分析

如表2.7显示,每百万人口严重犯罪案件数与城镇人口比例的Pearson相关系数值为0.491,落至中等程度相关。正数表示两者呈正相关,即该地区内文盲占15岁及以上人口比例越高,每百万人口严重犯罪数越多,反之亦然。

[①] 范志权:《转型期中国乡城流动人口行为失范问题研究》,西南财经大学学位论文,2013年。

文盲占15岁及以上人口的比例反映了一个地区居民受教育水平的基本情况。文盲占比越高,代表了该地区居民受教育水平和文化水平越低。文盲比例和义务教育率存在着一定的相似性,两者均表现的是一个地区居民的受教育水平和文化水平。由于我国经济发展存在地区发展不平衡的问题,一些边远地区、经济不发达地区的教育发展程度远远不及发达地区,居民整体文化水平偏低,导致文化水平偏低的边远地区发生严重暴力犯罪的比例相较于居民受教育水平高的地区偏高。

贝卡利亚在其《论犯罪与刑罚》中指出:"相对而言,预防犯罪的最可靠但也是最艰难的措施是完善教育。"教育对预防犯罪、降低犯罪率有着至关重要的作用。教育可以让人们更加明晰犯罪成本,明确犯罪的意义以及应为之付出的代价。文盲比越高的地区,由于大量没有接受过基础教育的社会人员存在,增加了不稳定因素,从而犯罪率相比文盲比低的地区偏高。普及义务教育,减少文盲占比,提高居民受教育水平和文化水平是减少严重犯罪、暴力犯罪的有效措施。

表2.7 文盲占15岁及以上人口比例与重罪发案率的相关系数

文盲占15岁及以上人口比例与每百万人口重罪发案率的相关系数	0.491

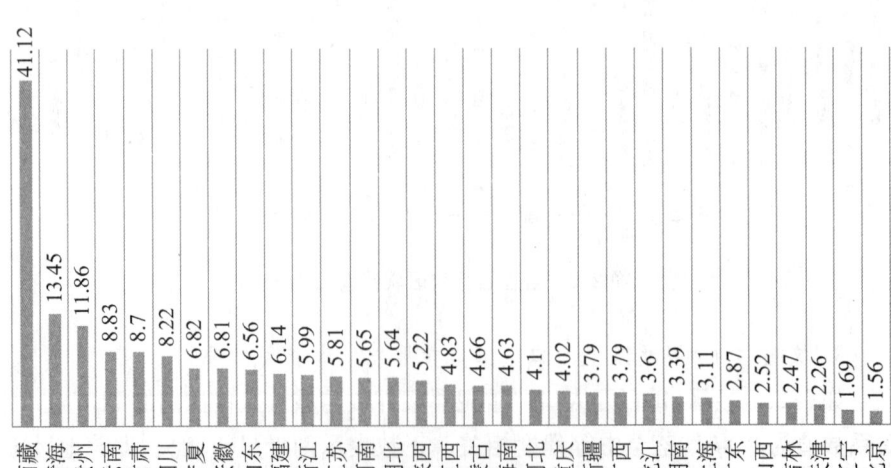

省份	比例
西藏	41.12
青海	13.45
贵州	11.86
云南	8.83
甘肃	8.7
四川	8.22
宁夏	6.82
安徽	6.81
山东	6.56
福建	6.14
浙江	5.99
江苏	5.81
河南	5.65
湖北	5.64
陕西	5.22
江西	4.83
内蒙古	4.66
海南	4.63
河北	4.1
重庆	4.02
新疆	3.79
广西	3.79
黑龙江	3.6
湖南	3.39
上海	3.11
广东	2.87
山西	2.52
吉林	2.47
天津	2.26
辽宁	1.69
北京	1.56

图2.10 各省级行政区15周岁及以上文盲比例

4. 义务教育率与重罪发案率相关性分析

如表 2.8 显示,每百万人口严重犯罪案件数与城镇人口比例的 Pearson 相关系数值为 -0.528,落至中等程度相关,负值指表示两者呈负相关,即该地区内义务教育率越高,每百万人口严重犯罪数越少,反之亦然。

受教育程度影响犯罪率的原因在于,教育能够增加犯罪的机会成本对犯罪产生的威慑效应。作为形成人力资本主渠道的教育,除了可以把简单劳动变成复杂劳动,使体力劳动转化为脑力劳动,同时增强劳动者的劳动转换能力外,[1]另一方面还可以帮助一部分脑力劳动者在知识经济时代的背景下,及时更新其知识技能和结构,帮助他们提升自身的人力资本含量,提高社会地位,实现个人更高的合法的预期收益,过上更为体面的生活。如果受到惩罚,那么将预示着高学历的犯罪人会丧失比其他人更多的经济利益、社会地位及造成更严重的心理伤害,这就无疑提高了他们的犯罪机会成本;而学历低的犯罪人受到监禁时损失的机会成本要相应小得多。所以,犯罪人受教育程度的高低与能否发挥教育的威慑作用从而减少和抑制犯罪存在一定的密切联系。并且,受教育程度越高的地区居民整体素质较高,就业情况相对较好,居民整体生活水平相对较好,社会较为稳定,犯罪率相对较低。反之,受教育水平较低的地区,由于居民整体素质偏低,产业结构落后,就业情况不好,导致居民生活水平较低,社会不稳定,犯罪率激增。

义务教育率与严重犯罪发案率的相关系数的绝对值在所有存在相关性的系数中最大,也就是说义务教育率与严重犯罪发案率的相关性较大。提高义务教育普及率对于一个地区的社会综合治理水平的意义是巨大而长远的。大力促进义务教育的普及,提高义务教育的质量,是减少严重犯罪发案率,提高社会稳定性和平安程度的重要举措。

表 2.8　　　　义务教育率与重罪发案率的相关系数

义务教育率与每百万人口重罪发案率的相关系数	-0.528

---

[1] 王善迈:《教育投入与产出》,河北教育出版社 1996 年版,第 69—70 页。

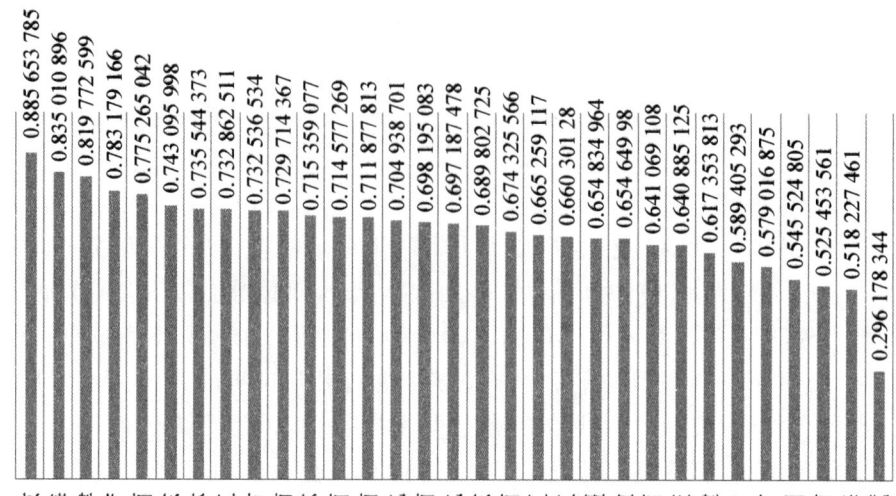

图2.11 各省级行政区义务教育比例

各省数值（从高到低）：
北京 0.885 653 785；上海 0.835 010 896；天津 0.819 772 599；辽宁 0.783 179 166；山西 0.775 265 042；广东 0.743 095 998；吉林 0.735 544 373；黑龙江 0.732 862 511；内蒙古 0.732 536 534；海南 0.729 714 367；江苏 0.715 359 077；陕西 0.714 577 269；湖南 0.711 877 813；湖北 0.704 938 701；河南 0.698 195 083；河北 0.697 187 478；山东 0.689 802 725；广西 0.674 325 566；宁夏 0.665 259 117；浙江 0.660 301 28；新疆 0.654 834 964；安徽 0.654 649 98；江西 0.641 069 108；重庆 0.640 885 125；福建 0.617 353 813；四川 0.589 405 293；甘肃 0.579 016 875；贵州 0.545 524 805；云南 0.525 453 561；青海 0.518 227 461；西藏 0.296 178 344

（二）抢劫罪案发的相关性分析

1. GDP 与抢劫罪的相关性分析

表2.9　每百万人口抢劫罪数与 GDP 相关系数

每百万人口抢劫罪数与 GDP 相关系数	－0.183

如表2.9所示，每百万人口入室抢劫数与 GDP 的 Pearson 相关系数值为－0.183，落至极弱相关或无相关。

抢劫行为并非是非理性的，相反，犯罪主体正是基于理性的考量而采取一种暴力方式进行抢劫的。其犯罪的考量因素主要是犯罪成本与收益，当犯罪成本小于犯罪收益时，受痛苦与快乐主宰的理性人将"利益最大化"为行为原则而趋于犯罪。

下面列出一项图标来加以说明各个省级行政区每百万人口的抢劫罪数与 GDP 的对比情况，从而对其进一步深入分析。

表2.10　各省级行政区每百万人口抢劫罪数名次与GDP名次对比

省级行政区	每百万人口抢劫数名次	GDP名次	差比	省级行政区	每百万人口抢劫数名次	GDP名次	差比
江苏	1	2	1	青海	17	30	13
新疆	1	26	25	广西	17	18	1
上海	3	11	8	甘肃	17	27	10
天津	4	19	15	湖南	20	9	－11
北京	5	12	7	安徽	21	13	－8
重庆	6	20	14	福建	21	10	－11
浙江	7	4	－3	四川	23	6	－17
辽宁	8	14	6	内蒙古	24	16	－8
河北	9	8	－1	江西	24	17	－7
黑龙江	10	21	11	贵州	26	25	－1
山东	10	3	－7	云南	27	23	－4
陕西	10	15	5	吉林	28	22	－6
湖北	13	7	－6	广东	29	1	－28
河南	14	5	－9	山西	30	24	－6
海南	14	28	14	宁夏	31	29	－2
西藏	14	31	17				

如上表2.10所示，少数省级行政区GDP在全国范围内的排名与抢劫案发数的排名差距仍然较大。其中每百万人口抢劫数为由少到多排序，GDP为由高到低对应排列，两者差比为GDP名次减去每百万人口抢劫数名次，正值越大，代表该地区对抢劫打击防范效果越佳；负值的绝对值越大，表示对于缺乏打击抢劫的程度以及在该地区对于社会治安投入的忽视。从表2.10可看出，呈现负值的省级行政区先后为浙江(－3)、河北(－1)、山东(－7)、湖北(－6)、河南(－9)、湖南(－11)、安徽(－8)、福建(－11)、四川(－17)、内蒙古(－8)、江西(－7)、贵州(－1)、云南(－4)、吉林(－6)、广东(－28)、山西(－6)、宁夏(－2)，以上地区对抢劫行为的打击力度有待加强。江苏(1)、新疆(25)、上海(8)、天津(15)、北京(7)、重庆(14)、辽宁(6)、黑龙江(11)、陕西(5)、海南(14)、西藏(17)、青海(13)、广西(1)、甘肃(10)等地对抢劫行为的打击力度、控制手段较为有效。比对后我们不难发现，GDP的高低对抢劫罪的影响并不那么明显，相对而言，受其他因素影响要更为深刻。

2. 城镇人口比例与抢劫的相关性及分析

表 2.11　　每百万人口抢劫罪数与城镇人口比例相关系数

每百万人口抢劫罪数与城镇人口比例相关系数	0.197

如表 2.11 所展现的那样,每百万人口抢劫罪数与城镇人口比例的 Pearson 相关系数绝对值为 0.197,存在极弱相关性。城镇化会引起社会的变迁,犯罪滋生的缝隙得以存在,尤其是不平衡、不协调的城镇化更是如此,这种变化会带来社会结构、文化心理等因素的局部动荡,从而影响到如抢劫这类犯罪的发生数量。

当然,抢劫案件的发生数量、发案率的高低也是由多方面因素综合作用的结果,虽然城镇化能够起到一定作用,但对于区域性犯罪率分析而言,还需要关注人口密度、民风民俗、交通网络、青少年人口、第三产业发展程度等因素,要进一步加强对城镇化过程中相关因素的研究分析,才能更有效治理抢劫犯罪。

3. 教育程度与抢劫的相关性及分析

表 2.12　每百万人口抢劫罪数与 15 岁及以上人口文盲比例相关系数

每百万人口抢劫罪数与 15 岁及以上人口文盲比例相关系数	−0.222

表 2.13　　每百万人口抢劫罪数与义务教育率相关系数

每百万人口抢劫罪数与义务教育率相关系数	0.173

可以看出,表 2.12 所示每百万人口抢劫罪数与 15 岁及以上人口文盲比例的 Pearson 相关系数值为−0.222,比较接近弱相关。表 2.13 所示每百万人口抢劫罪数与义务教育率比例的 Pearson 相关系数绝对值为 0.173,同 15 岁及以上文盲比例较为接近。由于我国实行的是九年制义务教育,因此这两者在逻辑判断上也是相呼应的,如果没有接受过义务教育,那么意味着在 15 岁之前都没有学习经历。

我们可以推断,教育程度对抢劫罪发案数没有特别重要的直接影响。

(三) 故意伤害罪案发的相关性分析

1. GDP 与故意伤害案件的相关性分析

表 2.14　每百万人口故意伤害罪数与 GDP 相关系数

每百万人口故意伤害罪数与 GDP 相关系数	-0.467

故意伤害罪作为侵害人身权利的一种犯罪,直觉上可能会认为与 GDP 相关性并不大,但数据结论却与通常的认知相反。如表 2.14 所示,每百万人口故意伤害数与 GDP 的相关系数值为-0.467,呈现中等负相关关系,GDP 越高的地区每百万人口故意伤害罪数越少。

社会的不均衡发展、财富的不均衡分配必然造成默顿(Merton)所指出的文化和社会结构之间产生的社会紧张,也就是他所称的社会失范①。处于这种紧张社会之中的下层民众尤其容易产生受剥削感强烈,不公正感带来的紧张情绪,促使他们通过制度外的方式来获得财富、荣誉和自尊等,其中一些人便可能走向犯罪。此外,GDP 越低的地区,由于经济发展水平的局限,居民收入水平也相对较低,政府的财政相对拮据,能够投入到社会治理上的预算极为有限,警力的投入、预防犯罪的设施的配备等都较经济发达地区有一定差距,从而间接导致犯罪频发。

表 2.15　各省级行政区每百万人口故意伤害罪数名次与 GDP 名次对比

省级行政区	每百万人口故意伤害罪数名次	GDP 名次	差比	省级行政区	每百万人口故意伤害罪数名次	GDP 名次	差比
天津	1	19	18	安徽	17	13	-4
四川	2	6	4	广西	17	18	1
江苏	3	2	-1	山西	19	24	5
重庆	4	20	16	海南	20	28	8
陕西	5	15	10	广东	21	1	-20
上海	6	11	5	北京	22	12	-10
江西	7	17	10	贵州	23	25	2
河北	8	8	0	福建	24	10	-14
河南	9	5	-4	内蒙古	25	16	-9

① [美]沃尔德·伯纳德·斯奈普斯:《理论犯罪学》,中国政法大学出版社 2005 年版,第 168—192 页。

续表

省级行政区	每百万人口故意伤害罪数名次	GDP名次	差比	省级行政区	每百万人口故意伤害罪数名次	GDP名次	差比
山东	10	3	−7	甘肃	26	27	1
黑龙江	11	21	10	吉林	27	22	−5
湖北	12	7	−5	云南	28	23	−5
湖南	13	9	−4	宁夏	29	29	0
新疆	14	26	12	西藏	30	31	1
浙江	15	4	−11	青海	31	30	−1
辽宁	16	14	−2				

结合"每百万人口故意伤害数排名"与"GDP 排名"加以分析说明，其中每百万人口故意伤害罪数由少到多排序，GDP 为由高到低进行排列，此两项数值需由 GDP 名次减去每百万人口故意伤害罪数名次。正值越大，表明该地区对于故意伤害行为的防范和治理越到位，负值的绝对值越大，表明该地区需要更多投入到对故意伤害的约束、监管、防范以及惩治。从表 2.15 可以看到，呈现负值的地区有江苏(−1)、河南(−4)、山东(−7)、湖北(−5)、湖南(−4)、浙江(−11)、辽宁(−2)、北京(−10)、福建(−14)、内蒙古(−9)、吉林(−5)、云南(−5)、青海(−1)。

2. 教育程度与故意伤害犯罪案件数量的相关性及分析

表 2.16　每百万人口故意伤害罪数与 15 岁及以上人口文盲比例相关系数

每百万人口故意伤害罪数与 15 岁及以上人口文盲比例相关系数	0.558

表 2.17　每百万人口故意伤害罪数与义务教育率相关系数

每百万人口故意伤害罪数与义务教育率相关系数	−0.570

义务教育率与 15 周岁及以上文盲比体现的是一个地区基础教育的程度，且两者所反映的情况相似，因为没有经历过九年义务教育的群体与 15 周岁及以上的文盲群体基本上是重合的。如表 2.16 所示，每百万人口抢劫罪数与 15 岁及以上人口文盲比例的 Pearson 相关系数绝对值为 0.558，属于中等相关且接近强相关；表 2.15 所示每百万人口抢劫罪数与义务教育率比例的 Pearson

相关系数绝对值为 0.570,同 15 岁及以上文盲比例较为接近。所以,教育程度与故意伤害罪的相关性较强,体现出教育程度与故意伤害犯罪的发案率有密切关系。对比之前分析可以发现,教育程度与抢劫罪的相关性、教育程度与故意伤害罪的相关性,具有明显的区别。

因此,普及义务教育、提高教育质量对减少故意伤害犯罪有着重大的意义。

第三章 常见多发案件发生指数

一、数据选取说明

入室盗窃、电信诈骗和交通肇事是我国近些年常见多发的刑案类型。其中,入室盗窃是传统的影响群众安全感的犯罪。因房屋是保护群众最私密,也是最后一道屏障,这一道屏障一旦被突破,居住人无疑暴露在巨大的危险之中。同时,入室盗窃极容易转化为抢劫、杀人、强奸等恶性犯罪,极大影响群众的安全感。电信诈骗犯罪利用高新技术,手段繁多,变化频繁,让人防不胜防,且因其利用网络,给公安部门的侦破带来巨大难度。被害人的财产一旦被骗,极难弥补损失,因此成为影响群众安全感的重要案件类型。近些年,由于个人汽车保有量迅速攀升,交通肇事案件急剧增加,交通肇事给群众的人身和财产安全带来极大损害,是影响群众安全感的频发案件之一。综上,我们选取了入室盗窃、电信诈骗和交通肇事三类案件,对各省级行政区此三类案件的数量进行排名,并基于排名进行原因和相关性分析。

上述三类犯罪从全国范围内上网的 2016 年的裁判文书中进行筛选,因同时涉及机器的初级筛选与人工的深层次筛选,有必要对筛选过程进行详细说明。首先,此处的交通肇事行为需构成刑法的交通肇事罪。由于交通肇事罪是一项单独罪名,因此可直接通过选取案由筛选出相应数据。入室盗窃和电信诈骗分别为盗窃罪与诈骗罪之下的具体情形,特别是电信诈骗为最近几年新出现的诈骗方式,其内涵尚有争议,刑法典中亦无此用语,因此判决书中并不一定有"入室盗窃"或"电信诈骗"此类的直接完整表述,无法直接由机器筛选,需详细查看判决书所认定的事实予以人工提取。对于入室盗窃,根据相关学理及《盗窃案件解释》的规定,[1]我们将供家庭生活所用的住所认定为入室盗窃中的"室",除了正常生活的房屋,还包括封闭的院落、牧

---

[1] 张明楷:《刑法学(下)(第五版)》,法律出版社 2016 年版,第 953—954 页。

民的帐篷、夜晚供人居住的小卖铺等，不包括农村开放的院落、作为买卖场所的商店、作为仓库使用的房屋等；另外，对于持合法目的进入房屋进而实施盗窃者亦不认定为入室盗窃。对于电信诈骗，广义的定义是指不法分子通过电话、网络和短信方式，编造虚假信息，设置骗局，对受害人实施远程、非接触式诈骗，诱使受害人给不法分子打款或转账的犯罪行为。按此定义，我们将涉及利用电话、网络和短信进行诈骗的方式均纳入电信诈骗的范围，典型的譬如利用伪基站、冒充司法人员进行电话诈骗、利用QQ发送诈骗消息、群发诈骗短信等，但熟人利用电话、网络和短信的方式进行诈骗排除在外；此处另一重要识别指标为被害人是否为不特定对象，因电信诈骗对象具有不特定性，这也是电信诈骗影响群众安全感的原因之一——每个人都是潜在的受骗对象，因此，行为人虽利用上述方式，但针对特定对象的诈骗行为仍不属于电信诈骗。

二、入室盗窃案发指数

（一）入室盗窃案发总数排名及分析

课题组首先根据各省、市、自治区中级以上人民法院判决的入室盗窃案件数进行总量排名，这是影响群众平安感最直观的数据。

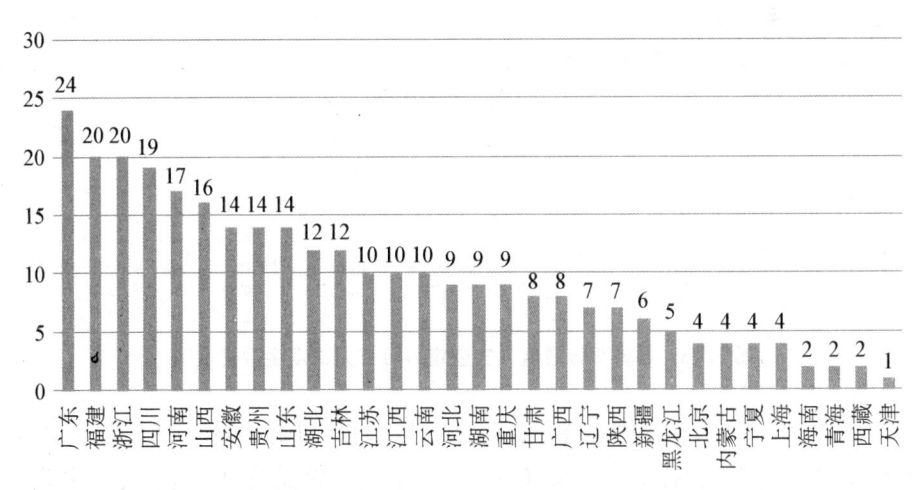

图2.12 各省级行政区入室盗窃案件数柱状图

2016年全国中级及以上人民法院公布的判决入室盗窃的数量共计303件,平均每个地区约有9.77(四舍五入取小数点后两位)件,判决案件数最多的三个地区分别为:广东、福建与浙江,福建与浙江为并列第二,案件数量分别为:24件、20件;案件数量最少为天津市,仅有1件;海南、青海与西藏分别有2件,上海市作为人口密度最大的地区之一,案件总量仅有4件,与之处于相近水平的海南、青海、西藏等人口密度远远低于上海,可见上海对于入室盗窃的预防工作卓有成效。其中,各地区案件总数的中位数为9,众数为4,均小于平均数9.77,因此呈现的是正偏态分布的形式,在这种情况下,不宜用均值代表整体数据,可取中位数即9件作为整体数据代表,也可据此在全国范围内划分出重点打击地区,案件多集中于东南沿海地区,我国中部也是重灾区,而这些地区均为我国人口数量最大的地区,单凭绝对数值排名略显不公,所以要进一步将人口纳入衡量参数。

(二) 入室盗窃每百万人口发案数排名及分析

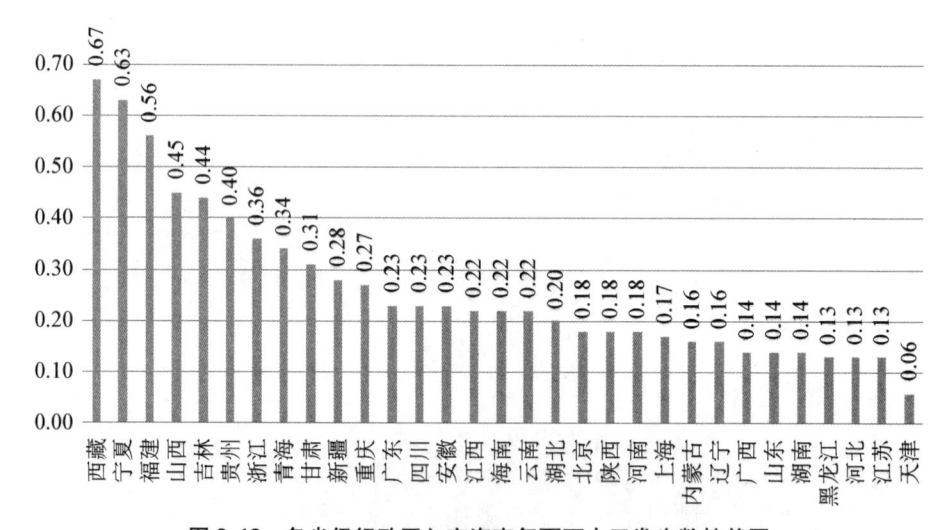

图2.13 各省级行政区入室盗窃每百万人口发生数柱状图

根据图2.13案件数量,结合各地区人口数量,可得出每百万人口的发案数。相较于绝对数的排名,将人口纳入考量范围更能反映出当地的平安状况。在案件总数排名靠前的情况下,若每百万人口案件发生数也靠前,则毫无疑问平安度相应靠后,反之亦然。

经过计算,最终所得结果如图 2.13 所示,其中,西藏在图 2.12 中排名后两位,但在图 2.13 中意外排名在首位。这是由于西藏常住人口仅为 300.17 万人,不足人口第一大省广东的百分之三(广东常住人口数量为 10 430.03 万人)。因此,虽然案件只有两件,但均分到每百万人口之上也是较大的数字。对于此极端数字,难以说明问题,因此可予以排除。除了西藏之外排名前三位的分别为:宁夏、福建和山西;排名后三位的分别为:河北、江苏与天津。其中,图 2.12 中排名第一位的广东由于人口众多,在图 2.13 中排名第 12 位;图 12 中排名第三的浙江在图 2.13 中排名为第 7 位。

表 2.18　各省级行政区案件总数排名与每百万人口案发数排名对比

省/自治区/直辖市	案件总数排名	每百万人口发生数排名	名次差	省/自治区/直辖市	案件总数排名	每百万人口发生数排名	名次差
广东	1	12	11	重庆	15	11	−4
福建	2	3	1	甘肃	18	9	−9
浙江	2	7	5	广西	18	25	7
四川	4	13	9	辽宁	20	24	4
河南	5	21	16	山西	20	20	0
山西	6	4	−2	新疆	22	10	−12
安徽	7	14	7	黑龙江	23	28	5
贵州	7	6	−1	北京	24	19	−5
山东	7	26	19	内蒙古	24	23	−1
湖北	10	18	8	宁夏	24	2	−22
吉林	10	5	−5	上海	24	22	−2
江苏	12	30	18	海南	28	16	−12
江西	12	15	3	青海	28	8	−20
云南	12	17	5	西藏	28	1	−27
河北	15	29	14	天津	31	31	0
湖南	15	27	12				

为了进一步对比说明,我们列出表 2.18 对两项排名进行对比,名次差为每百万人口发生数排名减去案件总数排名的结果,名次差为正,代表实际每百万人口发生数少,为负则代表每百万人口发生数越多,绝对数值越大代表受该地区人口数量影响越大。可见,绝对值大于 10 的地区有:广东(11)、河南(16)、山东(19)、江苏(18)、河北(14)、湖南(12)、新疆(−12)、

宁夏(-22)、海南(-12)、青海(-20)、西藏(-27)。这里面,正值表示虽然该地区案件数量多,但由于人口基数庞大,并没有如案件总数排名显示的那么不平安;而负值显示虽然这些地区案件数量少,但由于人口也较少,可能并不是那么安全。

三、电信诈骗案发指数

(一)电信诈骗案件总数排名及分析

根据对全国各省、自治区、直辖市判决的案件的统计,2016年全国中级及以上人民法院公布的电信诈骗类案件的数量共计118件。其中,广东省判决的案例最多,共计25件;浙江省次之,为13件;排名其后的几个省级行政单位的发案数量呈现阶梯状递减的趋势。值得关注的是,西藏自治区、青海省、黑龙江省和天津市这四个省级行政区划内,2016年中级及以上人民法院判决的电信诈骗类案件数都为0。

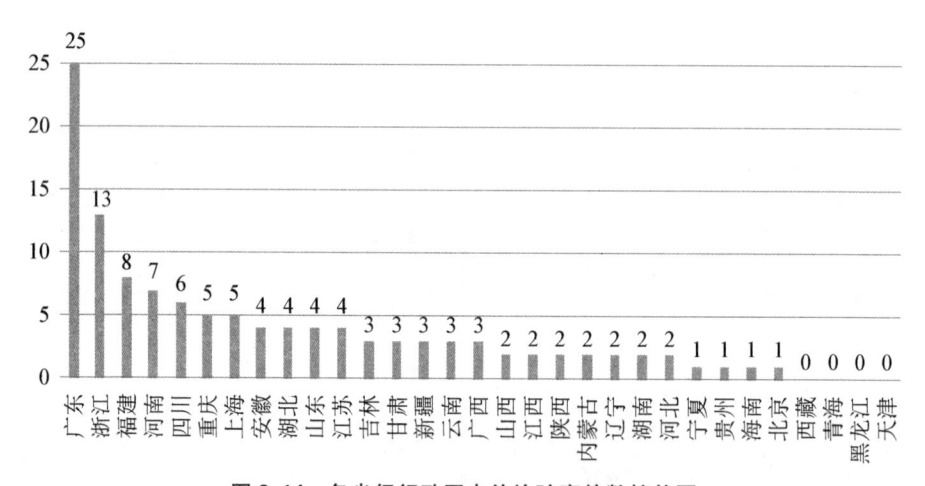

图2.14 各省级行政区电信诈骗案件数柱状图

就地区分布来说,东南沿海地区是电信诈骗类案件发生的重灾区,发案的件数在全国排名靠前。这种分布状况的特点与案件的性质有关,电信诈骗类案件属于经济型犯罪,越是经济发达的地区,经济型犯罪的案发率越高。

(二) 电信诈骗每百万人口发案数排名及分析

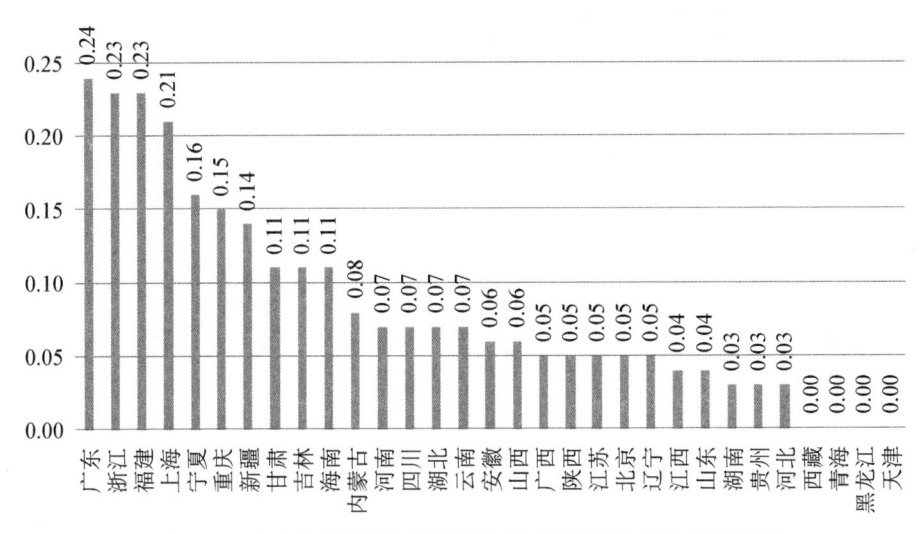

图 2.15 各省级行政区电信诈骗案件每百万人口发生数柱状图

数值（从左至右）：广东 0.24、浙江 0.23、福建 0.23、上海 0.21、宁夏 0.16、重庆 0.15、新疆 0.14、甘肃 0.11、吉林 0.11、海南 0.11、内蒙古 0.08、河南 0.07、四川 0.07、湖北 0.07、云南 0.07、安徽 0.06、山西 0.06、广西 0.05、陕西 0.05、江苏 0.05、北京 0.05、辽宁 0.05、江西 0.04、山东 0.04、湖南 0.03、贵州 0.03、河北 0.03、西藏 0.00、青海 0.00、黑龙江 0.00、天津 0.00

仅从发案量绝对数这一个因素来评价某地区平安状况以及社会治理状况，是很难让人信服的。为了让评价体系更加丰富，我们课题组将各地区人口数纳入到排名的考察因素之中。根据 2016 年全国各省、自治区、直辖市发生的电信诈骗案件的绝对数，结合各地区的人口数量，得出每百万人口发案数的排名表。从上图 2.15 可以看到，广东省、浙江省、福建省仍然占据在前三名的位置；紧随其后的省市排名发生了变化，河南省和四川省不再占据第四名和第五名的位置，取而代之的是上海市和宁夏回族自治区；其他省市的排名情况也发生了一些细微变化。人口数量的多寡是影响此排名变化的唯一因素。根据统计结果，到 2016 年年末，河南全省总人口为 10 788.14 万人，四川省常住人口为 8 262 万人。河南省和四川省都是传统的人口大省，因此庞大的人口样本容量，导致其百万人口发案率排名变得靠后。

为了进一步对比说明，我们列出表 2.19 对两项排名进行对比，名次差为每百万人口发生数排名减去案件总数排名的结果，名次差为正代表实际每百万人口发生数少，为负则代表每百万人口发生数越多，绝对数值越大代表受该地区人口数量影响越大。可见绝对值大于 10 的地区有：山东(14)、江苏(10)、海南(−14)、宁夏(−19)。

表 2.19　各省级行政区案件总数排名与每百万人口案发数排名对比

省/自治区/直辖市	案件总数排名	每百万人口发生数排名	名次差	省/自治区/直辖市	案件总数排名	每百万人口发生数排名	名次差
广东	1	1	0	山西	15	17	2
浙江	2	2	0	江西	18	23	5
福建	3	3	0	陕西	18	19	1
河南	4	12	8	内蒙古	20	11	−9
四川	5	13	8	辽宁	20	22	2
重庆	6	6	0	湖南	22	25	3
上海	7	4	−3	河北	23	27	4
安徽	7	16	9	宁夏	24	5	−19
湖北	7	14	7	贵州	24	26	2
山东	10	24	14	海南	24	10	−14
江苏	10	20	10	北京	24	21	−3
吉林	12	9	−3	西藏	28	28	0
甘肃	12	8	−4	青海	29	29	0
新疆	12	7	−5	黑龙江	30	30	0
云南	15	15	0	天津	31	31	0
广西	15	18	3				

四、交通肇事案件发生指数

（一）交通肇事案件总数排名及分析

表 2.20　交通肇事案件总数排名情况

省/自治区/直辖市	交通肇事案发数	排名情况	省/自治区/直辖市	交通肇事案发数	排名情况
青海	109	1	内蒙古	50	7
湖南	70	2	吉林	47	8
贵州	61	3	山西	42	9
天津	59	4	西藏	42	10
新疆	59	5	广东	41	11
湖北	58	6	江苏	41	12

续表

省/自治区/直辖市	交通肇事案发数	排名情况	省/自治区/直辖市	交通肇事案发数	排名情况
河南	38	13	陕西	19	23
广西	36	14	安徽	9	24
浙江	36	15	云南	9	25
海南	31	16	福建	8	26
四川	29	17	重庆	7	27
黑龙江	26	18	山东	3	28
江西	26	19	北京	2	29
河北	23	20	甘肃	0	30
宁夏	23	21	辽宁	0	31
上海	22	22			

从上表2.20可以看出，2016年全国中级及以上人民法院公布的交通肇事罪案件数量共计1 026件，平均每个地区约有33.06（四舍五入取小数点后两位）件，判决案件数最多的三个地区分别为：青海省、湖南省和贵州省。其中，青海省交通肇事罪的判决数量遥遥领先其他省市，突破了百位数。排名其后的省市呈现出以个位数递减的态势分布，甘肃省和辽宁省中级及以上人民法院判决的交通肇事类案件数为0。值得注意的是，北京市作为一线城市，同时也是人口密度较大的城市，案件数量却只有两件，与同为一线城市的上海市交通肇事罪案件数量和排名相差较大。单从上述数据展示的结果分析，可以看出北京市的交通治安状况相对良好。

总体而言，发案较为集中的地区为华中地区和西北地区。根据统计数据显示，截至2016年底全国汽车保有量达1.94亿辆，2016年新注册登记的汽车达2 752万辆，保有量净增2 212万辆。全国有49个城市的汽车保有量超过百万辆，18个城市超200万辆，6个城市超300万辆。其中汽车保有量超过200万辆的18个城市依次是北京、成都、重庆、上海、深圳、苏州、天津、郑州、西安、杭州、武汉、广州、石家庄、东莞、南京、青岛、宁波、佛山。通过对比发现，机动车保有量越多的城市，其交通肇事类案件的发案量并非就一定排名靠前。相反，像青海、湖南和贵州等这样的汽车保有数量排名并不靠前的省市，其发生的交通肇事类案件的数量反而排在前三名。

单位：万辆

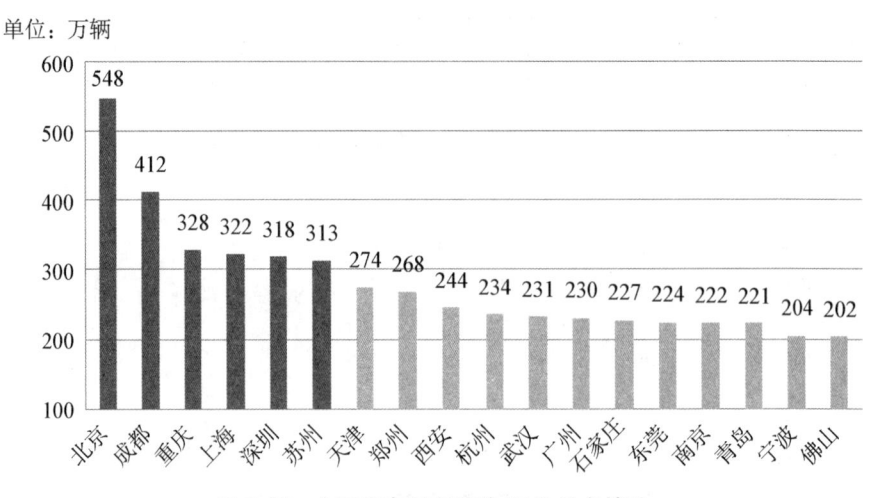

图 2.16　全国汽车保有量前 18 位排名情况

北京 548、成都 412、重庆 328、上海 322、深圳 318、苏州 313、天津 274、郑州 268、西安 244、杭州 234、武汉 231、广州 230、石家庄 227、东莞 224、南京 222、青岛 221、宁波 204、佛山 202

注：柱状图显示了截至 2016 年底汽车保有量超过 200 万的城市

（二）交通肇事案件每百万人口发案数排名及分析

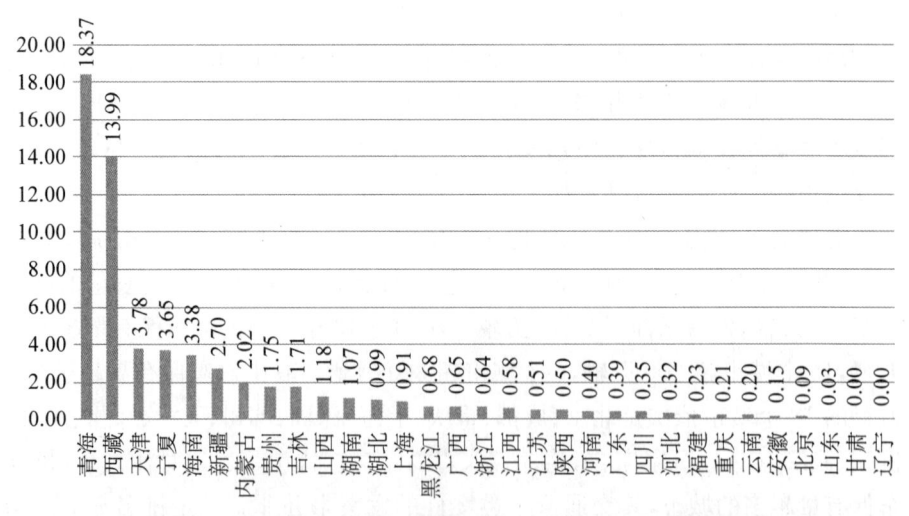

青海 18.37、西藏 13.99、天津 3.78、宁夏 3.65、海南 3.38、新疆 2.70、内蒙古 2.02、贵州 1.75、吉林 1.71、山西 1.18、湖南 1.07、湖北 0.99、上海 0.91、黑龙江 0.68、广西 0.65、浙江 0.64、江西 0.58、江苏 0.51、陕西 0.50、河南 0.40、广东 0.39、四川 0.35、河北 0.32、福建 0.23、重庆 0.21、云南 0.20、安徽 0.15、北京 0.09、山东 0.03、甘肃 0.00、辽宁 0.00

图 2.17　各省级行政区交通肇事案件每百万人口发生数柱状图

如图 2.17 所示，交通肇事案件每百万人口案发数排名前三位的为青海、西藏和天津，其中青海、西藏汽车保有量不多，且人均密度不大，案件多发的原因可能为地形因素和交通参与人的规则意识。

五、常见多发犯罪案发相关性分析

意大利犯罪学家菲利将犯罪原因分为人类学的、自然的和社会的三类,也就是说,探究犯罪原因不可只看单一维度。挖掘、发现导致犯罪的关联因素,对于有的放矢、从源头上控制犯罪的发生,具有重要意义。本课题此处将致力于分析哪些因素与入室盗窃、电信诈骗、交通肇事等犯罪数据的变化存在相关性。本课题选择的相关性分析工具为 Pearson 相关系数,它用来衡量两个数据集合是否在一条线上面,即衡量定距变量间的线性关系。相关系数的绝对值越大,相关性越强;相关系数越接近于 1 或 −1,相关度越强,相关系数越接近于 0,相关度越弱。通常情况下通过以下取值范围判断变量的相关强度:相关系数为 0.8—1.0 表示极强相关;相关系数为 0.6—0.8 表示强相关;相关系数为 0.4—0.6 表示中等程度相关;相关系数为 0.2—0.4 表示弱相关;相关系数为 0.0—0.2 表示极弱相关或无相关。另外本部分所选入室盗窃、电信诈骗与交通肇事并非绝对数,而是每百万人口案发数。在前文中已述,每百万人口案发数比案发绝对数更能反映当地治安情况。

(一) 入室盗窃发案的相关性

目前西方国家对入室盗窃案的研究,已经摒弃了任何一个微观或宏观的单一视角,而是运用多层次框架。这种模式便于观察和整合旨在强调犯罪机会重要性的日常活动或生活方式,以及突出强调与生态环境紧密相连的社会控制的社会解构理论。换而言之,入室盗窃与多方面因素有关,依照现有数据所得结论也确实如此。

1. GDP 与入室盗窃的相关性及分析

表 2.21　　每百万人口入室盗窃罪数与 GDP 相关系数

每百万人口入室盗窃罪数与 GDP 相关系数	−0.382

如表 2.21 所示,每百万人口入室盗窃罪数与 GDP 的 Pearson 相关系数值为 −0.382,落至中等程度相关,负表示两者呈负相关,即该地区内 GDP 越高,每百万人口入室盗窃数越少,反之亦然。

对于入室盗窃的实施"步骤"为：犯罪人确定作案目标、犯罪人作案，相对应地，作案目标需要具备值得被盗窃、可实施的性质。已有研究显示，入室盗窃的侵害已经同目标吸引力、监护人和目标暴露联系在了一起。目标吸引力是指家庭中财产的价值，它已经普遍适用于昂贵消费品的外露和家庭成员的收入，也就是前文所说的值得被盗窃。监护它指的是一种保护家庭成员免受侵害的能力，其中社会监护派生于个人的监视活动，它经常以一些变量因素为衡量标准，例如，在家里有家庭成员的监护，或者当居民不在家时，邻居可以看护；物质监护是那些提供保护的器具，例如上锁的门、报警器和窗户等。最后，目标暴露指犯罪者进入房屋的可能性，反映在房屋构造与设计当中。① 一般而言，一个地区越富有（可等同为GDP越高），目标吸引力就越高，而目标吸引力与入室盗窃犯案数呈正比例关系，也就是说，GDP所能影响的因素中，目标吸引力对于入室盗窃案发数的影响力不大；那么，目标的可实施性（包括监护、目标暴露等）对于入室盗窃犯案数的影响势必很大，例如，小区的安保建设、监控布置，等等。越发达的地区小区安保建设程度越高，监控布置就越全面，警察配备齐全，巡逻度也越高，在这种条件下，有盗窃念头者自然也就容易打消此念头。这些因素均说明，我国各地区在防止入户盗窃建设上卓有成效，极大地保障了人民群众的财产安全。从另一个角度看，外围手段的保障给人民群众更大的"暴露财产"的自由，促进了安全感的提升。

如上所述，每百万人口入室盗窃案发数与GDP有相关性，但相关性仅为中等程度，可见各地方之间存在较大差异。为揭示不同地方的区别，我们列出各省市每百万人口盗窃数排名与GDP排名进行差比分析。

表2.22　　各省市每百万人口盗窃数名次与GDP名次对比

省市	每百万人口盗窃数名次	GDP名次	差比	省市	每百万人口盗窃数名次	GDP名次	差比
天津	1	19	18	山东	6	3	−3
江苏	2	2	0	广西	7	18	11
河北	3	8	5	辽宁	8	14	6
黑龙江	4	21	17	内蒙古	9	16	7
湖南	5	9	4	上海	10	11	1

① 张乐宁：《对中国天津市入室盗窃风险的多维度分析》，《江苏警官学院学报》2010年第4期。

续表

省市	每百万人口盗窃数名次	GDP名次	差比	省市	每百万人口盗窃数名次	GDP名次	差比
河南	11	5	−6	新疆	22	26	4
陕西	12	15	3	甘肃	23	27	4
北京	13	12	−1	青海	24	30	−4
湖北	14	7	−7	浙江	25	4	−21
云南	15	23	8	贵州	26	25	−1
海南	16	28	8	吉林	27	22	−5
江西	17	17	0	山西	28	24	−4
安徽	18	13	−5	福建	29	10	−19
四川	19	6	−7	宁夏	30	29	−19
广东	20	1	−19	西藏	31	31	0
重庆	21	20	−1				

上述表2.22显示，个别省市GDP在全国范围内的排名与入室盗窃案发数的排名差距仍然较大。其中每百万人口盗窃数为由少到多排序，GDP为由高到低对应排列，两者差比为GDP名次减去每百万人口盗窃数名次，正值越大，代表治理效果越好；负值的绝对值越大，代表治理入室盗窃的经济投入仍需加强。从表2.22可看出，呈现负值的省市先后为浙江（−21）、广东（−19）、福建（−19）、宁夏（−19）、湖北（−7）、四川（−7）、河南（−6）、安徽（−5）、吉林（−5）、山西（−4）、青海（−4）、山东（−3）、北京（−1）、重庆（−1）、贵州（−1）。

2. 城镇人口比例与入室盗窃的相关性及分析

如表2.23显示，每百万人口入室盗窃罪数与城镇人口比例的Pearson相关系数绝对值为−0.385，落至中等程度相关，负表示两者呈负相关。

表2.23　每百万人口入室盗窃罪数与城镇人口比例相关系数

每百万人口入室盗窃罪数与城镇人口比例相关系数	−0.385

城镇化是经济发展的必然产物，在党的十八大报告中，李克强总理指出，城镇化是中国现代化进程中的重大战略，2011年，中国内地城镇化率已突破50%，但城镇化所引起社会环境的变化，将会间接影响到犯罪率，按社会解组理论的观点，城镇化的改变将导致社会处于不平稳状态，社会控制力减弱，由

此变化越剧烈越容易成为犯罪滋生的温床。在城镇化进程中,除了社会本身的不平稳,人口将大量流动,农村人口涌入城镇,从熟人社会变成陌生人社会,对外来人口的冲击易增加犯罪的概率;而提及对外来人口的冲击,主要是财产上的冲击,当农村人口开始进入城镇时,现代化的生活设施容易让人迷失,特别是在自己的生活工作未安顿好时,盗窃成为一项"选择",而盗窃类型犯罪无成本、门槛低,相对于暴力犯罪也具有风险小、耻辱度低的特点,可能成为有犯意之人的首选。但是,数据结果得出了相反的结论,总体上表明我国在城镇化的过程中注意到了上述问题,并采取了切实有效的措施,同时,发挥了城镇化的自身意义——在入室盗窃方面,城镇化可发挥的正面作用,一是缩小贫富差异,二是加强城镇设施建设。虽然我国贫富差距仍是亟待解决的难题,基尼系数也仍居高未降,但在城镇化的进程中,社会保障体系的不断建立、外来人口的职业培训等都为社会的稳定保驾护航;另一方面,城镇设施建设的不断加强成为阻碍犯罪分子步伐的重要因素,在城镇中,我国各地区以小区为单位,逐步实现视频监控全覆盖,对犯罪分析的实时监控致使发案快、破案快,犯罪分子难逃法网,作案数量自然降低。这也得益于各地公安机关的努力,他们将入室盗窃列入重点管理之中,譬如2016年成都就开展"平安成都·夏季铁拳行动"集中打击入室盗抢犯罪单元行动,重拳之下的犯罪分子也不得不收敛。

而根据既有研究,人口密度(一)、青少年人口比重(十)、公交站点密度(一)以及到主中心的距离(一)、道路网络密度(一)、零售商业密度(十)、餐饮住宿密度(十)等都是影响入室盗窃的因素,[①]这些也都是城镇化进程中的重要变化因素,在我国进一步城镇化的过程中,可以在防控入室盗窃时注意这些因素的影响。

3. 教育程度与入室盗窃的相关性及分析

表 2.24 每百万人口入室盗窃罪数与 15 岁及以上人口文盲比例相关系数

每百万人口入室盗窃罪数与 15 岁及以上人口文盲比例相关系数	0.560

表 2.25 每百万人口入室盗窃罪数与义务教育率相关系数

每百万人口入室盗窃罪数与义务教育率相关系数	－0.556

---

① 龙冬平等:《社区环境对入室盗窃和室外盗窃影响的对比分析——以 ZG 市 ZH 半岛为例》,《地理学报》2017 年第 2 期。

教育是提升人口素质的重要途径,我国在发展经济的同时,不断加大对教育事业的投入。从古至今,窃贼为君子所不齿,因此我们分析了教育程度与入室盗窃的相关性数据,表 2.24 和表 2.25 从两个侧面显示了教育程度与入室盗窃之间的关系,每百万人口入室盗窃罪数与 15 岁及以上人口文盲比例的 Pearson 相关系数绝对值为 0.560,比较接近强相关;如前所示每百万人口入室盗窃数与义务教育率比例的 Pearson 相关系数绝对值为 0.556,同 15 岁及以上文盲比例大致相同,此两者所表述的意思大致相同——个人接受九年义务教育结束应为 15 周岁,未接受到义务教育者可归入"15 岁及以上文盲"之中。因此,此二项数据之间可互为印证。所得结论为:教育能有效减少入室盗窃数量。现有研究文献认为,教育可能通过以下的 4 种渠道减少犯罪:其一,教育提高了人们的人力资本和合法工资收益,进而提高了准备和实施犯罪的机会成本及犯罪分子被关押的机会成本;其二,接受教育还相应地挤出了人们可用于从事犯罪活动的时间资源,这可被视作是教育的"隔离效应";其三,教育提高了人们的道德标准,增加了犯罪的心理成本;其四,教育还改变了人们的时间偏好和风险厌恶程度,进而提高了人们赋予的在犯罪后所受到的惩罚的权重。[①] 除此之外,还可能的原因是,教育提升了个人素质,使人们获取信息的渠道更为通畅,在公安等机关的宣传下,有犯意者逐渐认识到入室盗窃的困难性,以及全社会对入室盗窃的大力打击性——现行《刑法》对于入室盗窃无数额标准,一旦入室直接就能达到定罪程度,这也促使有犯意之人打消犯罪意图。因此,教育的确会使犯罪手段不断升级,但从根本上是一个提升个人素质的良好手段,其让每个人理解并尊重规则,为社会秩序的良好运行起着正向促进的作用,特别是,教育在一定程度上可以让部分暴力、易造成人身伤害的犯罪向"高智商"的财产犯罪转化,从某种意义上说,本身就是提升安全感的途径。

(二)电信诈骗案发的相关性分析

相较于入室盗窃这类传统犯罪,电信诈骗属于新型犯罪,犯罪学研究较入室盗窃尚显得不够丰满,近几年,国内学者的研究大多集中于电信诈骗的发展、成因、特点、打击、防控等,尚未深入至更为具体的因素,因此此处相关分析略显单薄,无既有成果进行对照。且由于电信诈骗所具有的团伙性、流动性、

[①] 陈刚、李树:《教育对犯罪率的影响研究》,《中国人口科学》2011 年第 3 期。

网络性等区别于传统犯罪的新特点,既有数据难以完全与其匹配,具有一定相关性的数据更少。

1. GDP 与电信诈骗不具有相关性的原因分析

电信诈骗实为诈骗罪的一种情形,本质为财产犯罪,按常理应当与 GDP 相关,但数据结论却与推断相反。如表 2.26 所示,每百万人口电信诈骗数与 GDP 的相关系数为 0.265,即几乎不相关,在这里,我们有必要对这一反常情况进行说明。

表 2.26　　　　每百万人口电信诈骗数与 GDP 相关系数

每百万人口电信诈骗数与 GDP 相关系数	0.265

电信诈骗原本从我国台湾地区兴起,后开始从广东、福建地区扩散至全国,①其是否"分布均匀"尚且无定论。2016 年,国务院就点名批评了 7 个电信诈骗集中的地区,分别为:河北省丰宁县,冒充黑社会诈骗;江西省余干县,重金求子诈骗;湖南省双峰县,PS 图片敲诈;广东省茂名市电白区,假冒熟人和领导诈骗;广西宾阳县,假冒 QQ 好友诈骗;海南省儋州市,机票退改签诈骗;福建省龙岩市新罗区,网络购物诈骗。这种诈骗的区域化特征是"产业聚集"的效果,一个地方出现一例便形成"地方经验",成为"先富"带动"后富"的产业链。犯罪分子对于犯罪地的选择较为复杂,个别人仅为偶然习得,然后带动周围人,而电信诈骗所固有的网络性,致使犯罪对象不再是限制犯罪地点的条件,更增加了犯罪分子选择犯罪地点的机动性。另外一个原因是,电信诈骗的入门门槛较低,包括较低的犯罪成本与较低的技术屏障,在电信诈骗中,不法分子进行诈骗时往往只需要电脑、手机、短信群发器、号码任意显软件等作案工具,而这些作案工具价格不高,相对其获利而言成本极低;②现代通信技术的传播极快,电信、银行部门的漏洞又具有普遍性与统一性,因此暂且难以找到电信诈骗地点的规律性。

2. 人均可支配收入与电信诈骗的相关性及分析

如表 2.27 显示,每百万人口电信诈骗数与人均可支配收入的 Pearson 相关系数绝对值为 0.365,落至中等程度相关,两者呈正相关,即该地区内人均可

---

① 黄首华、魏克强:《论电信诈骗犯罪的发展及成因》,《贵州警官职业学院学报》2013 年第 5 期。
② 胡向阳、刘祥伟、彭魏:《电信诈骗犯罪防控对策研究》,《中国人民公安大学学报(社会科学版)》2010 年第 5 期。

支配收入越高,每百万人口电信诈骗发生数越多,反之亦然。究其原因,首先,犯罪分子本身就会选择相对富裕地区进行诈骗;其次,电信诈骗多通过手机、网络传播,贫困地区的网络联通尚未完全实现,因此难以成为诈骗目标;再次,居民人均可支配收入多,对于财物的分配途径也增多,譬如进行投资理财,个人信息的泄露途径也相应增多,我国对个人信息的保护尚不全面,银行、金融机构、电信部门都是个人信息泄露的途径,比如2016年山东"徐玉玉案",就是犯罪嫌疑人陈某从杜某手中以每条0.5元的价格购买了1 800条高中毕业生资料,然后以教育局人员的名义打电话给这些学生,这就使得透露个人信息过多的人更易成为犯罪分子的"靶目标"。但是,两者(每百万人口电信诈骗数与人均可支配收入)的相关性之所以不是强相关,还在于影响电信诈骗数的因素还有很多,另外,发达地区的信息传播力度更大,近几年,公安部门与相关媒体对防范电信诈骗的宣传力度很大,大众也从各种渠道得知电信诈骗的手段,防范电信诈骗取得了一定成效;相对而言,部分贫困地区取得此类信息相对滞后,对于电信诈骗的防范意识不强,更容易上当受骗,这也是两者呈中等程度相关的原因之一。

表2.27　　每百万人口电信诈骗数与人均可支配收入相关系数

每百万人口电信诈骗数与人均可支配收入相关系数	0.365

(三) 交通肇事案发的相关性分析

1. GDP与交通肇事的相关性及分析

改革开放四十年以来,随着我国经济的持续快速发展,人均可支配收入不断增长,国民的机动车保有量也在不断增加。关于经济发展水平与交通事故发生频数之间的关系,按照朴素的社会经验来看,两者之间应该呈现出正相关的关系,即经济发展水平越高,交通事故发生的案件也越多。

但是学者通常使用斯密德法则解释经济发展水平与交通事故的发生规律,经济发展与交通事故发生率之间呈现"倒U型"曲线关系,即随着经济的发展,交通肇事案件呈现先增长后减小的趋势。这与人们的朴素社会经验并不相符。

如表2.28所示,每百万人口交通肇事罪案数与GDP的Pearson相关系数值为-0.406,呈现中等程度相关,负数表示两者呈负相关,即该地区内GDP越高,每百万人口交通肇事罪数越少,反之亦然。

表 2.28　　　　　每百万人口交通肇事罪数与 GDP 相关系数

每百万人口交通肇事罪数与 GDP 相关系数	－0.406

对这个与人们常识相悖的社会现象需要挖掘其背后的缘由。为什么交通肇事罪数不是随着经济发展水平、机动车保有量的增加而增长？而是呈现"倒 U 型"的曲线关系，原因在于：第一，机动车数量增加，交通肇事罪数增长以后，政府不得不采取各种措施来防范交通事故，包括对交通肇事者的处罚；第二，存在一种"国家学习曲线"，即人们从交通事故中获得经验和教训，从而能够更好地处理交通问题，包括更加健全的交通法律、更安全的车辆和更和谐的交通文化，等等。所以，这就解释了为什么 GDP 与交通肇事罪数之间出现"负相关"的关系。

2. 15 岁及以上人口文盲比例与交通肇事的相关性及分析

表 2.29　　　　　每百万人口交通肇事罪数与义务教育率相关系数

每百万人口交通肇事罪数与 15 岁及以上人口文盲比例相关系数	0.676

从上面两个表中可以看出，受教育程度对交通事故罪数发生的频数还是有比较大的影响的：每百万人口交通肇事罪数与 15 岁及以上人口文盲比例呈"正相关"的关系，每百万人口交通肇事罪数与义务教育率呈现"负相关"的关系；即受教育程度越高，交通肇事罪的发生率越低。

纵观近些年发生的引起巨大社会反响的新闻事件，很多都与汽车有关。从"小悦悦事件"、"高晓松醉驾入狱"，再到"甘肃校车事故"，加上之前的"药家鑫事件"等，这些悲剧的发生绝非偶然，其诱发的因素之一，正是中国正在加速进入汽车社会的现状，而相关的法制、政策的制定与普及还远远不够完善。

要避免类似悲剧重演，需要让未来汽车消费的潜在用户——青少年在义务教育阶段，就能接受完整、有效、多层次的交通安全教育，对交通事故的发生能起到源头预防的作用。这也是在我国加速进入汽车社会的同时，保持汽车社会和谐安定的重要保障。

此外，需建立、完善与交通安全相关的配套制度保障体系，如完善保险业相关规定、完善交通事故社会救助基金的执行管理，加强对交通违法行为的惩处力度和执法力度，这对于创造一个和谐汽车社会的环境、保证所有交通事故当事人(尤其是青少年)的安全与利益，亦不可或缺。

第四章　案件情节危害指数

一、数据选取说明

课题组基于2016年各省、直辖市、自治区中级以上人民法院的6 968份刑事判决书,选取其中外来人口犯罪、累犯犯罪以及团伙犯罪三组犯罪数据进行研究分析,据此反映各省级行政区的平安状况。

在本课题中,外来人口犯罪是指行为人离开户籍所在的地级市到其他地级市实施的犯罪。通过查阅判决书,对比犯罪人户籍所在的市与犯罪行为发生所在的市是否同一,可判断案件是否属于外来人口犯罪。课题组采集的数据中,由于有部分判决书没有记载被告人户籍所在地,在数据统计时将该部分数据标记为不明,未纳入到相应统计范围之内。

累犯分为一般累犯和特别累犯两种。一般累犯是指被判处有期徒刑以上刑罚的犯罪分子,刑罚执行完毕或者赦免以后,在5年以内再犯应当判处有期徒刑以上刑罚的犯罪分子。特别累犯是指因犯特定之罪而受过刑罚处罚,在刑罚执行完毕或者赦免以后,又犯该特定之罪的犯罪分子。在采集的数据中,特别累犯极少(几乎没有),所以未再区分一般累犯与特别累犯。累犯的认定主要以判决书为标准,即判决书中认定为累犯则直接判断为累犯。

关于团伙犯罪,20世纪70年代公安、司法人员针对当时我国青少年结伙犯罪大幅度上升的形势提出了"团伙犯罪"的概念,但不属于严格的刑法学术语。何秉松教授认为,团伙犯罪是指两人以上为了多次实行犯罪而结合起来的,组织形式灵活多样、结构松散、成员不完全固定,只有一个或者几个核心成员的、组织化程度很低的犯罪结伙。[①] 本课题组依据该标准来界定团伙犯罪。

外来人口犯罪、累犯以及团伙犯罪三类犯罪情节是影响群众安全感的重

[①] 何秉松:《犯罪团伙、犯罪集团、黑社会性质组织、黑社会组织、有组织犯罪集团辨析》,《浙江师范大学学报(社会科学版)》2002年(27,2)。

要因素。外来人口犯罪率高,说明对外来人口犯罪的控制较弱,群众对于公安部门、司法机关治理犯罪能力的信任感下降。累犯的出现意味着犯罪分子的社会改造没有成功,反映出对罪犯的教育机制、改造体系还存在不足。罪犯在刑满释放后可能再次走上犯罪道路,再次危害社会,这同样会影响人民群众的安全感。团伙犯罪往往社会影响力较大,容易引起社会恐惧心理。

二、外来人口犯罪发生指数

(一) 外来人口犯罪总数排名及分析

图 2.18 所示为各省级行政区的外来人口犯罪数量。2016 年全国中级以上人民法院判决的案件中,外来人口犯罪的共计 1 344 件,占案件总数的 19.3%,可见外来人口犯罪在案件总数中占据相当的比重。其中,广东省和上海市外来人口犯罪案件数最高,分别为 231 件和 172 件。广东省和上海市都是沿海经济发达地区,拥有更好的工作机会以及区位优势,吸引了大量外来人口,导致两省级行政区外口人口占比非常高,远远高于其他地区。位于第三位的浙江省外来人口犯罪案件数为 78 件,远低于广东省和上海市。从浙江省开始直至海南省,案件数量的走向呈平缓下降趋势。海南省仅有 6 件案件,为各省级行政区最低,占总外来人口犯罪率的 0.45%。外来人口犯罪案件数量较少的其他几个省级行政区分别是:天津、西藏、北京、宁夏、青海。外来人口犯罪数量排名靠后的 6 个省级行政区中,除北京、天津外,其他省级行政区的经

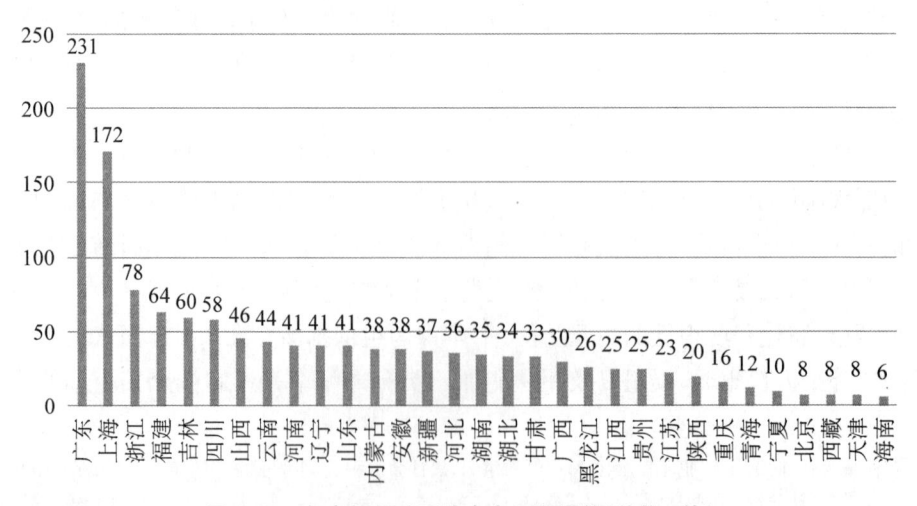

图 2.18 各省级行政区外来人口犯罪数(单位:件)

济发展水平与一线城市相比有一定的差距,且区域位置都相对较差。外来人口犯罪案件数前四位的省级行政区都是沿海经济发达地区,说明外来人口犯罪案件的发生可能与经济发展水平、地理位置、人口数量等因素有密切关系。另外,北京和天津都是经济发达地区,且具有区位优势,外来人口也相对较多,但外来人口犯罪案件数量却非常少。可能与两个城市对于外来人口的管理有关。

(二) 外来人口犯罪数占比排名及分析

各省级行政区外来人口案件总数不能全面地反映一个地方的外来人口犯罪状况,因此,课题组进一步将外来人口犯罪案件数量与各省级行政区案件总数进行对比,计算出各省级行政区外来人口犯罪案件数量占各省级行政区案件总数的比例,从而反映该地区的外来人口犯罪状况。

图 2.19 是外来人口犯罪案件数占该省级行政区犯罪总数的比例。总体上,前三名之间相差悬殊,从位居第三位的新疆开始平缓下降。北京、河南、安徽、贵州、江苏、山东外来人口犯罪案件占比均比较低,都在 10% 左右。外来人口案件数较少的西藏、天津的外来人口犯罪案件数占比较高。外来人口犯罪数量占比最多的地区是上海,高达 58.7%。其次是广东,外来案件数占比高达 37.6%,但广东外来人口犯罪占比却远低于上海市。福建和浙江的外来人口犯罪案件数占比分别为 25.1% 和 24.3%,仅次于上海、广东和新疆。另外,福建与浙江这两个省级行政区外来人口案件数的排名也在前列。这一定程度上

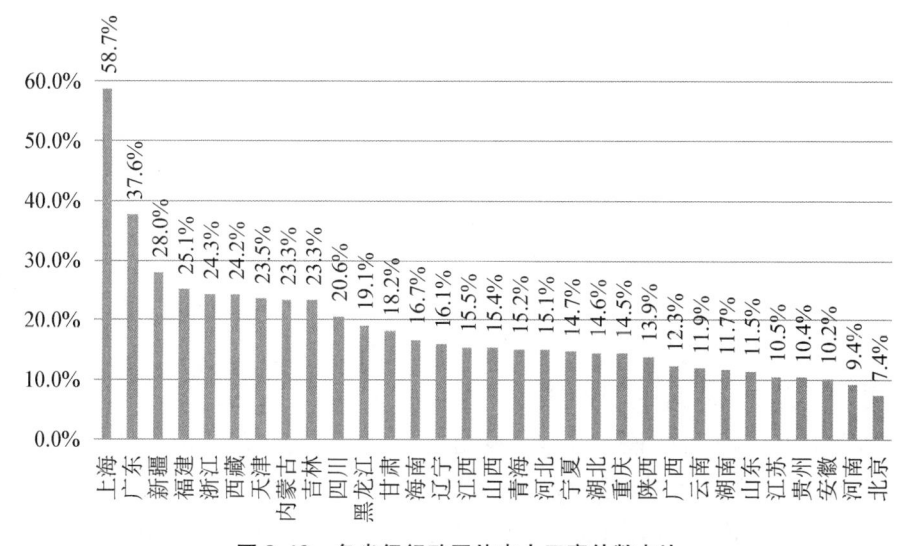

图 2.19 各省级行政区外来人口案件数占比

可以反映,这两个省级行政区外来人口犯罪情况较为突出。与此相反,西藏和天津的外来人口犯罪案件占比靠前,分别为24.2%与23.5%。但西藏和天津外来人口犯罪的案件数却相对较少。

(三) 外来人口犯罪的差比分析

表2.30　　　　　　外来人口犯罪案件总数与占比的差比

省级行政区	各省级行政区案件数量排名	外来人口犯罪案件数排名	外来人口犯罪案件数占比排名	差比	省级行政区	各省级行政区案件数量排名	外来人口犯罪案件数排名	外来人口犯罪案件数占比排名	差比
广东	1	1	2	−1	湖北	17	17	20	−3
河南	2	9	30	−21	江苏	18	23	27	−4
安徽	3	12	29	−17	甘肃	19	18	12	6
云南	4	8	24	−16	内蒙古	20	13	8	5
山东	5	10	26	−16	江西	21	22	15	7
浙江	6	3	5	−2	陕西	22	24	22	2
湖南	7	16	25	−9	黑龙江	23	20	11	9
山西	8	7	16	−9	新疆	24	14	3	11
上海	9	2	1	1	重庆	25	25	21	4
四川	10	6	10	−4	北京	26	28	31	−3
吉林	11	5	9	−4	青海	27	26	17	9
福建	12	4	4	0	宁夏	28	27	19	8
辽宁	13	11	14	−3	海南	29	31	13	18
广西	14	19	23	−4	天津	30	29	7	22
贵州	15	21	28	−7	西藏	31	30	6	24
河北	16	15	18	−3					

仅以外来人口犯罪数量排名或外来人口犯罪数量占比排名为依据,难以判断一地区外来人口犯罪的全面情况。为此,课题组将各省、市、自治区外来人口犯罪案件数,与外来人口犯罪案件数占比排名情况进行进一步对比。差比是外来人口犯罪案件数排名减去外来人口犯罪案件数占比排名所得出。差比的绝对值越大,说明该地区排名波动较大。波动较大的几个地区为:西藏(24)、天津(22)、海南(18)、新疆(11)、河南(−21)、安徽(−17)、山东(−16)、云南(−16)。其中,西藏(24)、天津(22)、海南(18)、新疆(11)呈现正值,说明

这些地区虽然外来人口犯罪案件数比较少,但是外来人口犯罪案件占比却非常高。新疆的外来人口犯罪总数排名中等,但外来人口犯罪占比排名却靠前,说明新疆需要对外来人口犯罪问题引起重视。

反观差比较小的省级行政区,其中上海(1)、广东(-1)这两个省级行政区排名波动较小,且该两个地区外来人口犯罪数以及外来人口犯罪占比都较高,说明这两个地区外来人口犯罪现象较为突出。上海和广东都是外来人口较多的地区,两地外来人口犯罪现象突出也有其现实原因。上海和广东需要加强对外来人口犯罪现象的关注,着力控制和减少外来人口犯罪。

(四) 外来人口实施严重犯罪排名及分析

如图2.20所示,各省级行政区外来人口犯八种重罪排名前三位的为上海(40.54%)、广东(39.4%)和浙江(29.61%),而排名靠后的则是山东、重庆、陕西、贵州、广西、湖南、江苏、安徽、天津和河南(均低于10%)。北京与上海相类似,均为外来人口极多的省级行政区,但北京的外来人口犯案数却很低。其中的原因可能是由于两者在城市治安管控、外来人口管理等方面的差异。应当注意的是,部分判决书并未写明被告人户籍所在地,也可能是导致这一结果的重要原因之一。

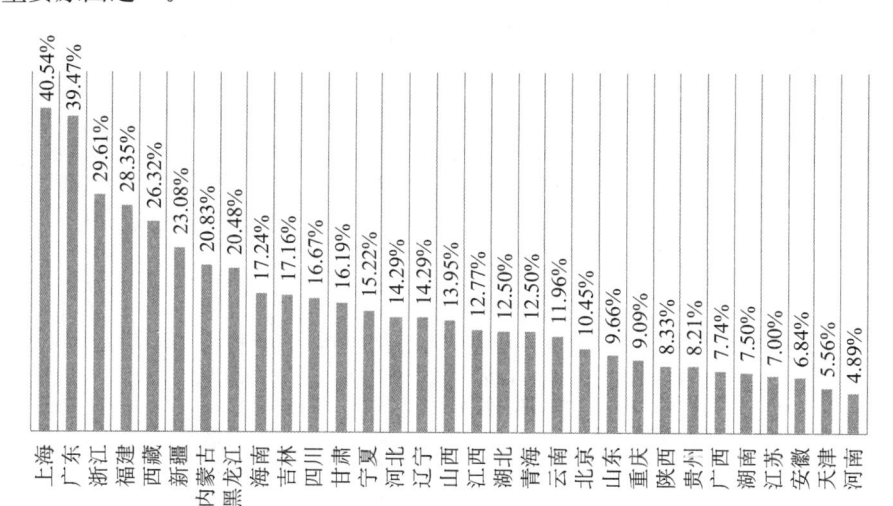

图2.20　各省级行政区八类重罪外来人口犯案率排名

意大利犯罪学家菲利认为:犯罪行为的发生绝不是人的自由意志命令的产物,而完全是由于行为人处于某种特定的人格状态和某种促使其必然犯罪的环境之下造成的。① 这一理论能够解释数据所显示的外来人口犯罪率偏高地区的情况。上海、广东、浙江属于外来人口较多的地区，其外来人口犯案率也相较于其他地区为高。外来人口数与重罪发案率之间的正相关关系，可以从内在和外在两方面因素进行分析。首先，外来人口本身的基本素质参差不齐。由于城市化进程加快，大量农村外来务工人员进入城市谋生，这部分人口的文化程度偏低，工作相对不稳定，生计问题难以得到妥善的解决。这是外来人口犯罪率偏高且财产犯罪、暴力犯罪居多的重要原因。其次，各地对外来人口的落户问题均有所限制。外来人口的住房、子女教育、社会保障等问题难以解决，家庭负担较重、社会保障政策不到位，都是诱发外来人口犯罪的重要因素。另外，家庭纽带是抑制犯罪的重要因素。很多流动人口没有稳定的家庭关系，没有家庭的束缚，犯罪成本较低，也是外来人口犯罪率偏高的重要原因。

（五）外来人口实施入室盗窃案排名及分析

表 2.31 所示为各省级行政区入室盗窃案件外来人口犯案情况排名，排名前四位的为新疆(66.67%)、广东(62.5%)、吉林(50%)和上海(50%)。整体

表 2.31　各省级行政区入室盗窃案件外来人口犯案情况排名

名次	省级行政区	外来人口占比	名次	省级行政区	外来人口占比
1	新疆	66.67%	16	安徽	20.00%
2	广东	62.50%	18	江苏	15.79%
3	吉林	50.00%	19	云南	14.29%
3	上海	50.00%	19	四川	14.29%
5	陕西	42.86%	21	贵州	12.50%
6	黑龙江	40.00%	22	辽宁	0.00%
6	江西	40.00%	22	山西	0.00%
6	浙江	40.00%	22	北京	0.00%
9	甘肃	37.50%	22	海南	0.00%
10	山东	35.71%	22	湖南	0.00%
11	河北	33.33%	22	宁夏	0.00%
12	湖北	30.00%	22	青海	0.00%
13	福建	25.00%	22	天津	0.00%
14	广西	23.53%	22	西藏	0.00%
15	内蒙古	21.43%	22	重庆	0.00%
16	河南	20.00%			

---

① 韩玉善：《试析流动人口犯罪的法律控制》，《文教资料》2006年(21)。

数据的均值为 24.31%。辽宁、山西、北京、海南、湖南、宁夏、青海、天津、西藏与重庆的统计数据为 0%。北京与上海相类似,均为外来人口极多的地域,但其在统计结果中排名并不靠前,可能与当地对外来人口的管控有关。另外还要考虑的因素是判决书书写不规范,我们采集数据的标准为被告人户籍所在地同案发地不同,但部分判决书并未写明被告人户籍所在地,因此无法准确判断。

不同的流动人口群体对社会的适应力强弱有所不同,加之大多文化程度偏低,不易找到正式工作维持生计,因此可能选择犯罪取财。[1]

(六) 外来人口实施电信诈骗案排名及分析

外来人口犯罪是影响一个地区平安状况的重要因素。现代社会人口流动量巨大,因此人口管理的成本会更高。在考察一个地区平安状况与否的时候,对外来人口的影响因素进行考虑是必不可少的。根据一般的经济规律和社会经验,经济发展水平越高的地区,外来人口的规模也会越大。从表 2.32 中可

表 2.32　　外来人口实施电信诈骗犯罪案件数排名情况

省/自治区/直辖市	外来人口实施电信诈骗犯罪案件数	排名情况	省/自治区/直辖市	外来人口实施电信诈骗犯罪案件数	排名情况
广东	10	1	陕西	1	17
浙江	7	2	新疆	1	18
上海	4	3	北京	0	19
河南	4	4	贵州	0	20
福建	3	5	海南	0	21
湖北	3	6	河北	0	22
四川	3	7	黑龙江	0	23
吉林	2	8	湖南	0	24
内蒙古	2	9	江苏	0	25
山西	2	10	辽宁	0	26
重庆	2	11	宁夏	0	27
安徽	1	12	青海	0	28
甘肃	1	13	天津	0	29
广西	1	14	西藏	0	30
江西	1	15	云南	0	31
山东	1	16			

---

[1] 李化祥:《浅析流动人口的犯罪倾向》,《甘肃政法学院学报》2001 年(6)。

以看出,外来人口犯罪案件数最多的三个省级行政单位分别是:广东省、浙江省和上海市,这与一般的社会经验是相符合的。

(七) 外来人口交通肇事案排名及分析

随着经济水平的不断发展,人口流动的规模越来越大,给社会治理带来难题。外来人口犯罪给当地的治安状况带来很大威胁,严重影响当地老百姓的安全感。一般认为,越是经济发展水平较好的地区,外来人口的数量也就越大,外来人口犯罪的概率也就越高。

从表2.33可以看出,广东、新疆和河北交通肇事类刑事案件,外来人口的犯罪数位居前三,分别是20人次、10人次和9人次。广东省是众所周知的经济发展水平发达的大省,其经济总量已经连续多年位居前列,流动人口数量大,外来人口犯罪数比较多。新疆的经济发展水平虽然在全国并不是十分靠

表2.33　　各省级行政区交通肇事案件外来人口犯案排名

省/自治区/直辖市	外来人口犯罪数	排名情况	省/自治区/直辖市	外来人口犯罪数	排名情况
广东	20	1	黑龙江	4	17
新疆	10	2	江苏	4	18
河北	9	3	内蒙古	4	19
河南	8	4	陕西	4	20
安徽	7	5	天津	4	21
福建	7	6	四川	3	22
辽宁	7	7	贵州	2	23
山西	7	8	江西	2	24
吉林	6	9	青海	2	25
云南	6	10	重庆	2	26
浙江	6	11	海南	1	27
湖北	5	12	北京	0	28
湖南	5	13	宁夏	0	29
山东	5	14	上海	0	30
甘肃	4	15	西藏	0	31
广西	4	16			

前,但是新疆地区的外来人口规模比较庞大:一方面是因为新疆地区农业发展需要大量劳动力,另一方面是新疆地区地处边境,外贸、旅游等吸引外来迁移的人口比较多。

排名最后的四个省级行政区(北京市、宁夏回族自治区、上海市和西藏自治区)的外来人口的犯罪数为零。导致这种情况出现可能的原因是:第一,裁判文书书写不够规范,犯罪嫌疑人的户籍信息并没有清楚列明,导致数据统计时,相关信息没有收集到;第二,许多交通肇事类案件在基层人民法院已经解决,没有在中级以上人民法院处理,因此裁判文书网没有收入。

三、累犯发生指数

(一)累犯案件总数排名及分析

2016年全国中级及以上人民法院公布的累犯犯罪的案件数量共计1 048件,占案件总数的15.0%。可以看出,我国累犯案件数量较多,说明我国对于罪犯的教育改造有待进一步完善。如图2.21所示,广东省排名最高,累犯犯罪数量高达100件,远远高出位列第二的浙江省的33件。累犯案件数较多的

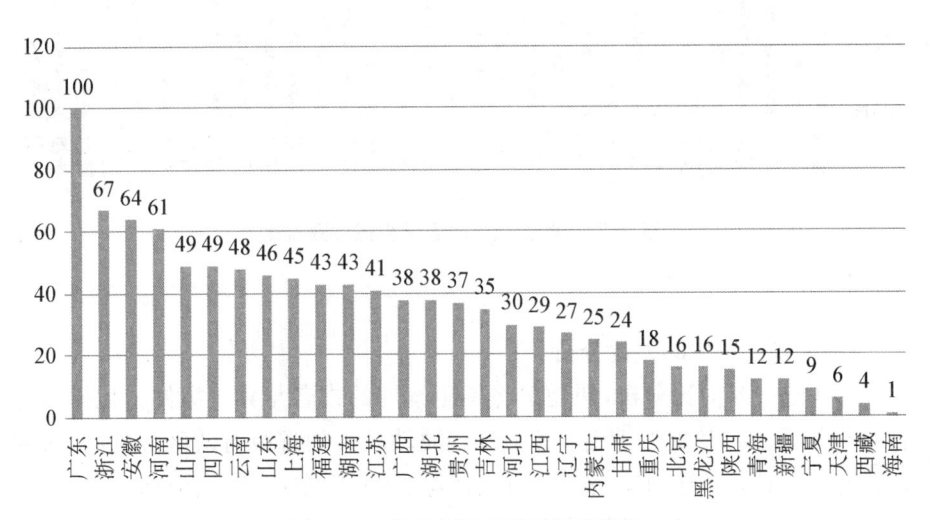

图2.21 各省级行政区累犯案件数

省级行政区还包括浙江、安徽、河南，分别是 67 件、64 件、61 件。海南省仅有一件，是累犯案件最少的省级行政区。其他累犯较少的省级行政区分别是西藏、天津、宁夏，累犯案件数分别为 4 件、6 件、9 件。由此看出，累犯案件在地域上并没有明显的分化，呈比较分散的状态。

（二）累犯案件数占比排名及分析

图 2.22 为各省级行政区累犯案件数占比排名。浙江省累犯案件数占案件总数的比重位居第一，达到 20.9%。江苏、江西、天津、四川、安徽累犯案件占比也相对较高，分别为 18.7%、18%、17.6%、17.4%、17.3%。海南省的累犯案件占比非常低，仅为 2.8%。其他几个累犯案件占比低的省级行政区分别是新疆维吾尔自治区、陕西省、辽宁省，均在 10%左右。

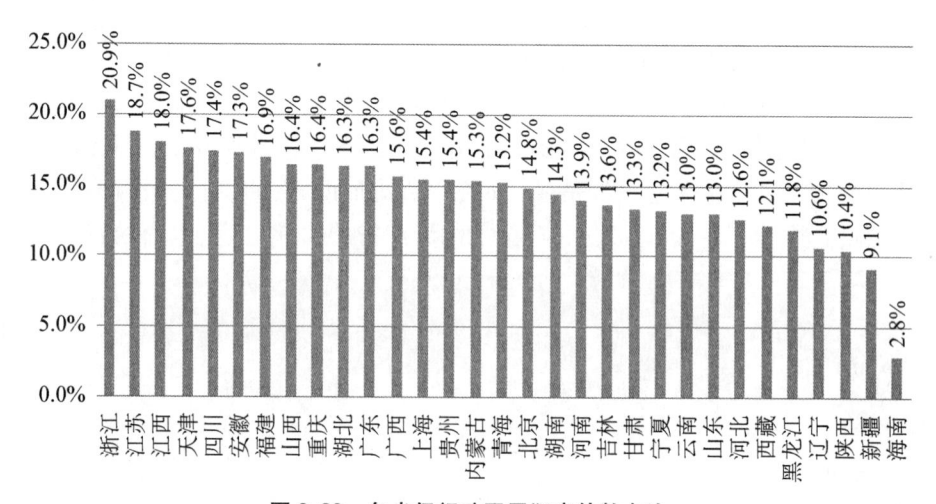

图 2.22　各省级行政区累犯案件数占比

（三）累犯发生的差比分析

为了进一步对比分析，课题组将累犯案件的排名与累犯案件占比排名进行对比分析。如表 2.34 所示，其中排名波动较大的省级行政区分别是，天津（25）、江西（15）、重庆（13）、青海（11）、江苏（10）、广东（−10）、河南（−15）、云南（−16）、山东（−16），差比的绝对值都超过 10，说明这些地区排名变化较大。其中变化最大的是天津，说明天津的累犯案件数总体排名靠后，但是累犯案件占比却很高。由于天津总体案件数较少，导致累犯案件数占比排名高，不能直接说明天津的累犯现象较为严重。反观差比较小的浙江(1)和四川(1),两个省级行政区累犯案件数量和累犯案件排名都靠前,反映出该两省级行政区累犯现象较为突出,需要重视累犯问题,加强对犯罪分子的教育改造工作,防止犯罪分子再次走上犯罪的道路。

表 2.34　　各省级行政区累犯案件总数与累犯案件占比

省级行政区	各省级行政区案件数量排名	累犯案件数排名	累犯案件数占比排名	差比	省级行政区	各省级行政区案件数量排名	累犯案件数排名	累犯案件数占比排名	差比
广东	1	1	11	−10	湖北	17	14	10	4
河南	2	4	19	−15	江苏	18	12	2	10
安徽	3	3	6	−3	甘肃	19	21	21	0
云南	4	7	23	−16	内蒙古	20	20	15	5
山东	5	8	24	−16	江西	21	18	3	15
浙江	6	2	1	1	陕西	22	25	29	−4
湖南	7	10	18	−8	黑龙江	23	23	27	−4
山西	8	5	8	−3	新疆	24	26	30	−4
上海	9	9	13	−4	重庆	25	22	9	13
四川	10	6	5	1	北京	26	24	17	7
吉林	11	16	20	−4	青海	27	27	16	11
福建	12	11	7	4	宁夏	28	28	22	6
辽宁	13	19	28	−9	海南	29	31	31	0
广西	14	13	12	1	天津	30	29	4	25
贵州	15	15	14	1	西藏	31	30	26	4
河北	16	17	25	−8					

四、团伙犯罪发生指数

团伙犯罪犯案人数较多,容易给社会带来恐慌,且给侦查机关的抓捕带来较大困难。如果团伙犯罪案件多发,必然极大地威胁当地的平安状况。

(一) 团伙犯罪总数排名及分析

如图 2.23 所示,2016 年全国中级及以上人民法院公布的外来人口团伙犯罪数共计 1 897 件,占案件总数的 27.2%。广东省团伙犯罪案件数达 221 件,

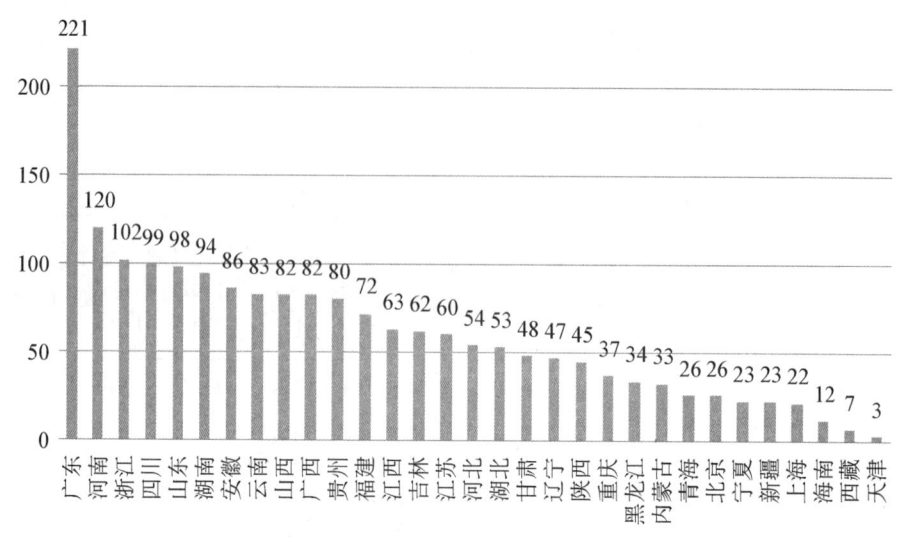

图 2.23　各省级行政区团伙犯罪案件数

位于各省、市、自治区、直辖市之首,高出位于第 2 的河南近 1 倍。河南与浙江分别位列第二位、第三位,团伙犯罪犯案数分别为 120 件和 102 件。天津团伙犯罪案件数最少,仅有 3 件。另外,西藏团伙犯罪案件数为 7 件,海南团伙犯罪案件数为 12 件,两地排名都靠后。团伙作案相对集中在广东、河南、浙江、四川、山东、湖南、安徽、云南、山西、广西、贵州,案件数量均超过 80 件,属于案件数量较大的省级行政区。

(二) 团伙犯罪占比排名及分析

图 2.24 中显示,除天津案件数量占比相比新疆下降较快之外,其余各省、自治区、直辖市团伙犯罪案件数占比总体呈缓和下降的趋势。江西团伙犯罪案件数占比高达 39.1%,高居榜首。江西团伙案件总数排名中等,但是团伙犯罪案件数占比排名却在第一位。其中缘由,值得关注。团伙犯罪案件数占比较高还有广东、四川、宁夏、广西、重庆、海南、贵州、青海、浙江、湖南、陕西等,这些地区占比均超过 30%。上海市团伙犯罪案件数占比只有 7.5%,位于各省、自治区、直辖市之末。天津团伙犯罪案件数占比为 8.8%,位于倒数第二。

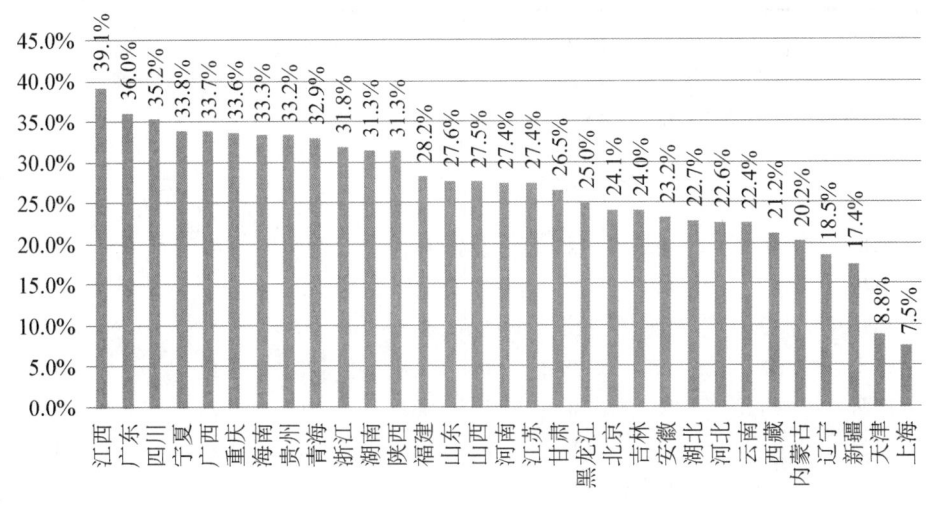

图2.24 各省级行政区团伙犯罪案件数占比

（三）团伙犯罪差比分析

通过表2.35的差比分析可以看出，排名波动较大的省级行政区分别为宁夏（23）、海南（22）、青海（16）、重庆（15）、河南（—14）、安徽（—15）、云南（—17）。宁夏、海南、青海、重庆排名之所以变动如此之大，是因为案件总体数量较少。案件总体数量较少的情况下，占比相应提高，并不能说明这些省级行政区团伙犯罪现象更为严重。广东、四川两省差比较小，并且两省团伙犯罪案件数量和团伙犯罪案件占比均较高，说明该两省团伙犯罪现象较为突出，需要加强对团伙犯罪的打击力度。

表2.35　　　　　　　团伙犯罪案件数排名及占比排名

省、自治区	各省级行政区案件数量排名	团伙犯罪案件数排名	团伙犯罪案件数占比排名	差比	省、自治区	各省级行政区案件数量排名	团伙犯罪案件数排名	团伙犯罪案件数占比排名	差比
广东	1	1	2	—1	山东	5	5	14	—9
河南	2	2	16	—14	浙江	6	3	10	—7
安徽	3	7	22	—15	湖南	7	6	11	—5
云南	4	8	25	—17	山西	8	9	15	—6

续表

省、自治区	各省级行政区案件数量排名	团伙犯罪案件数排名	团伙犯罪案件数占比排名	差比	省、自治区	各省级行政区案件数量排名	团伙犯罪案件数排名	团伙犯罪案件数占比排名	差比
上海	9	28	31	-3	江西	21	13	1	12
四川	10	4	3	1	陕西	22	20	12	8
吉林	11	14	21	-7	黑龙江	23	22	19	3
福建	12	12	13	-1	新疆	24	26	29	-3
辽宁	13	19	28	-9	重庆	25	21	6	15
广西	14	10	5	5	北京	26	24	20	4
贵州	15	11	8	3	青海	27	25	9	16
河北	16	16	24	-8	宁夏	28	27	4	23
湖北	17	17	23	-6	海南	29	29	7	22
江苏	18	15	17	-2	天津	30	31	30	1
甘肃	19	18	18	0	西藏	31	30	26	4
内蒙古	20	23	27	-4					

（四）团伙实施严重犯罪排名及分析

表 2.36 所示，各省级行政区八种严重犯罪案件团伙犯案排名前三位为海南(37.93%)、江西(37.23%)和贵州(35.07%)，排名后三位为天津(0%)、上海(2.70%)和西藏(10.53%)。整体数据平均值为 24.02%。在一般认知中，严重犯罪案件中团伙作案较多，但是数据反映出在严重犯罪中团伙犯罪的比例较高的省级行政区也只有三分之一左右。平均值更是低于四分之一。这一数据与我们预想的结果有一定的偏差。

犯罪团伙是指三人以上为实施某种或多种犯罪行为而纠合起来的犯罪群体，而团伙犯罪通常是指三人以上、连续多次的共同故意犯罪。团伙犯罪作为一种社会现象，与社会的政治、经济、文化等背景息息相关。团伙犯罪的成员相对稳定、作案区域广泛、社会危害性较大且成员多为累犯、惯犯，其危害性远大于单独犯罪。为了维护社会的安定和民众的安全感，对团伙犯罪更应加大打击力度。

表 2.36　　各省级行政区团伙实施八类重罪案件占比排名

名次	省级行政区	外来人口占比	名次	省级行政区	外来人口占比
1	海南	37.93%	17	山东	22.73%
2	江西	37.23%	17	重庆	22.73%
3	贵州	35.07%	19	云南	22.46%
4	广西	33.93%	20	黑龙江	21.69%
5	陕西	33.33%	21	湖北	21.32%
6	宁夏	32.61%	22	北京	20.90%
7	广东	32.37%	23	江苏	20.00%
8	福建	29.92%	24	内蒙古	19.79%
9	四川	29.71%	25	安徽	18.95%
10	湖南	29.38%	26	吉林	18.66%
11	浙江	28.29%	27	辽宁	18.25%
12	甘肃	26.67%	28	新疆	17.31%
13	河南	26.63%	29	西藏	10.53%
14	山西	25.58%	30	上海	2.70%
15	青海	25.00%	31	天津	0.00%
16	河北	23.02%			

（五）团伙实施抢劫罪占比排名及分析

表 2.37　　各省级行政区抢劫案件团伙犯案情况排名

名次	省级行政区	团伙犯案占比	名次	省级行政区	团伙犯案占比
1	北京	100.00%	17	河南	54.84%
2	江苏	85.71%	18	浙江	54.55%
3	广西	68.42%	19	青海	50.00%
4	重庆	66.67%	19	山东	50.00%
5	江西	65.00%	21	山西	50.00%
6	内蒙古	63.64%	22	安徽	45.83%
7	湖南	60.87%	23	四川	44.12%
8	新疆	60.00%	24	辽宁	40.00%
8	陕西	60.00%	25	上海	33.33%
10	广东	58.44%	25	海南	33.33%
11	宁夏	58.33%	27	云南	31.82%
12	吉林	57.14%	28	黑龙江	30.00%
12	福建	57.14%	29	湖北	27.78%
14	贵州	56.25%	30	天津	20.00%
15	河北	55.56%		西藏	
15	甘肃	55.56%			

抢劫犯罪作为一种比较常见的侵财型犯罪，以其较大的危害性严重影响社会治安秩序，成为公安机关打击的重点和难点。从以往破获的团伙抢劫案件来看，团伙成员一般没有经济来源，同时具备抢劫犯罪的实施条件，如出租车尾随抢劫犯罪必须驾驶出租车等。犯罪团伙成员构成主要是三类人：其一是没有工作、闲散在社会上的青壮年人，其二是"两劳"释放人员，他们容易在狱中勾结，出狱后结伙作案，并且有犯罪经验和犯罪心理。其三是到城市务工的农民工，他们法律意识淡薄，求财欲望强烈。成员构成的特点是文化水平较低，没有经济来源，并向年轻化趋势发展。抢劫团伙的成员一般具有一定的心理同一性，他们一般因为一样的兴趣爱好和活动空间聚在一起，为了获取不义之财满足其不良消费习惯和不良嗜好而进行犯罪。团伙成员一般文化素质较低、经济拮据，在消费需求得不到满足的情况下才会选择抢劫的方式获得钱财。抢劫团伙一般有预谋性，会在犯罪前进行踩点、准备犯罪工具以及提前规划逃跑路线等工作，且犯罪具有连续性，会在一定区域内多次作案。

抢劫罪团伙犯罪的产生主要与经济发展水平，居民文化水平，社会治安管理能力等因素相关，结合上表数据来看，黑龙江、湖北、天津的抢劫罪多人参与作案的比率相较于其他地区呈现出较少的态势。抢劫罪的发案率的相关性分析会在后文进行更详细的阐述。

（六）团伙实施故意伤害罪排名及分析

表2.38　　各省级行政区团伙实施故意伤害案件占比排名

名次	省级行政区	团伙犯案占比	名次	省级行政区	团伙犯案占比
1	海南	40.00%	12	宁夏	24.24%
2	江西	34.92%	13	甘肃	23.66%
3	贵州	32.71%	14	河南	23.19%
4	广西	29.58%	15	黑龙江	21.88%
5	陕西	28.57%	16	湖北	21.55%
6	浙江	28.13%	17	云南	21.25%
7	四川	27.59%	18	山西	20.00%
8	广东	27.08%	19	山东	19.44%
9	福建	26.13%	20	河北	19.42%
10	湖南	25.76%	21	北京	19.05%
11	青海	24.44%	22	重庆	15.79%

续表

名次	省级行政区	团伙犯案占比	名次	省级行政区	团伙犯案占比
23	吉林	15.69%	28	西藏	11.11%
24	辽宁	15.45%	28	新疆	11.11%
25	江苏	14.94%	30	上海	0.00%
26	内蒙古	13.92%	30	天津	0.00%
27	安徽	13.92%			

从上图可以得知,即使是排名前三的海南、江西、贵州地区,故意伤害团伙犯罪率也是低于百分之五十的,而有些地区则是更接近于零,这与故意伤害罪的犯罪构成以及刑法相关法条的规定有关。犯罪团伙是指三人以上为实施某种或多种犯罪行为而纠合起来的犯罪群体,团伙犯罪通常是指三人以上,连续多次的共同故意犯罪。一般犯罪团伙都有一定的犯罪目的,如抢劫团伙、盗窃团伙、或者黑社会团伙,故意伤害罪的犯罪意图并不符合团伙犯罪的特点,并且多人参与的伤害行为很容易被归结为聚众斗殴的行为,并不被归类于团伙犯罪,所以数据显示的故意伤害罪的团伙犯罪比例并不高。

(七) 团伙实施入室盗窃排名及分析

表 2.39 所示为各省级行政区入室盗窃案件团伙犯案情况排名,排名前三位为天津(100%)、西藏(100%)和江苏(90%),排名后三位为山东(21.43%)、黑龙江(20%)和辽宁(0%)。整体数据均值为 48%。在一般认知中,入室盗窃中团伙作案较多,[1]该数据也印证了这一观点。对于立法机关,该数据提示制定相应法律法规时,考虑团伙作案情形,对此类可严厉立法;[2]对于公安机关,这一数据可提示入室盗窃案预防与侦破时的关注要点,如见陌生人员在小区附近行为异常,可重点关注;在侦破时,也应注意作案人员是否为多人,且可总结适用于团伙作案的讯问技巧,逐个击破。对于检察机关与审判机关,该数据提示根据共同犯罪中分工不同各自量刑,同时考虑其严重的社会危害性,严格司法。

---

[1] 王淑华等:《谈当前入室盗窃案件的特点与侦查对策》,《辽宁警专学报》2005 年(6)。
[2] 张应立、涂学华:《论我国团伙犯罪的发展趋势与对策》,《青少年犯罪问题》2005 年(4)。

表 2.39　各省级行政区入室盗窃案件团伙犯案情况排名

名次	省级行政区	团伙犯案占比	名次	省级行政区	团伙犯案占比
1	天津	100.00%	16	重庆	44.44%
1	西藏	100.00%	18	四川	42.11%
3	江苏	90.00%	19	广东	41.67%
4	北京	75.00%	19	吉林	41.67%
4	宁夏	75.00%	21	云南	40.00%
6	河南	64.71%	22	甘肃	37.50%
7	江西	60.00%	22	山西	37.50%
8	河北	55.56%	24	新疆	33.33%
9	浙江	55.00%	25	福建	30.00%
10	湖北	50.00%	26	陕西	28.57%
10	广西	50.00%	27	上海	25.00%
10	安徽	50.00%	27	内蒙古	25.00%
10	贵州	50.00%	29	山东	21.43%
10	海南	50.00%	30	黑龙江	20.00%
10	青海	50.00%	31	辽宁	0.00%
16	湖南	44.44%			

（八）团伙实施电信诈骗排名及分析

表 2.40　团伙犯罪案件数排名情况

省/自治区/直辖市	团伙犯罪案件数	排名情况	省/自治区/直辖市	团伙犯罪案件数	排名情况
广东	23	1	甘肃	3	12
浙江	11	2	新疆	3	13
福建	5	3	广西	2	14
四川	5	4	云南	2	15
河南	4	5	内蒙古	1	16
上海	4	6	江西	1	17
江苏	4	7	山东	1	18
湖北	3	8	陕西	1	19
吉林	3	9	贵州	1	20
重庆	3	10	湖南	1	21
安徽	3	11	山西	0	22

续表

省/自治区/直辖市	团伙犯罪案件数	排名情况	省/自治区/直辖市	团伙犯罪案件数	排名情况
北京	0	23	宁夏	0	28
海南	0	24	青海	0	29
河北	0	25	天津	0	30
黑龙江	0	26	西藏	0	31
辽宁	0	27			

根据上表2.40显示,电信诈骗案件数量最多的三个省级行政区分别是广东、浙江、福建,其案件数量分别为:23件、11件和5件。这与电信诈骗犯罪分子大都集中在我国东南沿海经济发达地区的特点是相符的。[①]

五、犯罪情节相关性分析

研究外来人口犯罪、累犯犯罪以及团伙犯罪对中国平安建设的影响不能仅局限于从刑法的视角,还需要全盘考虑多层因素,融通经济、社会、教育等多方视角,借助多维度审视三类犯罪,目的在于充分利用现有的实体性法律配置,以实现在犯罪控制与刑罚功能发挥层面上的效能最大化,[②]从而有效推进平安建设。

(一)外来人口犯罪的相关性分析

我国经济迅猛发展,城市化程度持续加快,外来人口大量涌入城市。大量外来人口一方面给城市带来新的动力,同时也给城市发展带来不同程度的问题,外来人口犯罪的数量和比例的"双增加"就是其中之一。

一般认为,经济发展为外来人口犯罪制造了条件、创造了动力、提供了诱因。[③] 外来人口为了追求更好就业机会、改善生活状况来到城市,这也是经济发展与城市化带来的必然结果。大量的人口涌入城市,城市人口基数变大,增加了城市发生犯罪的概率。另一方面,外来人口犯罪主要集中在盗窃、抢劫、抢夺等财产犯罪之中,主要从事谋取经济利益的犯罪。而GDP越高代表着该

---

① 参见《2016中国电信诈骗形势分析报告》。
② 陈伟:《累犯制度的立法变革及带来的启示》,《法治研究》2015年(5)。
③ 王利宾:《法律经济学视阈下的民生犯罪刑法规制研究》,法律出版社2015年版。

地区经济越发达,对于犯罪分子而言潜在的犯罪对象就越多。容易刺激犯罪分子前往经济发达的城市进行作案。外来人口犯罪容易发生在经济发达的大城市,并且多发生在财产犯罪领域。

1. 人均 GDP、人均可支配收入与外来人口犯罪的相关性分析

如表 2.41 所示,各个省级行政区外来人口犯罪的案件数量与人均 GDP、人均可支配收入呈正比,其 Pearson 相关系数值分别为 0.426、0.466,落至程度为中等或弱,相关系数为正表示两者呈正相关。也就是说,人均可支配收入、人均 GDP 越高的地区,外来人口案件数越多。该结论与通常观点相互印证。

表 2.41　　　　　各省级行政区外来人口案件数与相关系数

各省级行政区外来人口案件数与人均 GDP 相关系数	0.426
各省级行政区外来人口案件数与人均可支配收入相关系数	0.466

综上,在经济发达的大城市中,应当对外来人口犯罪进行特别关注,采取有效措施预防和治理外来人口犯罪。政府需要建立良好的外来人口管理体系,控制、减少外来人口犯罪的发生。

2. 城镇人口比例与外来人口犯罪的相关性分析

城镇人口比例是特定地区城镇人口数在总人口数中的占比。城镇人口比反映了特定地区的城镇化程度,也可以在一定程度上反映当地的经济社会发展程度。如表 2.42 显示,各省级行政区外来人口犯罪案件数与城镇人口比例相关系数为 0.387,两者呈正相关。也就是说,城镇人口占比越高的地区,外来人口犯罪案件数越多,再次从另一角度说明了经济发达程度与外来人口犯罪的正相关关系。

表 2.42　　　　　各省级行政区外来人口案件数与相关系数

各省级行政区外来人口案件数与城镇人口比例相关系数	0.387

(二)累犯的相关性分析

理论上,累犯的形成原因较为复杂,主要与这几方面相关:一是自控能力差,法律意识淡薄。二是监所机构成为再犯、累犯交恶的场所。三是由于有犯罪前科,无法被社会接受,导致就业困难。可以看出,累犯的形成与犯罪分子自身以及教育改造的过程有直接关系。除此之外,累犯的产生是否和其他因

素相关,值得研究。

1. 累犯案件数与 GDP 的相关性

表 2.43   每个省级行政区累犯案件数与 GDP 相关系数

每个省级行政区累犯案件数与 GDP 相关系数	0.401

表 2.43 显示,各省级行政区累犯案件数与 GDP 相关系数为 0.401,呈正相关关系,其相关性大小为中等程度相关。换言之,GDP 的上升容易带来累犯案件数量的上升。

累犯案件数量与 GDP 存在中等相关性,其中原因可能是累犯案件多集中于盗窃等财产犯罪,说明财物是导致犯罪发生的重要因素。对犯罪分子而言,经济越发达的地区有更多潜在的犯罪对象,刺激了犯罪分子想再次通过犯罪获取财物,所以累犯容易发生在经济发达地区。正因为如此,累犯的发生与 GDP 呈正比。为了进一步分析 GDP 与累犯的关系,我们将累犯案件数排名与 GDP 排名进行对比分析。

表 2.44 显示,累犯案件数排名靠前的地区,GDP 总值高的排名也相对靠

表 2.44   各省级行政区 GDP 名次与累犯案件数排名对比

省级行政区	累犯案件数排名	GDP 排名	差比	省级行政区	累犯案件数排名	GDP 排名	差比
广东	1	1	0	河北	17	8	9
浙江	2	4	−2	江西	18	17	1
安徽	3	13	−10	辽宁	19	14	5
河南	4	5	−1	内蒙古	20	16	4
四川	6	6	0	甘肃	21	27	−6
山西	5	24	−19	重庆	22	20	2
云南	7	23	−16	北京	23	12	11
山东	8	3	5	黑龙江	24	21	3
上海	9	11	−2	陕西	25	15	10
湖南	11	9	2	新疆	27	26	1
福建	10	10	0	青海	26	30	−4
江苏	12	2	10	宁夏	28	29	−1
湖北	14	7	7	天津	29	19	10
广西	13	18	−5	西藏	30	31	−1
贵州	15	25	−10	海南	31	28	3
吉林	16	22	−6				

前。差比为累犯案件数排名减去 GDP 排名。差比的绝对值表示两者排名差距波动的大小。其中北京市(11)、江苏省(10)、陕西省(10)、天津(10)、河北(9)、安徽省(-10)、贵州省(-10)、云南省(-16)、山西省(-19)等省级行政区累犯案件数排名与 GDP 排名名次相差较大,说明除经济发展之外,还有其他因素影响累犯。如上所述,累犯的形成与犯罪心理、罪犯服刑期间的矫正等也有一定的关系。这些省级行政区的累犯排名与 GDP 排名没有完全同步,从一个侧面反映累犯的形成不仅与 GDP 有关,还受其他因素影响。

2. 累犯案件数与其他因素的相关性分析

表 2.45　　　　　累犯案件数与其他因素之间的相关性

累犯案件数与人均 GDP 相关系数	0.344
累犯案件数与城镇人口比例相关系数	0.257
累犯案件数与人均可支配收入相关系数	0.303

根据上述相关性的强弱系数,累犯案件数与人均 GDP、城镇人口比例、人均可支配收入的相关性较弱。人均 GDP 是了解和把握一个国家或地区的宏观经济运行状况的有效工具,常作为发展经济学中衡量经济发展状况的指标,是最重要的宏观经济指标之一。人均 GDP 在一定程度上能够反映一个国家或地区的人民富裕程度。如上所述,累犯发生在盗窃等财产犯罪中较多。人均 GDP 越高表明该地区越富裕,同时该地区发生财产犯罪的概率越大。所以,累犯的形成与人均 GDP 有一定的相关关系。

城镇人口比例主要反映特定地区城市化的程度高低,城镇人口比例与累犯的相关性为弱相关。城镇化一定程度上反映了该地区经济发展状况,经济越发达的地区城镇化程度也会较高。所以,城镇化越高的地区给累犯带来更多犯罪机会,与累犯的发生具有较弱的相关关系。

(三) 团伙犯罪的相关性分析

团伙犯罪的犯罪群体的形成是从不良个体开始,团伙犯罪成员中,青少年成员占半数以上。犯罪成员的不良社会交往也是导致团伙犯罪发生的原因。[①]另外,不良的生活环境和家庭环境,学校教育的缺失,也容易导致团伙犯罪。[②]

---

① 李光洪:《团伙犯罪形成原因初探》,《甘肃政法学院学报》1993 年(2)。
② 张树森:《浅论团伙犯罪的特点成因及对策》,《当代法学》1993 年(2)。

课题组拟进一步考察团伙犯罪案件数与人均GDP、城镇人口比例、人均可支配收入、受高等教育率、抚养比之间的相关性。

人均GDP与城镇人口比例、人均可支配收入、受高等教育率具有内在的关系，相互之间联系紧密。人均GDP越高说明该地区经济越发达。一般而言，经济发展会促使农村人口往城镇迁移，农村人口以及范围减少，城镇化水平不断提高。同时，经济的发展给个人提供更多的工作机会，工资待遇有所提升，人均可支配收入提高。受教育率与经济发展水平相关，一般而言，伴随着经济的发展，民众的受教育的水平随之提高。另抚养比也与经济发展水平密切相关，经济发展水平越高提供的工作机会越多，抚养比就会越低；经济发展水平越低提供的工作机会越少，抚养比就越高。

1. 团伙犯罪案件数与人均GDP的相关性

如表2.46所示，团伙犯罪案件数与GDP的Pearson相关系数值为－0.441，相关性落在中等相关程度，说明团伙犯罪与人均GDP具有相关关系，并且团伙犯罪与人均GDP呈负相关关系。也就是说，人均GDP越高的地区，团伙犯罪数量越少。

表2.46　　　　团伙犯罪案件数与人均GDP相关系数

团伙犯罪案件数与人均GDP相关系数	－0.441

人均GDP在一定程度上体现了人民的经济水平，换言之，人民经济水平越高团伙犯罪发生概率就越少。其原因可能是，人均GDP较高的地区往往具有较好的生活环境和社会环境，社会成员不容易走上犯罪的道路。

2. 团伙犯罪案件数与城镇人口比例相关性

依表2.47所示，团伙犯罪案件数与城镇人口比例相关系数值为－0.378，呈弱相关性，并且团伙犯罪案件数与城镇人口比例呈负相关关系。城镇人口比例主要用于说明城市化的程度，城镇人口比例与农村人口比例的对比。这说明城镇人口越少，团伙犯罪的概率就越低；农村人口越多，团伙犯罪的概率就很有可能上升。

表2.47　　　　团伙犯罪案件数与城镇人口比例相关系数

团伙犯罪案件数与城镇人口比例相关系数	－0.378

城镇化程度高，农村人口相应减少。一般而言，农民经济收入低，他们可

能会出于经济原因结合起来,共同实施盗窃等财产类的犯罪。其次,农村教育水平较低,农村人口受教育水平较低,对法律的认识不足,更可能实施犯罪行为。

3. 团伙犯罪案件数与人均可支配收入相关性

根据表2.48中所示,团伙犯罪案件数与人均可支配收入相关系数值为-0.396,其相关性为弱相关,并且呈负相关关系。人均可支配收入越高,团伙犯罪案件数越少。人均可支配收入是反映一个地区经济发展水平的重要标准。团伙犯罪与人均可支配收入呈负相关其原因可能是,团伙犯罪多从事财产类的犯罪,人均可支配收入增加,犯罪的概率自然减少。在经济越发达的地区,人们从事财产类犯罪概率越低,更不倾向于通过犯罪来获得财物。

表2.48　　　　团伙犯罪案件数与人均可支配收入相关性

团伙犯罪案件数与人均可支配收入相关系数	-0.396

4. 团伙犯罪案件数与受高等教育率相关性

如表2.49中所示,团伙犯罪案件数与受高等教育率的相关系数值为-0.475,为中等相关,并且呈负相关关系。也就是说,受高等教育率越高其团伙犯罪的概率就越低。

表2.49　　　　团伙犯罪案件数与受高等教育率相关性

团伙犯罪案件数与受高等教育率相关系数	-0.475

团伙犯罪总体呈现出犯案人员文化素质低,受教育程度不高,小学和初中文化水平居多。由于其受教育程度不高,自身素质较低,法律意识淡薄。作案时不顾忌相应的法律后果,多因为一时贪念、冲动导致其实施犯罪。在团伙犯罪中,青少年团伙犯罪所占比例较高。正是青少年没有受到良好的教育,才使得其在社会的大环境中缺乏自我判断和控制能力,最终走上犯罪道路。

5. 团伙犯罪案件数与抚养比相关性

根据表2.50所示,团伙犯罪案件数与抚养比的相关系数为0.479,为中等相关,并且是正相关。说明抚养比越高的地区,团伙犯罪的数量越多。抚养比又称抚养系数,是指非劳动年龄人口对劳动年龄人口数之比。抚养比越大,表明劳动力人均承担的抚养人数就越多,即意味着劳动力的抚养负担就越重。如上所述,团伙犯罪主要从事财产犯罪,经济的压力是团伙犯罪发生的重大诱因。团伙犯罪成员所需要抚养的人口越多,其经济压力就越大。在强大的经济压力之下,他们容易因为经济压力从而走上犯罪的道路。

表 2.50　　　　　团伙犯罪案件数与抚养比相关系数

团伙犯罪案件数与抚养比相关系数	0.479

第五章　犯罪管控治理指数

一、数据选取说明

课题组通过搜集的全国2016年中级以上人民法院裁决的6 968份刑事判决书为样本,选取了四个指标对各省级行政区的平安状况进行评估:一是案件侦破速度,二是二审改判率,三是律师参与率,四是律师辩护的支持率。

案件侦破速度,指案件发生之日到行为人被采取强制措施之日的间隔时间。因此,可以直接通过提取判决书中的案发日期和采取强制措施日期得到案件侦破的间隔时间,再除以该省级行政区的案件数,从而得到该省级行政区案件侦破的间隔时间平均数。二审改判率,基于《刑事诉讼法》第225条规定:"原判决认定事实没有错误,但适用法律有错误,或者量刑不当的,应当改判。原判决事实不清楚或者证据不足的,可以在查清事实后改判;也可以裁定撤销原判,发回原审人民法院重新审判。"[①]我们分7个标准从判决书中提取数据,分别是:"事实认定错误""罪名认定错误""有罪改为无罪""之前判决量刑过重""之前判决量刑过轻""其他""没有改判"。其中的"其他"主要指根据二审判决书中相较于原判决的刑罚发生变化,但又不属于事实问题、罪名问题以及量刑问题的情况。因此,需要详细查看每一份判决书具体的认定,结合上述7个标准判断二审改判的原因后,再予以提取、汇总,从而形成各省级行政区的二审改判率。律师的参与率可以直接通过判决书提取到律师的参与情况和参与的具体途径。律师辩护的支持率,判决书中会明确记载,对辩护意见详细写明"予以采纳"或"不予采纳",因此,仅需要详细查看判决书对于律师辩护意见的认定予以筛选,再结合所有有律师参与的案件数量,得出各省级行政区律师辩护的支持率。

---

① 详见刘志伟、魏昌东、吴江:《刑事诉讼法一本通——中华人民共和国刑事诉讼法总成(第8版)》,法律出版社2013年版。

案件侦破速度、二审改判率、律师参与率及律师辩护支持率是群众安全感的重要考量指标。案件侦破速度与人民安全感成正比，侦破速度越快意味着公安司法机关办事效率越高，犯罪分子继续实行犯罪行为的可能性就越低，社会更加安全稳定。二审改判率与人民安全感成反比，改判率越低，意味着一审的准确率越高，可以增强人民群众对司法公正的信任。律师参与率、律师辩护支持率与人民安全感成正比，律师参与案件的程度越高，律师辩护意见被采纳的概率越大，意味着辩护一方在司法过程中发挥的作用越大，更容易实现控辩双方的均衡，有利于司法公正。

二、案件侦破速度排名及分析

(一) 案件侦破速度整体排名及分析

及时打击犯罪对于维护公众的安全感至关重要。课题组选择从案件的侦破速度切入，通过分析各省级行政区破案的间隔时间均数，比较各省级行政区打击犯罪的及时性，来衡量各省级行政区的平安状况。图2.25为全国各省级行政区案发到采取强制措施的间隔时间的均数。

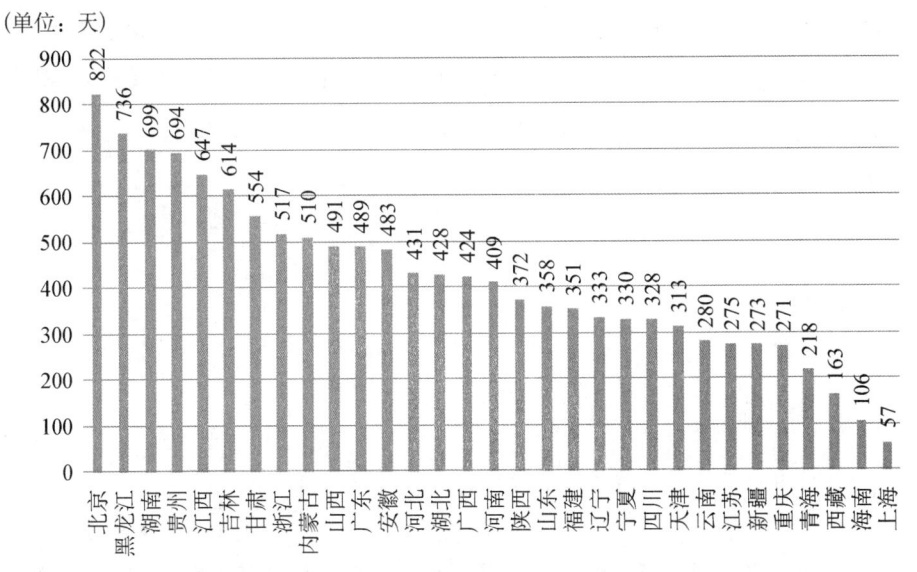

(单位：天)

省级行政区	均数
北京	822
黑龙江	736
湖南	699
贵州	694
江西	647
吉林	614
甘肃	554
浙江	517
内蒙古	510
山西	491
广东	489
安徽	483
河北	431
湖北	428
广西	424
河南	409
陕西	372
山东	358
福建	351
辽宁	333
宁夏	330
四川	328
天津	313
云南	280
江苏	275
新疆	273
重庆	271
青海	218
西藏	163
海南	106
上海	57

图2.25 各省级行政区案发到采取强制措施间隔时间均数

由图 2.25 可见,北京间隔天数长达 822 天,在所有省级行政区中最长,其次是黑龙江、湖南、贵州和江西。间隔天数最短的是上海,仅隔 57 天。其他间隔天数较短的依次为海南、西藏、青海。其他省级行政区案发到采取强制措施间隔时间基本为一年左右。从经济发展水平看,在间隔时间较长的五个省级行政区中,除北京外,基本都是经济发展水平较落后的地区。从地理位置看,在间隔时间较短的五个省级行政区中,除上海外,基本属于地广人稀的边陲地区。间隔时间一般在一年左右的地区大部分处于中部、东部地区。北京与上海两个经济发达地区之所以出现如此迥异的结果,可能还涉及其他因素如案件类型、人口流动状态、交通状况、政策因素等的影响,有待进一步的考察分析。

(二) 严重犯罪案件侦破速度排名及分析

重大、严重犯罪案件的侦破速度对当地平安建设有重要影响。情节严重、社会影响恶劣的严重犯罪案件迟迟不能侦破,一方面会助长犯罪分子的嚣张气焰,另一方面会严重影响当地民众的安全感,对平安建设造成极大的负面影响。案件侦破时间的计算方法采用的是案发时间到犯罪嫌疑人被拘留的时间的平均数,单位是小时数。通过采集判决书数据形成的结果如图 2.26 所示。我们可以发现,案件侦破时间均时最长的前三名是贵州(1 084 小时)、黑龙江(963 小时)和湖南(951 小时),最短的前三名是海南(57 小时)、西藏(28 小时)和上海(23 小时)。值得注意的是,北京和上海同样作为国内一线城市,经济发

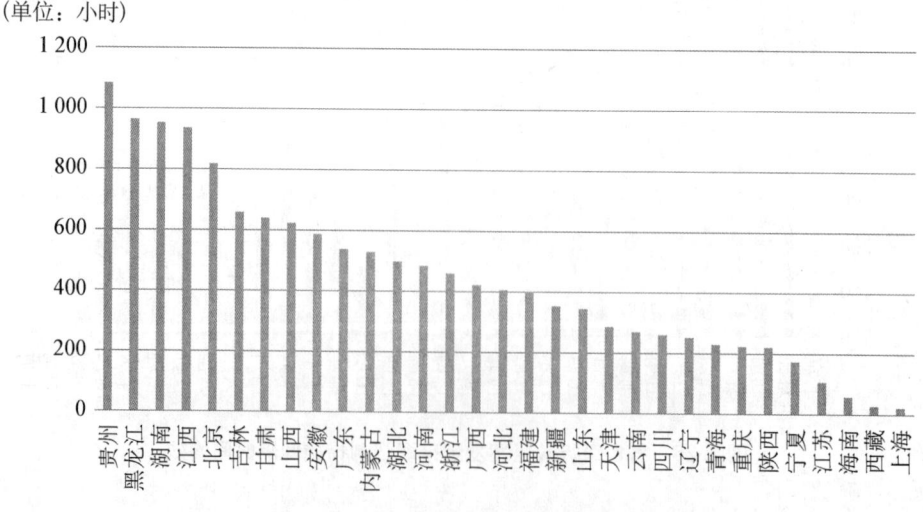

(单位:小时)

图 2.26 各省级行政区严重犯罪案发到拘留间隔时间均数

展水平和人口密度等情况比较类似,但是案件侦破速度上却是两极分化严重。北京的平均到案时间为 817 小时,而上海仅为 23 小时。这种巨大的差异以目前的数据和资料并没有办法找到合理的原因,将其他数据,如案件类型等数据以及判决书书写差异的情况纳入到分析范围内可能会得出更有价值的结论。案件侦破速度是一个地区治安和社会治理水平的重要衡量标准,自然也是平安程度的重要考量指标,对于到案时间的两极分化严重问题,我们还应进一步寻找深层次原因。

(三) 抢劫罪案件侦破速度排名及分析

刑事案件的侦破时间能直接影响群众的安全感。刑事案件尤其是严重刑事犯罪案件久侦不破、久拖不决,一方面让潜在的犯罪分子铤而走险,实施犯罪,另一方面让人民群众对公安机关的打击犯罪的能力心存疑虑,从而影响社会整体安全态势和群众内心安全感。表 2.51 显示,北京、内蒙古、吉林三个地区侦破时间最长,分别高达 3 824 小时、2 616 小时和 2 180 小时。上海、海南、黑龙江三个地区侦破时间用时最短,分别只需要 13 小时、8 小时和 7 小时。可

表 2.51　　各省级行政区抢劫案件侦破时间排名

名次	省级行政区	案件侦破时间（小时）	名次	省级行政区	案件侦破时间（小时）
1	北京	3 824	17	重庆	744
2	内蒙古	2 616	18	广西	738
3	吉林	2 180	19	河南	714
4	江西	2 116	20	山东	375
5	浙江	2 026	21	宁夏	299
6	安徽	1 818	22	四川	227
7	湖南	1 807	23	湖北	212
8	天津	1 531	24	江苏	206
9	新疆	1 218	25	青海	135
10	河北	1 178	26	陕西	131
11	云南	1 162	27	辽宁	46
12	福建	976	28	上海	13
13	贵州	952	29	海南	8
14	甘肃	935	30	黑龙江	7
15	山西	864		西藏	
16	广东	841			

以发现,用时最长与用时最短的两个地方的破案时间差距巨大,出现这种结果可能与不同地方的地理环境、办案机制等息息相关。同时,海南、黑龙江和上海的案件数量相对较少,黑龙江有10件,上海和海南分别仅有三件,所以存在一定的偶然性因素。

(四) 电信诈骗案件侦破速度排名及分析

刑事案件从发生到侦破所使用的时间,与司法机关的工作效率有密切关系,同时也与人民群众的安全感密切相关。从案发到侦破案件使用的时间越短,说明司法机关的工作效率越高,老百姓的生活安全感越强。课题组在汇集整理了2016年各省、自治区、直辖市中级以上人民法院判例结果之后,摘取了电信诈骗类案件从案发到侦破的时间均数(对"时间均数"采取的计算方法是:用每个案件从案发到侦破的时间之和,除以案件总数),并对结果进行了升序排名(见表2.52)。需要作出说明的是,排在前四名的省级行政区的电信诈

表2.52　各省级行政区侦破电信诈骗案件时间均数排名情况

省/自治区/直辖市	电信诈骗案发到拘留均时(天数)	排名情况	省/自治区/直辖市	电信诈骗案发到拘留均时(天数)	排名情况
黑龙江	0	1	新疆	201	17
青海	0	2	福建	228	18
天津	0	3	浙江	248	19
西藏	0	4	辽宁	251	20
海南	3	5	江苏	294	21
湖北	39	6	重庆	382	22
河北	42	7	广东	394	23
贵州	56	8	四川	474	24
甘肃	72	9	河南	490	25
湖南	73	10	云南	570	26
广西	85	11	安徽	614	27
上海	107	12	山西	898	28
山东	163	13	吉林	1 073	29
江西	177	14	北京	1 098	30
内蒙古	182	15	宁夏	1 360	31
陕西	197	16			

骗类案件侦破时间为零,是因为这四个省级行政区在裁判文书网上并没有发现 2016 年的电信诈骗类案件。从图中可以看出,排除了没有案例的四个省级行政区之后,侦破案件均时最短的三个省级行政区分别是:海南、湖北和河北,其使用的时间均数分别是 3 天、39 天和 42 天。

(五)交通肇事案件侦破速度排名及分析

如表 2.53 所示,交通肇事案件侦破时间排名前三位的为北京、海南与西藏,排名后三位的为湖北、广东与山西。一般而言,交通肇事案发后易被人发现,且现在城市道路监控系统十分发达,信息联网能很快查询到交通肇事者,因此此类案件侦破工作较为简单、耗时较短。但是数据显示有些地区的侦破时间较长,其原因可能是因为有些案件的肇事者逃逸,迟迟没有归案,造成案件不能在较短的时间内得以侦破。另外我们可以比较的是,同样是多发案件,入室盗窃与交通肇事的平均侦破时间差距较大(详见表 2.54)。统计显示,交通肇事最长侦破时间为 191 天,入室盗窃最长侦破时间为 974 天,电信诈骗最

表 2.53　　各省级行政区交通肇事案件侦破时间排名

省/自治区/直辖市	案发到拘留均时(天数)	排名情况	省/自治区/直辖市	案发到拘留均时(天数)	排名情况
北京	0	1	吉林	67	17
海南	0	2	山东	67	18
西藏	0	3	福建	68	19
陕西	12	4	广西	73	20
黑龙江	26	5	河南	79	21
江西	29	6	甘肃	81	22
天津	30	7	河北	81	23
内蒙古	32	8	四川	82	24
湖南	39	9	宁夏	84	25
浙江	44	10	重庆	109	26
新疆	47	11	上海	116	27
青海	54	12	安徽	121	28
辽宁	59	13	湖北	124	29
贵州	60	14	广东	128	30
江苏	62	15	山西	191	31
云南	64	16			

长侦破时间为 1 360 天,但是电信诈骗和交通肇事平均天数相差不大,可见在网络信息介入的情况况下,案件较为复杂,两极分化的情况也比较严重。

表 2.54　　　　　　　　常见多发案件侦破时间对比

案件类型	交通肇事	入室盗窃	电信诈骗
平均侦破时间(天)	40.5	174.5	36

三、二审改判率排名及分析

司法的目标不外乎实现公平正义,人民之所以选择法律作为调控社会关系的手段,主要在于法律所带来的公平感。[1] 人民对法律的信任具体体现在人民对司法的信任,换言之,司法信任是人民对司法机关的裁判产生与其心理预期相一致的社会公平正义的信心。[2] 如果人民失去对司法的信任,那么谈何从每一个案件中感受到公平正义?如若无法感受到公平正义,又谈何安全感?故而审判结果的确定性不仅对司法信任、司法权威有重要意义,还与社会公众的安全感密切相关。因此,我们选择从二审改判情况切入,通过分析各省级行政区审判结果的稳定性,从而评价各省级行政区的公众安全感。图 2.30 和图 2.31 分别揭示了各省级行政区案件改判数及改判率。

(一)案件改判总数排名及分析

如图 2.27 所示,2016 年广东的二审改判数最高,为 379 个,接下来分别是河南、安徽、山东和湖南。二审改判数最少的地区为西藏,一年中仅有 10 个改判的案件。二审改判数较少的地区分别为海南、天津、上海和北京,一年的案件改判数皆少于 50 个。值得注意的是,在经济较为发达的北上广地区,出现了两极化的倾向。北京和上海的二审改判数较低,广东的二审改判数最高,这可能与三个地区的人口密度、案件的总数、政策等因素有关。

---

[1] 陈端华:《看得见的正义》,中国法制出版社 2000 年版,第 300 页。
[2] 吴美来:《论我国司法信任的养成》,《西南政法大学学报》2009 年(11,1)。

(单位：个)

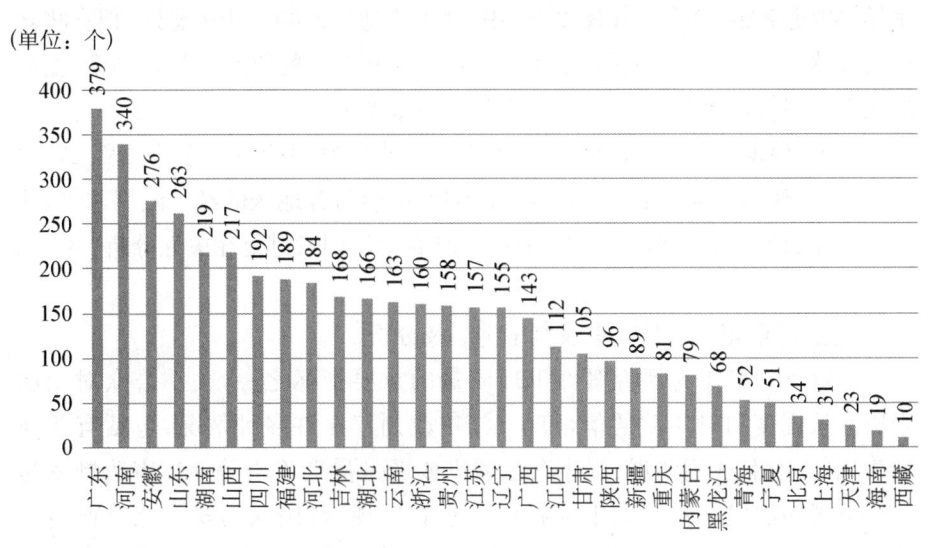

图 2.27 各省级行政区案件改判数

广东 379、河南 340、安徽 276、山东 263、湖南 219、山西 217、四川 192、福建 189、河北 184、吉林 168、湖北 166、云南 163、浙江 160、贵州 158、江苏 157、辽宁 155、广西 143、江西 112、甘肃 105、陕西 96、新疆 89、重庆 81、内蒙古 79、黑龙江 68、青海 52、宁夏 51、北京 34、上海 31、天津 23、海南 19、西藏 10

（二）案件改判率排名及分析

由于图 2.27 并不能准确反映各省级行政区案件改判排名的全面情况，因此需要将各省级行政区的案件总数纳入考量。如图 2.28 所示，在总数排名中位居第二的河南在改判率排名中跃居第一，改判数位居第一的广东省在改判

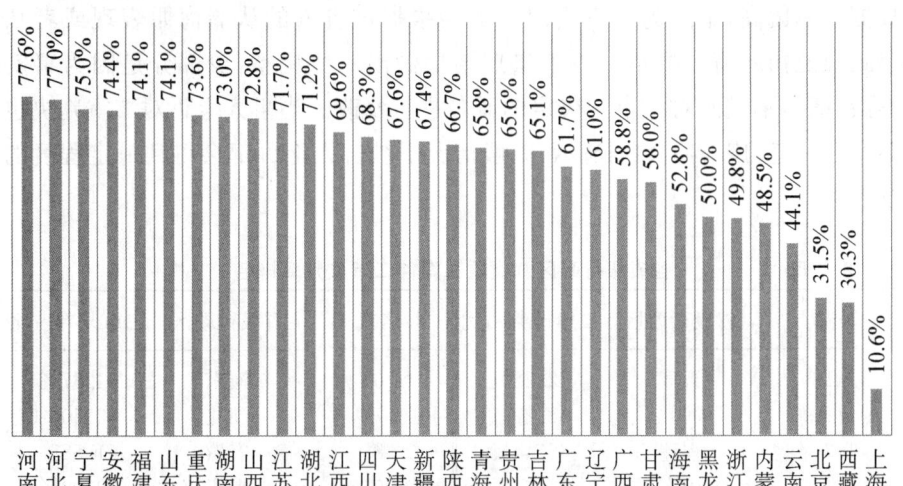

图 2.28 各省级行政区案件改判率

河南 77.6%、河北 77.0%、宁夏 75.0%、安徽 74.4%、福建 74.1%、山东 74.1%、重庆 73.6%、湖南 73.0%、山西 72.8%、江苏 71.7%、湖北 71.2%、江西 69.6%、四川 68.3%、天津 67.6%、新疆 67.4%、陕西 66.7%、青海 65.8%、贵州 65.6%、吉林 65.1%、广西 61.7%、辽宁 61.0%、广东 58.8%、甘肃 58.0%、海南 52.8%、黑龙江 50.0%、浙江 49.8%、内蒙古 48.5%、云南 44.1%、北京 31.5%、西藏 30.3%、上海 10.6%

率排名中退到第 20 名。在图 2.28 中,北上广地区改判数相距悬殊,但在将案件总数纳入考量后,差距明显缩小。对比西藏和上海的改判数与改判率,上海的案件改判数是西藏的三倍,改判率却比西藏少 20%。

综上,根据各省级行政区二审改判数、二审改判率的对比分析以及二审改判率的分布状况,可以推出二审改判的情况可能与各地区的经济发展水平、法官的业务能力等因素相关,因此,有待于结合上述因素进行相关性分析。

(三) 严重犯罪案件二审改判率排名及分析

二审改判率作为评价案件审理质量的重要指标之一,关乎公众对司法判决的认同度和对法院的信任度。二审改判存在许多种情况,包括有罪改判为无罪、罪名适用错误、程序存在瑕疵或者是量刑不当等。二审改判率是一个地区司法发展水平和平安程度的直观体现,对民众的安全感会产生一定程度的影响。从表 2.55 中可以看出,二审改判率最高的前三位分别为:天津(72.22%)、河北(68.25%)、福建(66.14%)。排名后三位的分别是:西藏(21.05%)、北京(19.40%)、上海(16.22%)。从中可以发现,二审改判率相对较高,数据的平均值为 49.06%,接近 50%。依据我国刑事诉讼法规定,二审法院可以在两种情况下进行改判,一是原判决认定事实没有错误,但适用法律、法规错误、量刑不当的,应当改判;二是原判决认定事实错误或者认定事实不清、证据不足的,可以在查清事实后改判。之所以二审改判率数据整体偏高,是因为二审判决一般会根据被告人的认罪悔罪表现或者从轻减轻处罚的情节酌情对一审量刑结果做出一些调整,少部分是因为事实不清、证据不足而对一审判决定的罪名进行修改。当事人上诉对二审判决也会产生一定的影响。数据显示,一般情况下被告人上诉都会得到一定程度的改判。

表 2.55　　各省级行政区八类重罪案件二审改判率排名

名次	省级行政区	二审改判占比	名次	省级行政区	二审改判占比
1	天津	72.22%	6	河南	64.67%
2	河北	68.25%	7	湖北	62.50%
3	福建	66.14%	8	安徽	61.58%
4	山东	65.34%	9	重庆	59.09%
5	宁夏	65.22%	10	湖南	58.75%

续表

名次	省级行政区	二审改判占比	名次	省级行政区	二审改判占比
11	陕西	56.67%	22	海南	44.83%
12	山西	56.59%	23	贵州	44.03%
13	青海	52.08%	24	甘肃	42.86%
14	辽宁	51.59%	25	浙江	36.84%
15	江西	51.06%	26	黑龙江	34.94%
16	江苏	49.00%	27	内蒙古	34.38%
17	广东	48.42%	28	云南	30.80%
18	新疆	48.08%	29	西藏	21.05%∇
19	广西	47.02%	30	北京	19.40%
20	四川	45.65%	31	上海	16.22%
21	吉林	45.52%			

（四）抢劫案件二审改判率排名及分析

表 2.56 　　各省级行政区抢劫案件二审改判情况排名

名次	省级行政区	二审改判占比	名次	省级行政区	二审改判占比
1	上海	100.00%	17	广西	68.42%
1	天津	100.00%	18	江西	65.00%
3	甘肃	88.89%	19	四川	61.76%
3	湖北	88.89%	20	河北	55.56%
5	江苏	85.71%	21	广东	54.55%
6	重庆	83.33%	22	青海	50.00%
7	贵州	81.25%	23	内蒙古	45.45%
8	陕西	80.00%	24	吉林	42.86%
9	山西	78.57%	25	云南	40.91%
10	河南	77.42%	26	新疆	40.00%
11	宁夏	75.00%	26	黑龙江	40.00%
12	山东	73.08%	28	浙江	36.36%
13	福建	71.43%	29	海南	33.33%
14	安徽	70.83%	30	北京	0.00%
15	辽宁	70.00%		西藏	
16	湖南	69.57%			

由上表 2.56 可以看到,上海、天津、甘肃二审改判占比相当高,前两个地区的数据甚至为百分之百,这可能是由于案件数据来源是中级及以上人民法院的判决书,很多案件由于被告人在二审中认罪、悔罪,积极退赃、赔偿、认罪态度良好等原因酌情减轻刑罚从而改判,只有少部分案件存在法律或者事实认定错误。

(五) 故意伤害案件二审改判率排名及分析

表 2.57　各省级行政区故意伤害案件二审改判情况排名

名次	省级行政区	二审改判占比	名次	省级行政区	二审改判占比
1	河北	73.79%	17	新疆	51.11%
2	天津	73.33%	18	江苏	49.43%
3	山东	67.36%	19	广东	48.96%
4	福建	66.67%	20	四川	48.28%
5	河南	65.22%	21	海南	48.00%
6	宁夏	63.64%	22	广西	45.77%
7	安徽	60.76%	23	贵州	40.19%
8	湖南	60.61%	24	浙江	39.06%
9	湖北	59.48%	24	黑龙江	39.06%
10	江西	58.73%	26	甘肃	38.71%
11	重庆	55.26%	27	内蒙古	36.71%
12	陕西	55.10%	28	云南	31.25%
13	青海	53.33%	29	西藏	22.22%
14	吉林	52.94%	30	北京	20.63%
15	辽宁	51.82%	31	上海	9.09%
16	山西	51.58%			

一般来说,二审改判率越低越说明该地区的司法公信力高。由上表 2.57 可以看出北京、上海占据了最后两名位置,与一般认知相符。

(六) 电信诈骗案件二审改判数排名及分析

如表 2.58 所示,电信诈骗案件二审改判数排名前三的为广东省、浙江省和福建省,与电信诈骗案件数大体排名相同。电信诈骗类刑事案件审理中,各方一般对罪名无争议,二审改判大都依据犯罪情节对量刑结果加以调整。此外,电信诈骗案件团伙作案较多,涉及范围广,存在侦查难、证据不充分的问题,因此也有对案件事实的改判。

表 2.58　　电信诈骗案二审改判案件数排名情况

省/自治区/直辖市	二审改判案件数	排名情况	省/自治区/直辖市	二审改判案件数	排名情况
广东	21	1	湖南	2	17
浙江	8	2	江西	2	18
福建	7	3	辽宁	2	19
河南	6	4	内蒙古	2	20
上海	5	5	陕西	2	21
四川	5	6	北京	1	22
重庆	5	7	贵州	1	23
山东	4	8	海南	1	24
安徽	3	9	山西	1	25
甘肃	3	10	云南	1	26
广西	3	11	黑龙江	0	27
吉林	3	12	宁夏	0	28
江苏	3	13	青海	0	29
新疆	3	14	天津	0	30
河北	2	15	西藏	0	31
湖北	2	16			

(七) 交通肇事案件二审改判数及分析

表 2.59　　各省级行政区交通肇事二审改判排名

省/自治区/直辖市	二审改判案件数	排名情况	省/自治区/直辖市	二审改判案件数	排名情况
河南	91	1	福建	33	9
安徽	67	2	新疆	33	10
山东	55	3	吉林	32	11
广东	53	4	江苏	31	12
河北	48	5	辽宁	31	13
山西	48	6	四川	29	14
湖北	40	7	云南	27	15
湖南	39	8	贵州	23	16

省/自治区/直辖市	二审改判案件数	排名情况	省/自治区/直辖市	二审改判案件数	排名情况
甘肃	20	17	青海	7	25
陕西	20	18	天津	7	26
浙江	20	19	重庆	6	27
广西	19	20	海南	3	28
黑龙江	18	21	上海	1	29
江西	18	22	北京	0	30
内蒙古	16	23	西藏	0	31
宁夏	8	24			

从上表2.59可以看出,全国31个省、自治区、直辖市当中,交通肇事类案件改判率排在前三名的分别是河南省、安徽省和山东省,二审案件改判数分别是91件、67件和55件。另外,北京市和西藏自治区交通肇事类案件改判数为零。

二审改判情况是衡量一个地区司法治理情况的重要标准,通常情况下,二审的改判率越高,说明一审法院的办案质量越低,该地区的司法治理情况就越差;相反,二审改判率越低,说明一审法院的办案质量越高,司法公信力也就越强。但是,在处理交通肇事案件时,上述逻辑并不一定成立。刑法主要惩罚故意犯罪,对交通肇事类的过失犯罪,《刑法》规定的法定刑相对较轻。如果犯罪嫌疑人积极赔偿被害人的损失,并且得到被害人及其家属的谅解,法院会酌定减轻犯罪嫌疑人的刑事责任,二审法院通常会做出较一审更轻的刑事判决。因此,对于二审改判数较高的省级行政区来说,并不是这些地区一审法院的办案质量不高,而是基于案件性质的特殊性做出的改判而已。

四、律师参与率排名及分析

在公诉案件中,检察机关代表国家对犯罪人进行追诉,其依靠的是强大的国家力量支持,与之相比,被告人处于绝对的弱势地位。为充分保障被告人的合法权益,需要具有专业知识的律师参与到诉讼中,帮助被告人更好地行使辩护权以对抗控诉方。[①] 律师作为帮助被告人行使辩护权的辩护人参与到诉讼

[①] 陈瑞华:《刑事诉讼的前沿问题》,中国人民大学出版社2000年版,第120—124页。

中,对提升民众安全感、保障人权、建设法治社会有重要影响。下文将具体分析各省级行政区律师参与刑事诉讼的情况。

(一) 各省级行政区委托辩护数排名及分析

如图 2.29 所示,2016 年广东的委托辩护数最高,为 342 件。河南与安徽的委托辩护数,分别为 260 件与 258 件。山东省位居第四位,委托辩护数为 227 件。委托辩护数最少的是西藏,仅有 18 件,其次分别是海南、天津与宁夏。这三个地区的委托辩护数相差不大。特别值得注意的是,委托辩护数较少的地区多是经济欠发达的边疆地区,除此之外,还包括少部分的经济发达地区。可见,经济发展差距较大的地区在委托辩护数上相差并不大。不过,经济发达地区的广东,委托辩护数是最高的,这可能与其本身的案件数量较多有关。

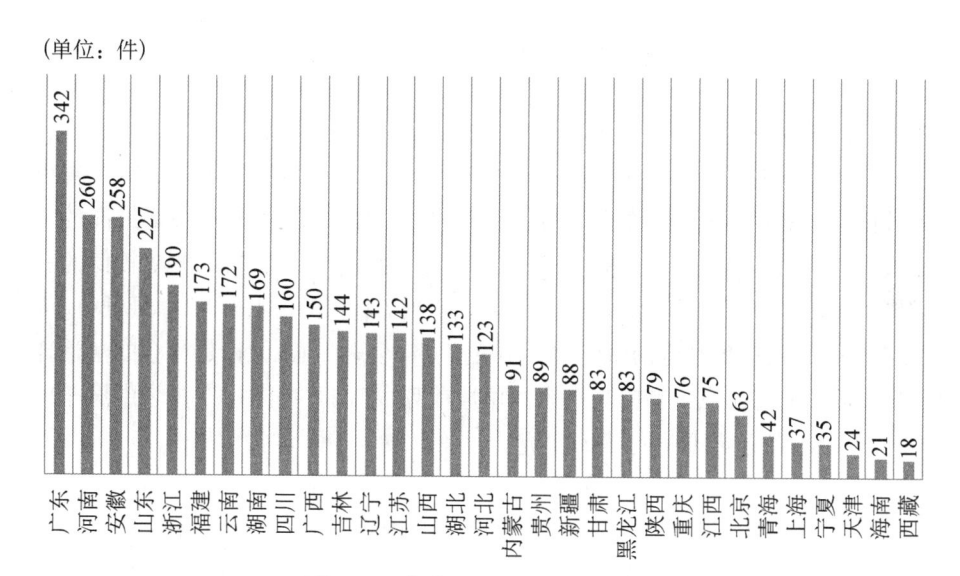

(单位:件)

地区	数量
广东	342
河南	260
安徽	258
山东	227
浙江	190
福建	173
云南	172
湖南	169
四川	160
广西	150
吉林	144
辽宁	143
江苏	142
山西	138
湖北	133
河北	123
内蒙古	91
贵州	89
新疆	88
甘肃	83
黑龙江	83
陕西	79
重庆	76
江西	75
北京	63
青海	42
上海	37
宁夏	35
天津	24
海南	21
西藏	18

图 2.29 各省级行政区委托辩护数

(二) 各省级行政区委托辩护率排名及分析

图 2.29 无法准确评估各省级行政区的委托辩护的排名情况,还需要将委托辩护数置于各省案件总数中予以考虑。

在结合案件总数后,排名发生了较大的变化。总体来看,31 个省级行政区

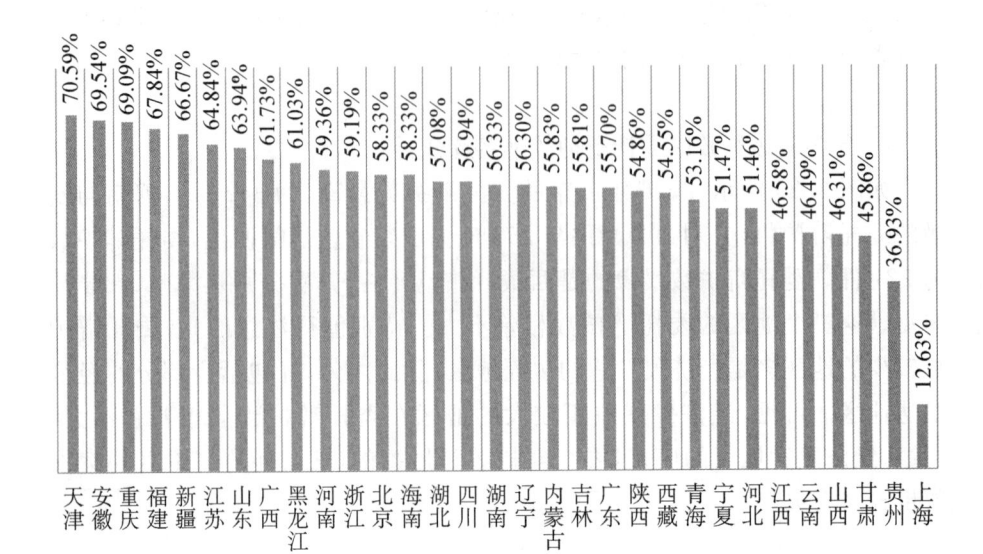

图2.30 各省级行政区委托辩护率

各省级行政区委托辩护率（从高到低）：天津 70.59%、安徽 69.54%、重庆 69.09%、福建 67.84%、新疆 66.67%、江苏 64.84%、山东 63.94%、广西 61.73%、黑龙江 61.03%、河南 59.36%、浙江 59.19%、北京 58.33%、海南 58.33%、湖北 57.08%、四川 56.94%、湖南 56.33%、辽宁 56.30%、内蒙古 55.83%、吉林 55.81%、广东 55.70%、陕西 54.86%、西藏 54.55%、青海 53.16%、宁夏 51.47%、河北 51.46%、江西 46.58%、云南 46.49%、山西 46.31%、甘肃 45.86%、贵州 36.93%、上海 12.63%。

的委托辩护率平均值为 55.6%，中位数为 56.3%，两者仅相差 1 个百分点。因此，可以平均值 55.6% 作为基本的衡量标准，从图中可以看出，在 31 个省级行政区中有 20 个省级行政区达到了标准，有 2/3 左右。委托辩护率最高的三省级行政区分别为天津、安徽、重庆，达到了 70% 左右。委托辩护率较低的三省级行政区分别为上海、贵州以及甘肃，其中以上海的委托辩护率最低，仅为 12.63%。令人费解的是，上海作为我国的经济、金融中心，无论是社会的法治环境还是居民的法律意识都应当在全国位居前列，却在委托辩护率排名中居于末位。个中原因，还需要进行深入研究。

（三）各省级行政区指定辩护数排名及分析

除委托辩护之外，律师参与刑事诉讼的另一种方式是指定辩护。从图 2.31 可以看出全国的指定辩护总数普遍都不高，最高的是上海，为 78 件，其后依次为广东、云南、浙江，且 4 个省级行政区的指定辩护数相差较大。指定辩护数较少的分别为：新疆、青海、福建、海南、西藏、宁夏、江苏，7 个省级行政区的指定辩护数无一超过 10 件。天津在 2016 年中级以上人民法院所受理的案件中没有指定辩护。就总体来看，全国大部分省级行政区的指定辩护数基本在 20—30 件之间。

(单位：件)

图2.31 各省级行政区指定辩护数

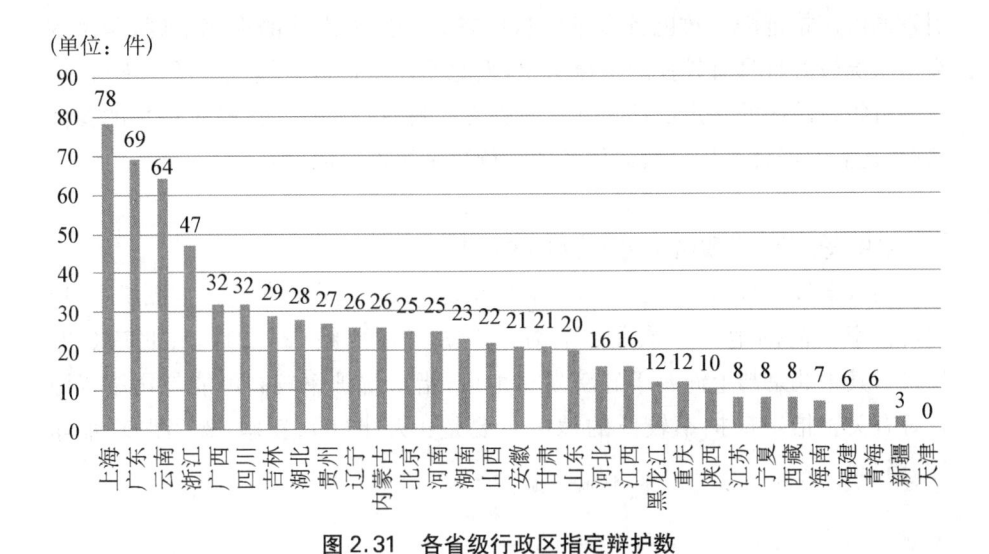

图2.32将各省级行政区委托辩护数与指定辩护数进行比较，可以看出，大部分省级行政区的委托辩护数都远超于指定辩护数，只有上海属于例外。上海的委托辩护数较少，指定辩护数却位居第一，原因已在前文多次提及，不再赘述。由图2.32可见，广东无论是委托辩护数还是指定辩护数都较大，原因在于：第一，广东省的案件数是全国最高的，由于基数较大，律师参与率自然也普遍高于全国其他省级行政区；第二，广东省的重罪发生率较高，其可能

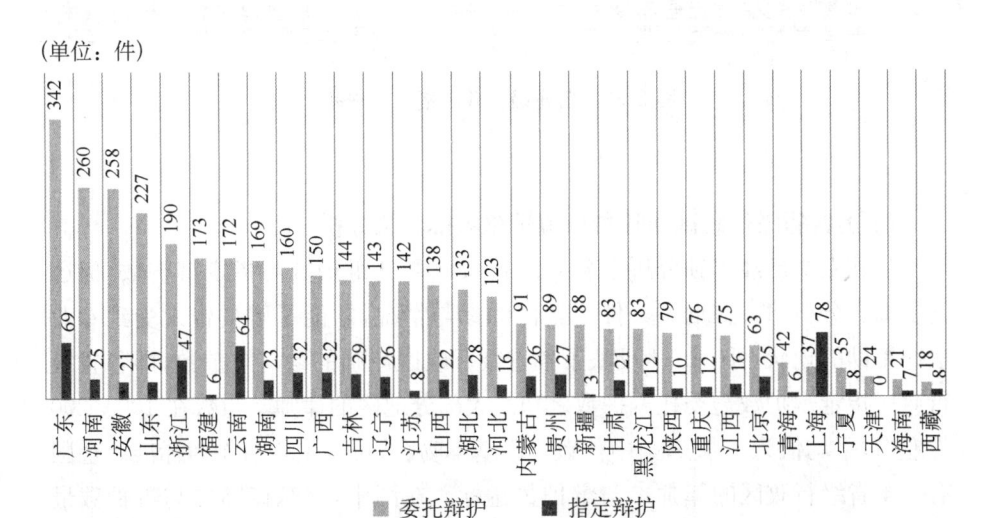

(单位：件)

图2.32 各省级行政区委托辩护数与指定辩护数比较

引发的法定指定辩护数也较多；第三，广东属于经济发达的沿海地区，居民的经济状况较好且具有较强的法律意识，因此委托辩护数自然也不低。不过，单看各省级行政区的指定辩护数并不能真实反映各省级行政区指定辩护的具体情况，还需要结合案件总数评估各省级行政区的指定辩护率。

（四）各省级行政区指定辩护率排名及分析

结合案件总数形成了图2.33，即各省级行政区指定辩护率。如图所示，指定辩护率较高的地区依次是：上海（26.62%）、西藏（24.24%）、北京（23.15%），其中北京与上海属于经济发达地区，指定辩护率较高可能与司法资源较好有关。指定辩护率较低的地区主要是：天津（0）、新疆（2.27%）、福建（2.35%）。

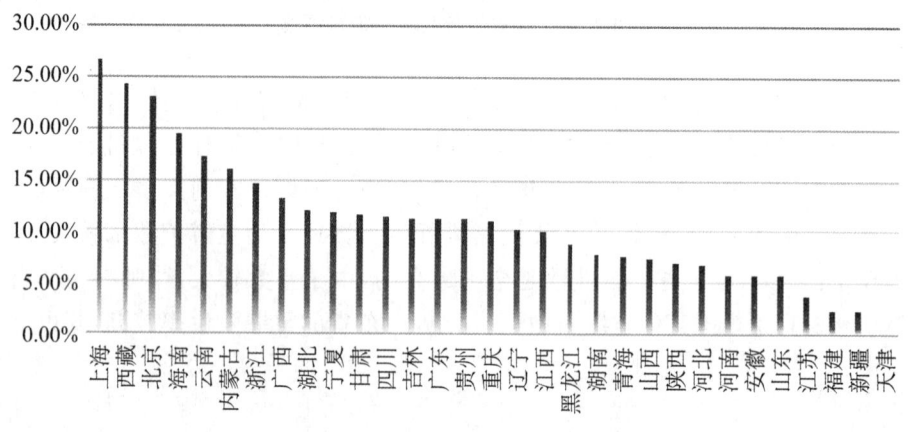

图2.33 各省级行政区指定辩护率

（五）各省级行政区律师参与辩护总数排名及分析

尽管上文已经单独分析了各省级行政区委托辩护数与指定辩护数，但还需要综合分析律师在刑事案件中整体的参与情况，才能了解被告人受到专业法律帮助的现状。图2.34反映了各省级行政区律师的参与辩护数，即各省级行政区指定辩护数与委托辩护数之和。大部分地区的律师参与数在100—200件左右，平均值为154.6，与中位数155基本吻合，可以平均值作为标准。全国有一半省级行政区的律师参与辩护数达标。在图中，广东律师参与辩护数最高，为442件。律师参与辩护在200件以上的分别为：河南（291件）、安徽

(284 件)、浙江(265 件)、云南(264 件)。律师参与辩护在 50 件以下的分别为：天津(24 件)、西藏(27 件)、海南(30 件)、宁夏(46 件)。结合前文数据可知，律师参与辩护数较高的地区案件总数都较高，反之亦然。

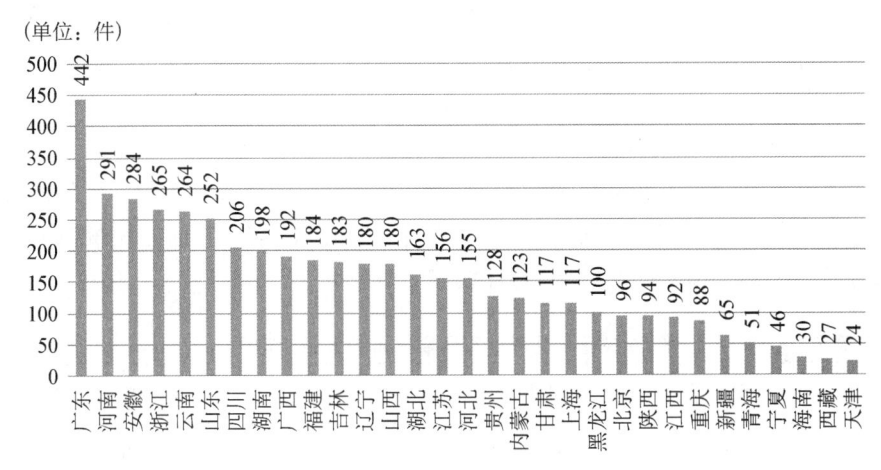

图 2.34　各省级行政区律师参与辩护数

（六）各省级行政区律师参与辩护率排名及分析

由图 2.35 可见，除了上海与新疆外，各省级行政区的律师参与辩护率基本达到了 50% 以上。北京、海南、浙江、西藏、重庆五省级行政区的辩护率达到 80% 以上，大部分地区的辩护率集中在 60%—70% 之间。

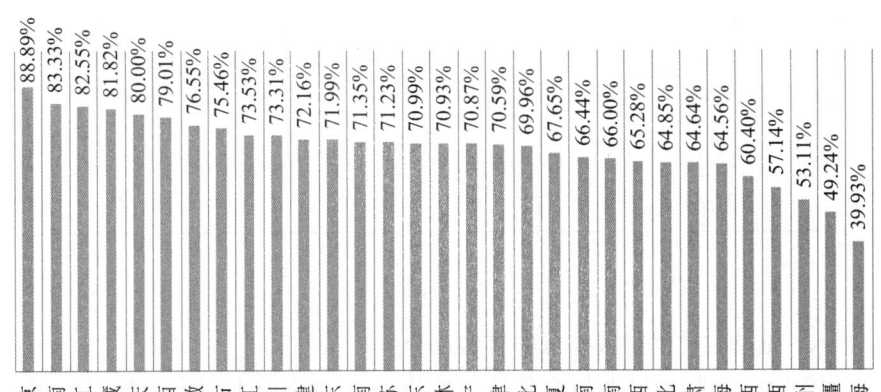

图 2.35　各省级行政区律师参与辩护率

由图 2.35 可见,北京与上海在律师参与辩护率上相差悬殊。实际上,上海与北京在经济规模、城市化程度、人口总数等方面相当,且结合前文数据分析可知,北京的案件总数、重罪发生率均高于上海。细究其中原因,上海法院判决的案件中,发生在轨道交通内的盗窃案件占比较大,被告人多采取自行辩护。案件类型的不同是其中原因之一。

(七) 严重犯罪委托辩护人排名及分析

通过采集判决书数据形成的结果如表 2.60 所示,排名前三位的省级行政区分别为北京(91.04%)、浙江(87.5%)和内蒙古(86.46%),后三位的分别为上海(64.86%)、山西(63.57%)和江西(59.57%)。

表 2.60　各省级行政区严重犯罪委托辩护人占比排名

名次	省级行政区	委托辩护人占比	名次	省级行政区	委托辩护人占比
1	北京	91.04%	17	新疆	75.00%
2	浙江	87.50%	18	黑龙江	73.49%
3	内蒙古	86.46%	19	青海	72.92%
4	重庆	86.36%	20	甘肃	72.38%
5	广西	85.71%	21	湖北	70.59%
6	海南	82.76%	22	贵州	70.15%
7	西藏	78.95%	23	河南	70.11%
8	江苏	78.00%	24	湖南	70.00%
9	天津	77.78%	25	山东	69.89%
10	广东	76.84%	26	辽宁	69.84%
11	陕西	76.67%	27	吉林	68.66%
12	安徽	76.32%	28	河北	65.87%
13	宁夏	76.09%	29	上海	64.86%
13	云南	76.09%	30	山西	63.57%
15	福建	75.59%	31	江西	59.57%
16	四川	75.36%			

(八) 抢劫案件辩护人委托率排名及分析

刑事案件律师辩护参与率是衡量特定地区司法进步程度与犯罪治理水平的重要指标,也是考察该地平安建设成效的有效维度。从表 2.61 可以看出,抢劫案件辩护率排名前四位的省级行政区分别为辽宁(100%)、北京

(100%)、重庆(100%)和青海(100%),排名后三位的分别是天津(50%)、甘肃(44.44%)、海南(33.33%)(西藏基于数据搜集不全原因不计入本次统计中)。

表2.61　　　各省级行政区抢劫案件委托辩护人情况排名

名次	省级行政区	委托辩护人占比	名次	省级行政区	委托辩护人占比
1	辽宁	100.00%	17	河南	70.97%
1	北京	100.00%	18	陕西	70.00%
1	重庆	100.00%	19	山东	69.23%
1	青海	100.00%	20	四川	67.65%
5	广西	89.47%	21	广东	67.53%
6	江西	85.00%	22	河北	66.67%
7	内蒙古	81.82%	22	宁夏	66.67%
8	浙江	81.82%	22	上海	66.67%
9	黑龙江	80.00%	25	福建	64.29%
9	新疆	80.00%	26	云南	63.64%
11	安徽	79.17%	27	贵州	56.25%
12	湖南	78.26%	28	天津	50.00%
13	山西	75.00%	29	甘肃	44.44%
14	湖北	72.22%	30	海南	33.33%
15	吉林	71.43%		西藏	0.00%
15	江苏	71.43%			

实际上,我国目前阶段的刑事案件律师总体参与率是相当低的,据相关研究表明,全国刑事案件律师参与的比例不足30%,有的地区甚至仅为12%。其原因可能包括以下几个方面:其一,当事人的财务情况不允许其雇佣律师为自己辩护;其二,对律师的作用不够了解,认为聘请律师意义不大。表2.61数据显示,抢劫案件辩护率的全国的平均值为74.1%,远超刑事案件的总体辩护率。为何两个数据会有如此巨大出入,可能存在以下原因:本课题数据皆为中级以上人民法院的裁判文书中统计而来,通常此类在中级以上人民法院审判的案件都为重大案件,被告人及其家属更倾向于聘请律师;中级以上人民法院判决的部分案件,即使当事人不聘请律师,法庭也会为他指派法律援助律师。

（九）故意伤害案件辩护人委托率排名及分析

表2.62　各省级行政区故意伤害案件委托辩护人情况排名

名次	省级行政区	委托辩护人占比	名次	省级行政区	委托辩护人占比
1	内蒙古	93.67%	17	福建	78.38%
2	北京	92.06%	18	黑龙江	78.13%
3	海南	92.00%	19	甘肃	76.34%
4	浙江	90.63%	20	贵州	75.70%
5	广西	88.03%	21	新疆	75.56%
6	四川	87.36%	22	河南	73.91%
7	重庆	84.21%	23	青海	73.33%
8	西藏	83.33%	24	山东	72.92%
9	广东	82.99%	25	湖南	71.97%
10	江苏	82.76%	26	湖北	71.55%
11	宁夏	81.82%	27	河北	68.93%
12	陕西	81.63%	28	辽宁	68.18%
13	云南	80.00%	29	上海	66.67%
13	天津	80.00%	30	山西	64.21%
15	安徽	78.48%	31	江西	58.73%
16	吉林	78.43%			

由上表2.62可以看出内蒙古、北京、海南三地的辩护人委托率较高。从总体上看，故意伤害案件的辩护人委托率较高，最高的如内蒙古为93.67%，最低的如江西也达到58.73%。其中原因可能是故意伤害由于其本身的特点，辩护人有很大的发挥空间。

（十）入室盗窃案件辩护人委托率排名及分析

刑事案件律师辩护率是衡量一个国家刑事诉讼保障人权程度的重要标尺，是社会进步在刑事诉讼中的重要体现，更是彰显国家法治文明的重要指标。根据表2.63，入室盗窃刑事案件辩护率排名前三位的省级行政区分别为天津（100%）、西藏（100%）和黑龙江（80%），后三位的分别为新疆、宁夏和海南，辩护率均为0%，全国的平均值为40.08%。这一数字远远高于一般水平。据相关研究表明，全国刑事案件律师参与的比例不足30%，有的省甚至仅为12%。[1]

---

[1] 于宁委员：《律师参与刑事诉讼比例过低》，参见 http://news.sina.com.cn/c/2012-03-12/044424098742.shtml(2018－03－20)。

辩护率低的原因之一可能是侵犯财产犯罪案件（以盗窃罪、诈骗罪、抢劫罪、抢夺罪为主）在犯罪案件总量中居多，而这类犯罪主体的社会地位一般不高，很多人因经济收入拮据不愿或不能聘请律师；另外，此类犯罪事实比较确定，案情相对简单，犯罪主体容易认罪，各方可能认为无需律师的帮助。[①] 本文统计的数据之所以远高于一般水平，甚至有些省级行政区可达到100%，原因主要有三：其一，本文数据来源于中级以上人民法院的刑事判决书，中级以上人民法院管辖的一审刑事案件为可能判处无期徒刑、死刑的案件，而此类案件要求提供法律援助辩护。其二，二审法院还审理上诉案件，通常而言，上诉案件一般更为复杂，需要律师参与提供法律服务。其三，我国开展的认罪认罚从宽制度等要求必须有律师辩护。但是，从另一方面看，即便是在此种条件下，平均辩护率尚不足半成，个别省级行政区辩护率甚至为0%，由此可见，我国刑事辩护还有很大的发展空间。

表2.63　各省级行政区入室盗窃案件委托辩护人情况排名

名次	省级行政区	委托辩护人占比	名次	省级行政区	委托辩护人占比
1	天津	100.00%	17	吉林	33.33%
1	西藏	100.00%	17	湖南	33.33%
3	黑龙江	80.00%	19	江苏	30.00%
4	上海	75.00%	20	陕西	28.57%
4	福建	70.00%	21	山西	25.00%
6	辽宁	57.14%	21	内蒙古	25.00%
7	河北	55.56%	21	甘肃	25.00%
8	浙江	55.00%	21	广西	25.00%
9	湖北	50.00%	25	山东	21.43%
9	青海	50.00%	25	安徽	21.43%
9	北京	50.00%	27	广东	20.83%
12	重庆	44.44%	28	贵州	14.29%
13	江西	40.00%	29	新疆	0.00%
13	云南	40.00%	29	宁夏	0.00%
15	四川	36.84%	29	海南	0.00%
16	河南	35.29%			

---

① 郝铁川：《刑案律师辩护率何以较低》，参见 http://www.legaldaily.com.cn/Lawyer/content/2016-08/05/content_6750090.htm? node＝32988(2018-01-30)。

(十一) 电信诈骗案件辩护人委托率排名及分析

表 2.64　各省级行政区电信诈骗类案件委托辩护人情况

省/自治区/直辖市	委托辩护人的案件数	排名情况	省/自治区/直辖市	委托辩护人的案件数	排名情况
广东	21	1	山东	2	17
浙江	13	2	山西	2	18
福建	6	3	陕西	2	19
河南	5	4	云南	2	20
重庆	5	5	贵州	1	21
江苏	4	6	海南	1	22
上海	4	7	湖南	1	23
安徽	3	8	宁夏	1	24
甘肃	3	9	北京	0	25
湖北	3	10	河北	0	26
吉林	3	11	黑龙江	0	27
四川	3	12	辽宁	0	28
新疆	3	13	青海	0	29
广西	2	14	天津	0	30
江西	2	15	西藏	0	31
内蒙古	2	16			

刑事案件中辩护人的存在可以更好地保障当事人的权利,节省当事人的诉讼成本,突出庭审方式的抗辩性和诉讼性,充分发挥辩护职能作用,切实保障刑事被告人的诉讼权利和合法权益。2016 年全国各省、自治区、直辖市电信诈骗类案件中,委托辩护人案件数量最高的是广东省,紧随其后的是浙江省和福建省,案件数量分别是 21 件、13 件和 6 件。排名最后的七个省级行政区分别是:北京市、河北省、黑龙江省、辽宁省、青海省、天津市和西藏自治区。这些地区的案件数都是 0,究其原因可能有以下几点:第一,这些地区发生的电信诈骗案件数量少;第二,这些地区的电信诈骗类案件在基层法院已经得到解决;第三,这些地区发生的电信诈骗类案件犯罪嫌疑人没有委托辩护人,等等。

但是,单看绝对值难以完全说明电信诈骗类案件辩护人的委托情况,因为有的省级行政区本身案件数就较少,所以,我们可对电信诈骗的具体辩护率进

表 2.65　各省级行政区电信诈骗类案件委托辩护率排名

省/自治区/直辖市	委托辩护率	排名情况	省/自治区/直辖市	委托辩护人率	排名情况
甘肃	100%	1	福建	75%	16
贵州	100%	1	湖北	75%	16
海南	100%	1	河南	71.43%	19
吉林	100%	1	广西	66.67%	20
江苏	100%	1	云南	66.67%	20
江西	100%	1	湖南	50%	22
内蒙古	100%	1	山东	50%	22
宁夏	100%	1	四川	50%	22
山西	100%	1	北京	0%	25
陕西	100%	1	河北	0%	25
新疆	100%	1	黑龙江	0%	25
浙江	100%	1	辽宁	0%	25
重庆	100%	1	青海	0%	25
广东	84%	14	天津	0%	25
上海	80%	15	西藏	0%	25
安徽	75%	16			

行再次排名。

除本身有辩护人的案件数为 0 的省级行政区辩护率仍然为 0 外,其他省级行政区变动较大,如广东虽委托辩护人案件数较多,但由于其本身基数大,实质辩护率并非 100%。而诸如甘肃、贵州、内蒙古等省级行政区由于电信诈骗案件数量少,当出现电信诈骗案件时可能更偏向于委托辩护人,以便更慎重对待案件。

(十二) 交通肇事案件辩护人委托率排名及分析

如表 2.66 所示,交通肇事案件委托辩护人排名前三位的省级行政区为河南省、安徽省和山东省,排名后三位的省级行政区为北京市、上海市与西藏自治区。作为经济社会较为发达、法律服务业发展较为迅速的北京、上海排名靠后,着实让人感到意外。横向对比入室盗窃案件和电信诈骗案件可如下表 2.67。

表 2.66　各省级行政区交通肇事案件委托辩护人情况排名

省/自治区/直辖市	委托辩护人	排名情况	省/自治区/直辖市	委托辩护人	排名情况
河南	78	1	陕西	21	17
安徽	53	2	广西	19	18
山东	48	3	甘肃	16	19
山西	44	4	贵州	16	20
广东	38	5	内蒙古	14	21
河北	37	6	黑龙江	12	22
四川	37	7	江西	12	23
辽宁	35	8	青海	8	24
新疆	35	9	重庆	7	25
湖南	33	10	天津	5	26
湖北	30	11	海南	3	27
福建	29	12	宁夏	3	28
云南	29	13	北京	0	29
吉林	25	14	上海	0	30
江苏	25	15	西藏	0	31
浙江	22	16			

表 2.67　上海、北京常见多发案件委托辩护率对比

	北京	上海
交通肇事委托辩护率	0%	0%
入室盗窃委托辩护率	50%	75%
电信诈骗委托辩护率	0%	80%

对于较为传统的入室盗窃案件，北京和上海委托辩护率相对较高，处于较为正常的范围。另外，上海在电信诈骗案件上的委托辩护率达到 80%，可初步推断上海市在交通肇事案件中确有忽略。但是，北京市对于电信诈骗案件的委托辩护率也为 0%，可能有北京市判决书书写不规范造成统计缺失的原因。

五、律师辩护支持率排名及分析

辩护人制度是刑事诉讼中最为重要的制度之一，在保障人权、实现审判公

正方面具有极其重要的作用。有效的辩护不仅在于与公诉方形成充分的对抗,更在于说服裁判者最大程度地接受辩护律师所提出的辩护意见。[①] 辩护律师的有效辩护和理性论证,有助于促使法官在综合评判控辩双方意见的基础上形成客观的裁判意见,作出公正裁判。只有当民众在司法裁判中感受到公正,才能在心理上获得司法带来的安全感。因此,律师辩护支持情况与社会公众的安全感息息相关。下文将具体分析全国各省级行政区中级以上人民法院对律师辩护的支持情况。

(一) 各省级行政区律师辩护支持总数排名及分析

图 2.36 反映了各省级行政区律师辩护的支持数,其中,以广东省的支持数最高,为 276 件,其次,分别是安徽(168 件)、云南(161 件)、河南(158 件)。通过之前的对比可知,支持数较高的前五个地区案件总数都较高。律师辩护支持数较少的地区主要为海南(18 件)、西藏(21 件)、天津(22 件)。相应地,律师辩护支持数较少的地区,案件总数皆不高。通过图 2.36 可知律师辩护支持数的中位数为 96,经过计算得出律师辩护支持数的平均值为 94,两者相差并不大,则可以平均值 94 代表我国律师辩护支持数的整体水平,这表明我国律师辩护支持情况并不乐观。然而,仅凭唯一的律师辩护支持数排名不够客观,还需要将案件总数纳入考量。

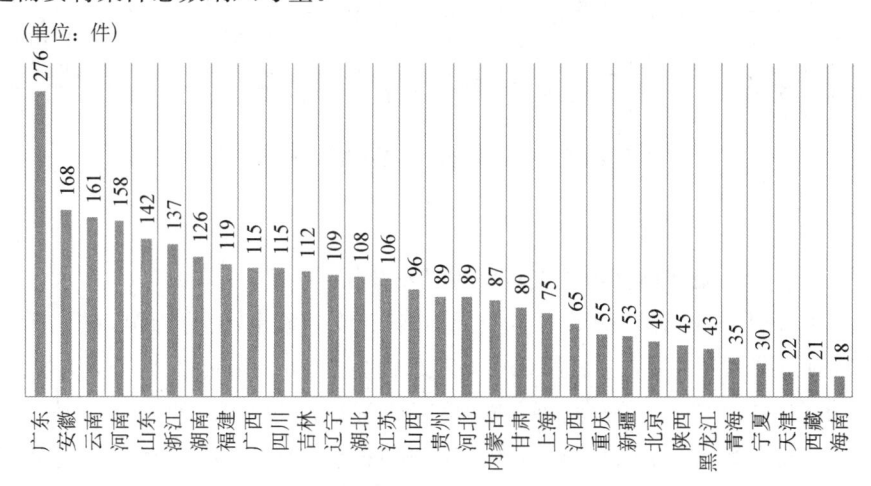

(单位:件)

省份	支持数
广东	276
安徽	168
云南	161
河南	158
山东	142
浙江	137
湖南	126
福建	119
广西	115
四川	115
吉林	112
辽宁	109
湖北	108
江苏	106
山西	96
贵州	89
河北	89
内蒙古	87
甘肃	80
上海	75
江西	65
重庆	55
新疆	53
北京	49
陕西	45
黑龙江	43
青海	35
宁夏	30
天津	22
西藏	21
海南	18

图 2.36 各省级行政区律师辩护支持数

[①] 陈瑞华:《刑事辩护的几个理论问题》,《当代法学》2012 年(1)。

(二) 各省级行政区律师辩护支持率排名及分析

图 2.37 的排名变化所反映的是结合有律师参与的案件数量之后的律师辩护支持率,其中律师辩护支持率较高的地区主要为:天津(91.67%)、新疆(81.54%)、西藏(77.78%)。律师辩护支持率较低的地区主要为:黑龙江(43.00%)、陕西(47.87%)、北京(51.04%)。北京的律师辩护支持率最低,并不是代表北京的律师执业水平不高或者司法环境不好,与此相反,北京的律师执业水平与司法环境应当普遍高于全国其他地区,之所以出现这种原因有可能北京的司法资源配置、侦查技术水平较高,法官对于定罪量刑的把握较为精准,辩护律师发挥作用的空间并不大。

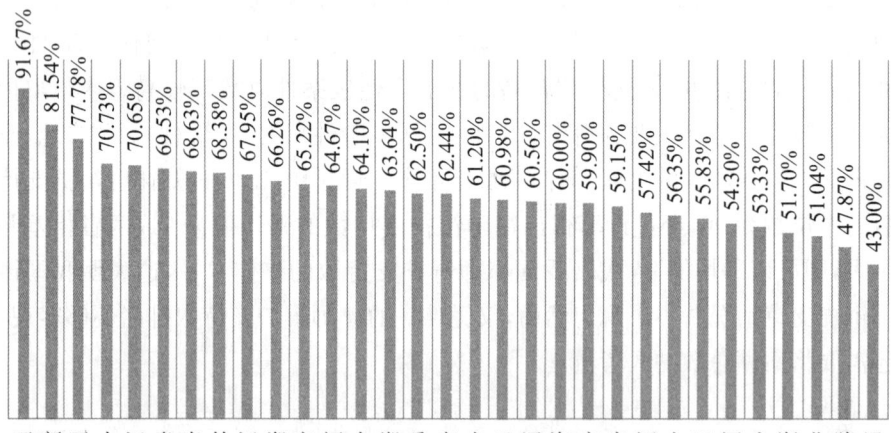

图 2.37 各省级行政区律师辩护支持率

(三) 严重犯罪案件辩护支持率排名及分析

表 2.68 为各省级行政区八类重罪案件支持辩护人的情况,排名前三位的为西藏(78.95%)、天津(66.6%)、内蒙古(63.5%)。另外,江苏、重庆、北京、甘肃、宁夏、海南、浙江以及广西都以超过50%的支持率位于前列。该表也有与我们的一般认知有不相符之处,普遍认为经济发达地区的律师水平较高、法治环境更好,因此辩护成功率较高,但如上海、广东等省级行政区的排名并不靠前。

表 2.68　　各省级行政区八类重罪辩护支持率排名

名次	省级行政区	支持辩护人占比	名次	省级行政区	支持辩护人占比
1	西藏	78.95%	17	辽宁	44.44%
2	天津	66.67%	18	贵州	44.03%
3	内蒙古	63.54%	19	四川	43.48%
4	江苏	55.00%	20	上海	43.24%
5	重庆	54.55%	21	湖南	43.13%
6	北京	53.73%	22	吉林	42.54%
7	甘肃	52.38%	23	安徽	40.53%
8	宁夏	52.17%	24	新疆	40.38%
9	海南	51.72%	25	山西	40.31%
10	浙江	51.32%	26	河南	40.22%
11	广西	50.60%	27	山东	39.20%
12	湖北	50.00%	28	江西	38.30%
13	云南	49.28%	29	河北	38.10%
14	福建	48.82%	30	陕西	36.67%
15	广东	47.37%	31	黑龙江	31.33%
16	青海	45.83%			

(四) 抢劫罪辩护支持率排名及分析

特定地区的辩护水平、辩护规模可以反映当地的法治发展水平。辩护人的部分辩护意见能否得到法院的支持,是衡量判断案件能否得到有效辩护的重要指标,从而可以有效地反映一个地方的法治水平和平安状况。从表2.69可以看出,北京和上海在辩护支持率上分别排名第二位和第三位,这与两地的法治化水平与经济文化发展水平相符。内蒙古作为经济相对欠发达的省级行政区,支持辩护人比例高达70%以上,该结果与一般认知不同,这可能与数据统计方法有关。在采集数据的过程中,判决书中只要有"采纳辩护人观点"的字样,就可以算作支持辩护人意见,所以数据可能存在一定的偏差。且内蒙古案件数量较少,存在一定的偶然性,并不能必然代表该地区真实的法治发展水平。对于海南、青海数据为0的情况,很大的可能是因为案件较少,海南案件仅有3件,青海仅有2件,存在一定的偶然性,这两个数据并不具有代表性。

表2.69　各省级行政区抢劫案件辩护支持率情况排名

名次	省级行政区	支持辩护人占比	名次	省级行政区	支持辩护人占比
1	内蒙古	72.73%	17	山西	39.29%
2	北京	66.67%	18	广西	36.84%
2	上海	66.67%	19	河南	35.48%
4	福建	64.29%	20	山东	34.62%
3	湖北	61.11%	20	广东	33.77%
3	辽宁	60.00%	20	重庆	33.33%
7	江西	60.00%	20	河北	33.33%
8	新疆	60.00%	24	甘肃	33.33%
8	湖南	56.52%	24	贵州	31.25%
10	安徽	50.00%	24	浙江	27.27%
10	宁夏	50.00%	27	黑龙江	20.00%
10	云南	50.00%	28	江苏	14.29%
13	天津	50.00%	28	青海	0.00%
13	吉林	42.86%	28	海南	0.00%
15	四川	41.18%		西藏	
16	陕西	40.00%			

（五）故意伤害案件辩护支持率排名及分析

表2.70　各省级行政区故意伤害案件支持辩护人情况排名

名次	省级行政区	支持辩护人占比	名次	省级行政区	支持辩护人占比
1	西藏	83.33%	11	广西	53.52%
2	内蒙古	68.35%	12	广东	53.13%
3	天津	66.67%	13	云南	50.83%
4	江苏	60.92%	14	四川	50.57%
5	海南	60.00%	15	贵州	49.53%
6	重庆	57.89%	16	吉林	49.02%
7	北京	55.56%	17	青海	48.89%
8	甘肃	54.84%	18	湖北	48.28%
9	浙江	54.69%	19	福建	47.75%
10	宁夏	54.55%	20	河南	44.20%

续表

名次	省级行政区	支持辩护人占比	名次	省级行政区	支持辩护人占比
21	辽宁	43.64%	27	河北	39.81%
22	湖南	43.18%	28	江西	38.10%
23	山西	43.16%	29	新疆	37.78%
24	上海	42.42%	30	陕西	36.73%
25	山东	41.67%	31	黑龙江	31.25%
26	安徽	39.87%			

上表为故意伤害案件中法院判决支持辩护人意见的情况，西藏以83.33%的成绩位列第一，内蒙古、天津居于二、三位。该数据显示全国有一半地区的支持率高于50%，另一半则尚未达到50%。出现辩护意见支持率低的原因，其一，可能是部分地区对于被告人的辩护并不予以足够的重视。其二，辩护人的辩护水平和有效辩护率会影响到辩护意见的支持度。

（六）入室盗窃案件辩护支持率排名及分析

表2.71为各省级行政区入室盗窃案件判决中支持辩护人辩护意见的情况，排名前二位的为天津（100%）、黑龙江（60%），西藏、福建、湖北、青海以50%支持率并列第三位。这个数字略出乎意料，因为普遍认知为经济发达地区、一线城市的律师水平较高，但诸如上海、北京的排名并不靠前，北京的支持率甚至为零。其中原因有待进一步地考察。应当说明的是，判决书撰写不规范可能是导致统计误差的重要原因。我们统计支持辩护人的标准为判决书明示的"对于辩护人的意见予以采纳"，另有部分判决书直接说明"对辩护人的上述意见不予采纳"，此类均可判断。但还有一部分判决书对是否采纳辩护人的意见未予说明，因此难以统计采纳情况。另一重要原因是被告人的有效辩护在我国尚难以保证。[1]在已有判决书中，律师极大多数就罪轻情节进行辩护，且极大多数为自首、初犯、偶犯、认罪悔罪态度良好，而这些情节大部分时候公诉方也会考虑并提及，这就导致律师的作用难以发挥。那么，此类未采纳律师意见的案件是否存在无效辩护的情况值得思考，对实体的影响也需进一步考量。

---

[1] 陈瑞华：《刑事诉讼中的有效辩护问题》，《苏州大学学报（哲学社会科学版）》2014年(5)。

表 2.71　　各省级行政区入室盗窃案件辩护意见支持率排名

名次	省级行政区	支持辩护人占比	名次	省级行政区	支持辩护人占比
1	天津	100.00%	17	山东	21.43%
2	黑龙江	60.00%	18	四川	21.05%
3	西藏	50.00%	19	河南	17.65%
3	福建	50.00%	20	辽宁	14.29%
3	湖北	50.00%	20	陕西	14.29%
3	青海	50.00%	20	安徽	14.29%
7	江西	40.00%	20	贵州	14.29%
8	吉林	33.33%	24	甘肃	12.50%
8	湖南	33.33%	24	广西	12.50%
10	浙江	30.00%	24	广东	12.50%
10	云南	30.00%	27	河北	11.11%
10	江苏	30.00%	28	北京	0.00%
13	上海	25.00%	28	宁夏	0.00%
13	山西	25.00%	28	海南	0.00%
15	内蒙古	25.00%	28	新疆	0.00%
16	重庆	22.22%			

（七）电信诈骗案件辩护支持率排名及分析

案件是否得到有效辩护，体现在辩护人的意见是否得到法院的支持。课题组对各省级行政区电信诈骗案件有效辩护进行了排名，得到表 2.72 展示的结果。其中，支持辩护人意见的案件数排名前三的分别是：广东省、浙江省和福建省。

表 2.72　　电信诈骗案件辩护意见支持数排名

省/自治区/直辖市	支持辩护人意见案件数	排名情况	省/自治区/直辖市	支持辩护人意见案件数	排名情况
广东	15	1	湖北	2	7
浙江	7	2	江西	2	8
福建	4	3	内蒙古	2	9
重庆	4	4	山东	2	10
安徽	2	5	陕西	2	11
河南	2	6	上海	2	12

续表

省/自治区/直辖市	支持辩护人意见案件数	排名情况	省/自治区/直辖市	支持辩护人意见案件数	排名情况
新疆	2	13	北京	0	23
甘肃	1	14	海南	0	24
广西	1	15	河北	0	25
贵州	1	16	黑龙江	0	26
吉林	1	17	湖南	0	27
江苏	1	18	青海	0	28
辽宁	1	19	山西	0	29
宁夏	1	20	天津	0	30
四川	1	21	西藏	0	31
云南	1	22			

（八）交通肇事案件辩护支持率排名及分析

如表 2.73 所示，交通肇事案件支持辩护人排名前三位的分别为安徽省、河南省和山东省，排名后三位的仍然是北京、上海与西藏。交通肇事案件中，辩护人的意见大多为罪轻辩护，理由大多为初犯、偶犯，认罪悔罪态度良好、积极赔偿等，法庭一般都支持辩护人的意见。因此，辩护意见支持数和发案数的两个排名比较接近。

表 2.73　各省级行政区交通肇事案件支持辩护人排名

省/自治区/直辖市	支持辩护人意见案件数	排名情况	省/自治区/直辖市	支持辩护人意见案件数	排名情况
安徽	40	1	吉林	16	11
河南	36	2	浙江	16	12
山东	24	3	湖南	15	13
广东	23	4	辽宁	15	14
福建	21	5	四川	14	15
河北	20	6	云南	14	16
湖北	19	7	广西	12	17
江苏	19	8	内蒙古	10	18
新疆	19	9	甘肃	9	19
山西	17	10	贵州	9	20

续表

省/自治区/直辖市	支持辩护人意见案件数	排名情况	省/自治区/直辖市	支持辩护人意见案件数	排名情况
江西	7	21	宁夏	2	27
青海	6	22	海南	1	28
天津	6	23	北京	0	29
重庆	6	24	上海	0	30
陕西	5	25	西藏	0	31
黑龙江	4	26			

六、相关性分析

对犯罪管控、治理情况的评价需要结合可能因素进行多维分析，在既有可选择的数据范围内，本部分将选取四个预测变量：经济发展水平、受教育水平、城市化水平、劳动力状况分别进行相关性分析。通过将案件侦破速度、二审改判率、律师参与率以及律师辩护支持率置于更加多维、全面的背景下分析，得出可能影响平安建设的相关性因素以及相互之间的关联、互动方式。

(一)案件侦破速度的相关性分析

影响案件侦破速度的原因分为内因与外因，内因主要是侦查机关内部的配置、技术水平、侦查人员等，外因在本文中主要聚焦于社会因素对案件侦破速度的影响。通过上文对各省级行政区案件侦破速度的分析可知，其可能与经济发展水平、地理位置、人口密度等因素存在关联性。由此，课题组将选取人均可支配收入、城镇人口比例与各省级行政区案件侦破速度进行相关性分析。人均可支配收入对衡量地区的经济发展具有重要意义，城镇人口比例则代表着地区的工业化、城镇化程度，其作为支持经济发展的重要力量，在一定程度上也反映了地区的经济发展水平。

1. 人均可支配收入与案件侦破速度的相关性

如表2.74所示，案件侦破速度与人均可支配收入的相关系数绝对值趋近于0，代表人均可支配收入并不如我们想象中对案件侦破速度具有较大的影响。换言之，案件侦破速度与人均可支配收入之间不存在相关性。

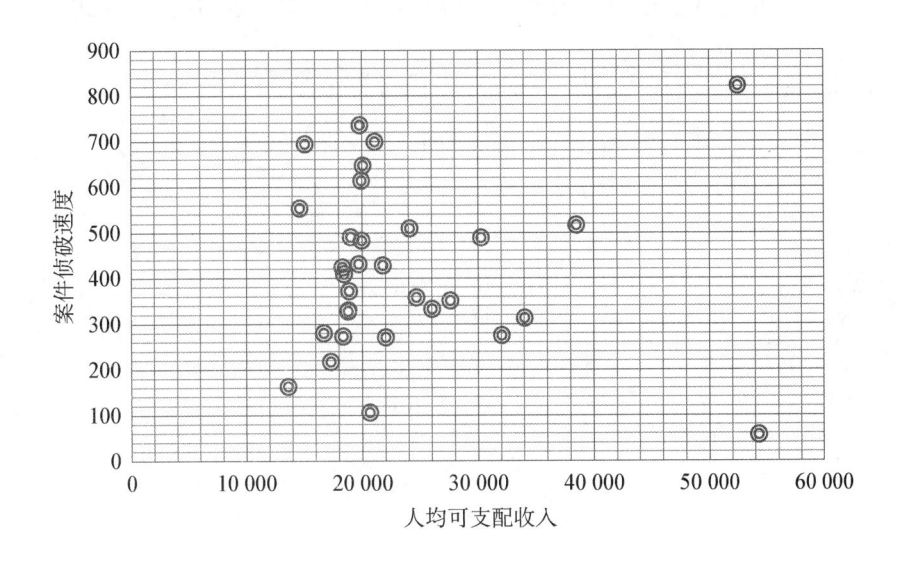

表 2.74　案件侦破速度与人均可支配收入相关系数

案件侦破速度与人均可支配收入相关系数	－0.002

从逻辑上来说，一个地区的人均可支配收入越高，经济发展水平越高，用于犯罪案件侦破的投入也会更多，案件侦破速度可能越快。就目前的结论来看，并不能反映这一推论。当然，基于相关系数与散点图所反映的仅是自变量与因变量之间的拟合线性关系。就所选取的数据来说，因变量（案件侦破速度）的变化并不完全受自变量（人均可支配数收入）的影响，还可能受到其他因素的影响。对此，需要综合分析各省级行政区的人均可支配收入与案件侦破速度数据作进一步的差比分析。

差比是以人均可支配收入排名减去案件侦破速度排名所得数值。其中，绝对值较大代表案件侦破速度受人均可支配收入影响较小。表 2.75 中案件侦破速度排名为由长到短，人均可支配收入由高到低对应排列。由表可见，负值较小的省级行政区分别为浙江（－21）、湖南（－16）、广东（－15）、内蒙古（－13）。这些省级行政区案件侦破耗时较长，人均可支配收入处于中等偏上的水平。正值较大的省级行政区分别为西藏（28）、青海（23）、云南（20）、新疆（19）。这些省级行政区案件侦破耗时较短，人均可支配收入处于偏低的水平。可见其案件破案速度与人均可支配收入的关系不大,无法看出两者之间存在相关关系。特别值得注意的是北京与上海呈现的首尾各据一端的极端化现象。

表2.75　各省级行政区案件侦破速度名次与人均可支配收入名次对比

省、自治区、直辖市	案件侦破速度排名	人均可支配收入排名	差比	省、自治区、直辖市	案件侦破速度排名	人均可支配收入排名	差比
北京	31	2	−29	陕西	15	21	6
黑龙江	30	18	−12	山东	14	9	−5
湖南	29	13	−16	福建	13	7	−6
贵州	28	29	1	辽宁	12	8	−4
江西	27	15	−12	宁夏	11	22	11
吉林	26	17	−9	四川	10	23	13
甘肃	25	30	5	天津	9	4	−5
浙江	24	3	−21	云南	8	28	20
内蒙古	23	10	−13	江苏	7	5	−2
山西	22	20	−2	新疆	6	25	19
广东	21	6	−15	重庆	5	11	6
安徽	20	16	−4	青海	4	27	23
河北	19	19	0	西藏	3	31	28
湖北	18	12	−6	海南	2	14	12
广西	17	26	9	上海	1	1	0
河南	16	24	8				

2. 城镇人口比例与案件侦破速度的相关性

如表2.76所示,案件侦破速度与城镇人口比例的相关系数绝对值趋近于0,说明案件侦破速度与城镇人口比例之间不存在相关关系。城镇人口比例反映一个地区工业化、城镇化水平的高低。在城市化进程中,城市的面积急剧扩张,城市人口的快速增加,使得城市周边地区的管理处于失控的状态,成了监管的盲区。[①] 其中,最为典型的便是城乡接合部,既是犯罪的高发地区又属于监管的盲区。也就是说,城市化过程中可能会导致犯罪数量的短期增加,但是,城镇人口比例的增长与案件侦破之间并不存在相关关系。

---

① 李锡海:《工业化、城市化与犯罪》,《法学论坛》2009年(24,1)。

第五章 犯罪管控治理指数

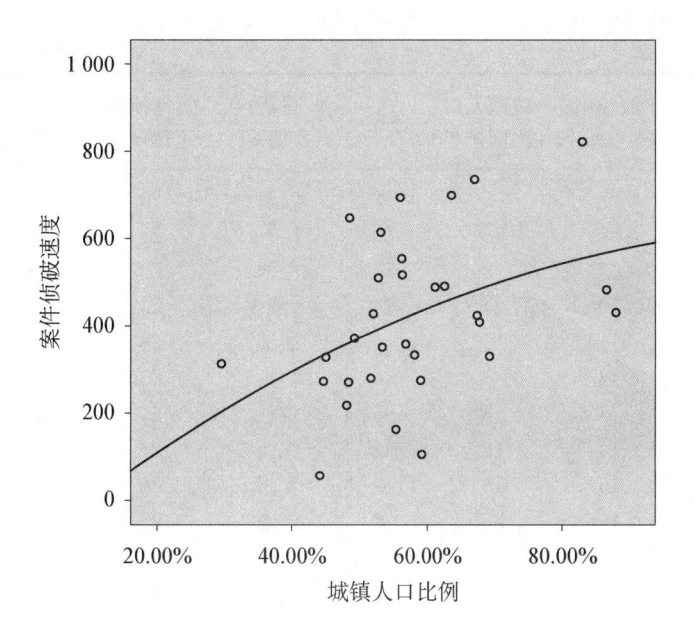

表 2.76　案件侦破速度与城镇人口比例相关系数

案件侦破速度与城镇人口比例相关系数	0.017

以下通过差比分析具体数据排名变化以进一步检验两者之间是否存在关联性。

差比是以城镇人口比例排名减去案件侦破速度排名得出。表 2.77 中案件侦破速度排名为由短到长，城镇人口比例由高到低对应排列。呈现负值的地区为：黑龙江（−19）、浙江（−17）、广东（−17）。呈现正值的地区为：西藏（28）、新疆（20）、云南（20）、青海（19）。通过选取绝对值较大的地区的数据可以看出，案件侦破速度与城镇人口比例之间没有关联。

表 2.77　各省级行政区案件侦破速度排名名次与城镇人口比例名次对比

省、自治区、直辖市	案件侦破速度排名	城镇人口比例排名	差比	省、自治区、直辖市	案件侦破速度排名	城镇人口比例排名	差比
上海	1	1	0	青海	4	23	19
海南	2	14	12	重庆	5	9	4
西藏	3	31	28	新疆	6	26	20

省、自治区、直辖市	案件侦破速度排名	城镇人口比例排名	差比	省、自治区、直辖市	案件侦破速度排名	城镇人口比例排名	差比
江苏	7	5	−2	安徽	20	22	2
云南	8	28	20	广东	21	4	−17
天津	9	3	−6	山西	22	16	−6
四川	10	24	14	内蒙古	23	10	−13
宁夏	11	15	4	浙江	24	7	−17
辽宁	12	6	−6	甘肃	25	29	4
福建	13	8	−5	吉林	26	17	−9
山东	14	12	−2	江西	27	20	−7
陕西	15	18	3	贵州	28	30	2
河南	16	25	9	湖南	29	21	−8
广西	17	27	10	黑龙江	30	11	−19
湖北	18	13	−5	北京	31	2	−29
河北	19	19	0				

通过数据的分析与检验，排除了北京与上海两个极端的数据，却仍然不能得出人均可支配收入、城镇人口比例与案件侦破速度之间存在相关关系。这主要在于影响因素的多样化与数据选取的不可控因素，导致无法有效地控制变量，也无法做出更为客观的比较。但我们不可否认经济因素对于案件侦破速度的提升具有重要作用。一个地区经济越发达，便越需要稳定的社会环境与社会结构服务于经济发展，因此经济发达地区更加注重社会环境、金融环境的治理，投入更多司法资源治理犯罪。北京与上海两个经济发展水平相差无几的地区之所以在破案速度上存在较大的差别，原因可能在于上海提取的案件中大部分为地铁上的盗窃案件，重罪案件仅为37件，占案件总数的12.6%。北京的重罪案件为67件，占案件总数的62.0%，相较于轨道交通内的轻微犯罪，重罪案件需要投入大量的人力、物力，耗费较长的时间进行侦查。因此，北京的平均破案速度与上海的相差较大。

（二）二审改判率的相关性分析

二审改判率作为评价案件审理质量的重要指标之一，关乎法律效果的实现，影响着社会公众对司法的认同与信任。法律效果侧重于司法行为遵循法律规定、符合法律要求，以达到法律适用产生的效果。社会效果则是侧重于司法目的的实现,反映的是社会公众对司法行为的认同程度。法律效果的实现是达到社会效果的前提,但法律效果的实现也受到了社会因素的影响。[①] 二审改判率自然也受到了社会因素的影响,本部分选取了人均GDP、人均可支配收入、抚养比与高等教育率四个数据进行具体分析。人均GDP、人均可支配收入皆在一定程度上反映地区的经济发展水平。抚养比是衡量人口年龄结构对社会经济发展影响的指标之一,主要是通过对地区的劳动力状况反映该地区的经济发展水平。高等教育率从侧面能够说明民众的文化素质和社会的发展程度。

1. 人均GDP与二审改判率的相关性

如表2.78所示,人均GDP与二审改判率的相关系数为－0.335,落至弱程度相关,负表示两者呈负相关,即表示地区人均GDP越高,二审改判率越低,反之亦然。换言之,人均GDP与二审改判率之间存在微弱负相关关系。

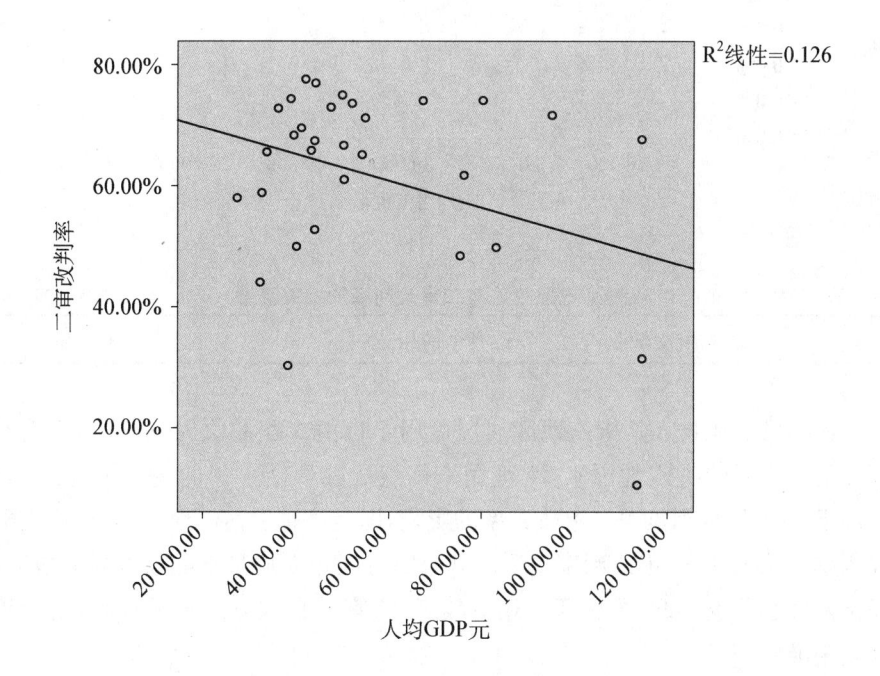

[①] 郑肖肖:《案件质量评估的实证检视与功能回归——以发回重审率、改判率等指标为切入点探讨》,《法律适用》2014年(1)。

表 2.78　　　　　　人均 GDP 与二审改判率的相关系数

人均 GDP 与二审改判率的相关性	－0.335

2. 人均可支配收入与二审改判率的相关性

如表 2.79 所示,人均可支配收入与二审改判率的相关系数为－0.528,落至中等程度相关,负表示两者呈负相关,即表示人均可支配收入越高,二审改判率越低,反之亦然。换言之,二审改判率与人均可支配收入之间存在中等程度的负相关关系。

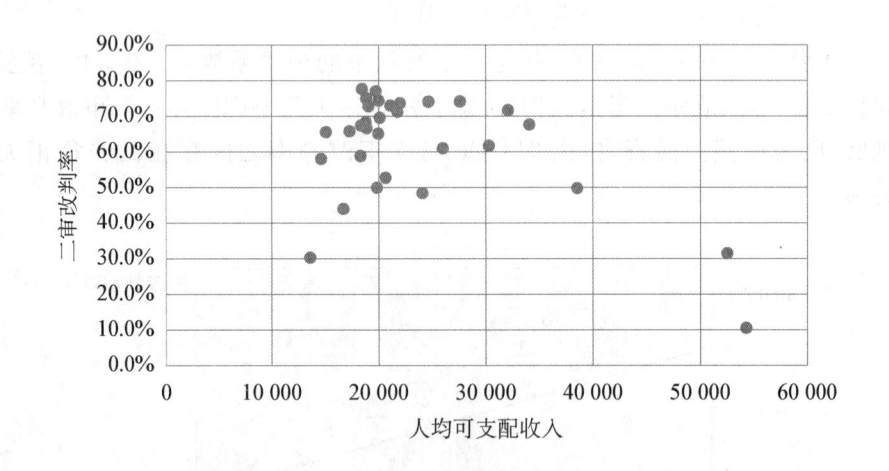

表 2.79　　　　　人均可支配收入与二审改判率的相关系数

人均可支配收入与二审改判率的相关性	－0.528

人均可支配收入是指一地区居民可用于自由支配的收入,被认为是消费开支的最重要的决定性因素,常被用来衡量居民生活水平的变化情况。[①] 表 2.79 证明了经济因素对二审改判率的影响,即经济越发达的地区,人均可支配收入越高的地区,二审改判率越低。其原因可能是人均可支配收入高的地区,经济发展水平也不低,司法环境相对较好,法官的整体业务水平较高,定罪量刑较为准确。

---

① 章达友:《人均可支配收入是制定高校收费标准的主要依据》,《教育与经济》2000 年(4)。

3. 抚养比与二审改判率的相关性

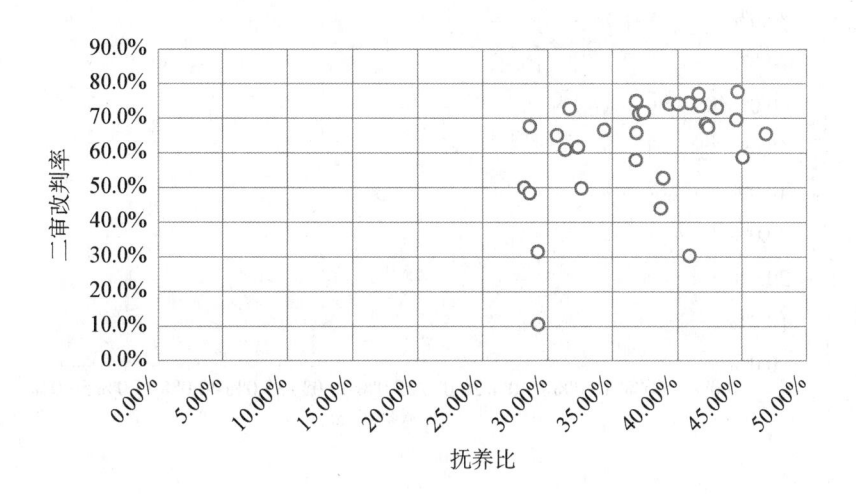

表 2.80	抚养比与二审改判率的相关系数
抚养比与二审改判率的相关性	0.441

抚养比是指总体人口中非劳动年龄人口数与劳动年龄人口数之比。[①] 抚养比越大,表明劳动力人均承担的抚养人数越多,易言之,抚养比越大就是劳动力的抚养负担越重。

如上表2.80所示,抚养比与二审改判率的相关系数为0.441,落至中等程度相关,正表示两者呈正相关,即表示抚养比越高,二审改判率越高,反之依然。换言之,二审改判率与抚养比之间存在中等程度的正相关关系。

4. 高等教育率与二审改判率的相关性

如表2.81所示,高等教育率与二审改判率的相关系数为-0.474,落至中等程度相关,负表示两者呈负相关,即表示高等教育率越高,二审改判率越低,反之亦然。

[①] 陈涛、陈功、宋新明等:《从人口抚养比到社会抚养比的探索分析》,《中国人口科学》2008年(2)。

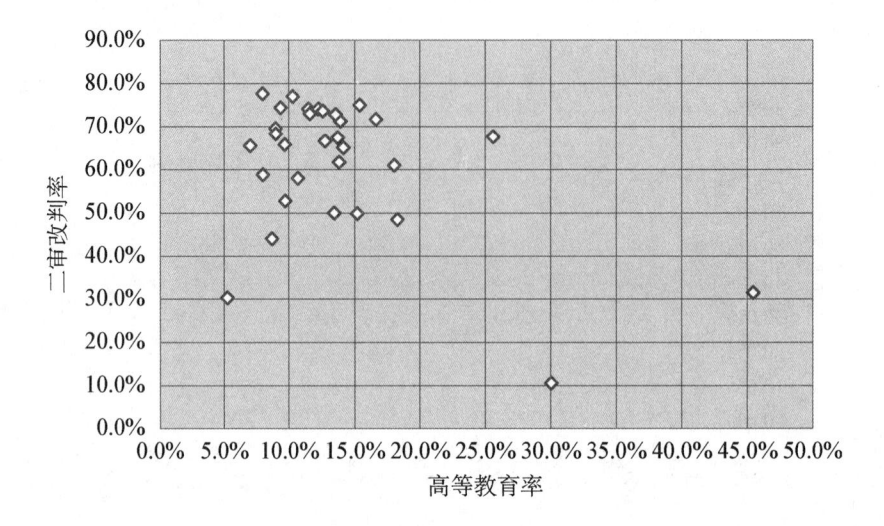

表 2.81　　　　　　高等教育率与二审改判率的相关系数

高等教育率与二审改判率的相关性	−0.474

(三) 律师参与率相关性分析

辩护律师参与刑事诉讼的途径主要有两种：委托辩护和指定辩护。指定辩护适用的必要情形规定在刑事诉讼法中，受外部因素影响较小；委托辩护是被告人或其近亲属的自愿选择辩护律师为被告人辩护。换言之，委托辩护较易受到外部因素的影响，例如：被告人的经济状况、被告人的受教育水平、所在城市的司法氛围等。课题组选取了人均可支配收入以及义务教育率两个指标进行律师参与率的相关性分析。

1. 人均可支配收入与律师参与率的相关性

已有的研究认为，收入水平高的群体具有较强的权利意识，而且在维护权利时不会对利益的得失进行过多的考量。[①] 换言之，人均可支配收入越高，权利观念就越强，相应地，更倾向与聘请律师作为辩护人以更好地行使辩护权。

---

① 麻宝斌、杜平：《权利主张抑或利益考量：民众对社会正义客体的认知——一项以权利观念为中心的实证研究》，《北京行政学院学报》2017 年(6)。

但如表2.82所示,人均可支配收入与律师参与率的相关系数绝对值趋近于0,这与一般观念不同。根据数据分析后发现,律师参与率与人均可支配收入之间不存在相关性。

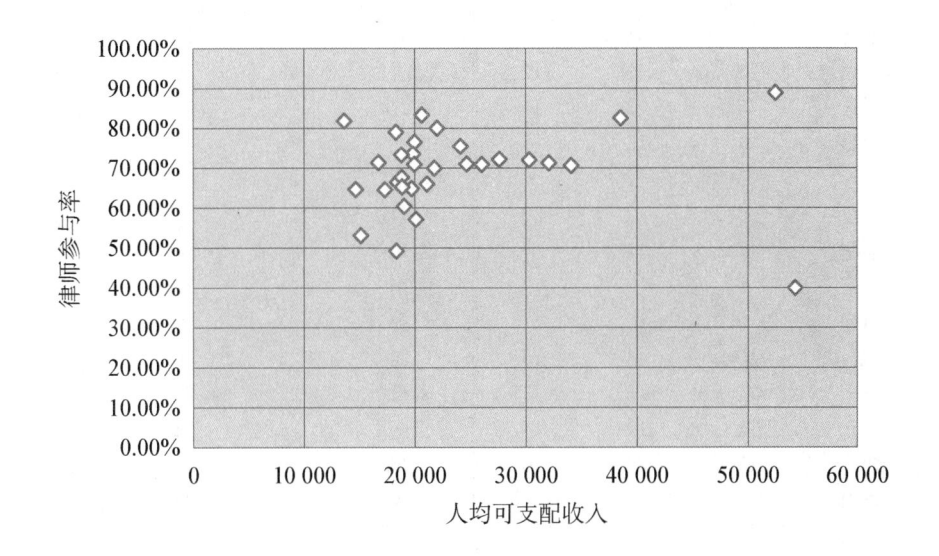

表2.82　人均可支配收入与律师参与率的相关系数

人均可支配收入与律师参与率的相关性	0.026

为进一步研究人均可支配收入与律师参与率的相关性,我们将对比人均可支配收入、委托辩护率、律师参与率三者的排名状况以验证设想。

表2.83选取各省级行政区人均可支配收入、律师参与率与委托辩护率的数据进行了排名对比。人均可支配收入、律师参与率与委托辩护率皆是从高到低的对应排列。通过排名对比可以清楚地发现上海的排名变化最大,上海虽然作为全国经济、金融中心,但无论是辩护比例还是委托辩护率皆处于全国末位。其中原因如前所述,上海的大部分案件皆为轨道交通内的盗窃案件,案件类型较为简单,事实证据基本清楚,在审判程序上多采用了简易程序或速裁程序,大部分被告人采取自行辩护。因此,上海地区的数据具有特殊性。观察其他省级行政区的数据,也不能证明三组数据之间的相关性。

表 2.83　各省级行政区人均可支配收入、律师参与率与委托辩护率名次对比

省、自治区、直辖市	人均可支配收入排名	辩护比例排名	委托辩护比例排名	省、自治区、直辖市	人均可支配收入排名	辩护比例排名	委托辩护比例排名
上海	1	31	31	吉林	17	16	19
北京	2	1	12	黑龙江	18	9	9
浙江	3	3	11	河北	19	24	25
天津	4	18	1	山西	20	27	28
江苏	5	14	6	陕西	21	23	21
广东	6	12	20	宁夏	22	20	24
福建	7	11	4	四川	23	10	15
辽宁	8	17	17	河南	24	21	10
山东	9	15	7	新疆	25	30	5
内蒙古	10	8	18	广西	26	6	8
重庆	11	5	3	青海	27	26	23
湖北	12	19	14	云南	28	13	27
湖南	13	22	16	贵州	29	29	30
海南	14	2	13	甘肃	30	25	29
江西	15	28	26	西藏	31	4	22
安徽	16	7	2				

2. 义务教育率与律师参与率的相关性

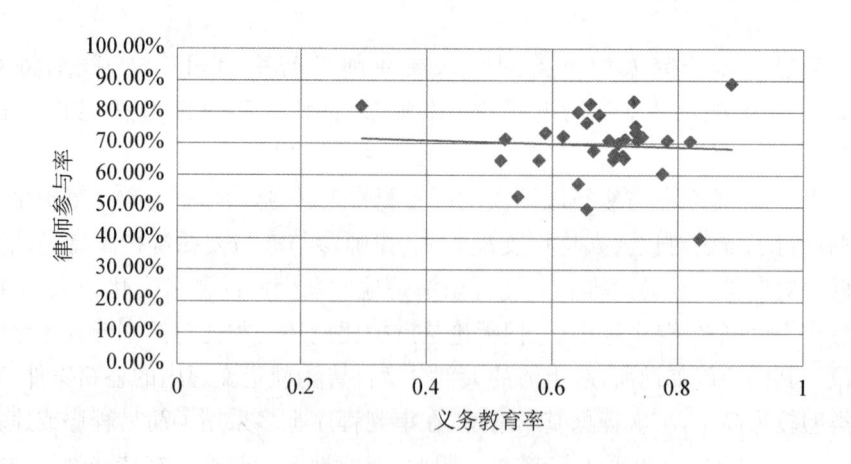

表2.84　　　　　义务教育率与律师参与率的相关系数

义务教育率与律师参与率的相关性	−0.057

在上文所提的设想中,义务教育率与律师参与率之间存在正比关系。众所周知,教育具有启蒙作用,教育能够提升人的认知能力与认知水平。在权利维护上,受教育程度越高,就越有可能具有稳定的权利观念。[①] 具体表现为具有较强的权利意识与权利主张,并且愿意在相关制度允许的范围内进行维权。因此教育普及度较高的地区,更愿意聘请律师作为辩护人以更好行使辩护权。但如前所述,律师参与率与义务教育率的相关系数绝对值趋近于0,代表义务教育率与律师参与之间不存在任何相关关系。

通过对具体数据进行观察(如图2.44)发现上海的律师参与率最低,义务教育率却处于全国第二。在上文中已经讨论论基于上海所选取数据受案件类型与审判程序的影响较大,故而予以排除。义务教育率最低但律师参与率较高的地区为西藏,这主要是基于西藏案件数量较少,案件类型也多是故意伤害、故意杀人等严重犯罪,因此律师参与率较高,特别是其中的指定辩护比例更是位居全国第二。正如图2.44所见,排除上海以及西藏的数据,以义务教育率对各省级行政区进行排名,我们发现各省级行政区律师参与率的排名情况与

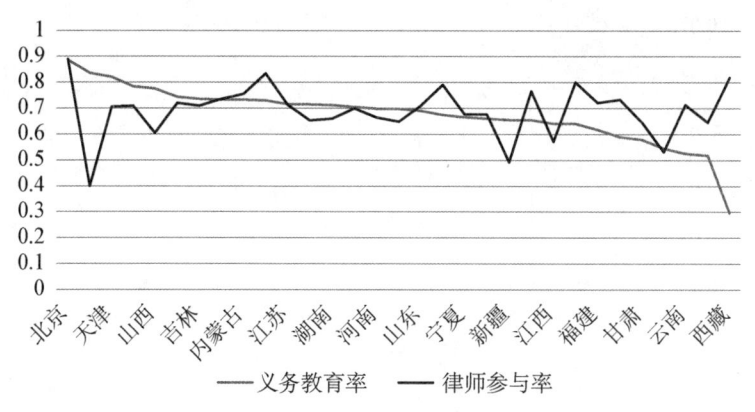

图2.38　各省级行政区义务教育率与律师参与率对比

[①] 麻宝斌、杜平:《权利主张抑或利益考量:民众对社会正义客体的认知——一项以权利观念为中心的实证研究》,《北京行政学院学报》2017年(6)。

义务教育率的相差无几。虽然相关性分析与设想相悖,但并不能否认教育对于律师参与率的积极作用。义务教育率与律师参与率之间的相关性受到了多方面因素的影响,无法做到完全地控制变量。

综上,目前数据与分析无法证明人均可支配收入、义务教育率与律师参与率存在相关关系。但正如前文结论所言,可能由于当前的数据难以排除其他因素的干扰,才无法得出客观准确的结论,该结论并非绝对否认经济水平、受教育水平对律师参与率的影响。

(四)律师辩护支持率的相关性分析

课题组聚焦于受教育水平与律师辩护支持率的相关性分析。表现受教育水平的数据分别为"15岁及以上人口文盲比例"与"义务教育率"。

1. 15岁及以上人口文盲比例与律师辩护支持率的相关性

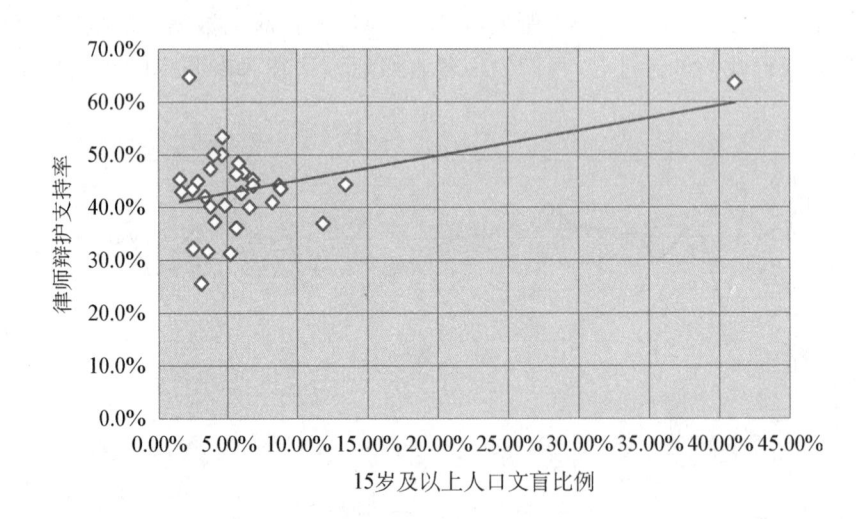

如表2.85所示,15岁及以上人口文盲比例与律师辩护支持率的相关系数为0.404,落至中等程度相关,正值表示两者呈正相关,即表示15岁及以上人口文盲比例越高,律师辩护支持率越高,反之亦然。

表2.85　15岁及以上人口文盲比例与律师辩护支持率的相关系数

15岁及以上人口文盲比例与律师辩护支持率的相关性	0.404

2. 义务教育率与律师辩护支持率的相关性

如表 2.86 所示,义务教育率与律师辩护支持率的相关系数为 －0.289,为弱相关,负表示两者呈负相关,即表示义务教育率越高,律师辩护支持率越低,反之亦然。

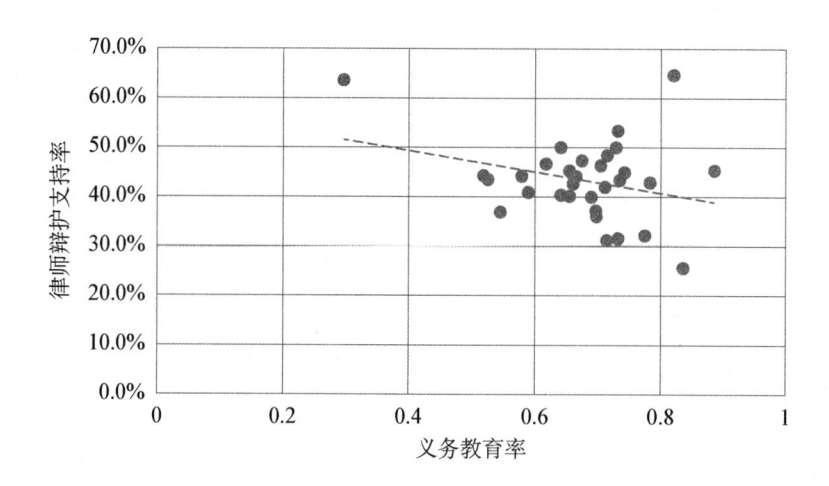

表 2.86　　义务教育率与律师辩护支持率的相关系数

义务教育率与律师辩护支持率的相关性	－0.289

前文已得出 15 岁及以上人口文盲比例与律师辩护支持率之间存在中等程度的正相关关系的结论。反观义务教育率与律师辩护支持率之间仅存在微弱的负相关关系,印证了前文结论的正确性。虽然相关系数的数值之间存在差别,但并不妨碍结论的正确性。也就是说,整体文化程度越高的地区,律师辩护意见的支持率越低。该结论值得深思。

第三篇

诚信社会的司法指数研究报告

摘　　要

诚信社会建设是我国社会主义市场经济体制和社会治理体系的重要组成部分。就整体而言，社会信用体系的建设，对于促进社会主义市场经济体系的完善，提升国家的整体竞争力以及促进社会发展与进步都具有重要的意义。对个人来说，树立诚信的理念并弘扬诚信精神，成为经济和社会发展的必然要求，也将成为个人参与经济、社会等各方面交往的基本前提。为此，本报告以诚信社会建设为关注目标，主要通过对作为诚信社会建设之一环的民事领域"欺诈案件"的考察，将各省、直辖市和自治区作为基本单位进行分析，以期从一个侧面反映出我国诚信社会建设的现状及存在的问题，在此基础上对完善诚信社会建设提出一定的措施和建议。之所以选择民事欺诈案件作为考察对象，主要有以下两方面考虑：

第一，民事领域的欺诈案件涉及诚信社会建设的多个领域。譬如，流通领域（批发零售、住宿餐饮、服务行业等）、金融领域（内幕交易、金融欺诈、制售假保单等）、价格领域（价格欺诈等）存在的欺诈案件，反映出商务诚信建设的现实及其问题；劳动用工领域（劳动合同欺诈、黑中介等）、自然人信用领域（个人诚信、自然人涉欺诈案件等）存在的欺诈案件，反映出社会诚信建设中亟待解决的问题；欺诈类案件的再审改判率、二审开庭率以及上网时间等相关情况，则明确地反映出我国司法诚信建设的现状。由此可见，民事欺诈案件涉及诚信社会建设的多数领域，成为目前我国整体诚信建设水平的真实写照，因而可以作为了解实际情况的可靠抓手。

第二，以民事欺诈案件为考察对象顺应社会诚信建设的基本趋势。正如依法治国成为我国宪法确立的基本治国方略，通过制度方式加强经济、社会各方面的建设，也已经成为我国社会治理的基本手段。在现代市场经济社会背景下，社会诚信建设的主导模式由"德性诚信"转向"制度诚信"。基于此一转变，以下趋势已经非常明显，即礼俗社会转向法理社会，人际信任转向制度信任。为了顺应现代社会的转型及发展趋势，加强社会信用体系建设已经成为一种内在的必然要求。①民事领域作为与老百姓日常生活息息相关的生活场景，其中发生的欺诈案件的处理也最能体现出诚信社会建设的制度化解决方案，因而成为我们考察的主要对象。

有鉴于此，本研究由第三方公司以"中国裁判文书网"上传的民事案件判决书为检索对象，对2016年度内（自2016年1月1日起至2016年12月31日止）所有裁判主文中包含有"欺诈"二字的民事判决书进行检索，并将判决文书的搜集范围确定为各省、直辖市、自治区中级及高级法院审理的全部一审、二审与再审案件。基于上述检索条件，我们共获得各省区市涉欺诈民事案件9 695件，并以其作为本报告的分析样本。本报告从案件情况、行为特征以及法律适用等三个方面出发设定统计指标，其中包括原告身份、被告身份等共55项内容。在此基础上，我们对所收集的案件进行逐案分析，并通过相关统计软件对所有案例进行汇总，逐步建立"2016年我国民事涉欺诈案件数据库"，以作为本研究报告统计、排名和分析的依据。

第一章　民事欺诈案件基本情况

2016年全国中级及以上人民法院公布的判决涉欺诈案件的数量共计9 694件。对于涉欺诈案件，我们首先根据各省级行政区中级以上人民法院判决数进行总排名，这是对于社会诚信情况最直观、最直接的描述。此外，由于各省级行政区的经济、人口、面积存在较大差异，导致了各类绝对数据存在难以直接比较的问题，所以在此次数据分析与比对工作中，我们较多地使用比例数据，例如欺诈案件占该地区全部上网民事案件的比率，百万人口发生欺诈案件比率等，以期在各省级行政区之间进行较为科学与客观的比较。

经过计算每百万人口涉欺诈案件数及排名，可以发现，排名第一的北京市百万人口涉欺诈案件数为30.4件，排名第二的上海市则为19.71件。对于这一排序，可能产生的疑问便是，北京和上海每百万人口涉欺诈案件数为什么会排名如此靠前，是不是可以断定北京、上海的社会诚信程度较差？对此，我们认为，造成该结果的原因有很多，因而不能简单地下结论：首先，北京市和上

---

① 王淑芹：《社会诚信建设的现代转型——由传统道德性诚信到现代制度诚信》，《哲学动态》2015年第12期。

海市作为中国政治和经济领域两个最为发达的城市,社会整体的法治化程度较高,裁判文书的上网率高,使得涉欺诈案件的上网基数较大。其次,生活在经济发达地区的人口文化和知识水平普遍较高,法律以及权利意识较强,因而选择诉讼途径维权的比例相对要高。不仅如此,司法运作的规范以及法院审理相对公正,都可能使市民更多地选择司法途径解决民事领域的欺诈案件,这些因素都可能是造成北京和上海百万人涉欺诈案件比例高的原因。

我们统计了全国涉欺诈案件案由占比,合同案件占到了全国涉欺诈案件的一半还多,为65.66%。紧随其后的是劳动人事案由案件占比为15.95%,商事案由案件占比和侵权案由案件占比较为接近,分别为:6.5%和6.18%,而其他案由案件的占比仅为5.71%。由此可以发现,全国涉欺案件中合同案由案件占据了半壁江山,是劳动人事案由案件的4倍还多。我们认为出现这种情况主要有几个原因:首先,在民事领域,合同无处不在,与每个人息息相关,可以说每个主体与他人联系的最主要的方式便是订立合同,从而形成法律关系。其次,随着市场经济的繁荣,人们缔结合同的方式越来越丰富,频率也越来越高,相关主体之间关系复杂多样,关系社会的逐步打破,使得越来越多素不相识的主体通过合同建立了民事法律关系。由此,合同是当事人双方意思自治的产物,国家一般不加干涉,所以在经济活动中并不十分规范,且社会法治建设相对滞后的情况下,当事人在订立合同时可能因种种原因涉及欺诈问题,并因此而受到损害。劳动人事案由案件排名第二,这一方面表明我国劳动者人数众多,劳动领域欺诈案件发生较为频繁,另一方面也说明《劳动合同法》颁布后,劳动者维权意识逐渐增强,在自身利益受到侵害的情况下,更多地选择法律途径维护自身利益。

此外,还需提到的是,律师介入率与案件获赔率的相关性。基于数据可见,无论是攻方律师参与、守方律师参与或者是综合律师参与情况,其排名结果相差较小,可以说律师参与对于是否获得赔偿的影响并不大。这也说明:一方面,法院对案件欺诈的定性基本不受律师介入的影响,另一方面,此类案件中的当事人(尤其是攻方当事人)在考虑是否委托律师时要慎重。

第二章 民事欺诈案件主体状况

从第三方公司提供的数据中,共筛选出认定构成欺诈的民事案件862件,其中欺诈方为自然人的案件有302件,占全国构成欺诈案件总数的35.03%。仅从全国占比来看,自然人群体实施的欺诈案件数量并不多,在全部民事欺诈案件中所占的比例也不高。对于此现象,我们认为主要有以下几方面原因:首先,如上文所述,民事欺诈案件主要发生在合同领域,相比于企业之间复杂的法律关系来说,自然人之间发生合同欺诈的可能性及其频率相对较低。其次,自然人在社会中本来就处于较为弱势的地位,往往更容易成为被欺诈的对象。最后,随着我国法治不断健全,公民的法律意识和法律责任也不断提高,有关部门构建社会体系以及打击不诚信行为的力度均不断增大。

全国31个省级行政区中,沿海发达地区的欺诈案件数量较大,排名前五的地区分别为广东省、北京市、江苏省、河南省、山东省;与此同时,欺诈方为自然人案件占比超过50%的地区有12个,欠发达地区的案件占比明显偏高。欺诈方为自然人案件占比较高的五个地区分别为青海省(100%)、甘肃省(80%)、山西省(75%)、吉林省(69%)和宁夏回族自治区(66%),主要是经济不很发达的地区。对此,可以分为两种情况加以分析:第一,一些地区构成欺诈案件数量本来就少,如青海省构成欺诈的案件只有1件,刚好欺诈方为自然人,故而出现该省欺诈方为自然人案件占比100%。与青海省情况类似的还有甘肃、山西和宁夏,其整体案件数量均不大。在样本数不足的情况下,案件占比相关数据的说明力不强。第二,吉林省的自然人欺诈案件数绝对值为16件,排全国第七位,而其自然人案件占比则为69%,排在第四位。两个数据结合在一起,可以说明吉林省自然人涉欺诈案件无论从绝对数还是所占比例,都处于较高水平,因而表明该地区的自然人诚信状况有待提升。

第三章 民事欺诈案件所涉行业分布

为了使数据更权威、更具说明性,我们选取了行业案件数超过10件的下列8个行业进行分析:批发和零售业、房地产业、制造业、租赁和商务服务业、金融业、信息产业、建筑业以及居民服务、修理和其他服务业。批发零售业构成欺诈案件占比最高为62.54%,超过一半还多。我们认为该行业欺诈案件高发的原因主要有以下几个:首先,批发零售业经营成本低,规模可大可小,特别是互联网的普及和迅速发展,致使该行业迅猛增长,经营主体也不断增加。其次,在庞杂的批发零售行业中,由于门槛低,各类主体都可以经营运作,欺诈现象也层出不穷,使得产品质量不过关、未达到国家安全标准等一系列问题不断出现。最后,虽然国家出台一系列法律,整顿过快发展的批发零售业,但效果并不理想,该行业存在很多问题并未得到有效控制,执法违法、钻法律漏洞等不规范行为屡禁不止。此外,房地产业一直是目前中国"较热门"的行业,其案件数量占比达11.11%,超过其他行业位居第二位也不足为奇。综观上述非自然人主体所属行业,不难看出,除房地产业、制造业和建筑业以外,80%以上的欺诈类案件发生于第三产业。

就批发零售业而言,无论从案件绝对数量还是案件占比来看,各省区相应排名并没有很大变化。其中,全国超过一半的欺诈案件发生在广东省(案件数量177,案件占比50.72%),排名第二的北京占比为7.74%。出现这种现象的一个重要原因,是广东位于东部沿海发达地区,批发零售业兴起较早且已经形成商业圈和产业链,特别是近几年互联网的普及,作为我国电子商务最为发达的地区之一,广东省成为全国网店的聚集地之一,而互联网和电子商务本就是欺诈多发的领域。北京(7.74%)、江苏(7.45%)、河南(6.59%)、辽宁(4.30%)的案件占比也居于前列。从地域上来看,上述地区的经济较为发达,并已形成具有自身特色的批发零售商业圈、产业链:广东、江苏是服装纺织、玩具礼品等轻工业发达的地区;北京作为首都,批发零售行业更是朝着多元的方向发展,例如大型零售百货、汽车、日常用品及电子制品销售等;河南作为粮食大省,其批发零售行业则以食品为主,例如白象、花花牛、双汇等一系列食品品牌闻名全国。除此之外,海南、江西、青海、陕西、西藏这些地区无批发零售类案件,而如山西、云南也仅有1件,出现这种情况与地理位置及经济发展水平具有较大关联。上述大部分地区地处中西部,其商品经济发展程度不高,以及交通不便等因素的存在,使得批发零售业的发展受到限制,因而此类案件的数量非常有限。

第四章 民事欺诈类案件司法保护

欺诈方委托律师案件数排名前五的省级行政区分别为:广东省(142)件、江苏省(49)件、辽宁省(34件)、北京市(32)件、山东省(30)件。观察一下不难发现,以上地区皆位于东部沿海,商品经济发展较为充分,因而欺诈类案件多发,与此同时,经济、社会发展程度较高,使得大众对律师这一职业的承认度较高。欺诈方委托律师最多的省份是广东省(142)件,远大于排名第二的江苏省(49)件,原因可能是:广东省涉欺诈案件本身基数大,相应地其认定欺诈案件的数量较多,使得该省的欺诈方委托律师的案件的绝对数变多。与之相对,排名倒数前三的省份分别是西藏自治区(0)件、江西省(0)件和青海省(1)件,集中在中西部且经济较不发达。

与欺诈方委托本地律师案件数直接相关的,是欺诈方委托本地律师率。值得关注的是经济和社会发展程度在全国居于前列的北京市和上海市的情况,两地的相关数据排名都比较低。先看上海市的数据,其委托本地律师的比率在全国排名倒数第五,究其原因:一方面是因为上海作为长三角地区的核心城市,具有广泛的腹地,与东部沿海尤其是长三角地区的其他城市关系密切,此外还包括地处长江流域许多内地城市。由此,其纠纷跨地域的可能性就会增加。另一方面,由于对外联系广泛,因而该地区的相关当事人其社会关系很可能在外地,更倾向于聘请其所在地的律师,加之上海的法律服务市场较为开放,律师本地化率比较低也就较好理解了。就北京市的情况而言,由于其是首都,即我国的政治中心,最高法院所在地也在这里,全国各地的再审案件都会在这里集聚。这些一审和二审均在外地的案件,在诉讼的后续阶段一般也不会再聘请新的律师,这也导致了我们统计的北京市欺诈类案件委托本地律师率的下降。

二审程序在保障审判公正性、化解纠纷的过程中具有重要意义。它具有对一审判决、裁定进行审查和救济的功能,能够及时发现和纠正第一审判决或裁定中的错误,保证审判的公正性,维护法制的统一,实现对下级法院的监督和指导,提高法院司法工作的质量。二审改判率最高的五个省级行政区是黑龙江省(38.10%)、青海省(37.50%)、贵州省(35.86%)、陕西省(23.38%)和江西省(22.94%)。这些地区主要分布在中西部,且经济上相对较不发达,在整体上呈现出二审改判率较高的情况。与之相对,二审改判率较低的地区分别是:西藏自治区(0%)、天津市(7.32%)、上海市(7.46%)、广西壮族自治区(7.46%)、四川省(7.74%)。西藏自治区之所以出现此种情况,是因该省的二审改判案件数为(0)件,同时该省的涉欺诈案件数仅为4件,因样本量不足,并不具较强的说服力。二审改判率低,则意味着法院一审判决的质量相对要高,其判决在事实认定和法律适用方面均能够经得起审查,可以认为,二审改判率低的地区,一审判决质量相对较高。

序　言

诚信社会建设是我国社会主义市场经济体制和社会治理体系的重要组成部分。就整体而言，社会信用体系的建设，对于促进社会主义市场经济体系的完善，提升国家的整体竞争力以及促进社会发展与进步都具有重要的意义。对个人来说，树立诚信的理念并弘扬诚信精神，成为经济和社会发展的必然要求，也将成为个人参与经济、社会等各方面交往的基本前提。有鉴于诚信社会建设所具有的重要意义，近年来，无论是党的十八大报告提出的"加强政务诚信、商务诚信、社会诚信和司法诚信建设"，还是《中华人民共和国国民经济和社会发展第十二个五年规划纲要》提出的"加快社会信用体系建设"的总体要求，乃至于国务院印发的《社会信用体系建设规划纲要（2014—2020年）》中明确提出的"到2020年……全社会诚信意识普遍增强，经济社会发展信用环境明显改善，经济社会秩序显著好转"，诚信社会建设都成为完善市场经济体制、转变政府的社会治理方式以及提升公民素质与道德水平的重要手段。为此，本报告将以诚信社会建设为关注目标，主要通过对作为诚信社会建设之一环的民事领域"欺诈案件"的考察，将各省、直辖市和自治区作为基本单位进行分析，以期从一个侧面反映出我国诚信社会建设的现状及存在的问题，在此基础上对完善诚信社会建设提出一定的措施和建议。之所以选择民事欺诈案件作为考察对象，主要有以下两方面考虑：

第一，民事领域的欺诈案件涉及诚信社会建设的多个领域。譬如，流通领域（批发零售、住宿餐饮、服务行业等）、金融领域（内幕交易、金融欺诈、制售假保单等）、价格领域（价格欺诈等）存在的欺诈案件，反映出商务诚信建设的现实及其问题；劳动用工领域（劳动合同欺诈、黑中介等）、自然人信用领域（个人诚信、自然人涉欺诈案件等）存在的欺诈案件，反映出社会诚信建设中亟待解决的问题；欺诈类案件的再审改判率、二审开庭率以及上网时间等相关情况，则明确地反映出我国司法诚信建设的现状。由此可见，民事欺诈案件涉及诚信社会建设的多数领域，成为目前我国整体诚信建设水平的真实写照，因而可以作为了解实际情况的可靠抓手。

第二,以民事欺诈案件为考察对象顺应社会诚信建设的基本趋势。正如依法治国成为我国宪法确立的基本治国方略,通过制度方式加强经济、社会各方面的建设,也已经成为我国社会治理的基本手段。在现代市场经济社会背景下,社会诚信建设的主导模式由"德性诚信"转向"制度诚信"。基于此一转变,以下趋势已经非常明显,即礼俗社会转向法理社会,人际信任转向制度信任。为了顺应现代社会的转型及发展趋势,加强社会信用体系建设已经成为一种内在的必然要求。① 民事领域作为与老百姓日常生活息息相关的生活场景,其中发生的欺诈案件的处理也最能体现出诚信社会建设的制度化解决方案,因而成为我们考察的主要对象。

有鉴于此,本研究由第三方公司以"中国裁判文书网"上传的民事案件判决书为检索对象,对2016年度内(自2016年1月1日起至2016年12月31日止)所有裁判主文中包含有"欺诈"二字的民事判决书进行检索,并将判决文书的搜集范围确定为各省、直辖市、自治区中级及高级法院审理的全部一审、二审与再审案件。基于上述检索条件,我们共获得各省级行政区涉欺诈民事案件9 695件,并以其作为本报告的分析样本。

本报告从案件情况、行为特征以及法律适用等三个方面出发设定统计指标,其中包括原告身份、被告身份、当事人所属行业、是否有代理律师、律师所在地、第三方当事人、赔偿金额、案件类型、案由(二级、三级、四级)、一审原告诉请金额、赔偿金额、诉讼程序、审理法院、裁判地域、裁判日期、发布日期、裁判地域、适用法律、文书字数、开庭情况、审理结果等共55项内容。

表3.1　　　　　　　　　民事欺诈案件提取栏位一览

标题(案名)	案号	文书类型	审理法院	审级(诉讼程序)
文书链接	案件类型	二级案由	三级案由	四级案由
法院层级	裁判地域	裁判日期	发布日期	适用法律
原告或原审原告名称(起诉方名称)	原告或原审原告身份(自然人或非自然人)	被告或原审被告名称(应诉方名称)	被告或原审被告身份(自然人或非自然人)	攻方当事人名称
攻方非自然人类型	攻方非自然人所属行业	攻方是否有律师	攻方代理人名称	攻方律师所在律所

① 王淑芹:《社会诚信建设的现代转型——由传统道德性诚信到现代制度诚信》,《哲学动态》2015年第12期。

续表

攻方律所所在地	守方当事人名称	守方非自然人类型	守方非自然人所属行业	守方是否有律师
守方代理人名称	守方律师所在律所	守方律所所在地	第三方当事人名称	第三方非自然人类型
第三方非自然人所属行业	第三方是否有律师	第三方代理人名称	第三方律师所在律所	赔偿金额
审理结果	审理经过段落	当事人诉辩称段落	法院查明事实段落	法院说理段落
法院裁判结果段落	审判人员信息	书记员信息	裁判文书附录部分	是否为指导案例、典型案例、公报案例
裁判文书字数	一审原告诉请金额	是否构成欺诈	欺诈方是攻方还是守方	是否开庭

在此基础上，我们对所收集的案件进行逐案分析，并通过相关统计软件对所有案例进行汇总，逐步建立"2016年我国民事涉欺诈案件数据库"，以作为本研究报告统计、排名和分析的依据。本研究报告主要通过四个部分对民事欺诈类案件中反映出的诚信社会建设状况进行分析，这四个部分依次为：第一，民事欺诈类件的基本情况；第二，民事欺诈案件中的主体状况；第三，民事欺诈案件的行业分布；第四，民事欺诈案件的司法保护情况。

第一章 民事欺诈案件基本情况

在我们统计的数据中,2016年全国中级及以上人民法院公布的判决涉欺诈案件的数量共计9 694件。对于涉欺诈案件,我们首先根据各省级行政区中级以上人民法院判决数进行总排名,这是对于社会诚信情况最直观、最直接的描述。此外,由于各省级行政区的经济、人口、面积存在较大差异,导致了各类绝对数据存在难以直接比较的问题,所以在此次数据分析与比对工作中,我们将较多地使用比例数据,例如欺诈案件占该地区全部上网民事案件的比率,百万人口发生欺诈案件比率等,以期在各省级行政区之间进行较为科学与客观的比较。

一、基本指标描述

(一) 基础性数据

从图3.1中可以发现,在各省级行政区中,广东、江苏、辽宁、北京、广西在涉欺诈案件发生的排名方面居前五位,而陕西、甘肃、宁夏、青海、西藏则居于

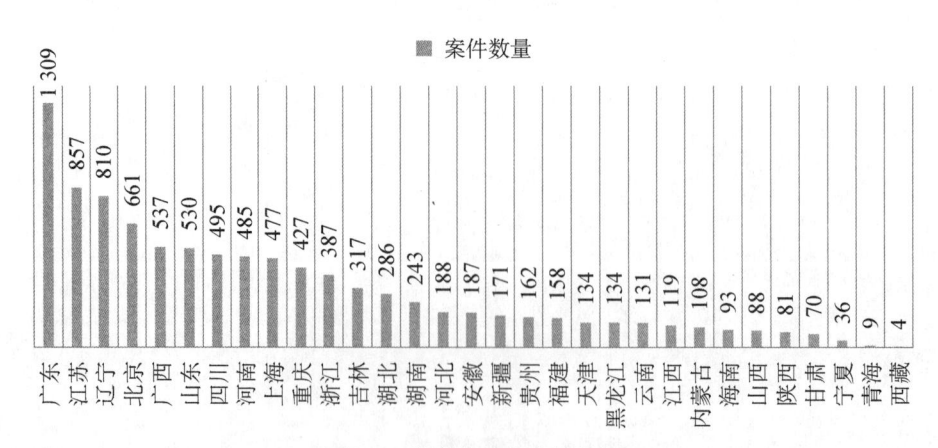

省份	案件数量
广东	1 309
江苏	857
辽宁	810
北京	661
广西	537
山东	530
四川	495
河南	485
上海	477
重庆	427
浙江	387
吉林	317
湖北	286
湖南	243
河北	188
安徽	187
新疆	171
贵州	162
福建	158
天津	134
黑龙江	134
云南	131
江西	119
内蒙古	108
海南	93
山西	88
陕西	81
甘肃	70
宁夏	36
青海	9
西藏	4

图3.1 各省涉欺诈案件总数

第一章 民事欺诈案件基本情况

后五位,仅从绝对数量上来看,排名靠前的省级行政区的欺诈类案件较为多发,靠后反之,欺诈案件发生的情况越少。

根据图3.1涉欺诈案件数量,结合各地区人口数,可得每百万人口的发案率,再根据该数字由大到小进行排名。考虑到各地所处位置、区域面积以及经济发展水平等因素,且其人口密度各有不同,因而相较于绝对案件数的排名,我们认为将人口纳入考量范围进行比较更为科学。经过计算每百万人口涉欺诈案件数及排名,我们得出图3.2所示结果。据此可以发现,排名第一的北京市百万人口涉欺诈案件数为30.4件,排名第二的上海市则为19.71件。对于这一排序,可能产生的疑问便是,北京和上海每百万人口涉欺诈案件数为什么会排名如此靠前,是不是可以断定北京、上海的社会诚信程度较差?对此,我们认为,造成该结果的原因有很多,因而不能简单地下结论:首先,北京市和上海市作为中国政治和经济领域两个最为发达的城市,社会整体的法治化程度较高,裁判文书的上网率高,使得涉欺诈案件的上网基数较大。其次,生活在经济发达地区的人口文化和知识水平普遍较高,法律以及权利意识较强,因而选择诉讼途径维权的比例相对要高。不仅如此,司法运作的规范以及法院审理的相对公正,都可能使市民更多地选择司法途径解决民事领域的欺诈案件,这些因素都可能是造成北京和上海百万人涉欺诈案件比例高的原因。

图3.2 百万人口涉欺诈案件数

基于前述已经获得的两项数据排名,以前项数据(涉欺诈案件排名)减去后项(百万人口涉欺诈案件数排名),可以得出如表3.2所示的差值,从中可以得出百万人口涉欺诈案件数对涉欺诈案件排名的修正。当上述两个排名差值绝对值较小,则说明无论从数量还是人均方面看,该地的欺诈案件数量均呈现一种较为稳定的状态。如果差值较大,则可能存在多种原因,需要进一步分析。由此可以看出:

表3.2　　　　涉欺诈案件数排名与百万人口涉欺诈案件数排名

省/自治区/直辖市	涉欺诈案件数排名	每百万人口涉欺诈案件数排名	差值	省/自治区/直辖市	涉欺诈案件数排名	每百万人口涉欺诈案件数排名	差值
广东	1	5	−4	新疆	17	11	6
江苏	2	7	−5	贵州	18	18	0
辽宁	3	3	0	福建	19	19	0
北京	4	1	3	天津	20	10	10
广西	5	9	−4	黑龙江	21	22	−1
山东	6	15	−9	云南	22	24	−2
四川	7	13	−6	江西	23	26	−3
河南	8	16	−8	内蒙古	24	20	4
上海	9	2	7	海南	25	8	17
重庆	10	4	6	山西	26	28	−2
浙江	11	12	−1	陕西	27	29	−2
吉林	12	6	6	甘肃	28	25	3
湖北	13	17	−4	宁夏	29	14	15
湖南	14	21	−7	青海	30	30	0
河北	15	27	−12	西藏	31	31	0
安徽	16	23	−7				

首先,差值为"0"的地区分别是:福建省、西藏自治区、贵州省、辽宁省、青海省。其中,西藏自治区和青海省排名分别居于倒数后两位,即第31位和第30位,由此可以认定其社会诚信状况较好。归结其中的原因,可能在于这两个省份都位于地广人稀的西部地区,经济欠发达,人与人之间交往较少,产生矛盾纠纷的可能性低,其他经济发达地区高发的社会诚信问题在这里表现得不明显。辽宁省涉欺诈案件总数和百万人口案件数排名均位列全国第3位,可见其社会诚信问题较为多发。辽宁省位于中国东北地区的南部,曾一度是中国重要的重工业基地、教育强省、农业强省,是中国工业门类较为齐全的省份,经济较为发达,人口密度大。但近年来,受到经济转型以及新兴产业不足等不利因素的影响,辽宁省在我国经济中的地位有所下降,其发展速度较为缓慢。

有鉴于上述情况,我们将辽宁省社会诚信问题突出的原因归结于:一方面,由于经济增速放缓,使得经济、社会领域的各类矛盾增多,涉欺诈案件相对高发;另一方面,受传统的计划经济体制的影响,该地民众的思想观念、法律意识乃至于个人素质仍有待提升,进而适应法治进程以及经济、社会发展的客观需要。由此,仅从统计数据来看,对于辽宁省当下的社会诚信状况应该加以重视。

其次,差值为负的情况。该差值为负值时,说明百万人口涉欺诈案件数排名要比涉欺诈案件总数排名靠后,也即其社会诚信状况并没有涉欺诈案件总数排名呈现的情况糟糕。其中,相差较大的三个省份分别是:河北省(−12),山东省(−9),河南省(−8)。众所周知这三个省份历史悠久,人口众多,其涉欺诈案件数量相应也较多,涉欺诈案件总数分别处于第15、6、8位。但经过差值分析,我们发现,这三个省份的百万人口欺诈案件数排名均处于前十名开外,尤其是河北省排在第27位。这也说明上述三个省份民事领域欺诈案件的发生率并不高,以此衡量的社会诚信水平相对较高。

最后,差值为正的情况。该差值为正的情况下,说明百万人口平均涉欺诈案件数排名较涉欺诈案件总数排名靠前,即其社会实际诚信情况可能要比涉欺诈案件总数排名反映出的情况要差。以海南省为例,涉欺诈案件总数排名第25位,总发案数较少,但其每百万人口涉欺诈案件数排名却位居全国第8位,前后项差值为17。这说明海南省涉欺诈案件总量虽然不高,但相对于其人口而言,欺诈案件的发生数却比较高。由此反映出的社会诚信状况及存在的问题,则需要引起我们的重视。

(二) 涉欺诈案件主体情况

某种程度上看,当涉欺诈案件当事人多为自然人时,往往可以说明该地区个人诚信状况较差。不过,单从绝对数进行考察往往说服力不强,下面我们将从自然人涉欺诈案件的总数,其占所有涉欺诈案件的比例以及两者的差值进行分析。此后,我们也将对非自然人涉欺诈案件的情况进行类似的分析。

1. 自然人涉欺诈案件情况

由第三方提供的欺诈类案件数据中,包括原告为自然人、被告为自然人的栏位。我们以此为基础进行统计,并将两者之和作为定义为自然人欺诈案件数量的依据。此处需要说明的是,可能存在某一案件原被告均为自然人的情况,因而在一定情形下,自然人涉案数可能会超过该地区总体案件数量。但我们认为,即便如此,其所反映出自然人涉案的实际状况也是真实的。此外,尚未发现其他更严谨的统计方式能够对此加以替代,故而采取此种方式作为衡量依据。从绝对数量看,自然人涉欺诈案件排名前五的省级行政区分别是:广东省、辽宁省、广西壮族自治区、江苏省和北京市,而排名后五位分别是:西藏自治区、青海省、宁夏回族自治区、陕西省和海南省。

图3.3 自然人涉欺诈案件数及排名

以自然人欺诈案件数除以各区域涉欺诈案件总数,经过计算得出结果如图3.4。如图所示,自然人涉欺诈案件比例排名前五的省级行政区分别为:广西壮族自治区、吉林省、内蒙古自治区、湖南省和甘肃省。相较于总数来说,比例往往可以更为客观地说明自然涉欺诈案件的实际情况。由此,上述五个区域

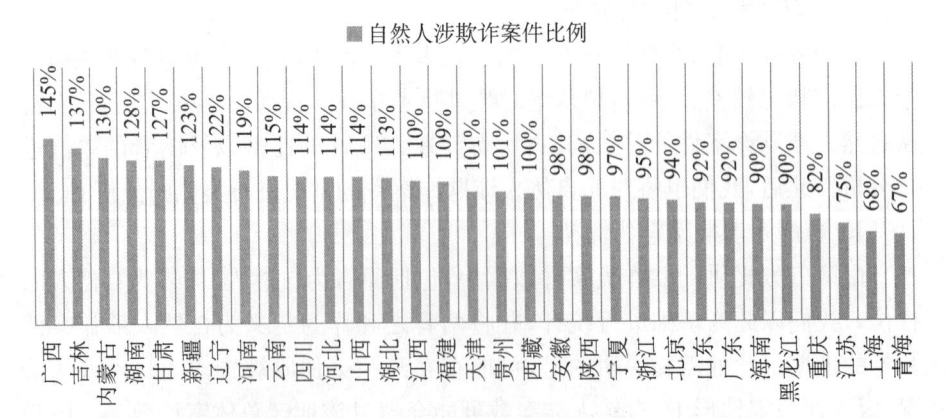

图3.4 自然人涉欺诈案件比例

的个人诚信情况可能更加有待提高。排名后五位的省级行政区分别为：青海省、上海市、江苏省、重庆市和黑龙江省，这反映出上述区域的个人诚信状况相对较好。

影响一个地域自然人诚信状况的因素很多，仅仅用上述两个排名中任何一个来说明该地域个人诚信状况都稍显单薄，为了更加客观、科学，需要通过引入差值的方式说明该地域个人诚信状况。该差值由自然人涉欺诈案件数排名减去涉欺诈案件比例，所得出的结果见表3.3。

表3.3　　　　　　　　自然人涉欺诈案件数与比例排名

省/自治区/直辖市	自然人欺诈案件数排名	自然人欺诈案件比例排名	差值	省/自治区/直辖市	自然人欺诈案件数排名	自然人欺诈案件比例排名	差值
广东	1	25	−24	安徽	17	19	−2
辽宁	2	7	−5	福建	18	15	3
广西	3	1	2	贵州	19	17	2
江苏	4	29	−25	云南	20	9	11
北京	5	23	−18	内蒙古	21	3	18
河南	6	8	−2	天津	22	16	6
四川	7	10	−3	江西	23	14	9
山东	8	24	−16	黑龙江	24	27	−3
吉林	9	2	7	山西	25	12	13
浙江	10	22	−12	甘肃	26	5	21
重庆	11	28	−17	海南	27	26	1
上海	12	30	−18	陕西	28	20	8
湖北	13	13	0	宁夏	29	21	8
湖南	14	4	10	青海	30	31	−1
河北	15	11	4	西藏	31	18	13
新疆	16	6	10				

首先，差值为"0"的情况。上述差值为"0"的地域为湖北省，其自然人欺诈案件数排名和自然人欺诈案件比例排名均为全国第13位，差值为零意味着，从前述两项指标加以衡量，湖北省的自然人诚信状况均居全国偏中间的位置。

其次，差值为负的情况。当该差值为负时，说明自然人欺诈案件数排名较自然人欺诈案件比例排名靠前，往往说明其个人诚信实际状况要好于自然人欺诈案件数排名呈现的结果。以该差值最小的两个省份江苏省和广东省为例，其自然人欺诈案件数排名分别为第4名和第1名。仅仅看这个结果，似乎可以断定其自然人涉欺诈案件的数量较高。但如果结合两省自然人涉欺诈案件比例排名第29名和25名来看,则可以发现其个人诚信状况并没有自然人欺诈案件数排名呈现的那样差。以此类推,上海市、北京市、重庆市、山东省、浙江省、辽宁省都属于自然人欺诈案件数排名较为靠前,而自然人欺诈案件比例排名较为靠后的省级行政区。究其原因,可能是上述省份都属于东部沿海地区,当地人口基数大且经济活动较为频繁,才导致涉欺诈案件总数较大;但与此同时,上述地区因自然人的法治意识及个人素质较高,且社会法治较为完善,因而自然人涉欺诈案件的比例并不高。综合来看,其社会个人诚信状况的实际情况仍相对较好。

最后,差值为正的情况。该差值为正时恰恰相反,其社会个人诚信状况并没有像自然人欺诈案件数排名呈现的结果那样好。较为典型的两个省级行政区分别是甘肃省和内蒙古自治区,虽然其自然人欺诈案件排名在全国分别排第26位和第21位,看起来整体社会个人诚信状况较好,但是其在自然人欺诈案件比例排名中却分别位列全国第5位和第3位。所以这两个省份的个人诚信状况理应引起注意。

2. 非自然人欺诈案件数量、比例

与前述自然人涉欺诈案件的情形类似,下面我们也将通过非自然人涉欺诈案件数,其占所有涉欺诈案件的比例以及两者的差值,对各省级行政区非自然人主体诚信状况进行分析。

基于第三方公司提供的数据,我们进行统计并得出相应的图表,结果如图3.5所示:从绝对数量来看,排名前五的省级行政区分别是广东省、江苏省、辽

图3.5 非自然人涉欺诈案件数

宁省、北京市和上海市,粗略来看这几个省份都位于东部沿海经济较为发达地区,存在较多各种类型的企业主体;而排名后五位分别是西藏自治区、青海省、宁夏回族自治区、甘肃省和内蒙古自治区,这几个省级行政区都位于西部欠发达地区,企业数量较少。

以非自然人欺诈案件数除以该地区涉欺诈案件总数,可以得出非自然人涉欺诈案件的比例,结果如图 3.6 所示。据此可知,非自然人欺诈案件比例排名前五的省级行政区分别为青海省、上海市、天津市、海南省和广东省,较为直观的是,上述几个区域的非自然人诚信状况有待提高;而排名倒数五位的省级行政区分别为广西壮族自治区、内蒙古自治区、甘肃省、江西省和湖南省,相对而言,这几个区域的企业诚信状况较好。

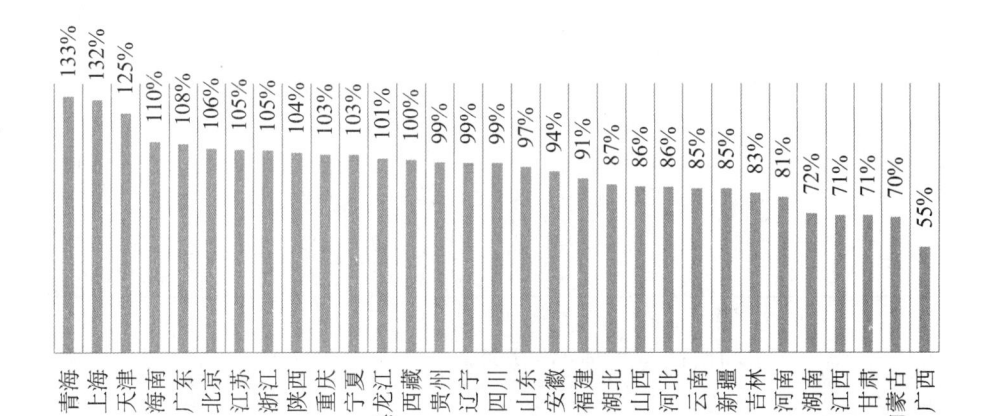

图 3.6 非自然人涉欺诈案件比例

如前所述,影响一个地域企业诚信状况的因素有很多,用上述两个排名中任何一个来说明该地域非自然人的诚信状况似乎都显单薄,由此我们引入其差值来说明该地域企业的诚信状况。该差值由非自然人欺诈案件数排名减去非自然人欺诈案件比例所得,结果见表 3.4。

首先,上述差值不存在为"0"的区域。取最近于"0"的两个值,即"-1"和"1"情形,有云南省、甘肃省、浙江省和福建省。其中,除浙江省以外,其他三个省份的两项排名都比较靠后,可以认定其整体企业诚信状况较好。浙江省两项排名分别为全国第 8 名和第 9 名,均较靠前,其企业诚信状况相对较差。浙江省企业诚信状况较差的缘由,也许与下述因素相关:一方面,浙江省位于东部沿海经济发达,企业数量较大;另一方面,浙江省作为我国电子商务最为发

表 3.4　　非自然人欺诈案件数与比例排名

省/自治区/直辖市	非自然人欺诈案件数排名	非自然人欺诈案件数比例排名	差值	省/自治区/直辖市	非自然人欺诈案件数排名	非自然人欺诈案件数比例	差值
广东	1	5	−4	河北	17	22	−5
江苏	2	7	−5	贵州	18	14	4
辽宁	3	15	−12	新疆	19	24	−5
北京	4	6	−2	福建	20	19	1
上海	5	2	3	黑龙江	21	12	9
山东	6	17	−11	云南	22	23	−1
四川	7	16	−9	海南	23	4	19
重庆	8	10	−2	江西	24	28	−4
浙江	9	8	1	陕西	25	9	16
河南	10	26	−16	内蒙古	26	30	−4
广西	11	31	−20	山西	27	21	6
吉林	12	25	−13	甘肃	28	29	−1
湖北	13	20	−7	宁夏	29	11	18
湖南	14	27	−13	青海	30	1	29
安徽	15	18	−3	西藏	31	13	18
天津	16	3	13				

达的地区,是全国网店的聚集地,互联网购物本就是欺诈多发的领域。由此,浙江省需要认真对待企业诚信状况。

其次,当该差值为负数时,说明非自然人欺诈案件数排名较其欺诈案件比例排名靠前,往往说明企业诚信实际状况需修正,即其状况要好于非自然人欺诈案件排名所呈现的结果。以该差值最小的两个省级行政区域广西和河南为例,其非自然人欺诈案件数排名分别为第 11 名和第 10 名。从这个结果来看,我们往往断定其诚信状况不是很好,但是其自然人涉欺诈案件比例排名却分别为第 31 名和第 26 名,从这里不难断定其社会企业诚信状况并没有非自然人欺诈案件数排名呈现的那样差,反而相对较好。

最后,该差值为正数时,其结果则恰恰相反,反映出社会企业诚信状况并没有那么好,至少不如非自然人欺诈案件数排名呈现的结果。较为典型的两个省级行政区分别是青海和海南,虽然其非自然人涉欺诈案件排名分别为第 30 和第 23 位,但其非自然人涉欺诈案件比例排名中却分别位列全国第 1 和第 4 位。这两个省份之所以在非自然人涉欺诈案件数排名呈现较好的结果,可能是出于该两地域均为相对欠发达地区,且人口密度较小。但另一方面,两个省区的非自然人涉欺诈案件的比例却特别高,也就是说,其非自然人涉欺诈案件数量虽然有限,但由于该地域总体案件数不高,所以非自然涉欺诈案件的比例是较高的。这也是对案件绝对数排名的修正。基于这种结果,对于上述两省份的企业诚信状况我们理应重视。

(三) 涉欺诈案件案由及获赔情况

上文我们对涉欺诈案件的基本情况进行了分析描述,对涉欺诈案件数量、发生率等也有了大致了解。本部分将对"第三方公司"提供数据中的二级案由进行提取,以此来分析欺诈案件在不同领域的发生状况。

1. 涉欺诈案件案由分析

基于原始数据,我们共提取出 12 个不同的二级案由,分别为:合同纠纷、劳动人事纠纷、侵权纠纷、商事纠纷、物权纠纷、不当得利与无因管理纠纷、婚姻家庭纠纷、人格权纠纷、海事海商纠纷、知识产权与竞争纠纷、民事特别程序案件及其他民事案件。由于案由类型较多,为了使数据更具全面性和针对性,我们选取了合同纠纷、劳动人事纠纷、侵权纠纷及商事纠纷 4 类数量排名靠前的案件,将剩下的 8 类案由的案件统称为其他案由。根据表 3.5,全国涉欺诈案件总数为 9 496 件,其中案由为合同纠纷的案件共有 6 365 件,案由为劳动人事纠纷的案件有 1 546 件,案由为侵权纠纷的案件有 599 件,案由为商事纠纷的案件数量为 630 件,其余案由的案件仅有 554 件,未超过上述任何一个案由案件的数量。

表 3.5　　　　　　　全国涉欺诈案件案由数量分布

案由	合同	劳动人事	侵权	商事	其他
案件数量	6 365	1 546	599	630	554

为了更全面地展现不同案件案由的分布情况,我们统计了全国涉欺诈案件案由占比,如图 3.7 所示。合同案件占到了全国涉欺诈案件的一半还多,为 65.66%。紧随其后的是劳动人事案由案件占比为 15.95%,商事案由案件占比和侵权案由案件占比较为接近,分别为:6.5% 和 6.18%,而其他案由案件的占比仅为 5.71%。由此可以发现,全国涉欺案件中合同案由案件占据了半壁江山,是劳动人事案由案件的 4 倍还多。我们认为出现这种情况主要有几

☐ 合同案由案件占比　▤ 劳动人事案由案件占比　▨ 侵权案由案件占比
▦ 商事案由案件占比　■ 其他案由占比

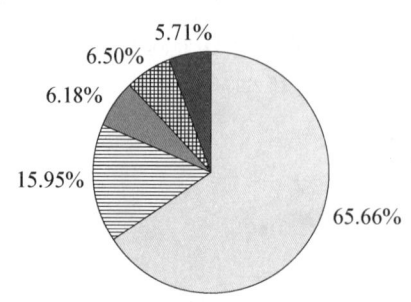

5.71%
6.50%
6.18%
15.95%
65.66%

图3.7　全国涉欺诈案件案由比例

个原因：首先，在民事领域，合同无处不在，与每个人息息相关，可以说每个主体与他人联系的最主要的方式便是订立合同，从而形成法律关系。其次，随着市场经济的繁荣，人们缔结合同的方式越来越丰富，频率也越来越高，相关主体之间关系复杂多样，关系社会的逐步打破，使得越来越多素不相识的主体通过合同建立了民事法律关系。最后，《合同法》第四条规定当事人依法享有自愿订立合同的权利，任何单位和个人不得非法干预。第七条规定当事人订立、履行合同，应当遵守法律、行政法规，尊重社会公德，不得扰乱社会经济秩序，损害社会公共利益。第十条规定当事人订立合同，有书面形式、口头形式和其他形式。由此，合同是当事人双方意思自治的产物，国家一般不加干涉，所以在经济活动中并不十分规范，且社会法治建设相对滞后的情况下，当事人在订立合同时可能因种种原因涉及欺诈问题，并因此而受到损害。劳动人事案由案件排名第二，这一方面表明我国劳动者人数众多，劳动领域欺诈案件发生较为频繁，另一方面也说明《劳动合同法》颁布后，劳动者维权意识逐渐增强，在自身利益受到侵害的情况下，更多地选择法律途径维护自身利益。

为此，我们大致可以得出这样的初步结论：在全国范围内，合同领域内欺诈案件较为频发，但与此同时，缔结合同的相关各方维权意识也较强，敢于维护自身权益；在其他领域，民事活动中的诚信度相对较好，但在劳动人事领域、侵权领域以及商事领域，民事欺诈类案件相对高发。

根据上述提取数据的方法，我们对各地涉欺诈案件案由的分布情况进行了统计，如表3.6、表3.7。由表3.6可知，各省区涉欺诈案件数量案由的分布情况大致与全国分布情况一致，大部分地区合同案件数量仍遥遥领先，其中广东省、辽宁省、江苏省、四川省和北京市涉欺诈案件合同案由案件数居于前五位,分别为 754、698、548、420 和 379 件,而甘肃省、山西省、宁夏回族自治区、青海省和西藏自治区则处于后五位,分别为 57、44、24、8 和 3 件。劳动人事纠纷、商事纠纷、侵权纠纷案由案件数量基本仍是递减的趋势,但广西壮族自治区的商事案由的案件数量居于国内涉欺诈案件第一位。

表 3.6 各地涉欺诈案件案由数量

省/自治区/直辖市	合同案由案件数量	劳动人事案由案件数量	侵权案由案件数量	商事案由案件数量	其他案由
广东	754	201	215	46	93
辽宁	698	66	13	8	25
江苏	548	158	52	53	46
四川	420	28	13	8	26
北京	379	197	40	13	32
山东	354	87	17	27	45
河南	300	83	31	39	32
上海	286	148	4	23	16
浙江	276	31	28	37	15
吉林	242	30	24	5	16
湖北	210	36	9	11	20
重庆	196	139	66	10	16
湖南	186	15	14	7	21
广西	148	110	6	261	12
河北	145	16	5	4	18
安徽	136	27	7	10	7
福建	129	7	6	7	8
贵州	117	23	2	5	15
新疆	114	18	14	15	10
云南	110	2	5	6	8
天津	101	16	5	1	11
内蒙古	93	0	4	6	5
海南	84	7	0	0	2
江西	74	29	2	8	6
黑龙江	71	40	0	2	18
陕西	58	4	8	5	6
甘肃	57	1	0	4	7
山西	44	24	4	4	12
宁夏	24	3	1	3	5
青海	8	0	0	1	0
西藏	3	0	0	1	0

表 3.7 为各地涉欺诈案件案由的占比。对于大多数省级行政区来说,合同案由的案件占比仍居于第一位,各地区涉欺诈案件合同案由案件比例都在 50% 以上,只有重庆(45.9%)和广西(27.6%)低于 50%。这表明合同领域欺诈案件多发,相关主体维权意识较强,敢于维护自身权益。海南、青海、辽宁、内蒙古和四川合同案由占比居于前五位,其中青海省由于涉欺诈案件基数较小,其数据不具参考价值。海南省达到了 90.3%,这可能因其地处沿海,旅游业发达,人口流动较大,从而使得合同领域欺诈案件高发。

表 3.7　　各地涉欺诈案件案由占比

省/自治区/直辖市	合同案由案件占比	劳动人事案由案件占比	侵权案由案件占比	商事案由案件占比	其他案由占比
海南	90.32%	7.53%	0.00%	0.00%	2.15%
青海	88.89%	0.00%	0.00%	11.11%	0.00%
辽宁	86.17%	8.15%	1.60%	0.99%	3.09%
内蒙古	86.11%	0.00%	3.70%	5.56%	4.63%
四川	84.85%	5.66%	2.63%	1.62%	5.25%
云南	83.97%	1.53%	3.82%	4.58%	6.11%
福建	81.65%	4.43%	3.80%	4.43%	5.06%
甘肃	81.43%	1.43%	0.00%	5.71%	10.00%
河北	77.13%	8.51%	2.66%	2.13%	9.57%
湖南	76.54%	6.17%	5.76%	2.88%	8.64%
吉林	76.34%	9.46%	7.57%	1.58%	5.05%
天津	75.37%	11.94%	3.73%	0.75%	8.21%
西藏	75.00%	0.00%	0.00%	25.00%	0.00%
湖北	73.43%	12.59%	3.15%	3.85%	6.99%
安徽	72.73%	14.44%	3.74%	5.35%	3.74%
贵州	72.22%	14.20%	1.23%	3.09%	9.26%
陕西	71.60%	4.94%	9.88%	6.17%	7.41%
浙江	71.32%	8.01%	7.24%	9.56%	3.88%
山东	66.79%	16.42%	3.21%	5.09%	8.49%
新疆	66.67%	10.53%	8.19%	8.77%	5.85%
宁夏	66.67%	8.33%	2.78%	8.33%	13.89%
江苏	63.94%	18.44%	6.07%	6.18%	5.37%
江西	62.18%	24.37%	1.68%	6.72%	5.04%
河南	61.86%	17.11%	6.39%	8.04%	6.60%

续表

省/自治区/直辖市 \ 二级案由	合同案由案件占比	劳动人事案由案件占比	侵权案由案件占比	商事案由案件占比	其他案由占比
上海	59.96%	31.03%	0.84%	4.82%	3.35%
广东	57.60%	15.36%	16.42%	3.51%	7.10%
北京	57.34%	29.80%	6.05%	1.97%	4.84%
黑龙江	52.99%	29.85%	0.00%	1.49%	13.43%
山西	50.00%	27.27%	4.55%	4.55%	13.64%
重庆	45.90%	32.55%	15.46%	2.34%	3.75%
广西	27.56%	20.48%	1.12%	48.60%	2.23%

从劳动人事案件数量占比来看,总体上全国各省级行政区劳动合同案件占比都处于35%以下,表明我国劳动领域诚信度相对较好,这与我国劳动相关法律法规相对健全、劳动者法律意识较高有着不可分割的关系。就劳动合同案件数量占比来看,重庆位于第一位(32.6%),上海紧随其后(31%),黑龙江、北京、山西也处于前五位,山西省劳动人事案件绝对数虽不多但占比却十分靠前。全国四个直辖市中,有三个直辖市的劳动人事案由的案件占比居于前列,这也许是因为其经济较为发达,企业众多,劳动人口特别是外来务工人员较多,故劳动案由欺诈案件高发。

从商事案由案件占比来看,总体上全国大多省级行政区占比都在10%以下,但广西居于第一位(48.6%),其原因可能是广西沿海又沿边,地理位置优越,致使其边境贸易发达,商事活动领域比较活跃,因此更容易出现欺诈案件。西藏(25%)、青海(11.1%)商事案由案件占比相对其他地区而言虽然较高,但这与其本身涉欺诈案件发生较少也有着不可分割的关系。

从侵权案由案件占比看,全国各省级行政区涉欺诈案件侵权案件占比基本处于10%以下,其中广东省以16.4%居第一位。从地理分布来看,广东作为沿海发达地区,流动人口多,社会治安相对较差,侵权类欺诈案件因而多发。与之相对,其他地区侵权类欺诈案件的占比相对较低,黑龙江、海南、甘肃、青海和西藏占比都为0。

2. 各地涉欺诈案件获赔情况分析

我们对涉欺诈案件数量及其获赔率进行了统计,各地涉欺诈案件获赔比率,是指各地获赔涉欺诈案件数占各地涉欺诈案总数的比率。如图3.8,在绝

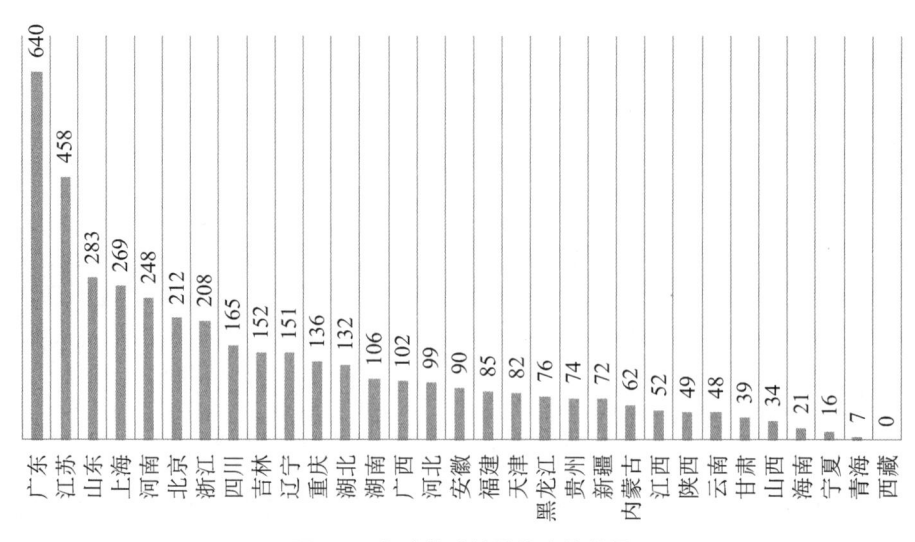

306 / 法治中国的司法指数(2018)

图3.8 各地获赔涉欺诈案件数量

数据：广东640、江苏458、山东283、上海269、河南248、北京212、浙江208、四川165、吉林152、辽宁151、重庆136、湖北132、湖南106、广西102、河北99、安徽90、福建85、天津82、黑龙江76、贵州74、新疆72、内蒙古62、江西52、陕西49、云南48、甘肃39、山西34、海南21、宁夏16、青海7、西藏0

对数量上，广东省(640件)、江苏省(458件)、山东省(283件)、上海市(269件)、河南省(248件)五个省级行政区获赔涉欺诈案件数量居于前五位，而山西省(34件)、海南省(21件)、宁夏回族自治区(16件)、青海省(7件)和西藏自治区(0件)获赔涉欺诈案件数则居于后五位。

当然，上述数据并不能完全准确地表明各省区获赔案件的情况，故我们又以获赔案件占涉欺诈案件的比率来衡量这一情况，如图3.9。在各地涉欺诈案件获赔率上总体来看，全国涉欺诈案件获赔率达到43%，31个省区案件获赔率在40%以上。获赔率在40%以上的省区占23个，其中50%以上的占13个，这说明在欺诈案件中受欺诈方的司法保护力度总体情况不错。获赔率最高的几个省级行政区是：青海省(77%)、天津市(61%)、陕西省(60%)、内蒙古自治区(57%)、黑龙江省(56%)、上海市(56%)。其中，青海省涉欺诈案件获赔比率居于第一，原因在于，该省涉欺诈案件总数较少；天津和上海作为直辖市案件获赔率也处于前列，说明司法机关的司法保护比较有力。与此相对，案件获赔率较低的省级行政区依次是：西藏自治区(0%)、辽宁省(18.86%)、广西壮族自治区(18.99%)、海南省(22%)、重庆市(31%)、北京市(32%)。西藏自治区由于涉欺诈案件基数较少，其获赔率数据参考意义不大。涉欺诈案件获赔率在一定程度上可说明司法对民事欺诈案件中受欺诈一方保护力度的大小。通过上述分析，可以发现：天津、陕西、内蒙古等地涉欺诈案件获赔率

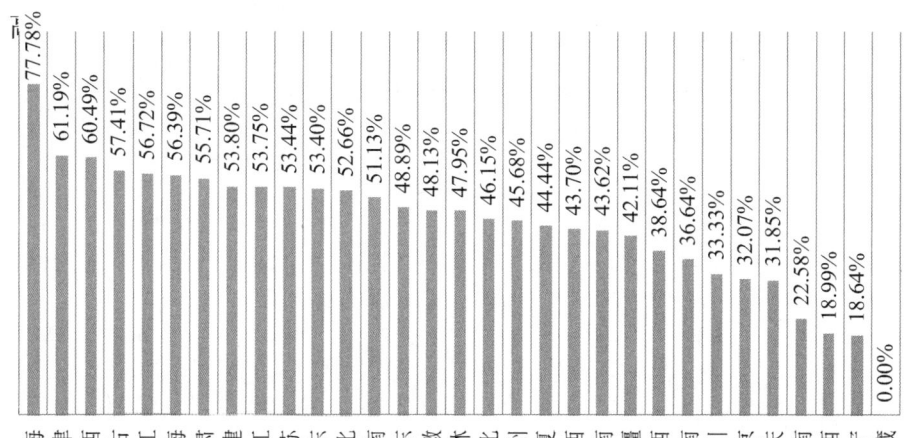

第一章 民事欺诈案件基本情况 / 307

图 3.9 案件获赔率

对受欺诈一方的保护力度较强,与之相对,辽宁、广西、海南省等地的案件获赔率较低,说明这些地区的司法保护力度相对不足。

为了更加直观、清楚地观察涉欺诈案件获赔案件数量和获赔率之间的关系,我们列出表3.8对两项排名进行对比,名次差值为涉欺诈案件获赔率排名减去获赔涉欺诈案件数量排名。观察可知,排名下降较大的为北京(−20)、辽宁(−20)、四川(−17)、重庆(−16),上升较大的为青海(29)、陕西(21)、甘肃(19)、内蒙古(18)。上述省级行政区绝对值也较大,说明这几个地区的排名波动较大。其中,北京、重庆两个直辖市涉欺诈案件获赔数量排名靠前,但获赔率却很低,这与其涉欺诈案件数量较多有不可分割的关系。青海省因为涉欺诈案件数量基数较小,9个案件中有7个都获得了相应赔偿,故此数据参考价值不大。

表 3.8　　　　　获赔案件数量及占比排名

省/自治区/直辖市	获赔涉欺诈案件数量排名	涉欺诈案件获赔率排名	差值	省/自治区/直辖市	获赔涉欺诈案件数量排名	涉欺诈案件获赔率排名	差值
广东	1	14	−13	上海	4	6	−2
江苏	2	10	−8	河南	5	13	−8
山东	3	11	−8	北京	6	26	−20

续表

省/自治区/直辖市	获赔涉欺诈案件数量排名	涉欺诈案件获赔率排名	差值	省/自治区/直辖市	获赔涉欺诈案件数量排名	涉欺诈案件获赔率排名	差值
浙江	7	9	−2	贵州	20	18	12
四川	8	25	−17	新疆	21	22	−1
吉林	9	16	−7	内蒙古	22	4	18
辽宁	10	30	−20	江西	23	20	3
重庆	11	27	−16	陕西	24	3	21
湖北	12	17	−5	云南	25	24	1
湖南	13	21	−8	甘肃	26	7	19
广西	14	29	−15	山西	27	23	4
河北	15	12	3	海南	28	28	0
安徽	16	15	1	宁夏	29	19	10
福建	17	8	9	青海	30	1	29
天津	18	2	10	西藏	31	31	0
黑龙江	19	5	11				

二、民事欺诈案件基本情况相关性分析

在前两部分中,我们对涉欺诈案件数据本身及其基本情况进行了描述和分析,在数据分析过程中也得出了一些大致的结论,但有些结论还有待验证,厘清欺诈案件发生原因必须将现有资料和数据相结合,多方面、多层次挖掘、分析数据背后的规律。本部分用以分析相关性的工具为 Pearson 相关系数,它是用来衡量两个数据集合是否在一条线上面,即衡量定距变量间的线性关系。相关系数的绝对值越大,相关性越强,相关系数越接近于 1 或 −1。反之,相关系数越接近于 0,则相关度越弱。通常情况下,通过以下取值范围判断变量的相关强度:相关系数为 0.8—1.0 表示极强相关;相关系数为 0.6—0.8 表示强相关;相关系数为 0.4—0.6 表示中等程度相关;相关系数为 0.2—0.4 表示弱相关;相关系数为 0.0—0.2 表示极弱相关或无相关。①

---

① "Pearson 相关系数"[EB/OL]https://zh.wikipedia.org/wiki/,访问日期 2018 - 03 - 21。

(一)民事欺诈案发数的相关性分析

影响欺诈案件的发生不能简单归结为某一因素。为此,我们将综合考量各地 2016 年生产总值(GDP)、人均 GDP、人均可支配收入、城镇化比例、义务教育情况以及城镇失业率。

1. 百万人口涉欺诈案发数与 GDP 关系

经济发展水平是指一个国家或地区经济发展的规模、速度和所达到的水准。反映一个国家或地区经济发展水平的常用指标有国民(地区)生产总值、国民(地区)收入、人均国民(地区)收入、经济发展速度、经济增长速度。其中,GDP 是国民经济核算的核心指标,也是衡量一个国家的总体经济状况重要指标。为此,我们从《中国统计年鉴 2017》数据库中提取了 2016 年各地区生产总值(GDP)。如图 3.10 所示,广东省、江苏省、山东省、浙江省和河南省的地区生产总值(GDP)居于前五位,而甘肃省、海南省、宁夏回族自治区、青海省和西藏自治区则居于后五位。

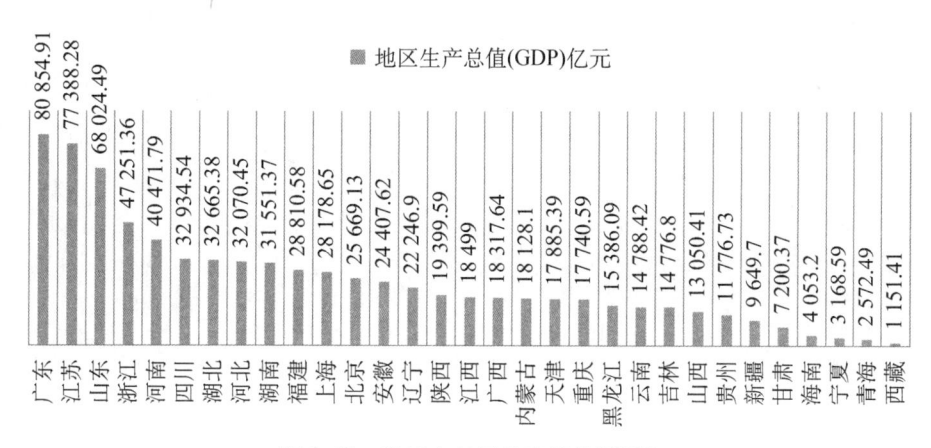

图 3.10　2016 年地区生产总值(GDP)

为了更清晰、直观地看出涉欺诈案件发生率和地区生产总值(GDP)之间的关系,我们对两个数据按从大到小的顺序分别进行了排名,如表 3.9 所示。两者的差值为各地百万人口涉欺诈案件发生数排名减去各地区生产总值(GDP)的排名。差值为正表示该地区百万人口涉欺诈案数量排名靠后,但 GDP 排名却较为靠前;差值为负表明该地百万人口涉欺诈案件数量排名较为靠前,而 GDP 排名却靠后;差值绝对值越接近 0 则表示地区生产总值与每百万人口涉欺诈案件发生数排名较为接近,绝对值接近或大于 10 时则相反。由

表 3.9 可以看出,有一大部分省区的绝对值差值都在 10 左右,更有 12 个省区差值绝对值超过了 10。其中,海南省(23)、新疆(23)、河南省(21)、吉林省(21)差值绝对值更是远远超过 10,但从表中我们并不能得出系统的规律,仅衡量差值绝对值也不能很准确地说明问题。例如,天津市差值绝对值虽然为 18,主要原因是其百万人口涉欺诈案件发生数居于第 1 名,但天津欺诈案件数量并不是很多,而是因为其人口较少,只有 1 562.12 万人。

表 3.9　　百万人口涉欺诈案件发生数与 GDP 排名

省/自治区/直辖市	每百万人口涉欺诈案件数排名	GDP 排名	差值	省/自治区/直辖市	每百万人口涉欺诈案件数排名	GDP 排名	差值
天津	1	19	−18	山西	17	24	−7
吉林	2	23	−21	甘肃	18	27	−9
新疆	3	26	−23	黑龙江	19	21	−2
北京	4	12	−8	内蒙古	20	18	2
海南	5	28	−23	四川	21	6	15
辽宁	6	14	−8	福建	22	10	12
广东	7	1	6	湖北	23	7	16
湖南	8	9	−1	贵州	24	25	−1
江苏	9	2	7	云南	25	22	3
上海	10	11	−1	河南	26	5	21
广西	11	17	−6	安徽	27	13	14
浙江	12	4	8	陕西	28	15	13
江西	13	16	−3	青海	29	30	−1
宁夏	14	29	−15	西藏	30	31	−1
重庆	15	20	−5	河北	31	8	23
山东	16	3	13				

在上述通过差值分析的过程中,我们发现两者之间并不存在较为明显的规律。为了进一步分析两者之间的联系,我们借助相关性分析工具 Pearson 相关系数进行相关性分析,得出百万人口涉欺诈案件发生数与 GDP 的 Pearson 相关系数绝对值为 0.009,落至极弱相关或无相关。可以发现,GDP 与百万人口涉欺诈案件发生数之间相关性极弱,也就是说一个地区 GDP 与该地欺诈案件发生频率几乎无关。之所以出现这种情况,我们认为主要有以下原因:首先衡量经济发展水平的指标有很多,GDP 仅仅是其中之一,只能衡量

一个地区经济发展水平的总体状况。百万人口涉欺诈案件发生数是与各地人口数紧紧联系在一起的，拿一个总数和具体数据显然不能很好地反映两者的规律。其次，欺诈案件发生的案由有很多，例如合同、侵权、劳动纠纷、商事纠纷等，并不是每一个欺诈案件都与经济发展状况之间有着密切的关系。故每百万人口涉欺诈案件发生数与地区GDP之间的相关性也就不那么明显了。

2. 百万人口涉欺诈案发数与人均GDP关系

相较于GDP，人均GDP可以更加客观地显示出一个地区的经济发展水平和人民生活水平。为此，我们从《中国统计年鉴2017》数据库中提取了全国不同地区的人均GDP，如图3.11。我们可以看出，北京、上海、天津三个直辖市人均GDP居于前三名，而江、浙二省紧随其后。贵州、云南、甘肃等西部内陆地区人均GDP排名相对靠后。

图3.11 2016年地区人均GDP

如表3.10所示，差值为各地百万人口涉欺诈案件发生数排名减去各地人均GDP排名。我们可以清楚地看出差值绝对值较小的省级行政区为广东省（0）、宁夏回族自治区（1）、天津市（2）、安徽省（2），这些地区人均GDP排名和百万人口涉欺诈案件排名差距较小，而新疆（18）、福建（16）、陕西（15）、广西（15）等地区差值绝对值都较大，这表明人均GDP与该地涉欺诈案件发生数之间相差较大。

表 3.10　百万人口涉欺诈案件发生数与各地人均 GDP 排名

省/自治区/直辖市	每百万人口涉欺诈案件数排名	人均 GDP 排名	差值	省/自治区/直辖市	每百万人口涉欺诈案件数排名	人均 GDP 排名	差值
天津	1	3	−2	山西	17	27	−10
吉林	2	12	−10	甘肃	18	31	−13
新疆	3	21	−18	黑龙江	19	22	−3
北京	4	1	3	内蒙古	20	8	12
海南	5	17	−12	四川	21	24	−3
辽宁	6	14	−8	福建	22	6	16
广东	7	7	0	湖北	23	11	12
湖南	8	16	−8	贵州	24	29	−5
江苏	9	4	5	云南	25	30	−5
上海	10	2	8	河南	26	20	6
广西	11	26	−15	安徽	27	25	2
浙江	12	5	7	陕西	28	13	15
江西	13	23	−10	青海	29	18	11
宁夏	14	15	−1	西藏	30	28	2
重庆	15	10	5	河北	31	19	12
山东	16	9	7				

通过差值分析,可以发现两者之间并不存在较为明显的规律,借助 Pearson 相关系数,可得出人均 GDP 与百万人口涉欺诈案件之间的相关系数为 0.459,为中等程度相关。北京、上海等东部沿海城市人均 GDP 排名靠前,其欺诈案件发生频率也相对较高,而一些中西部人均 GDP 较低的地区,欺诈案件发生的频率相对来说较低。出现这种情况的原因主要有以下几个:首先,人均 GDP 是用一个地区的生产总值(GDP)除以该地区常住人口数,因此更加具象,也更能客观地反映其与该地百万人口涉欺诈案件发生数之间的关系。其次,当一个地区人均 GDP 较高时,在一定程度上可以说明该地经济发展状况,其欺诈案件相对来说较容易发生。最后,人均 GDP 与百万人口涉欺诈案件发生数虽然呈正相关关系,但仅为中等程度相关。

3. 百万人口涉欺诈案发数与人均可支配收入的关系

一个地区生活水平的高低是否会对该地区欺诈案件有影响?为此,我们从《中国统计年鉴 2017》数据库中提取了全国不同地区人均可支配收入,如图

3.12。我们可以看出,上海市、北京市、浙江省、天津市人均可支配收入处于前列,特别是上海和北京人均可支配收入遥遥领先,而云南省、贵州省、甘肃省和西藏自治区则居于后几位。从地域分布来看,东部沿海城市由于经济发达,人民生活水平也相对较高,而西南、西北地区经济发展较为落后,人民生活水平相对较低。

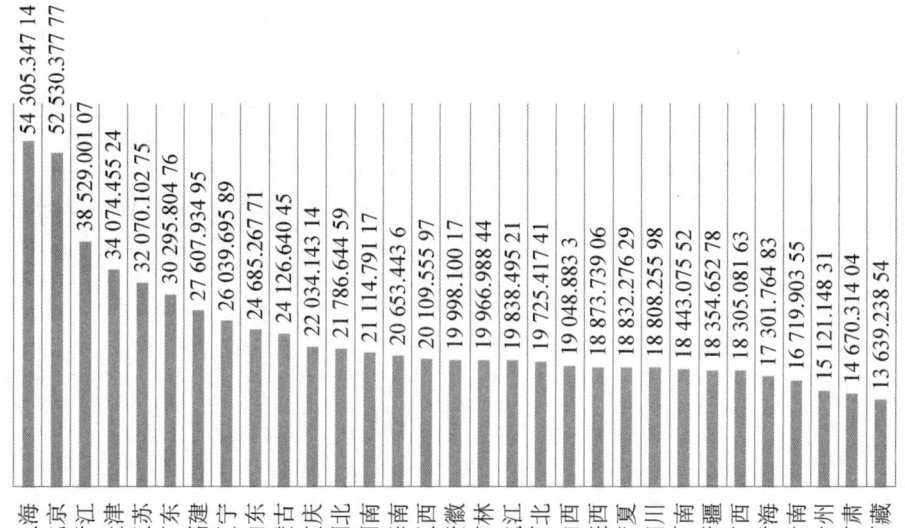

图 3.12 各地人均可支配收入

如表 3.11 所示,差值为各地百万人口涉欺诈案件发生数排名减去各地人均可支配收入排名。差值绝对值较小的地区为广东省(1)、黑龙江省(1)、西藏自治区(1),也就是说这些地区欺诈案件排名与人均可支配收入排名之间差距较小。绝对值较大的地区有新疆维吾尔自治区(22)、福建省(15)、广西壮族自治区(15)和吉林省(15),特别是新疆涉欺诈案件百万人口发生数排在第 3 名,但人均可支配收入却排在 25 名,相差很大,这在一定程度上说明影响新疆欺诈案件的发生可能与人均可支配收入不那么密切。我们知道新疆位于中国西北边陲,虽地广人稀但是少数民族聚居的地方,由于文化等方面存在的差异,可能导致涉欺诈案件高发。差值绝对值小于 5 的省区达到了 14 个。由此,我们初步得出这样的结论,全国大部分地区人均可支配收入与该地区涉欺诈案件发生频率趋于一致。

表 3.11　每百万人口涉欺诈案件发生数和人均可支配收入排名

省/自治区/直辖市	每百万人口欺诈案件数排名	人均可支配收入排名	差值	省/自治区/直辖市	每百万人口欺诈案件数排名	人均可支配收入排名	差值
天津	1	4	−3	山西	17	20	−3
吉林	2	17	−15	甘肃	18	30	−12
新疆	3	25	−22	黑龙江	19	18	1
北京	4	2	2	内蒙古	20	10	10
海南	5	14	−9	四川	21	23	−2
辽宁	6	8	−2	福建	22	7	15
广东	7	6	1	湖北	23	12	11
湖南	8	13	−5	贵州	24	29	−5
江苏	9	5	4	云南	25	28	−3
上海	10	1	9	河南	26	24	2
广西	11	26	−15	安徽	27	16	11
浙江	12	3	9	陕西	28	21	7
江西	13	15	−2	青海	29	27	2
宁夏	14	22	−8	西藏	30	31	−1
重庆	15	11	4	河北	31	19	12
山东	16	9	7				

借助 Pearson 进行相关性分析,可以得出人均可支配收入与百万人口涉欺诈案件数之间的相关系数为 0.394,呈弱相关。此种现象出现的原因,我们认为:首先,欺诈案件多数为合同欺诈、劳动纠纷欺诈、商事欺诈,对于这些案由,贫困地区发生的概率相对较小。其次,居民人均可支配收入多,对于财物的分配途径也增多,譬如进行投资、理财,在交易过程中也给不法行为的出现提供了土壤。

4. 百万人口涉欺诈案发数与城镇化比例的关系

城镇化是经济发展的必然产物,也是中国现代化进程的重大战略。2011 年中国内地城镇化率已突破 50%。一般而言,城镇化的过程中,随着人口大量流动,农村人口涌入城镇,从熟人社会变成陌生社会,人与人之间的信任程度也会受到影响,进而影响到社会诚信状况。为了弄清城镇化与百万人口欺诈案件发生数的关系,我们从《中国统计年鉴 2017》数据库中提取了 2016 年各省级行政区的城镇化比例。如图 3.13 可知,东部沿海发达地区城镇人口比例处于较为领先地位,如上海、北京、天津、广东等地区,而中西部地区如云南、甘

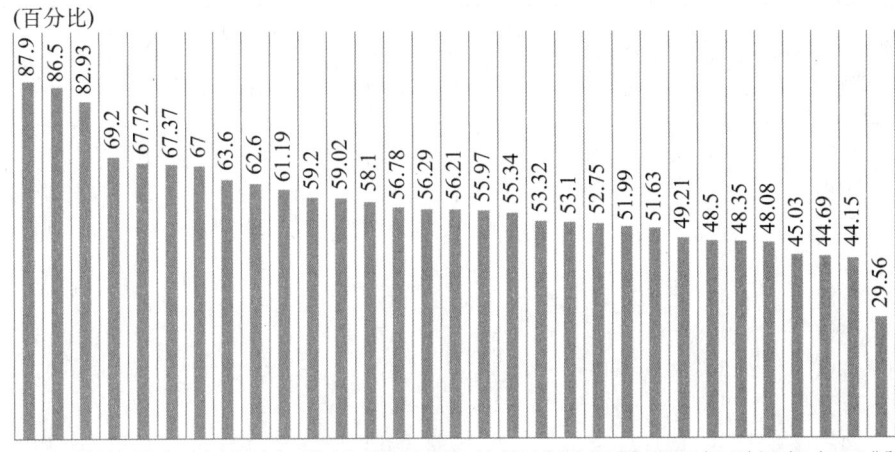

(百分比) 87.9 86.5 82.93 69.2 67.72 67.37 67 63.6 62.6 61.19 59.2 59.02 58.1 56.78 56.29 56.21 55.97 55.34 53.32 53.1 52.75 51.99 51.63 49.21 48.5 48.35 48.08 45.03 44.69 44.15 29.56

上海 北京 天津 广东 江苏 辽宁 浙江 福建 重庆 内蒙古 黑龙江 山东 湖北 湖南 宁夏 山西 吉林 陕西 河北 江西 湖南 安徽 青海 四川 河南 新疆 广西 云南 甘肃 贵州 西藏

图 3.13　各地区城镇人口比例

肃、西藏等城镇人口比例则较低。

如表 3.12 所示,差值为各地百万人口涉欺诈案件发生数排名减去各地城镇化人口比例的排名。从表 3.12 可以看出,差值绝对值较小的地区(小于 5)达到了 12 个。其中,山西(1)、宁夏(1)、西藏(1)、天津(2)等这几个省区更加接近 0,也就是说大部分地区百万人口涉欺诈案件发生数和城镇人口比例排名较为接近,城镇人口比例较多的省级行政区百万人口涉欺诈案件发生数量也较多,城镇比例较小的地区涉欺诈案件发生频率也较低。差值绝对值较大的省级行政区则较少,其中新疆差值绝对值最大为 23,广西壮族自治区差值绝对值为 16。总的来说,大致可以得出这样的结论,一个地区城镇人口比例与该地区涉欺诈案件发生情况较为一致。

表 3.12　每百万人口涉欺诈案件发生数排名与各地城镇人口比例

省/自治区/直辖市	每百万人口涉欺诈案件数排名	城镇人口比例排名	差值	省/自治区/直辖市	每百万人口涉欺诈案件数排名	城镇人口比例排名	差值
天津	1	3	−2	北京	4	2	2
吉林	2	17	−15	海南	5	14	−9
新疆	3	26	−23	辽宁	6	6	0

续表

省/自治区/直辖市	每百万人口涉欺诈案件数排名	城镇人口比例排名	差值	省/自治区/直辖市	每百万人口涉欺诈案件数排名	城镇人口比例排名	差值
广东	7	4	3	内蒙古	20	10	10
湖南	8	21	−13	四川	21	24	−3
江苏	9	5	4	福建	22	8	14
上海	10	1	9	湖北	23	13	10
广西	11	27	−16	贵州	24	30	−6
浙江	12	7	5	云南	25	28	−3
江西	13	18	−5	河南	26	25	1
宁夏	14	15	−1	安徽	27	22	5
重庆	15	9	6	陕西	28	18	10
山东	16	12	4	青海	29	23	6
山西	17	16	1	西藏	30	31	−1
甘肃	18	29	−11	河北	31	19	12
黑龙江	19	11	8				

借助相关性的工具Pearson进行分析,得出百万人口涉欺诈案件发生数与城镇人口比例的相关系数为0.475,表示具有中等程度相关性,即地区内城镇人口比例越高,百万人口的涉欺诈案件发生数越多,反之亦然。城镇化会引起社会的变迁,尤其是不平衡、不协调的城镇化发展更是如此,这种变化会带来社会的不稳定,从而影响到涉欺诈案件的数量。当城镇化的脚步开始时,有些人也许是时代的弄潮儿,能够迎变而上,但不可否认的是,部分人因为一些原因,缺乏对自我的控制,动了歪脑筋,想"快速"致富或是不劳而获,从而导致欺诈案件的多发。如表3.12所示,欺诈案件发生数较高的省级行政区城镇化比例相对来说排名也较靠前,如天津、北京、辽宁、广东等地区。当然,百万人口涉欺诈案件发生数与城镇人口比例仅呈中等程度相关,我们认为主要原因可能是在城镇化的过程中,我国许多地区都重视了防范社会风险,强化社会治理,与此同时,在城镇化的进程中,社会保障体系不断建立、外来人口的职业培训等同时进行,这些措施都对社会稳定起到保驾护航作用。当然,涉欺诈案件的发生数量,发案率的高低也是多方面因素综合作用的结果,虽然城镇化比例具有重要影响,但人口密度、民风民俗,交通网络、青少年人口、第三产业发展等因素都可能具有一定影响,因而需要进一步关注城镇化过程中相关因素的

研究分析。

5. 百万人口涉欺诈案发数与义务教育的关系

"百年大计,教育为本",教育水平的高低决定着人才培养的数量和质量,决定着一个国家的科技发展水平和创新能力,并最终决定一个国家和民族的兴衰成败。义务教育一直是中国教育改革和发展的重中之重,是国家必须予以保障的公益性事业,也最能反映一国国民的基本素质。因此,我们分析了义务教育和百万人口涉欺诈案件发生数这两个数据,以此观察义务教育对欺诈案件的发生具有何种作用。如图 3.14,我们可以看出全国各地区义务教育率基本达到了 50% 以上,这与我国大力推行九年义务教育有着不可分割的关系。

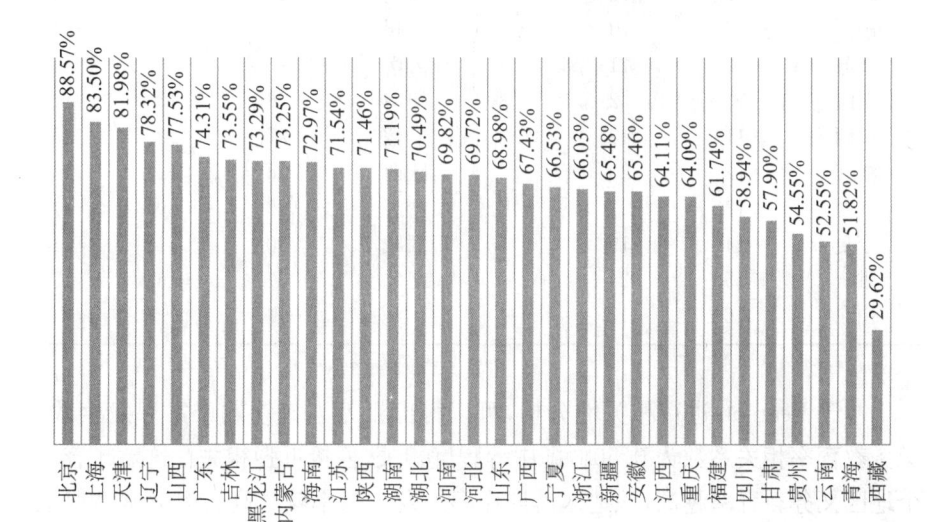

地区	义务教育率
北京	88.57%
上海	83.50%
天津	81.98%
辽宁	78.32%
山西	77.53%
广东	74.31%
吉林	73.55%
黑龙江	73.29%
内蒙古	73.25%
海南	72.97%
江苏	71.54%
陕西	71.46%
湖南	71.19%
湖北	70.49%
河南	69.82%
河北	69.72%
山东	68.98%
广西	67.43%
宁夏	66.53%
浙江	66.03%
新疆	65.48%
安徽	65.46%
江西	64.11%
重庆	64.09%
福建	61.74%
四川	58.94%
甘肃	57.90%
贵州	54.55%
云南	52.55%
青海	51.82%
西藏	29.62%

图 3.14 各地区义务教育率

为显示出义务教育率与欺诈案件数量之间的关系,我们将两个数据按照从大到小的顺序进行排列,差值为正表示该地区百万人口涉欺诈案件发生数排名较靠后,但义务教育率却居于较前的位置,差值为负则表示该地区义务教育率排名靠后,百万人口涉欺诈案件发生频率排名则较为靠前。如表 3.13 所示,有 11 个省级行政区差值绝对值较小(小于 5),例如广东、青海、山东、天津等省区。这些地区义务教育率和欺诈案件发生率排名较为接近,一定程度上表明这些地区义务教育率和该地区每百万人口涉欺诈案件发生情况趋于一致。差值绝对值较大(大于 10)的地区有 7 个,如新疆(18)、山西(12)、黑龙江(11)等。

表 3.13　　　　　百万人口涉欺诈案件发生数与义务教育率

省/自治区/直辖市	百万人口涉欺诈案件数排名	义务教育率排名	差值	省/自治区/直辖市	百万人口涉欺诈案件数排名	义务教育率排名	差值
天津	1	3	−2	山西	17	5	12
吉林	2	7	−5	甘肃	18	27	−9
新疆	3	21	−18	黑龙江	19	8	11
北京	4	1	3	内蒙古	20	9	11
海南	5	10	−5	四川	21	26	−5
辽宁	6	4	2	福建	22	25	−3
广东	7	6	1	湖北	23	14	9
湖南	8	13	−5	贵州	24	28	−4
江苏	9	11	−2	云南	25	29	−4
上海	10	2	8	河南	26	15	11
广西	11	18	−7	安徽	27	22	5
浙江	12	20	−8	陕西	28	12	16
江西	13	23	−10	青海	29	30	−1
宁夏	14	19	−5	西藏	30	31	−1
重庆	15	24	−9	河北	31	16	15
山东	16	17	−1				

基于 Pearson 进行相关性分析,可以得出百万人口涉欺诈案件发生数与义务教育率相关系数为 0.508,即中等程度相关,但接近强相关。这意味着,一个地区义务教育率越高,该地区涉欺诈案件发生频率就越高。但通常情况下,我们会认为一个地区的教育普及度越高,该地区民众的素质和道德水准就越高,相对而言,欺诈案件发生的概率就越小。然而,相关性分析的结果则显示出,当一个地区义务教育率越高时,该地区欺诈案件发生频率可能随之升高。对此,我们认为存在以下几个原因:首先,义务教育水平是衡量一个地区人口素质的重要因素,但并不是唯一因素,并不能说一个人的教育水平越高,他的道德素质就越高。其次,在教育程度较高的地区,民众的智力水平也越高,个人以及公司之间的交易、联系更加紧密。民事欺诈案件的案由主要包括合同纠纷、劳动合同纠纷、商事纠纷等。也就是说,在上述民事活动中,未免会有人利用法律漏洞、文字游戏等实施欺诈行为。相对来说,那些教育并不十分普及的地区,其欺诈案件发生的频率相对较低。

(二) 民事欺诈案件获赔的相关性分析

1. 案件获得赔偿比例

案件获得赔偿比例是基于赔偿数额栏位提取，存在赔偿数值的即为获得赔偿案件，获得赔偿案件数除以涉欺诈案件数可得出案件获得赔偿比例，即案件获赔率，结果如图3.15。一般而言，某地区的案件获赔率越高，说明该地对受欺诈方的司法保护越充分，当然案件的获赔率低可能存在诸如该地滥诉突出、受欺诈方委托律师率低等原因。在案件获赔率上，31个省级行政区中案件获赔率在40%以上的达到23个，50%以上的达到13个，这说明在欺诈案件中，我国司法对受欺诈一方的保护力度总体上较好，但仍有待加强。青海（77%）、天津（61%）、陕西（60%）、内蒙古（57%）、黑龙江（56%）、上海（56%）是获赔率较高的省级行政区。其中，青海省获赔案件占比达到了峰值，天津居于第二。辽宁（18%）、广西（18%）、海南（22%）、重庆（31%）则是案件获赔率较低的地区。西藏自治区案件获赔率为0%，一方面确实说明西藏自治区在保护受欺诈方方面司法保护力度较弱，另一方面根据我们的统计，该省涉欺诈案件总数为4件，可以看出样本总量较少，相应地这一结果的说服力较为欠缺。

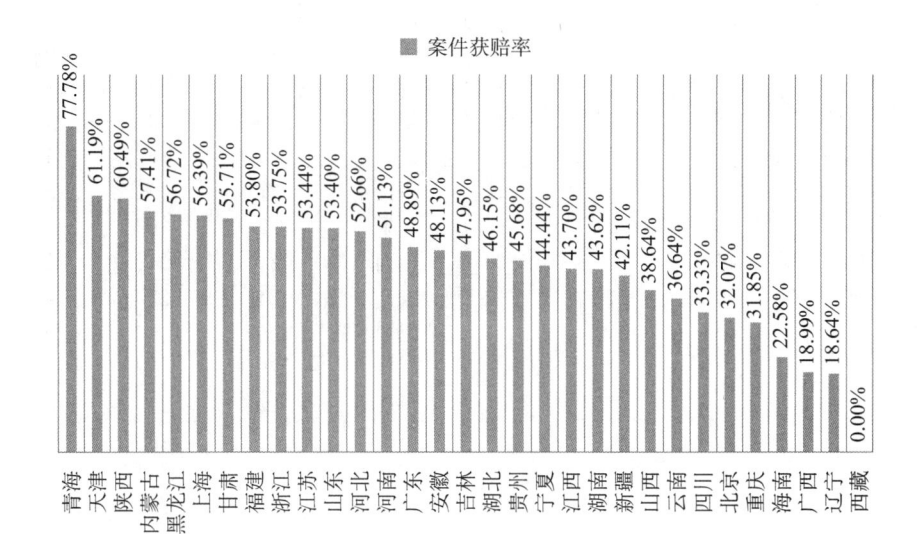

图3.15 案件获赔率

案件获赔率反映出一个地区对涉欺诈类案件的司法保护程度，是一个地区对于涉欺诈案件被欺诈方保护力度的重要体现。为进一步分析各种因素对涉欺诈案件获赔率的影响，下文基于GDP、人均可支配收入、城镇人口比例、律师参与比例、义务教育率进行对比分析。

(1) 案件获赔率与GDP相关性分析

获赔案件率排名基于由大到小排列得出，GDP同样依由大到小进行排名，并计算出两者的差值，结果如表3.14所示。案件获赔率排名靠前而GDP排名靠后，即该差值为负数时，说明案件获赔率高相比于国内生产总值排名更高，这样的地区包括青海省(—29)、甘肃省(—20)、天津市(—17)、黑龙江省(—16)、内蒙古自治区(—14)、陕西省(—12)。该差值绝对值为零，说明该省案件获赔率方面较为一致，即其获赔率排名与GDP排名情况较为一致，其中较典型的地区是海南省和西藏自治区，该差值均为"0"。差值为正数时往往代表该地区案件获赔率排名要比GDP排名靠后，其中差值在"10"以上的省份有四川省(19)、辽宁省(16)、北京市(14)、广东省(13)、广西壮族自治区(12)、湖南省(12)、湖北省(10)。

表3.14　　　　　　　　案件获赔率与GDP排名

省/自治区/直辖市	案件获赔率排名	GDP排名	差值	省/自治区/直辖市	案件获赔率排名	GDP排名	差值
青海	1	30	—29	湖北	17	7	10
天津	2	19	—17	贵州	18	25	—7
陕西	3	15	—12	宁夏	19	29	—10
内蒙古	4	18	—14	江西	20	16	4
黑龙江	5	21	—16	湖南	21	9	12
上海	6	11	—5	新疆	22	26	—4
甘肃	7	27	—20	山西	23	24	—1
福建	8	10	—2	云南	24	22	2
浙江	9	4	5	四川	25	6	19
江苏	10	2	8	北京	26	12	14
山东	11	3	8	重庆	27	20	7
河北	12	8	4	海南	28	28	0
河南	13	5	8	广西	29	17	12
广东	14	1	13	辽宁	30	14	16
安徽	15	13	2	西藏	31	31	0
吉林	16	23	—7				

借助Pearson进行相关性分析，GDP与案件获赔率的相关系数为0.225，显示出两者呈弱相关关系。也就是说，一个地区的国内生产总值对于该地的

涉欺诈案件获赔率会有很小程度的正相关,但其影响并不明显。

(2)案件获赔率与人均可支配收入的关系

如表3.15所示:首先,案件获赔率排名靠前而人均可支配收入排名靠后,即该差值为负,说明该地区案件获赔率高而人均可支配收入不高,这样的地区典型的有青海省(-26)、甘肃省(-23)、陕西省(-18)、黑龙江省(-13)。其中,案件获赔率最高的青海省,其人均可支配收入在全国排名第27名,远远落后于其他省份。其次,该差值绝对值越小,则说明该地区案件获赔率与人均可支配收入排名较为一致,其中较为典型的地区是西藏自治区,其差值的绝对值是0。最后,一省该差值为正数时往往代表该省的案件获赔率排名要比人均可支配收入排名靠后,其中差值在10以上的地区有北京市(24)、辽宁省(22)、重庆市(16)、海南省(14)。通过上述分析,我们发现一个省份的案件获赔率与人均可支配收入之间并没有特别的关系,Pearson相关性分析结果也证明了这一判断。①

表 3.15　　　　案件获赔率与人均可支配收入排名

省/自治区/直辖市	案件获赔率排名	人均可支配收入排名	差值	省/自治区/直辖市	案件获赔率排名	人均可支配收入排名	差值
青海	1	27	-26	湖北	17	12	5
天津	2	4	-2	贵州	18	29	-11
陕西	3	21	-18	宁夏	19	22	-3
内蒙古	4	10	-6	江西	20	15	5
黑龙江	5	18	-13	湖南	21	13	8
上海	6	1	5	新疆	22	25	-3
甘肃	7	30	-23	山西	23	20	3
福建	8	7	1	云南	24	28	-4
浙江	9	3	6	四川	25	23	2
江苏	10	5	5	北京	26	2	24
山东	11	9	2	重庆	27	11	16
河北	12	19	-7	海南	28	14	14
河南	13	24	-11	广西	29	26	3
广东	14	6	8	辽宁	30	8	22
安徽	15	16	-1	西藏	31	31	0
吉林	16	17	-1				

---

① 人均可支配收入与案件获赔率的相关性系数为0.155,也就是说一个区域的人均可支配收入对于该地的涉欺诈案件获赔率几乎没有影响。

(3) 案件获赔率与城镇人口比例相关性分析

如表 3.16 所示：首先，案件获赔率排名靠前而城镇人口比例排名靠后，即该差值为负数时，说明该省案件获赔率相比于城镇人口比例排名更高，这样的省级行政区有青海省(-22)、甘肃省(-22)、陕西省(-15)、河南省(-12)、贵州省(-12)，其中，案件获赔率高排名第一的青海省，其城镇人口比例在全国排名第 23 名，远远落后于其他省份。其次，差值绝对值小，则说明该省案件获赔率与城镇化比例排名较为一致，其中差值为 0 的省级行政区有江西省、湖南省、福建省和西藏自治区。上文已经提到，西藏自治区因样本较少所以说明力度较弱，而其他省份的情况则较有说服力。最后，差值为正数时，说明案件获赔率比人均可支配收入排名靠后，其中差值在 10 以上的省份有北京市(24)、辽宁省(24)、重庆市(18)、海南省(14)、广东省(10)。通过上述分析可以发现，差值较大的地区一般集中在经济社会较为发达的东部，相反差值较小的省份则在经济欠发达的中西部。

表 3.16　　　　　　　　　获赔案件率与城镇人口比例排名

省/自治区/直辖市	案件获赔率排名	城镇人口比例排名	差值	省/自治区/直辖市	案件获赔率排名	城镇人口比例排名	差值
青海	1	23	-22	湖北	17	13	4
天津	2	3	-1	贵州	18	30	-12
陕西	3	18	-15	宁夏	19	15	4
内蒙古	4	10	-6	江西	20	20	0
黑龙江	5	11	-6	湖南	21	21	0
上海	6	1	5	新疆	22	26	-4
甘肃	7	29	-22	山西	23	16	7
福建	8	8	0	云南	24	28	-4
浙江	9	7	2	四川	25	24	1
江苏	10	5	5	北京	26	2	24
山东	11	12	-1	重庆	27	9	18
河北	12	19	-7	海南	28	14	14
河南	13	25	-12	广西	29	27	2
广东	14	4	10	辽宁	30	6	24
安徽	15	22	-7	西藏	31	31	0
吉林	16	17	-1				

城镇人口比例反映了一个地区的城镇化水平，而城镇人口往往法治意识

较强,对法律的认知水平高,相应的在司法程序中对于自己权利义务认识清楚,当受到欺诈时判断能力强,其诉求相应的容易得到司法认可和保护。不过,借助 Pearson 进行相关性分析,城镇人口比例与案件获赔率的相关系数为 0.296,显示出两者呈现弱相关关系,也就是说一个区域的城镇人口比例对涉欺诈案件获赔率的影响较小。

(4) 获赔案件比例与律师参与相关性

每个民事案件均涉及攻方与守方律师。我们也将委托律师的比例划分为攻方律师参与比例、守方律师参与比例以及综合律师参与比例进行分析。

第一,获赔案件比例与攻方律师参与率相关性。

一省的攻方律师参与率是根据第三方公司提供的数据,以攻方委托律师案件数除以该省涉欺诈案件总数得出的。如表 3.17 所示。首先,差值为负时,即案件获赔率排名靠前而攻方律师参与率排名靠后,说明该地区案件获赔率高于攻方律师参与率排名,这样的省级行政区包括内蒙古自治区(−24)、天

表 3.17　　案件获赔率排名与攻方律师参与率排名

省/自治区/直辖市	案件获赔率排名	攻方委托律师案件比例排名	差值	省/自治区/直辖市	案件获赔率排名	攻方委托律师案件比例排名	差值
青海	1	1	0	湖北	17	16	1
天津	2	19	−17	贵州	18	24	−6
陕西	3	20	−17	宁夏	19	6	13
内蒙古	4	28	−24	江西	20	25	−5
黑龙江	5	17	−12	湖南	21	29	−8
上海	6	18	−12	新疆	22	26	−4
甘肃	7	23	−16	山西	23	31	−8
福建	8	5	3	云南	24	14	10
浙江	9	15	−6	四川	25	30	−5
江苏	10	13	−3	北京	26	8	18
山东	11	9	2	重庆	27	12	15
河北	12	22	−10	海南	28	11	17
河南	13	21	−8	广西	29	7	22
广东	14	10	4	辽宁	30	2	28
安徽	15	4	11	西藏	31	3	28
吉林	16	27	−11				

津市(−17)、陕西省(−17)、甘肃省(−16)。这几个地区案件获赔率都很高，分别为第4名、第2名、第3名、第7名，但是其攻方律师参与率排名最靠前的也仅排在第19位，说明律师对是否获赔的影响不大。其次，该差值绝对值小时，说明该地区案件获赔率与攻方律师参与率排名较为一致。该差值的绝对值是0的有青海省，其案件获赔率排名与攻方律师参与率排名在全国均排第一名，但是这是否说明该地区攻方律师对案件获赔起到关键作用，可能需要我们进一步探讨。最后，差值为正数时，说明该地区的案件获赔率排名要比攻方律师参与率排名靠后，其中差值在20以上的地区有西藏自治区(28)、辽宁省(28)、广西壮族自治区(22)。通过上述分析我们发现，一个省份的案件获赔率与攻方律师参与率之间并没有特别的关系。

第二，获赔案件比例与守方律师参与率的相关性。

守方律师参与率由守方委托律师案件数除以该省涉欺诈案件总数得出。如表3.18所示。首先，差值为负数的情况，即案件获赔率排名靠前而守方律

表3.18　　　　　　案件获赔率与守方委托律师率排名

省/自治区/直辖市	案件获赔率排名	守方委托律师案件比例排名	差值	省/自治区/直辖市	案件获赔率排名	守方委托律师案件比例排名	差值
青海	1	5	−4	湖北	17	15	2
天津	2	14	−12	贵州	18	31	−13
陕西	3	20	−17	宁夏	19	4	15
内蒙古	4	28	−24	江西	20	11	9
黑龙江	5	27	−22	湖南	21	25	−4
上海	6	24	−18	新疆	22	22	0
甘肃	7	18	−11	山西	23	29	−6
福建	8	19	−11	云南	24	12	12
浙江	9	10	−1	四川	25	23	2
江苏	10	13	−3	北京	26	8	18
山东	11	9	2	重庆	27	30	−3
河北	12	21	−9	海南	28	6	22
河南	13	17	−4	广西	29	3	26
广东	14	16	−2	辽宁	30	2	28
安徽	15	7	8	西藏	31	1	30
吉林	16	26	−10				

师参与率排名靠后,说明该地案件获赔率与守方律师参与的关联度不高,这样的省级行政区以内蒙古自治区(-24)、黑龙江省(-22)、上海市(-18)、陕西省(-17)为代表。上述地区的案件获赔率比较高,其排名分别为第4名、第5名、第6名、第3名,但是其守方律师参与率排名全部在20名以后,说明上述地区的守方律师参与与案件获赔之间的关系不大。其次,该差值绝对值接近0,说明该地案件获赔率与守方律师参与率排名较为一致。该差值为0的是新疆,其两项排名均在第22位,相对靠后。最后,该差值为正数的情况,说明该地的案件获赔率排名要比守方律师参与率排名靠后,其中差值在20以上的省份有西藏自治区(30)、辽宁省(28)、广西壮族自治区(26)、海南省(22)。

基于Pearson相关性分析,守方委托律师案件比例与案件获赔率的相关系数为-0.454。当两者的相关性系数为0.4—0.6时,表示中等程度相关。由此,可以判断在守方律师参与率与案件获赔率之间存在一定的负相关关系。问题是,为什么守方律师参与案件会降低案件获赔率? 其中的原因可能是,守方律师参与案件时会影响法官对案件的定性,或者是可以帮助守方获得更为有效的证据,从而使守方成功地免于承担赔偿责任。由此,欺诈案件中的守方雇佣律师,可以在较大程度上降低守方的赔偿比率。

第三,律师介入率与案件获赔率的相关性。

获赔案件比例排名、综合律师参与率以及两者的差值,如表3.19所示。首先,差值为负的情况,即案件获赔率排名靠前而综合律师参与率排名靠后,说明该地区案件获赔率高与律师参与率无正相关关系,这样的典型地区有内蒙古自治区(-23)、黑龙江省(-18)、上海市(-16)。上述地区案件获赔率都很高,在全国的排名分别为第4名、第5名、第3名,但是其综合的律师参与率的全国排名都在20名以后。可见,此类地区的律师在欺诈类案件中对是否获赔的影响不大。其次,差值绝对值接近0,说明该省案件获赔率与律师参与率比例排名情况较为一致。该差值的绝对值是0的省级行政区为湖北省,其案件获赔率排名与律师参与率排名在全国均排第17名。最后,差值为正数的情况,意味着该省的案件获赔率排名要比守方律师参与率排名靠后,其中差值在20以上的地区有广西壮族自治区(28)、西藏自治区(27)、辽宁省(27)、海南省(21)。

借助Pearson进行相关性分析,可以得出律师介入率与案件获赔率的相关系数为-0.309,呈现较弱的负相关关系,即律师参与程度高时案件获赔率反而降低。这种现象出现的原因,我们认为和守方律师的参与对案件的影响较为一致,即守方律师参与案件时可能对守方免于承担赔偿责任有较大影响。

表 3.19　　　　　　　　　案件获赔率与综合律师参与率排名

省/自治区/直辖市	案件获赔率排名	律师介入比例排名	差值	省/自治区/直辖市	案件获赔率排名	律师介入比例排名	差值
青海	1	2	−1	湖北	17	17	0
天津	2	16	−14	贵州	18	28	−10
陕西	3	20	−17	宁夏	19	5	14
内蒙古	4	27	−23	江西	20	18	2
黑龙江	5	23	−18	湖南	21	29	−8
上海	6	22	−16	新疆	22	25	−3
甘肃	7	19	−12	山西	23	31	−8
福建	8	13	−5	云南	24	14	10
浙江	9	12	−3	四川	25	30	−5
江苏	10	15	−5	北京	26	9	17
山东	11	8	3	重庆	27	24	3
河北	12	21	−9	海南	28	7	21
河南	13	10	3	广西	29	1	28
广东	14	11	3	辽宁	30	3	27
安徽	15	6	9	西藏	31	4	27
吉林	16	26	−10				

综上可见,无论是攻方律师参与、守方律师参与或者是综合律师参与情况之间排名结果相差较小,可以说律师参与对于是否获得赔偿的影响并不大。这也说明:一方面,法院对案件欺诈的定性基本不受律师介入的影响,另一方面,此类案件中的当事人(尤其是攻方当事人)在考虑是否委托律师时要慎重。此外,律师参与对获赔数额的影响究竟如何,即原告的诉请金额会不会由于代理律师的原因得以提升,或者原告的诉请金额会不会由于被告代理律师的参与而被降低等问题,由于数据的局限,我们无法进行统计分析。

第二章 民事欺诈案件主体状况

在这一部分,我们将以被认定构成欺诈的民事案件为基础,探究此类案件所涉及的主体状况,包括由自然人实施的欺诈案件基本情况,以及由非自然人实施的欺诈案件基本情况。此外,还将涉及包含第三人的民事欺诈案件情况分析。

一、自然人作为欺诈案件中的欺诈方

从第三方公司提供的数据中,共筛选出认定构成欺诈的民事案件862件,其中欺诈方为自然人的案件有302件,占全国构成欺诈案件总数的35.03%。仅从全国占比来看,自然人群体实施的欺诈案件数量并不多,在全部民事欺诈案件中所占的比例也不高。对于此现象,我们认为主要有以下几方面原因:首先,如上文所述,民事欺诈案件主要发生在合同领域,相比于企业之间复杂的法律关系来说,自然人之间发生合同欺诈的可能性及其频率相对较低。其次,自然人在社会中本来就处于较为弱势的地位,往往更容易成为被欺诈的对象。最后,随着我国法治不断健全,公民的法律意识和法律责任也不断提高,有关部门构建社会体系以及打击不诚信行为的力度均不断增大。

为便于观察欺诈方为自然人的情况,我们对各地欺诈方为自然人的案件数量和案件占比进行了排名,如图3.16、图3.17所示。全国31个省级行政区中,沿海发达地区的欺诈案件数量较大,排名前五的地区分别为广东省、北京市、江苏省、河南省、山东省;与此同时,欺诈方为自然人案件占比超过50%的地区有12个,欠发达地区的案件占比明显偏高。如图3.17所示,欺诈方为自然人案件占比较高的五个地区分别为青海省(100%)、甘肃省(80%)、山西省(75%)、吉林省(69%)和宁夏回族自治区(66%),主要是经济不很发达的地区。对此,可以分为两种情况加以分析:第一,一些地区构成欺诈案件数量本来就少,如青海省构成欺诈的案件只有1件,刚好欺诈方为自然人,故而出现该省欺诈方为自然人案件占比100%。与青海省情况类似的还有甘肃、山西和

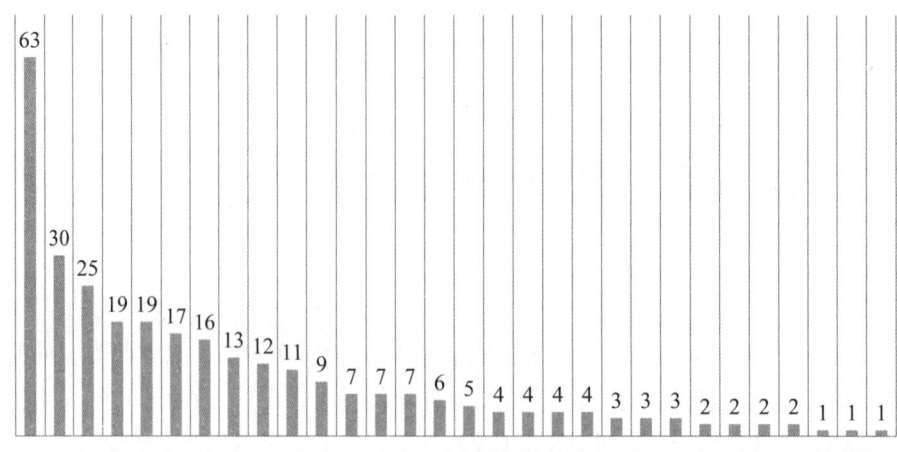

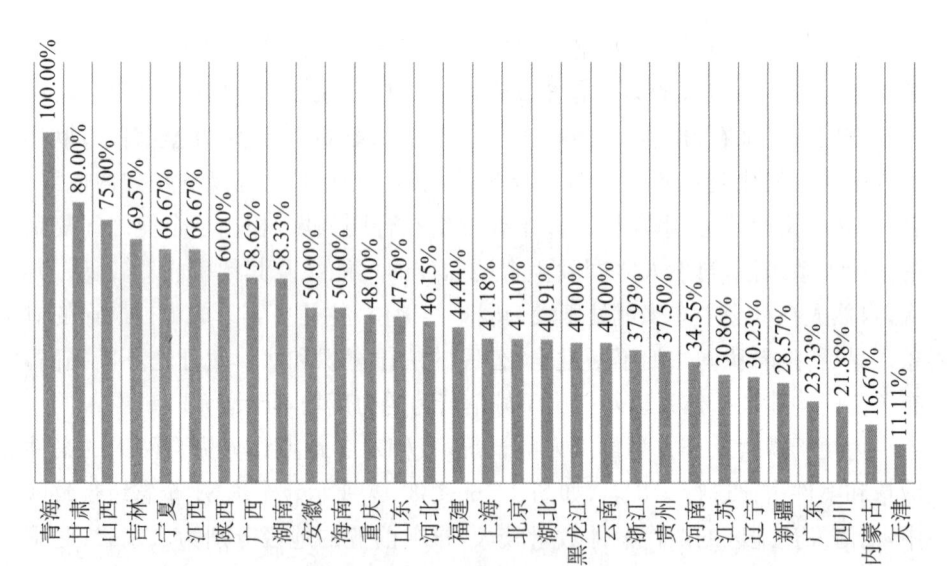

图 3.16　各地构成欺诈案件欺诈方为自然人案件数量

图 3.17　各地构成欺诈案件欺诈方为自然人占比

宁夏,其整体案件数量均不大。在样本数不足的情况下,案件占比相关数据的说明力不强。第二,吉林省的自然人欺诈案件数绝对值为 16 件,排全国第七位,而其自然人案件占比则为 69%,排在第四位。两个数据结合在一起,可以说明吉林省自然人涉欺诈案件无论从绝对数还是所占比例,都处于较高水平,因而表明该地区的自然人诚信状况有待提升。

将上述案件数量和占比进行排名,可得表 3.20。其中,差值为正表示欺诈方为自然人案件数量排名靠后但占比却靠前,也就意味着该地区自然人欺诈案件绝对数量不多但占比却很高,如青海省构成欺诈案件数量本来就只有 1 件,而刚好这一件欺诈方为自然人,因而其差值最大,为 28。差值为负则表示欺诈方为自然人案件数量排名靠前,但案件占比排名靠后。如广东省的自然人案件数量排名第 1 位,但其案件占比却排名第 27 位,因而差值为-26,表明广东省自然人欺诈的案件发生率并不是很高,其绝对数量多只是因为广东省构成欺诈案件的基数较大。差值的绝对值越大,表明案件数量与案件占比之间的差距也就越大,如青海省(28)、广东省(-26);差值绝对值越小,则表明案件绝对数量和占比之间分布较为一致,如贵州省(-1)、河北省(1)。

表 3.20 各地认定构成欺诈案件欺诈方为自然人案件数量及占比排名

省/自治区/直辖市	构成欺诈案件欺诈方为自然人案件数排名	构成欺诈案件欺诈方为自然人案件占比排名	差值	省/自治区/直辖市	构成欺诈案件欺诈方为自然人案件数排名	构成欺诈案件欺诈方为自然人案件占比排名	差值
广东	1	27	-26	福建	17	15	2
北京	2	17	-15	甘肃	18	2	16
江苏	3	24	-21	宁夏	19	5	14
山东	5	13	-8	新疆	20	26	-6
河南	4	23	-19	贵州	21	22	-1
广西	6	8	-2	山西	22	3	19
吉林	7	4	3	陕西	23	7	16
辽宁	8	25	-17	黑龙江	24	19	5
重庆	9	12	-3	江西	25	6	19
浙江	10	21	-11	内蒙古	26	29	-3
湖北	11	18	-7	云南	27	20	7
湖南	12	9	3	海南	28	11	17
上海	13	16	-3	青海	29	1	28
四川	14	28	-14	天津	30	30	0
河北	15	14	1	西藏	30	30	0
安徽	16	10	6				

二、非自然人作为欺诈案件中的欺诈方

与自然人欺诈相比,非自然人欺诈的概率大了许多,如图3.18和图3.19所示。欺诈方为非自然人案件,无论从绝对数量上还是案件占比上,都远超过

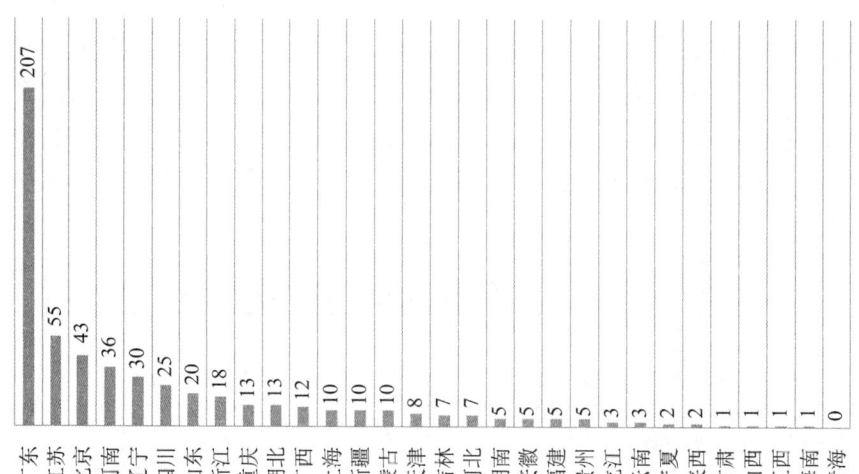

图3.18 各地构成欺诈案件欺诈方为非自然人案件数量

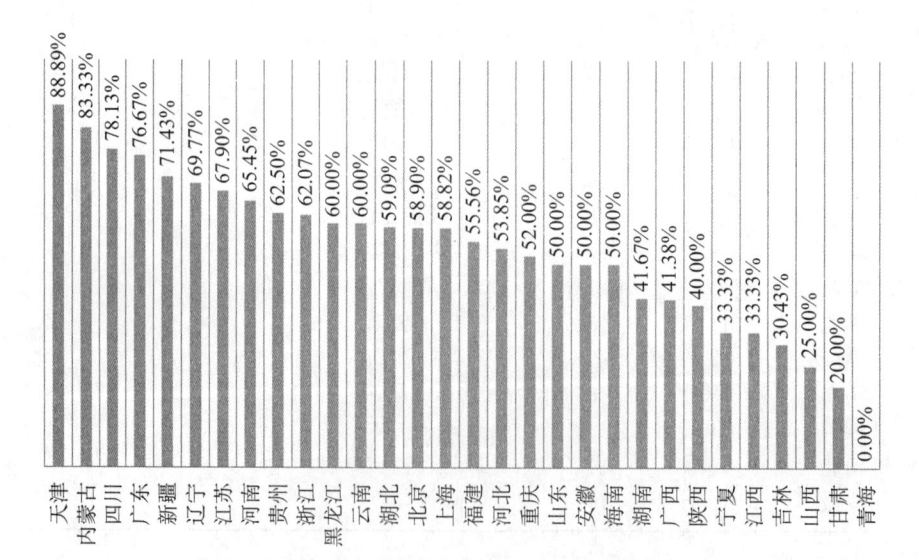

图3.19 各地构成欺诈案件欺诈方为非自然人案件占比

自然人欺诈。欺诈方为非自然人的案件共 558 件，占全国构成欺诈案件的 64.73%，接近三分之二。出现这种情况的原因似乎在于，非自然人包括法人、社会团体和其他组织，与自然人相比，其处于较为强势的地位，故而更容易利用自身优势实施欺诈行为，损害他人权益。从图 3.18 和图 3.19 中可以看出，全国 31 个省级行政区中的 21 个，其构成欺诈案件的非自然人占比超过 50%。欺诈方为非自然人案件占比最高的五个地区是：天津市(88%)、内蒙古自治区(83%)、四川省(78%)、广东省(76%)、新疆维吾尔族自治区(71%，包括兵团)，既有东部地区也有西部地区，既有发达地区也有欠发达地区，其分布似乎没有特别显著的规律可循。

将欺诈方为非自然人的案件数量和占比按照从大到小的顺序进行排序，可以得到表 3.21。两者的差值为正表示欺诈方为非自然人案件数量排名靠后但占比却靠前，也就是说欺诈方为非自然人案件数量不多但占比却较高，如天津市构成欺诈案件数量有 15 件，其中有 8 件欺诈方都为非自然人，故其案件

表 3.21 各地认定构成欺诈案件欺诈方为非自然人案件数量及占比排名

省/自治区/直辖市	构成欺诈案件欺诈方为非自然人案件数排名	构成欺诈案件欺诈方为非自然人案件占比排名	差值	省/自治区/直辖市	构成欺诈案件欺诈方为非自然人案件数排名	构成欺诈案件欺诈方为非自然人案件占比排名	差值
广东	1	4	−3	河北	17	17	0
江苏	2	7	−5	湖南	18	22	−4
北京	3	14	−11	安徽	19	20	−1
河南	4	8	−4	福建	20	16	4
辽宁	5	6	−1	贵州	21	9	12
四川	6	3	3	黑龙江	22	11	11
山东	7	19	−12	云南	23	12	11
浙江	8	10	−2	宁夏	24	25	−1
重庆	9	18	−9	陕西	25	24	1
湖北	10	13	−3	甘肃	26	29	−3
广西	11	23	−12	山西	27	28	−1
上海	12	15	−3	江西	28	26	2
新疆	13	5	8	海南	29	21	8
内蒙古	14	2	12	青海	30	30	0
天津	15	1	14	西藏	31	31	0
吉林	16	27	−11				

占比跃居第1位。差值为负则表示欺诈方为非自然人案件数量排名靠前,但案件占比排名靠后,也就意味着该地非自然人欺诈案件绝对数量虽然很多,但占比并不高,例如山东省欺诈方为非自然人案件数量排名第7,但其案件占比却居于19名,这表明山东省非自然人欺诈的案件发生率并不是很高,其绝对数量多只是因为该省构成欺诈案件的基数较大。差值绝对值越大,表明该地欺诈方为非自然人案件数量与占比差距较大,如天津(14)、内蒙古(12)、广西(12),差值绝对值越小,则表明案件绝对数量和占比之间分布较为一致。

表3.21显示,差值绝对值小于10的省区有21个,也就是说,全国大部分省区非自然人的案件数量和占比情况相差不大。如广东省自然人案件数量排名第1位,而其案件占比则处于第4位,也就是说广东省非自然人欺诈案件的发生频率较高。这一方面是因为广东省地处东部沿海发达地区,是各类企业法人的聚集之地,另一方面是因为该省人口流动大,监管相对较困难,故导致非自然人发生欺诈的频率较高。就全国而言,要探究非自然人欺诈的规律,还需进一步根据相关性分析来得出更加科学、全面的结论。

三、第三人介入欺诈案件基本情况

由于认定构成欺诈的案件本身就少,涉及第三人的案件只有2件。为使数据分析更加全面,我们以涉欺诈案件为基础,对其中涉及第三人的情况进行分析。如图3.20、图3.21所示,全国9694件涉欺诈案件中,共有1662件涉

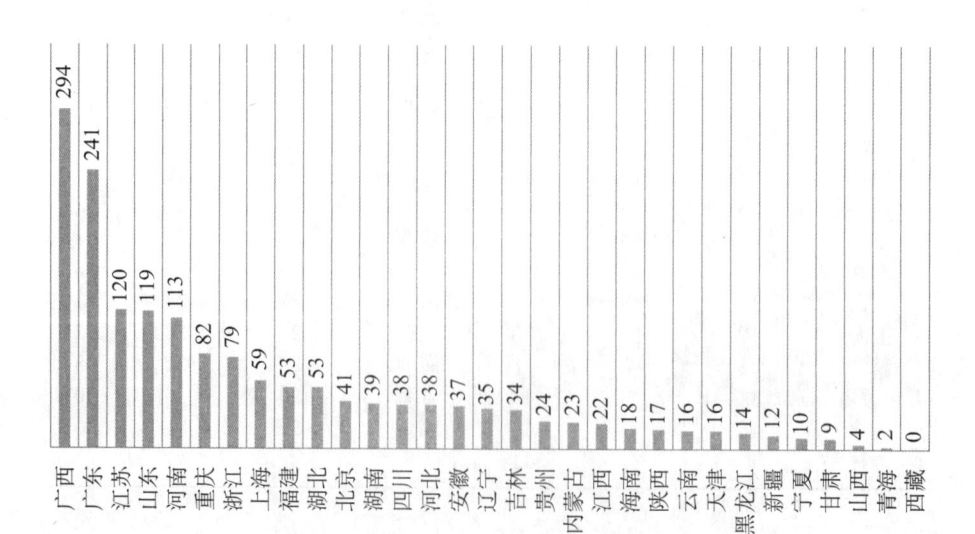

图3.20　各地涉欺诈案件涉及第三人案件数量

图 3.21　各地涉欺诈案件涉及第三人案件占比

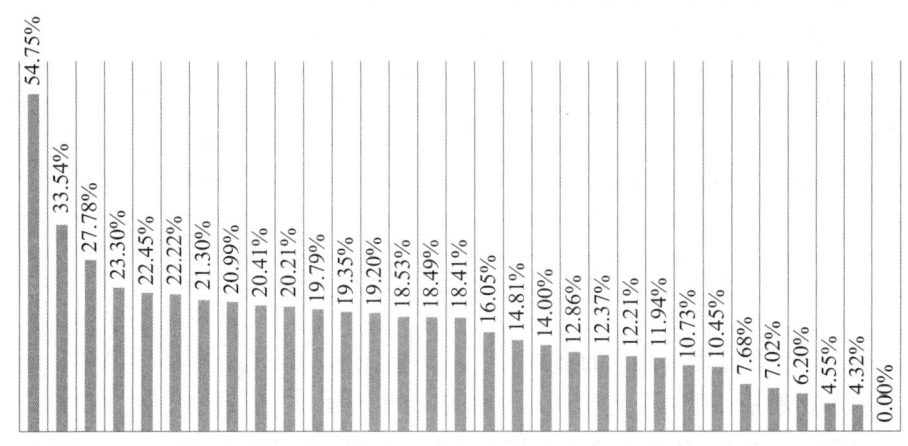

及第三人，占涉欺诈案件总数的 17.14%，比重并不是很高。在绝对数量上，广西（294）、广东（241）、江苏（120）、山东（119）、河南（113）涉及第三人的案件数量居于前五位，而青海（2）、山西（4）、甘肃（9）、宁夏（10）、新疆（12）等涉及第三人的案件数量相对较少。

从涉及第三人案件数量占比来看，有 29 个省级行政区涉及第三人的案件比率都在 30% 以下，也就是说大部分地区涉欺诈案件只有两方当事人，案件法律关系比较简单，当事人为三方或三方以上的涉欺诈案件发生频率较小。但从图 3.21 中可以发现，广西壮族自治区涉及第三人的案件占比为 54.7%，超过一半的案件都涉及第三人。

造成这种情况的原因可能是：首先，广西地处华南地区，与广东、湖南、贵州、云南相邻，并与海南隔海相望，南濒北部湾、面向东南亚，西南与越南毗邻，特殊的地理位置导致了该地区人口流动性较大，再加上治安状况相对较差，致使民事案件牵连多方当事人的情况增加，案情较为复杂。其次，广西是多民族聚居的地区，各民族之间文化差异以及多元性的增加，也使得相关民事案件呈现出复杂多样的形态。与之类似，福建省案件绝对数量仅为 53 件，但占比却位居第二名，达 33.5%，这似乎也与该省的地理位置及民族情况相关：福建省地处东南沿海，属于少数民族散杂居地区，共有 54 个少数民族，不同文化和观念之间的差异可能导致欺诈案件案情、法律关系较为复杂。可以为之佐证的是,广东省同样地处沿海,但该省的民族居住的复杂程度不如广西、福建,因而其涉及第三人案件的绝对数量虽然较大,但占比却不高,仅为18.4%。

当然仅从图3.20、3.21来看,涉及第三人的案件发生频率并没有较为明显的分布规律。为了得出更加系统、权威的结论,我们将使用相关性分析来进一步探究可能对其产生影响的因素。

四、各类主体涉欺诈案件相关性分析

(一) 欺诈方为自然人的案件

1. 欺诈方为自然人案件与人均GDP的相关性

将欺诈方为自然人案件占比与各地人均GDP进行排序,如表3.22所示。从该表中可以看出,差值绝对值接近或超过10的省区占了大部分,共有18个,其中甘肃(-28)、天津(27)、山西(-24)等省区差值绝对值更是远远超过

表3.22 各地认定构成欺诈案件欺诈方为自然人案件占比和人均GDP排名

省/自治区/直辖市	构成欺诈案件欺诈方为自然人案件占比排名	人均GDP排名	差值	省/自治区/直辖市	构成欺诈案件欺诈方为自然人案件占比排名	人均GDP排名	差值
青海	1	18	-17	上海	16	2	14
甘肃	2	30	-28	北京	17	1	16
山西	3	27	-24	湖北	18	11	7
吉林	4	12	-8	黑龙江	19	22	-3
江西	5	23	-18	云南	20	29	-9
宁夏	6	15	-9	浙江	21	5	16
陕西	7	13	-6	贵州	22	28	-6
广西	8	26	-18	河南	23	20	3
湖南	9	16	-7	江苏	24	4	20
安徽	10	25	-15	辽宁	25	14	11
海南	11	17	-6	新疆	26	21	5
重庆	12	10	2	广东	27	7	20
山东	13	9	4	四川	28	24	4
河北	14	19	-5	内蒙古	29	8	21
福建	15	6	9	天津	30	3	27

10。甘肃省构成欺诈的案件本身较少,只有5件,而欺诈方为自然人的案件就占了4件,故导致其案件占比排名较为靠前。样本量较少使得类似于甘肃省的数据缺少客观性。

用Pearson相关系数来衡量两者之间相关性,可得出欺诈方为自然人案件占比与人均GDP相关系数为－0.434,为中等程度的负相关。也就是说当一个地区人均GDP越高时,该地自然人实施欺诈的频率就越低。这一结论刚好印证了表3.23的大致结论,即一个地区人均GDP和自然人欺诈案件发生反差较大。对于此现象,其背后的原因可能有以下几个:首先,当一个地区居民生活水平较高时,其自身幸福感也呈上升趋势,那么也可能没有去实施欺诈获得不正当利益的动力,如北京、上海的人均GDP居于前两位,而自然人欺诈案件也不高。其次,人均GDP提高,市民的基本生活需求得到满足,市民自身素质也会相应提高,欺诈案件自然地相应减少。最后,人均GDP在一定程度上反映出一个地区的经济状况,经济较为发达的地区,公司以及各类企业成为经济活动的主角,相比之下,自然人逐步退至经济活动的第二线,其实施欺诈的可能性相应较少,也导致了自然人欺诈案件与人均GDP呈负相关。

2. 欺诈方为自然人案件与人均可支配收入的相关性

自然人欺诈案件的发生和人均可支配收入有没有关系?为此,我们按照从大到小的顺序对这两个数据进行了排名,如表3.23所示,两者的差值为欺诈方为自然人案件占比排名减去各地人均可支配收入排名。差值绝对值接近或超过10的省区占较大部分,共有16个,其中甘肃(－28)、天津(26)、青海(－26)等地区差值绝对值更是远远超过10。有些省区的差值绝对值不能很好地说明问题。例如,甘肃省欺诈案件只有5件,其中欺诈方为自然人的案件占了4件,样本数量较少使得其差值似乎无法很好地说明问题。

表3.23　各地认定构成欺诈案件欺诈方为自然人案件占比和人均可支配收入排名

省/自治区/直辖市	构成欺诈案件欺诈方为自然人案件占比排名	人均可支配收入排名	差值	省/自治区/直辖市	构成欺诈案件欺诈方为自然人案件占比排名	人均可支配收入排名	差值
青海	1	27	－26	吉林	4	17	－13
甘肃	2	30	－28	江西	5	15	－10
山西	3	20	－17	宁夏	6	22	－16

续表

省/自治区/直辖市	构成欺诈案件欺诈方为自然人案件占比排名	人均可支配收入排名	差值	省/自治区/直辖市	构成欺诈案件欺诈方为自然人案件占比排名	人均可支配收入排名	差值
陕西	7	21	−14	黑龙江	19	18	1
广西	8	26	−18	云南	20	28	−8
湖南	9	13	−4	浙江	21	3	18
安徽	10	16	−6	贵州	22	29	−7
海南	11	14	−3	河南	23	24	−1
重庆	12	11	1	江苏	24	5	19
山东	13	9	4	辽宁	25	8	17
河北	14	19	−5	新疆	26	25	1
福建	15	7	8	广东	27	6	21
上海	16	1	15	四川	28	23	5
北京	17	2	15	内蒙古	29	10	19
湖北	18	12	6	天津	30	4	26

用Pearson相关系数衡量,认定构成欺诈案件欺诈方为自然人案件占比和人均可支配收入的相关性系数为−0.349,落至弱相关,负表示两者呈负相关。也就是说当一个地区人均可支配收入越高时,该地自然人实施欺诈的频率就越低。这一结论刚好印证了表3.23的大致趋势,即一个地区人均可支配收入和自然人欺诈案件发生的频率状况相差较大。对于此现象,主要原因与前文人均GDP的分析基本一致。但与人均GDP相比,人均可支配收入对自然人欺诈案件的影响仅为弱负相关。

3. 欺诈方为自然人案件与城镇人口比例相关性

城镇化是经济发展的产物,为了弄清城镇化和自然人欺诈案件发生频率的关系,我们对这两个数据进行了排名,如表3.24所示。差值绝对值越接近0时,表示该地自然人欺诈案件发生频率与城镇化比例的高低趋于一致;差值绝对值越大,则表示该地城镇化比例与自然人欺诈案件的发生频率相差较大。表3.24显示,差值绝对值接近或超过10的省区占了大部分,共有17个,其中甘肃(−27)、天津(27)、广东(23)等省区绝对值更是远远超过10。

表 3.24　各地认定构成欺诈案件欺诈方为自然人案件占比和城镇人口比例排名

省/自治区/直辖市	构成欺诈案件欺诈方为自然人案件占比排名	城镇人口比例排名	差值	省/自治区/直辖市	构成欺诈案件欺诈方为自然人案件占比排名	城镇人口比例排名	差值
青海	1	23	−22	上海	16	1	15
甘肃	2	29	−27	北京	17	2	15
山西	3	16	−13	湖北	18	13	5
吉林	4	17	−13	黑龙江	19	11	8
江西	5	20	−15	云南	20	28	−8
宁夏	6	15	−9	浙江	21	7	14
陕西	7	18	−11	贵州	22	30	−8
广西	8	27	−19	河南	23	25	−2
湖南	9	21	−12	江苏	24	5	19
安徽	10	22	−12	辽宁	25	6	19
海南	11	14	−3	新疆	26	26	0
重庆	12	9	3	广东	27	4	23
山东	13	12	1	四川	28	24	4
河北	14	19	−5	内蒙古	29	10	19
福建	15	8	7	天津	30	3	27

借助 Pearson 相关系数,可以认定构成欺诈案件欺诈方为自然人案件占比和城镇人口比例相关系数为−0.380,落至弱相关,接近中等程度相关,负值表示负相关。就是说,当一个地区城镇化程度越高,该地自然人实施欺诈的频率就越低。这刚好印证了表 3.24 的大致结论,即一个地区城镇化比例和自然人欺诈案件发生的频率状况相差较大。对于此现象,我们认为:首先,城镇化比例在一定程度上可以反映出一个地区的经济发展水平,经济发达的地区的法制及各类社会活动都更加规范,因而实施欺诈的可能性相对来说较低。其次,城镇化比例是指城镇化已经完成的人口比例。城市居民的思想和基本素养呈现大幅度提高态势,实施欺诈的频率也相应较低。最后,近年来,我国许多地区都重视防范转型中产生的社会不稳定因素。在城镇化的进程中,社会保障体系的不断建立、外来人口的职业培训等都为社会的稳定保驾护航,从而使得社会诚信度得以确保。

4. 欺诈方为自然人案件与义务教育率的相关性

义务教育率和自然人欺诈案件发生频率的关系如表 3.25 所示。差值绝对值接近 0 时,表示该地自然人欺诈案件发生频率与义务教育率趋于一致;差值绝对值越大,则表示该地义务教育率与自然人欺诈案件的发生频率相差较大,亦即,该地义务教育率很高,但自然人欺诈案件发生却较少。从表 3.25 中可以看出,差值绝对值接近或超过 10 的省区占了大部分,共有 16 个,其中青海(−29)、天津(27)等地区差值绝对值更是远远超过 10。

表 3.25　各地认定构成欺诈案件欺诈方为自然人案件占比排名和义务教育率排名

省/自治区/直辖市	构成欺诈案件欺诈方为自然人案件占比排名	义务教育率排名	差值	省/自治区/直辖市	构成欺诈案件欺诈方为自然人案件占比排名	义务教育率排名	差值
青海	1	30	−29	上海	16	2	14
甘肃	2	27	−25	北京	17	1	16
山西	3	5	−2	湖北	18	14	4
吉林	4	7	−3	黑龙江	19	8	11
江西	5	23	−18	云南	20	29	−9
宁夏	6	19	−13	浙江	21	20	1
陕西	7	12	−5	贵州	22	28	−6
广西	8	18	−10	河南	23	15	8
湖南	9	13	−4	江苏	24	11	13
安徽	10	22	−12	辽宁	25	4	21
海南	11	10	1	新疆	26	21	5
重庆	12	24	−12	广东	27	6	21
山东	13	17	−4	四川	28	26	2
河北	14	16	−2	内蒙古	29	9	20
福建	15	25	−10	天津	30	3	27

借助 Pearson 相关系数,可以得出欺诈方为自然人案件占比和义务教育率相关系数为−0.323,落至弱负相关。也就是说,当一个地区义务教育率较高时,该地自然人欺诈案件的发生频率就相对较低,这也与我们在表中得出的结论大致相同。

(二) 欺诈方为非自然人的案件

1. **欺诈方为非自然人案件与 GDP 相关性**

非自然人主要包括企业、社会团体和其他组织,故我们没有选择人均 GDP

而是选择了更能反映其特征的地区生产总值(GDP)。构成欺诈案件欺诈方为非自然人案件占比和GDP之间的关系,如表3.26所示。差值绝对值越接近0,则表示该地非自然人欺诈案件发生频率与GDP的高低趋于一致,即非自然人欺诈案件与该地经济发展水平相吻合。差值绝对值接近0的省区占了一大部分,共有18个,其中北京(2)、重庆(2)、甘肃(2)等省区差值绝对值数值都很小,这表明大部分省非自然人欺诈案件发生的频率和该地经济发展水平趋于一致。

表3.26 各地认定构成欺诈案件欺诈方为非自然人案件占比和GDP排名

省/自治区/直辖市	构成欺诈案件欺诈方为非自然人案件占比排名	GDP排名	差值	省/自治区/直辖市	构成欺诈案件欺诈方为非自然人案件占比排名	GDP排名	差值
天津	1	19	-18	福建	16	10	6
内蒙古	2	18	-16	河北	17	8	9
四川	3	6	-3	重庆	18	20	-2
广东	4	1	3	安徽	19	13	6
新疆	5	26	-21	海南	20	28	-8
辽宁	6	14	-8	山东	21	3	18
江苏	7	2	5	湖南	22	9	13
河南	8	5	3	广西	23	17	6
贵州	9	25	-16	陕西	24	15	9
浙江	10	4	6	江西	25	16	9
黑龙江	11	21	-10	宁夏	26	29	-3
云南	12	22	-10	吉林	27	23	4
湖北	13	7	6	山西	28	24	4
北京	14	12	2	甘肃	29	27	2
上海	15	11	4	青海	30	30	0

借助Pearson相关系数可以得出欺诈方为非自然人案件占比和GDP相关系数为0.408,呈中等程度相关。也就是说,当一个地区GDP较高时,该地非自然人欺诈案件发生的频率也就较高,即一个地区经济发展水平和该地区非自然人欺诈案件发生频率趋于一致,这也和表中得出的结论大致相同。对于此现象,我们认为:首先,经济发达的地区是各类企业、公司等组织的聚集

地,一个地区的GDP贡献者主要也是公司等企业组织。企业越多,交易关系也就越复杂,出现的问题也就越多。其次,相对于自然人而言,企业处于优势地位,更容易侵害自然人的权益。

2. 欺诈方为非自然人案件与人均可支配收入相关性

构成欺诈案件欺诈方为非自然人案件占比和各地人均可支配收入之间的关系,如表3.27所示。差值绝对值越接近0,表示该地非自然人欺诈案件发生频率与人均可支配收入趋于一致,也即非自然人欺诈案件与该地居民生活水平状况相吻合。从表3.27中可以发现,差值绝对值接近0的省区占了大部分,共有13个,其中甘肃(−1)、湖北(1)、江苏(2)等省级行政区差值的绝对值数值更是接近0,这表明上述大部分地区非自然人欺诈案件发生的频率和该地居民生活水平趋于一致。

表3.27 各地认定构成欺诈案件欺诈方为非自然人案件占比和人均可支配收入排名

省/自治区/直辖市	构成欺诈案件欺诈方为非自然人案件占比排名	人均可支配收入排名	差值	省/自治区/直辖市	构成欺诈案件欺诈方为非自然人案件占比排名	人均可支配收入排名	差值
天津	1	4	−3	福建	16	7	9
内蒙古	2	10	−8	河北	17	19	−2
四川	3	23	−20	重庆	18	11	7
广东	4	6	−2	安徽	19	16	3
新疆	5	25	−20	海南	20	14	6
辽宁	6	8	−2	山东	21	9	12
江苏	7	5	2	湖南	22	13	9
河南	8	24	−16	广西	23	26	−3
贵州	9	29	−20	陕西	24	21	3
浙江	10	3	7	江西	25	15	10
黑龙江	11	18	−7	宁夏	26	22	4
云南	12	28	−16	吉林	27	17	10
湖北	13	12	1	山西	28	20	8
北京	14	2	12	甘肃	29	30	−1
上海	15	1	14	青海	30	27	3

借助Pearson相关性系数工具,可以得出欺诈方为非自然人案件占比和人均可支配收入相关系数为0.348,落至弱相关。也就是说,当一个地区人均可支配收入较高时,该地非自然人欺诈案件发生的频率也就较高,即一个地区

人们生活水平和该地非自然人欺诈案件发生频率趋于一致，这也和表中得出的结论大体相同。造成此现象的原因可能有以下几点：首先，相对富裕的地区各种企业公司也较多，他们在相互交易过程中发生欺诈的可能性也会增加。其次，欺诈案件多数为合同欺诈、劳动纠纷欺诈、商事欺诈，对于这些案由，贫困地区公司企业法人较少，故发生的概率相对较小。再次，居民人均可支配收入多，对于财物的分配途径也增多，譬如进行投资、理财，在交易过程中其又处于弱势地位，相对于具有优势地位的公司来说，其更容易成为被欺诈的对象。

3. 欺诈方为非自然人案件与城镇人口比例的相关性

非自然人欺诈案件发生状况和城镇人口比例之间的关系，如表3.28所示。差值绝对值越接近0，则表示该地非自然人欺诈案件发生频率与城镇化比例的高低趋于一致。从表中可以看出，差值绝对值接近0的地区占了大部分，共有13个，其中广东（0）、湖北（0）、甘肃（0）等省区差值绝对值为0，这表明大部分省级行政区的非自然人欺诈案件发生频率和该地城镇化比例趋于一致。

表3.28 各地认定构成欺诈案件欺诈方为非自然人案件占比和城镇人口比例排名

省/自治区/直辖市	构成欺诈案件欺诈方为非自然人案件占比排名	城镇人口比例排名	差值	省/自治区/直辖市	构成欺诈案件欺诈方为非自然人案件占比排名	城镇人口比例收入排名	差值
天津	1	3	−2	福建	16	8	8
内蒙古	2	10	−8	河北	17	19	−2
四川	3	24	−21	重庆	18	9	9
广东	4	4	0	安徽	19	22	−3
新疆	5	26	−21	海南	20	14	6
辽宁	6	6	0	山东	21	12	9
江苏	7	5	2	湖南	22	21	1
河南	8	25	−17	广西	23	27	−4
贵州	9	30	−21	陕西	24	18	6
浙江	10	7	3	江西	25	20	5
黑龙江	11	11	0	宁夏	26	15	11
云南	12	28	−16	吉林	27	17	10
湖北	13	13	0	山西	28	16	12
北京	14	2	12	甘肃	29	29	0
上海	15	1	14	青海	30	23	7

借助 Pearson 相关系数,可得出欺诈方为非自然人案件占比和城镇人口比例相关系数为 0.379,落至弱相关,接近中等程度相关。也就是说,当一个地区城镇化比例较高时,该地非自然人欺诈案件发生的频率就高,城镇化水平在一定程度上可反映一个地区的经济发展状况,也即一个地区经济发展状况和该地非自然人欺诈案件发生频率趋于一致,这也和表中得出的大致结论相同。发生此现象的原因主要有以下几点:首先,城镇人口比例高的地区经济发展状况相对较好,公司、企业法人组织相对也较多,故在他们进行交易过程中也极易产生一系列问题。其次,城镇化的深入展开导致社会处于不平稳状态,社会控制力减弱,一些企业容易滋生不法念头,而成为欺诈的主体。

4. 欺诈方为非自然人案件与第三产业比重的相关性

第三产业即服务业,行业较为广泛,包括交通运输业、通信业、商业、餐饮业、金融保险业、行政、家庭服务等非物质生产部门。如今,第三产业作为科技进步、生产力发展和人类物质文化生活水平提高的必然产物,已经成为衡量一个国家或地区经济发展和社会进步的重要标志。那么我国第三产业比重和非自然人欺诈案件的发生情况之间的关系是怎么样的呢?为此,我们将这两个数据按照从大到小的顺序进行了排名,如表 3.29 所示。差值绝对值越接近 0,表示该地非自然人欺诈案件发生频率与第三产业比重高低趋于一致。从表 3.29 可以看出,差值绝对值接近 0 的省区占了大部分,共有 13 个,其中浙江省差值绝对值为 0,这表明大部分省区非自然人欺诈案件发生频率和该地第三产业比重趋于一致。

表 3.29　各地认定构成欺诈案件欺诈方为非自然人案件占比排名和第三产业比重排名

省/自治区/直辖市	构成欺诈案件欺诈方为非自然人案件占比排名	第三产业比重排名	差值	省/自治区/直辖市	构成欺诈案件欺诈方为非自然人案件占比排名	第三产业比重排名	差值
天津	1	3	-2	江苏	7	11	-4
内蒙古	2	21	-19	河南	8	27	-19
四川	3	13	-10	贵州	9	19	-10
广东	4	7	-3	浙江	10	10	0
新疆	5	18	-13	黑龙江	11	6	5
辽宁	6	8	-2	云南	12	14	-2

续表

省/自治区/直辖市	构成欺诈案件欺诈方为非自然人案件占比排名	第三产业比重排名	差值	省/自治区/直辖市	构成欺诈案件欺诈方为非自然人案件占比排名	第三产业比重排名	差值
湖北	13	20	−7	湖南	22	16	6
北京	14	1	13	广西	23	30	−7
上海	15	2	13	陕西	24	25	−1
福建	16	22	−6	江西	25	26	−1
河北	17	28	−11	宁夏	26	17	9
重庆	18	12	6	吉林	27	24	3
安徽	19	29	−10	山西	28	4	24
海南	20	5	15	甘肃	29	9	20
山东	21	15	6	青海	30	23	7

借助Pearson相关性系数,欺诈方为非自然人案件占比和第三产业比重相关系数为0.192,为极弱相关或无相关。第三产业的加快发展是生产力提高和社会进步的必然结果,也是现代经济发展的一个重要特征,第三产业比重较大的地区其服务业更是多种多样,那么服务类企业相对就较多,在此过程中发生的法律关系不仅多且复杂,故欺诈发生的概率也相对较高。

(三) 涉及第三人的欺诈类案件

对涉及第三人的欺诈类案件,上文中已经说明采用涉欺诈案件而不用构成欺诈案件的原因。

1. 涉欺诈案件涉及第三人案件与人均GDP相关性

如表3.30所示,两者的差值为涉及第三人案件占比排名减去各地人均GDP排名。差值绝对值越大,表示该地人均GDP与涉欺诈案件涉及第三人案件发生情况相差较大。从表中可以看出,差值绝对值接近或超过10的省区占了大部分,共有15个,其中北京(27)、广西(−25)等省区差值绝对值更是超过20。这表明大部分省区涉欺诈案件法律关系的简繁程度与人均GDP关联度不大。

表 3.30　各地涉欺诈案件涉及第三人案件占比排名和人均 GDP 排名

省/自治区/直辖市	涉欺诈案件涉及第三人案件占比排名	人均 GDP 排名	差值	省/自治区/直辖市	涉欺诈案件涉及第三人案件占比排名	人均 GDP 排名	差值
广西	1	26	−25	湖南	17	16	1
福建	2	6	−4	贵州	18	29	−11
宁夏	3	15	−12	江苏	19	4	15
河南	4	20	−16	甘肃	20	31	−11
山东	5	9	−4	上海	21	2	19
青海	6	18	−12	云南	22	30	−8
内蒙古	7	8	−1	天津	23	3	20
陕西	8	13	−5	吉林	24	12	12
浙江	9	5	4	黑龙江	25	22	3
河北	10	19	−9	四川	26	24	2
安徽	11	25	−14	新疆	27	21	6
海南	12	17	−5	北京	28	1	27
重庆	13	10	3	山西	29	27	2
湖北	14	11	3	辽宁	30	14	16
江西	15	23	−8	西藏	31	28	3
广东	16	7	9				

2. 涉及第三人案件与第三产业比重相关性

一般认为,第一和第二产业只能满足传统生产生活资料的需求,第三产业则是在解决全民的温饱问题后人民对生活水平和质量新的要求,因而更能反映出这个国家国民生活的水平和质量。为了弄清第三产业比重和涉及第三人案件的发生情况,我们将涉及第三人案件占比和各地第三产业比重按照从大到小的顺序进行排名,如表 3.31 所示,两者的差值为涉欺诈案件涉及第三人案件占比排名减去各地第三产业比重排名。差值绝对值越大,则表示该地第三产业比重与涉及第三人案件发生情况相差较大。从表中可以看出,差值绝对值接近或超过 10 的省区占了一大部分,共有 20 个,其中广西(−30)、北京(27)、山西(25)等省区差值绝对值更是远远超过 20。这表明大部分省区涉欺诈案件法律关系的复杂程度与第三产业比重反差较大。

表 3.31　各地涉欺诈案件涉及第三人案件占比和第三产业比重排名

省/自治区/直辖市	涉欺诈案件涉及第三人案件占比排名	第三产业比重排名	差值	省/自治区/直辖市	涉欺诈案件涉及第三人案件占比排名	第三产业比重排名	差值
广西	1	31	−30	湖南	17	17	0
福建	2	23	−21	贵州	18	20	−2
宁夏	3	18	−15	江苏	19	12	7
河南	4	28	−24	甘肃	20	10	10
山东	5	16	−11	上海	21	2	19
青海	6	24	−18	云南	22	15	7
内蒙古	7	22	−15	天津	23	3	20
陕西	8	26	−18	吉林	24	25	−1
浙江	9	11	−2	黑龙江	25	6	19
河北	10	29	−19	四川	26	14	12
安徽	11	30	−19	新疆	27	19	8
海南	12	5	7	北京	28	1	27
重庆	13	13	0	山西	29	4	25
湖北	14	21	−7	辽宁	30	9	21
江西	15	27	−12	西藏	31	7	24
广东	16	8	8				

基于 Pearson 相关性系数，各地涉及第三人案件占比排名和第三产业比重相关系数为−0.482，呈中等程度的负相关。也就是说，当一个地区第三产业比重越高时，该地涉欺诈案件涉及第三人的案件发生频率就相对较低，即第三产业比重和涉欺诈案件法律关系的复杂程度成反比，这也与我们从表中得出的结论相吻合。对于此现象，我们认为：首先，第三产业发达，表明一个地区的经济发展水平和人民生活质量处于较高水平，欺诈案件发生的频率相对来说就较小，即使有欺诈的情况，案件法律关系也较为简单，涉及第三方当事人的情况较少。其次，相较于第一第二产业来说，第三产业对技术的要求更高，专业性也相对较强，故其相关主体的素质也较高，没有第一、第二产业纷繁复杂的工序和上下游关系，从而使该领域发生欺诈案件所涉及的主体不是那么复杂。最后，一个地区第三产业比重越高，表明该地区基本设施和制度的建设就越完善，相应的司法环境也更好，民事主体相对而言更加守法，这也可能会导致欺诈案件牵涉的当事人各方的数量也随之减少。

第三章 民事欺诈案件所涉行业分布

在本部分,我们从第三方公司给出的涉欺诈案件数据中,筛选出了法院认定构成欺诈案件共 862 件,将其中欺诈方为非自然人的案件提取出来(共有 558 件),以分析欺诈案件在各行业的分布情况。非自然人单位的行业划分是依照国家统计局的行业标准,对比各非自然人单位的营业范围,以主营业务为依据确定。

一、民事欺诈案件中非自然人所属行业状况分析

为了使数据更权威、更具说明性,我们选取了行业案件数超过 10 件的下列 8 个行业进行分析:批发和零售业、房地产业、制造业、租赁和商务服务业、金融业、信息产业、建筑业以及居民服务、修理和其他服务业,并将剩下的案件所涉及的行业归为其他。如表 3.32 所示,构成欺诈案件中所涉案件数最多的行业为批发和零售业,其案件数为 349 件,是第二位房地产业的 5 倍还多。其他行业诸如制造业、租赁和商务服务业等欺诈案件的数量相对较少,其中建筑业排在最后仅有 10 件,而其他行业欺诈案件数加起来只有 29 件。

表3.32　各地认定构成欺诈案件中欺诈方为非自然人所属行业分布

欺诈方非自然人所属行业	批发和零售业	房地产业	制造业	租赁和商务服务业	金融业	信息传输、软件和信息技术服务业	居民服务、修理和其他服务业	建筑业	其他行业
案件数	349	62	32	25	22	15	14	10	29
比例	62.54%	11.11%	5.73%	4.48%	3.94%	2.69%	2.51%	1.79%	5.20%

为了更好地显示出各地认定构成欺诈案件中,欺诈方为非自然人所属行业的分布状况,我们用欺诈方为非自然人所属行业案件数,除以认定欺诈案件

中欺诈方为非自然人案件总数,得出相应的比例以进一步显示欺诈案件的行业分布,如表3.32所示。从中可见,批发零售业构成欺诈案件占比最高为62.54%,超过一半还多。我们认为该行业欺诈案件高发的原因主要有以下几个:首先,批发零售业经营成本低,规模可大可小,特别是互联网的普及和迅速发展,致使该行业迅猛增长,经营主体也不断增加。其次,在庞杂的批发零售行业中,由于门槛低,各类主体都可以经营运作,欺诈现象也层出不穷,使得产品质量不过关、未达到国家安全标准等一系列问题不断出现。最后,虽然国家出台一系列法律整顿过快发展的批发零售业,但效果并不理想,该行业存在很多问题并未得到有效控制,执法违法、钻法律漏洞等不规范行为屡禁不止。此外,房地产业一直是目前中国"较热门"的行业,其案件数量占比达11.11%,超过其他行业位居第二位也不足为奇。综观上述非自然人主体所属行业,不难看出,除房地产业、制造业和建筑业以外,80%以上的欺诈类案件发生于第三产业。

(一) 非自然人所属行业为批发零售业的状况

为使数据更加具有代表性,我们选取了欺诈方为非自然人排名前五的行业,即批发零售业、房地产业、制造业、租赁和商务服务业及金融业,以具体分析各行业案件的区域分布情况。如图3.22、3.23所示,就批发零售业而言,无论从案件绝对数量还是案件占比来看,[1]各省区相应排名并没有很大变化。其中,全国超过一半的欺诈案件发生在广东省(案件数量177,案件占比50.72%),排名第二的北京占比为7.74%。出现这种现象的一个重要原因,是广东位于东部沿海发达地区,批发零售业兴起较早且已经形成商业圈和产业链,特别是近几年互联网的普及,作为我国电子商务最为发达的地区之一,广东省成为全国网店的聚集地之一,而互联网和电子商务本就是欺诈多发的领域。北京(7.74%)、江苏(7.45%)、河南(6.59%)、辽宁(4.30%)的案件占比也居于前列。从地域上来看,上述地区的经济较为发达,并已形成具有自身特色的批发零售商业圈、产业链:广东、江苏是服装纺织、玩具礼品等轻工业发达的地区;北京作为首都,批发零售行业更是朝着多元的方向发展,例如大型零售百货、汽车、日常用品及电子销售等;河南作为粮食大省,其批发零售行业

---

[1] 即各地构成欺诈案件欺诈方为非自然人所属行业为批发零售业占全国认定构成欺诈案件欺诈方为非自然人案件的比例。

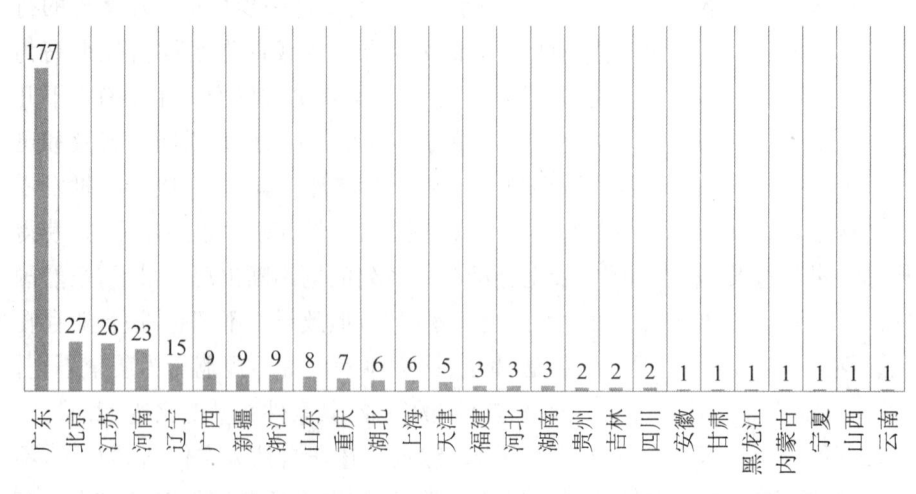

图 3.22　各地构成欺诈案件欺诈方为非自然人所属行业为批发零售业案件数

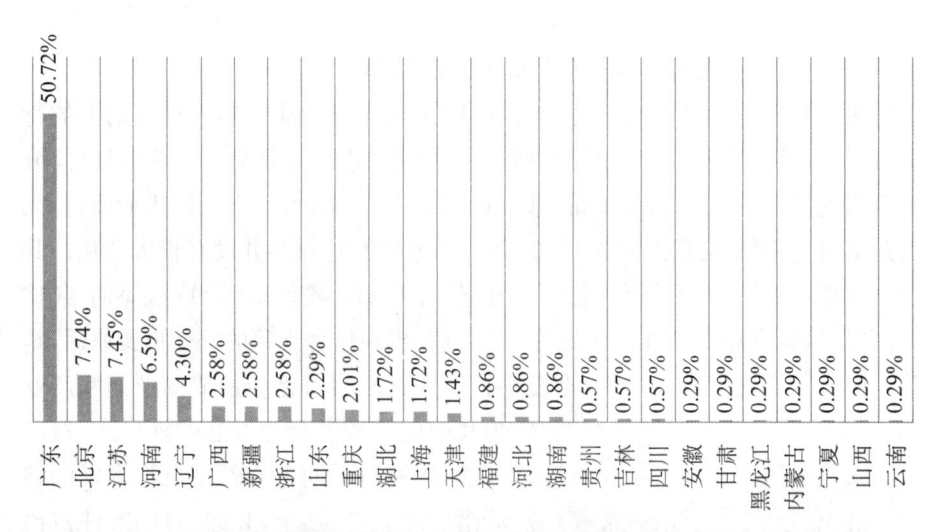

广东 177、北京 27、江苏 26、河南 23、辽宁 15、广西 9、新疆 9、浙江 9、山东 8、重庆 7、湖北 6、上海 6、天津 5、福建 3、河北 3、湖南 3、贵州 2、吉林 2、四川 2、安徽 1、甘肃 1、黑龙江 1、内蒙古 1、宁夏 1、山西 1、云南 1

图 3.23　各地构成欺诈案件欺诈方为非自然人所属行业为批发零售业案件占比

广东 50.72%、北京 7.74%、江苏 7.45%、河南 6.59%、辽宁 4.30%、广西 2.58%、新疆 2.58%、浙江 2.58%、山东 2.29%、重庆 2.01%、湖北 1.72%、上海 1.72%、天津 1.43%、福建 0.86%、河北 0.86%、湖南 0.86%、贵州 0.57%、吉林 0.57%、四川 0.57%、安徽 0.29%、甘肃 0.29%、黑龙江 0.29%、内蒙古 0.29%、宁夏 0.29%、山西 0.29%、云南 0.29%

则以食品为主,例如白象、花花牛、双汇等一系列食品品牌闻名全国。除此之外,海南、江西、青海、陕西、西藏这些地区无批发零售类案件,而如山西、云南也仅有 1 件,出现这种情况与地理位置及经济发展水平具有较大关联。上述大部分地区地处中西部,其商品经济发展程度不高,以及交通不便等因素的存在,使得批发零售业的发展受到限制,因而此类案件的数量非常有限。

(二) 非自然人所属行业为房地产业的状况

从案件绝对数量和案件占比综合衡量,全国有将近一半的省级行政区没有房地产业非自然人案件,这在一定程度上可以反映出全国房地产行业中诚信度相对较好。具体来看,四川省房地产业欺诈案件全国占比最高,为32.26%,辽宁省、江苏省也居于前列,为16.13%和9.7%。房地产业发展较为充分的北京、上海、广东,欺诈案件的数量并不是很多,主要原因可能有以下几个方面:第一,上述省级行政区的房地产业发展较成熟,各项法规以及监管措施比较严格且完善,制度体系为相关企业提供了行为指引较为明确,实施欺诈行为的空间较小。第二,房地产企业经过多年的发展,其业务已经比较成熟,对于购房者相对而言较为诚信,这也是许多买家选择购买新房而不是二手房的重要原因。二手房买卖过程中存在的隐瞒重要信息、卖家跳价等不诚信行为相对较多。第三,房地产业态更多地通过与银行、建筑企业以及政府之间的合作,通过各种新产品和新技术的使用来挖掘利润点。在此一过程中,企业越来越多地注重自身的信誉和形象,因而对购房者而言,其实施欺诈行为的空间很小。

表 3.33 各地构成欺诈案件欺诈方为非自然人所属行业为房地产业案件数及占比

省/自治区/直辖市	四川	辽宁	江苏	内蒙古	北京	广东	贵州	河北	湖北	安徽	广西	河南	山东	上海	天津	云南	重庆
案件数	20	10	6	6	3	3	2	2	2	1	1	1	1	1	1	1	1
比例	32%	16%	9.7%	9.7%	4.8%	4.8%	3.2%	3.2%	3.2%	1.6%	1.6%	1.6%	1.6%	1.6%	1.6%	1.6%	1.6%

(三) 非自然人所属行业为制造业的状况

如表 3.34 所示,我们从欺诈案件绝对数量和案件占比衡量,全国制造行业仅有 14 个省区发生了欺诈案件,还没有超过所有省级行政区的一半。由此可以看出,全国制造业社会诚信度较高。具体来看,江苏省、浙江省、广东省的制造业案件,不论是绝对数量还是案件占比都居前三位。这三个省级行政区制造业案件加起来超过全国案件量的一半。从地理位置来看,上述省级行政区均位于东部沿海地区。中国制造业较发达的地区也分布在上述区域,即长三角和珠三角地区。其中,江浙的机械工业比较发达,例如在江苏省,集聚着 300 多家世界 500 强企业,其中大部分集中于制造业。通过为 500 强企业做配套和相互竞争,江苏一批本土制造业企业得到明显提升,其聚集度以及创新能力也得以提高,从而推动企业生产、管理和营销模式的变革。

表3.34 各地构成欺诈案件欺诈方为非自然人所属行业为制造业案件数量及占比

省/自治区/直辖市	江苏	浙江	广东	河南	北京	重庆	广西	湖北	湖南	吉林	辽宁	山西	陕西	云南
案件数	7	5	4	4	2	2	1	1	1	1	1	1	1	1
比例	22%	16%	13%	13%	6.3%	6.3%	3.1%	3.1%	3.1%	3.1%	3.1%	3.1%	3.1%	3.1%

(四) 非自然人所属行业为租赁和商务服务业的状况

从案件绝对数量和占比来看,全国各省级行政区的租赁和商务服务行业诚信度相对来说较好,仅有12个地区租赁和商务服务行业出现了欺诈案件。其中,江苏省、广东省、湖北省在此行业中欺诈案件占比居于前三位,其他省区则仅有1件欺诈案件。总体上看,这些地区的经济较为发达,而从世界城市发展趋势来看,大城市是服务业导向,小城市是制造业导向,大城市中的生产性服务业有逐渐取代传统制造业成为主导性产业的趋势。生产性服务业大都集中于大城市地区,具有较强的溢出效应,与聚集经济密切相关。表3.35则显示出,北京、上海这些经济发达城市的租赁和商务服务业欺诈案件并不多,尽管这些地区的相关行业较为发达。对此,原因似乎主要是这些地区相关行业发展较为完善,相关部门的监管措施也比较健全,故而欺诈案件发生数相对较少。如江苏、广东、湖北等省区,租赁和商务服务业也较为发达,但其发展过程中可能仍存在不规范性,使得该领域欺诈案件高发。

表3.35 各地构成欺诈案件欺诈方为非自然人所属行业为租赁和商务服务业案件数及占比

省/自治区/直辖市	江苏	广东	湖北	北京	广西	贵州	内蒙古	山东	上海	天津	浙江	重庆
案件数	7	5	4	1	1	1	1	1	1	1	1	1
比例	28%	20%	16%	4.0%	4.0%	4.0%	4.0%	4.0%	4.0%	4.0%	4.0%	4.0%

(五) 非自然人所属行业为金融业的状况

如表 3.36 所示,全国金融行业欺诈案件发生数量相比较来说更少,大部分省区均无此类案件的发生。北京金融业欺诈案件占比最高为 27.27%,山东、广东紧随其后,为 22.73% 和 13.64%,其他省区相对来说较少。一个值得关注的现象是,与北京经济发展程度相似的上海,作为金融中心城市,其金融行业欺诈案件数量为 0,这种反差背后反映出的问题,值得深思。对此,我们试着提出如下解释:首先,上海周边相邻的省份经济发展水平相对较高,贫富悬殊不大,相对来说,也使得经济活动的稳定性和规范性更强。其次,上海是我国的经济中心、金融中心,其监管措施、法律法规也相对来说比较健全,故而金融业欺诈案件发生数量也较少。

表 3.36 各地构成欺诈案件欺诈方为非自然人所属行业为租赁和商务服务业案件数及占比

省/自治区/直辖市	北京	山东	广东	河北	安徽	广西	河南	江苏	宁夏	浙江
案件数	6	5	3	2	1	1	1	1	1	1
比例	27%	23%	14%	9.1%	4.5%	4.5%	4.5%	4.5%	4.5%	4.5%

二、非自然人所属行业相关性分析

通常情况下,一个区域某类案件是否多发,与该区域的经济社会状况密切相关。为了进一步确认各行业认定欺诈案件数与其区域社会经济因素之间的联系,本部分将通过各省级行政区的 GDP、人均 GDP、人均可支配收入和城镇人口比例等因素的引入,分别进行差值和相关性分析,进而找出其中可能存在的关联关系。

(一) 批发和零售业

1. 批发和零售业案件与 GDP 相关性

将批发和零售业案件进行排名,案件数相等的省级行政区采取并列方式排名,之后再将各省级行政区 GDP 进行排名,前者减去后者得出两者之间的差值,结果如表 3.37 所示。由于认定欺诈类案件所属行业为批发和零售业的样本数较大,相应的出现各省并列排名的情况较少。首先,差值为负的情况,表明一地批发和零售业案件高发且该省级行政区 GDP 排名较为靠后。由此可以发现,差值为负且数值较大的五个地区分别是:新疆维吾尔自治区(-20)、西藏自治区(-17)、宁夏回族自治区(-16)、青海省(-16)、海南省(-14)。上述地区主要集中在中西部,属于在国内生产总值排名中比较靠后的省级行政区。其次,差值绝对值较小的情况,说明该地区的批发零售业发展状况与其经发展水平基本一致,如广东省(0),其认定欺诈类案件数和 GDP 在全国的排名都是第 1 位。这意味着,该省的批发零售业很发达,与此同时相关行业的欺诈案件发生率较高,也从一个侧面表明其社会诚信意识可能还有待进一步提高。最后,差值为正的情况,表示该地区批发零售业案件数排名靠后但 GDP 排名相对靠前,也表明此类地区的社会诚信状况较好。较有代表性的五个地区是四川省(6)、山东省(4)、河北省(3)、湖南省(2)、湖北省(2)。这几个地区都是面积较大的省份,第一、第二产业相对较为发达,而作为第三产业的批发和零售业的发展并不是很好,出现此种结果也较为合理。

表3.37 各省批发和零售业认定欺诈案件数与 GDP 排名

省/自治区/直辖市	批发和零售业案件数排名	GDP 排名	差值	省/自治区/直辖市	批发和零售业案件数排名	GDP 排名	差值
广东	1	1	0	贵州	12	25	-13
北京	2	12	-10	吉林	12	23	-11
江苏	3	2	1	四川	12	6	6
河南	4	5	-1	宁夏	13	29	-16
辽宁	5	14	-9	甘肃	13	27	-14
新疆	6	26	-20	山西	13	24	-11
广西	6	17	-11	云南	13	22	-9
浙江	6	4	2	黑龙江	13	21	-8
山东	7	3	4	内蒙古	13	18	-5
重庆	8	20	-12	安徽	13	13	0
上海	9	11	-2	西藏	14	31	-17
湖北	9	7	2	青海	14	30	-16
天津	10	19	-9	海南	14	28	-14
福建	11	10	1	江西	14	16	-2
湖南	11	9	2	陕西	14	15	-1
河北	11	8	3				

Pearson 进行相关性分析,可以得出各省批发和零售业认定欺诈案件数与 GDP 相关性为 0.618,显示出两者之间具有强相关关系,也就是说一个区域的国内生产总值对于该地批发零售业的案件数有很大程度的正面影响。可以说,GDP 是该地经济发展水平最直观的反映,而一个地区的经济发展水平越高,与民众生活联系紧密的批发和零售业也发展得较好,相应的行业内出现欺诈类案件的可能便会增加。此外,经济水平发展较好的省份其人民维权意识相对较强,也可能导致其涉诉案件较多。

2. 批发和零售业案件与人均可支配收入相关性

将批发和零售业的案件数及各省人均可支配收入进行排序,前者减去后者得出差值,结果如表 3.38 所示。首先,差值为负的情况,意味着批发和零售业案件多发而人均可支配收入排名则较为靠后。差值为负且数值较大的六个省区分别是:河南省(-20)、广西壮族自治区(-20)、新疆维吾尔自治区(-19)、西藏自治区(-17)、贵州省(-17)、甘肃省(-17),主要集中在中西部欠发达地区。这类地区人均可支配收入较低,批发零售业存在问题的可能性

表 3.38　　　批发和零售业案件数与人均可支配收入排名

省/自治区/直辖市	批发和零售业案件数排名	人均可支配收入排名	差值	省/自治区/直辖市	批发和零售业案件数排名	人均可支配收入排名	差值
广东	1	6	-5	贵州	12	29	-17
北京	2	2	0	四川	12	23	-11
江苏	3	5	-2	吉林	12	17	-5
河南	4	24	-20	甘肃	13	30	-17
辽宁	5	8	-3	云南	13	28	-15
广西	6	26	-20	宁夏	13	22	-9
新疆	6	25	-19	山西	13	20	-7
浙江	6	3	3	黑龙江	13	18	-5
山东	7	9	-2	安徽	13	16	-3
重庆	8	11	-3	内蒙古	13	10	3
湖北	9	12	-3	西藏	14	31	-17
上海	9	1	8	青海	14	27	-13
天津	10	4	6	陕西	14	21	-7
河北	11	19	-8	江西	14	15	-1
湖南	11	13	-2	海南	14	14	0
福建	11	7	4				

较大,由此引发的消费者维权概率会相应增加,因此批发零售业的涉诉案件相应较多。其次,差值绝对值较小的情况,说明地区的欺诈案件发生排名与其人均可支配收入在全国的排名状况较为一致,如北京市(0)、海南省(0)。最后,差值为正的情况,表明批发零售业案件数排名靠后但是人均可支配收入排名靠前,其中差值最大的五个省级行政区分别是上海市(8)、天津市(6)、福建省(4)、浙江省(3)、内蒙古自治区(3)。以上海市为例,所认定欺诈案件在全国排第9位,人均可支配收入排第1位,因而差值为8。之所以差值较高,可能与以下因素有关:在全国范围而言,上海市经济发展总体水平较高,但是在其严格的法制环境下,违法成本也是较高的,因而批发零售业涉诉案件相对较少,在全国排名较为靠后。

借助 Pearson 进行相关性分析,可以得出各省级行政区批发和零售业案件与人均可支配收入相关系数为 0.241,显示出两者的弱相关关系,也就是说一个区域的人均可支配收入对于该地批发零售业的案件数仅有很小程度的正面影响。这一结果显示人民生活水平与该地批发零售业的发展联系并不是很紧密,同时对涉诉案件的多寡影响较小,至于其与整个社会诚信的关系还有待我们进一步研究。

3. 批发和零售业案件与城镇人口比例相关性

将批发和零售业案件数及各省的城镇人口比例进行排序,并以前者减去后者得出差值,结果如表 3.39 所示。首先,差值为负的情况,意味着批发和零售业案件多发,而其城镇人口比例排名则较为靠后。差值为负,且绝对值较大的地区分别是:河南省(-21)、广西壮族自治区(-21)、新疆维吾尔自治区(-20)、贵州省(-18)和西藏自治区(-17),主要集中在中西部省份。其次,差值绝对值较小的情况,说明该地欺诈案件数与其城镇人口比例排名状况较为一致,如北京市(0)、海南省(0)。最后,差值为正的情况,表明批发零售业案件数排名靠后,但是城镇人口比例排名靠前,其中差值最大的五个省级行政区是:上海市(8)、天津市(7)、福建省(3)、内蒙古自治区(3)、黑龙江省(2)。

借助 Pearson,可以得出各省批发和零售业认定欺诈案件数与城镇人口比例相关系数为 0.265,显示出两者的弱相关关系,也就是说一个区域的城镇人口比例对于该地的批发零售业的案件数仅有很小程度的正面影响。由此不难断定,城镇人口与农村人口的占比与一省批发零售业的发展状况联系不是很密切。

表 3.39　批发和零售业案件数排名与城镇人口比例排名

省/自治区/直辖市	批发和零售业案件数排名	城镇人口比例排名	差值	省/自治区/直辖市	批发和零售业案件数排名	城镇人口比例排名	差值
广东	1	4	−3	贵州	12	30	−18
北京	2	2	0	四川	12	24	−12
江苏	3	5	−2	吉林	12	17	−5
河南	4	25	−21	甘肃	13	29	−16
辽宁	5	6	−1	云南	13	28	−15
广西	6	27	−21	安徽	13	22	−9
新疆	6	26	−20	山西	13	16	−3
浙江	6	7	−1	宁夏	13	15	−2
山东	7	12	−5	黑龙江	13	11	2
重庆	8	9	−1	内蒙古	13	10	3
湖北	9	13	−4	西藏	14	31	−17
上海	9	1	8	青海	14	23	−9
天津	10	3	7	江西	14	20	−6
湖南	11	21	−10	陕西	14	18	−4
河北	11	19	−8	海南	14	14	0
福建	11	8	3				

(二) 房地产业

1. 房地产业案件与 GDP 相关性

对房地产业的案件数以及各省的 GDP 进行排序,并以前者减去后者得出两者之间的差值,结果如表 3.40 所示。由于房地产业相关案件的样本数较小,各省出现并列排名的情况较多,相应地该排名数值分布较为集中,因而其差值受 GDP 排名影响较大。首先,差值为负的情况,值越小则表明该省的 GDP 排名越靠后,也即该省的经济发展相对落后。差值为负,且数值较大的五个地区分别是:西藏自治区(−24)、青海省(−23)、宁夏回族自治区(−22)、海南省(−21)、甘肃省(−20)。这一结果刚好印证了上述分析,这几个地区均位于中西部,且经济欠发达,其 GDP 全国排名最靠前的也仅在第 27 位。其次,差值为正的情况,差值为正的省级行政区其 GDP 排名较为靠前,差值较大的五个省级行政区是:浙江省(3)、广东省(3)、山东省(3)、河南省(1)、江苏省(1)。不过,仅通过差值来分析房地产业案件数与 GDP 之间的关系,并不能得出合理的结论。

表 3.40　　房地产业案件数与 GDP 排名

省/自治区/直辖市	房地产业案件数排名	GDP 排名	差值	省/自治区/直辖市	房地产业案件数排名	GDP 排名	差值
四川	1	6	−5	山东	6	3	3
辽宁	2	14	−12	西藏	7	31	−24
内蒙古	3	18	−15	青海	7	30	−23
江苏	3	2	1	宁夏	7	29	−22
北京	4	12	−8	海南	7	28	−21
广东	4	1	3	甘肃	7	27	−20
贵州	5	25	−20	新疆	7	26	−19
河北	5	8	−3	山西	7	24	−17
湖北	5	7	−2	吉林	7	23	−16
云南	6	22	−16	黑龙江	7	21	−14
重庆	6	20	−14	江西	7	16	−9
天津	6	19	−13	陕西	7	15	−8
广西	6	17	−11	福建	7	10	−3
安徽	6	13	−7	湖南	7	9	−2
上海	6	11	−5	浙江	7	4	3
河南	6	5	1				

借助分析相关性的工具 Pearson，可以得出各省房地产业案件数与 GDP 相关系数为 0.246，显示出两者弱相关关系。也就是说，一地 GDP 总量对于该地的房地产业的案件数仅有很小程度的正面影响。

2. 房地产业案件与人均可支配收入相关性

对房地产业案件数和各省级行政区的人均可支配收入进行排序，并以前者减去后者得出两者之间的差值，结果如表 3.41 所示。由于房地产业欺诈案件的样本数较小，各省区出现并列排名的情况较多，相应地，排名数值分布较为集中，因而差值结果受人均可支配收入排名的影响较大。首先，差值为负的情况，差值越小，该地区的人均可支配收入排名较为靠后。差值最小的五个地区分别为西藏自治区(−24)、贵州省(−24)、甘肃省(−23)、云南省(−22)、四川省(−22)。这一结果刚好印证了上述分析，几个省份均位于中西部经济欠发达地区，其人均可支配收入全国排名最高的也仅在第 24 位。其中，四川省的房地产业的案件数排全国第一位,可能是因为:一方面,该省属于西部地区人口众多省份,房地产业的发展主要是为了解决人民住房问题,再加上社会法治环境相对而言不是十分健全,社会诚信意识亦不强,从而使得欺诈案件多发。其次,差值为正的情况,值越大的地区,一般人均可支配收入排名较靠前。差值最大的五个省区是上海市(5)、浙江省(4)、天津市(2)、北京市(2)、福建省(0),基本上属于我国经济社会发展较快的地区,而其房地产欺诈案件发案数较低,可能与社会经济发展到一定程度时,社会诚信意识增强,人口素质较高,商品房交易过程中不法行为减少有直接关联。

表 3.41　　　　房地产业案件数与人均可支配收入排名

省/自治区/直辖市	房地产业案件数排名	人均可支配收入排名	差值	省/自治区/直辖市	房地产业案件数排名	人均可支配收入排名	差值
四川	1	23	−22	上海	6	1	5
辽宁	2	8	−6	西藏	7	31	−24
内蒙古	3	10	−7	甘肃	7	30	−23
江苏	3	5	−2	青海	7	27	−20
广东	4	6	−2	新疆	7	25	−18
北京	4	2	2	宁夏	7	22	−15
贵州	5	29	−24	陕西	7	21	−14
河北	5	19	−14	山西	7	20	−13
湖北	5	12	−7	黑龙江	7	18	−11
云南	6	28	−22	吉林	7	17	−10
广西	6	26	−20	江西	7	15	−8
河南	6	24	−18	海南	7	14	−7
重庆	6	11	−5	湖南	7	13	−6
山东	6	9	−3	福建	7	7	0
天津	6	4	2	浙江	7	3	4

借助分析相关性的工具 Pearson,各省区房地产业案件数与人均可支配收入相关系数为 0.059,显示出两者极弱的相关关系。可以看出,一个地区的人均可支配收入对于该地的房地产业案件数基本没有影响。

3. 房地产业案件与城镇化比例相关性

对房地产业案件数和城镇人口比例进行比较,前者减去后者得出两者之间的差值,结果如表 3.42 所示。首先,差值为负时,表明该省区城镇人口比例排名较为靠后。差值最小的五个省区分别是贵州省(−25)、西藏自治区(−24)、四川省(−23)、甘肃省(−22)、云南省(−22)。与前面的情况类似,这几个省级行政区以及下面几个差值较小的地区主要集中在中西部地区。其次,差值为正数时,说明地区的城镇人口比例排名靠前,其中差值较大的几个省区是:上海市(5)、天津市(3)、北京市(2)。

表 3.42　　　　　　　　房地产业案件数与城镇人口比例排名

省/自治区/直辖市	房地产业案件数排名	城镇人口比例排名	差值	省/自治区/直辖市	房地产业案件数排名	城镇人口比例排名	差值
四川	1	24	−23	上海	6	1	5
辽宁	2	6	−4	西藏	7	31	−24
内蒙古	3	10	−7	甘肃	7	29	−22
江苏	3	5	−2	新疆	7	26	−19
广东	4	4	0	青海	7	23	−16
北京	4	2	2	湖南	7	21	−14
贵州	5	30	−25	江西	7	20	−13
河北	5	19	−14	陕西	7	18	−11
湖北	5	13	−8	吉林	7	17	−10
云南	6	28	−22	山西	7	16	−9
广西	6	27	−21	宁夏	7	15	−8
河南	6	25	−19	海南	7	14	−7
安徽	6	22	−16	黑龙江	7	11	−4
山东	6	12	−6	福建	7	8	−1
重庆	6	9	−3	浙江	7	7	0
天津	6	3	3				

借助 Pearson 可以得出相关性系数为 0.073,属于极弱的相关关系。可以说,一个地区的城镇人口比例对于该地的房地产业的案件数基本没有影响。一般而言,房地产行业的欺诈类案件多出现在商品房交易过程中,而农村的宅基地基本不产生与买卖相关的流转问题,这样会让我们认为城镇人口的比例对房地产业欺诈案件的发生产生一定程度的影响。但是城镇人口比例高并不能直接说明该地商品房交易的总量。可以说,一省区的城镇人口比例与该省区的房地产业发展状况并没有直接关系,不能反映其房地产业的总量情况,这一指标与涉案数之间关系并不紧密。

(三) 制造业

1. 制造业案件与 GDP 相关性

通过对制造业案件数和各省级行政区人均 GDP 进行排序,并通过前者减去后者得出两者之间的差值,结果如表 3.43 所示。与房地产业的情况类似,由于制造业案件的样本数较小,各省出现并列排名的情况较多,相应的该排名数值差距小,分布集中,差值的结果受 GDP 排名影响较大。差值为负,则意味着该地的 GDP 排名较为靠后。差值最小的五个省区分别是西藏自治区(-25)、青海省(-24)、宁夏回族自治区(-23)、海南省(-22)和甘肃省(-21)。除海南省以外,其他几个省级行政区均位于中西部,上述全部地区均属于经济欠发达地区,其 GDP 全国排名分列全国倒数后五位。差值为正,意味着该地 GDP 排名靠前。差值最大的三个省区是:山东省(3)、广东省(2)、四川省(0),这几个省份的第二产业属于相对发达的省份。

表 3.43　　　　制造业案件数与 GDP 排名

省/自治区/直辖市	制造业案件数排名	GDP 排名	差值	省/自治区/直辖市	制造业案件数排名	GDP 排名	差值
江苏	1	2	-1	宁夏	6	29	-23
浙江	2	4	-2	海南	6	28	-22
河南	3	5	-2	甘肃	6	27	-21
广东	3	1	2	新疆	6	26	-20
重庆	4	20	-16	贵州	6	25	-19
北京	4	12	-8	黑龙江	6	21	-15
山西	5	24	-19	天津	6	19	-13
吉林	5	23	-18	内蒙古	6	18	-12
云南	5	22	-17	江西	6	16	-10
广西	5	17	-12	安徽	6	13	-7
陕西	5	15	-10	上海	6	11	-5
辽宁	5	14	-9	福建	6	10	-4
湖南	5	9	-4	河北	6	8	-2
湖北	5	7	-2	四川	6	6	0
西藏	6	31	-25	山东	6	3	3
青海	6	30	-24				

借助 Pearson 可以得出各省制造业认定欺诈案件数与 GDP 相关系数为

0.685,存在较强的正相关关系,也就是说GDP总量对于该地的制造业的案件数存在较大的正面影响。制造业欺诈案件数与该地制造业密切相关。这一点与批发零售业的情况类似,说明上述两个产业本身与GDP乃至于整体的经济之间存在着较强的相互依存度,经济的发展将在很大程度上带动两个产业的扩张,随之而来的是行业内欺诈案件数量的增加。与之相对,房地产业则未能表现出同GDP之间的契合度,某种意义上也揭示出,房地产业似乎与GDP尤其是一地的整体经济之间关联度并不强。

2. 制造业案件与人均可支配收入相关性

对制造业案件数及各省区人均可支配收入加以排序,并以前者减去后者得出两者之间的差值,结果如表3.44所示。首先,差值为负,意味着该省区的人均可支配收入排名越靠后。差值最小的五地分别是西藏自治区(-25)、甘肃省(-24)、云南省(-23)、贵州省(-23)和广西壮族自治区(-21)。这几个省份均位于中西部,属于经济欠发达地区,其人均可支配收入在全国排名较为靠后。其次,差值为正,意味着该地人均可支配收入排名靠前。几个具有代

表3.44　　制造业案件数排名与人均可支配收入排名

省/自治区/直辖市	制造业案件数排名	人均可支配收入排名	差值	省/自治区/直辖市	制造业案件数排名	人均可支配收入排名	差值
江苏	1	5	-4	贵州	6	29	-23
浙江	2	3	-1	青海	6	27	-21
河南	3	24	-21	新疆	6	25	-19
广东	3	6	-3	四川	6	23	-17
重庆	4	11	-7	宁夏	6	22	-16
北京	4	2	2	河北	6	19	-13
云南	5	28	-23	黑龙江	6	18	-12
广西	5	26	-21	安徽	6	16	-10
陕西	5	21	-16	江西	6	15	-9
山西	5	20	-15	海南	6	14	-8
吉林	5	17	-12	内蒙古	6	10	-4
湖南	5	13	-8	山东	6	9	-3
湖北	5	12	-7	福建	6	7	-1
辽宁	5	8	-3	天津	6	4	2
西藏	6	31	-25	上海	6	1	5
甘肃	6	30	-24				

表性的省区是：上海市(5)、北京市(2)、天津市(2)。上述三个城市均属于直辖市，是我国经济社会发展较为充分的地区。此外，就浙江省而言，该省制造业案件多发可能与其制造业主要依托中小企业有关。这种模式，使得参与各种与制造业相关的民事活动中的主体数量增加，在频繁的民事活动中难免会出现较多的、涉及制造业的欺诈类民事纠纷。

借助 Pearson 进行相关性分析，可以得出各省区制造业案件数与人均可支配收入相关系数为 0.321，两者呈现出弱相关关系。人均可支配收入一般与该地人民的实际生活水平密切相关。上述结果显示出人民生活水平与该地制造业的发展联系并不是很紧密，同时对涉诉案件的多寡影响也较小。

3. 制造业案件与城镇化比例相关性

对制造业案件数和各地城镇人口比例进行排序，并以前者减去后者得出两者之间的差值，结果如表3.45所示。差值为负，且数值较小的几个地区是：西藏自治区(−25)、贵州省(−24)、甘肃省(−23)和云南省(−23)。上述地区主要集中在中西部欠发达的省区，且城镇人口比例排名靠后。差值为正，且数

表 3.45　　　　　　制造业案件数排名与城镇人口比例排名

省/自治区/直辖市	制造业案件数排名	城镇人口比例排名	差值	省/自治区/直辖市	制造业案件数排名	城镇人口比例排名	差值
江苏	1	5	−4	甘肃	6	29	−23
浙江	2	7	−5	新疆	6	26	−20
河南	3	25	−22	四川	6	24	−18
广东	3	4	−1	青海	6	23	−17
重庆	4	9	−5	安徽	6	22	−16
北京	4	2	2	江西	6	20	−14
云南	5	28	−23	河北	6	19	−13
广西	5	27	−22	宁夏	6	15	−9
湖南	5	21	−16	海南	6	14	−8
陕西	5	18	−13	山东	6	12	−6
吉林	5	17	−12	黑龙江	6	11	−5
山西	5	16	−11	内蒙古	6	10	−4
湖北	5	13	−8	福建	6	8	−2
辽宁	5	6	−1	天津	6	3	3
西藏	6	31	−25	上海	6	1	5
贵州	6	30	−24				

值较大,则说明该地的城镇人口比例排名靠前。差值最大的三个地区是上海市(5)、天津市(3)和北京市(2)。相比于其他两个城市,北京市的案件数排名更为靠前。分析其中原因,似乎与本研究所采取的案例选择方式有关。在选取案件时,我们以各省级行政区中级以上级别法院审理案件为对象,而我国的最高人民法院位于北京市,这样所有在最高人民法院进行二审或者再审的制造业都会统计到北京市名下,并最终导致上述结果。

借助 Pearson 进行相关性分析,可以得出各省区制造业案件数与城镇人口比例相关系数为 0.258,呈现出弱相关关系。也就是说,城镇人口比例对于制造业的案件数仅有很小的正面影响。一般而言,制造业的欺诈类案件多出现在各种工业制成品的买卖交易过程中。该类欺诈类案件将更多受所在地域的制造业发展水平和总量影响,而城镇人口比例高的省份一般经济较为发达,相应的制造业发展水平也会较高。但这一规律可能并不能适用于我国的所有省区,同时一省的该类案件发案数也跟该地的社会诚信、法治状况密不可分,所以两者之间的弱相关关系还是可以理解的。

(四) 租赁和商务服务业

1. 租赁和商务服务业案件与 GDP 相关性

为了更清晰、直观地显示租赁和商务服务业案件数量和地区生产总值(GDP)的关系,对两个数据进行了排序,并计算出两者的差值,结果如表 3.46 所示。差值为正,表示该地区排名 GDP 排名靠前,但租赁和商务服务业欺诈

表 3.46　租赁和商务服务业案件和各地 GDP 排名

省/自治区/直辖市	认定构成欺诈案件数排名	GDP排名	差值	省/自治区/直辖市	认定构成欺诈案件数排名	GDP排名	差值
江苏	1	2	−1	安徽	5	13	−8
广东	2	1	1	山西	5	24	−19
湖北	3	7	−4	新疆	5	26	−21
上海	4	11	−7	江西	5	16	−11
内蒙古	4	18	−14	河北	5	8	−3
北京	4	12	−8	河南	5	5	0
天津	4	19	−15	海南	5	28	−23
山东	4	3	1	湖南	5	9	−4

续表

省/自治区/直辖市	认定构成欺诈案件数排名	GDP排名	差值	省/自治区/直辖市	认定构成欺诈案件数排名	GDP排名	差值
广西	4	17	−13	甘肃	5	27	−22
浙江	4	4	0	福建	5	10	−5
贵州	4	25	−21	西藏	5	31	−26
重庆	4	20	−16	辽宁	5	14	−9
云南	5	22	−17	陕西	5	15	−10
吉林	5	23	−18	青海	5	30	−25
四川	5	6	−1	黑龙江	5	21	−16
宁夏	5	29	−24				

案件数量却较为靠后，反之，差值为负。差值绝对值接近0，则表示地区生产总值与租赁和商务服务行业案件数排名较为接近。绝对值大于10时则表明两者排名差距较大。由表3.46可知，大部分地区的绝对值差值都在10左右，有16个省级行政区差值绝对值超过10，其中西藏自治区（−26）、青海省（−25）、宁夏回族自治区（−24）、海南省（−23）绝对值更是超过20，表明租赁和商务服务业欺诈案件与各地GDP状况相差较大。另外，值得说明的是全国仅有12个省区租赁和商务服务行业出现了欺诈案件，像西藏、青海、宁夏这些地区并没有出现欺诈案件，故仅用差值来衡量并不科学。

通过Pearson相关系数加以衡量，租赁和商务服务业案件数与GDP相关系数为0.717，表明两者存在强相关。也就是说，当一个地区GDP越高时，该地租赁和商务服务行业中欺诈案件发生频率就越大。出现这种情况的原因，主要有以下几个方面：首先，租赁和商务服务行业是以经济发展为基础，一个地方只有经济状况良好为租赁和服务业提供充足的发展空间，如果连基本温饱都无法解决，那么租赁和商务服务业也就无从发展了。其次，经济越发达的地区，租赁和商务服务业相对来说也较为密集，形式也更加多样。在此过程中，当事人之间交往频繁，其关系也更加复杂，故而容易导致欺诈案件的发生。

2. 租赁和商务服务业案件与人均GDP相关性

如表4.47所示，差值为正，表示该地区人均GDP排名靠前，但租赁和商务服务业欺诈案件发生数却靠后；差值为负，则相反。差值绝对值越接近0，表示欺诈案件排名与人均GDP排名相差较小；差值绝对值越大，则表示人均

GDP 与行业欺诈案件排名相差较大。从表中可以清楚地看出,差值绝对值较小的地区为天津市(1)、福建省(1)、浙江省(1),也就是说,这些地区的人均 GDP 排名和租赁和商务服务行业欺诈案件排名差距较小,而贵州(-25)、云南(-25)、广西(-22)等地其差值的绝对值较大。正如上文所述,有很多地区租赁和商务服务业并没有出现欺诈案件,那么各地人均 GDP 大小就成为影响差值的一个重要因素,所以才会出现差值绝对值如此大的结果。

表 3.47　　租赁和商务服务业案件排名和人均 GDP

省/自治区/直辖市	认定构成欺诈案件数排名	人均 GDP 排名	差值	省/自治区/直辖市	认定构成欺诈案件数排名	人均 GDP 排名	差值
江苏	1	4	-3	安徽	5	25	-20
广东	2	7	-5	山西	5	27	-22
湖北	3	11	-8	新疆	5	21	-16
上海	4	2	2	江西	5	23	-18
内蒙古	4	8	-4	河北	5	19	-14
北京	4	1	3	河南	5	20	-15
天津	4	3	1	海南	5	17	-12
山东	4	9	-5	湖南	5	16	-11
广西	4	26	-22	甘肃	5	31	-26
浙江	4	5	-1	福建	5	6	-1
贵州	4	29	-25	西藏	5	28	-23
重庆	4	10	-6	辽宁	5	14	-9
云南	5	30	-25	陕西	5	13	-8
吉林	5	12	-7	青海	5	18	-13
四川	5	24	-19	黑龙江	5	22	-17
宁夏	5	15	-10				

借助 Pearson 可以得出各省区租赁和商务服务业案件数与人均 GDP 相关系数为 0.445,为中等程度相关。也就是说,当一个地区人均 GDP 越高时,其租赁和商务服务行业欺诈案件发生数就越多,如江苏、广东等地,其经济较为发达,故而租赁和商务服务业中欺诈案件也较多。通过对比可以发现,人均 GDP 对租赁和商务服务业欺诈案件影响程度要低于 GDP,主要原因是,与租赁和商务服务业发展状况联系较密切的是地区生产总值,而人均 GDP 则侧重于反映居民个人生活水平,其关联性相对变弱。但总的来说,人均 GDP 仍与

此行业欺诈案件发生仍有关系,当该地区人均财富较高时,租赁和商务服务业相对较为活跃,欺诈案件也较容易发生;反之,一个相对贫穷落后的地区,是没有多余的财富去"支撑"涉欺诈案件的发生数的。

3. 租赁和商务服务业案件与人均可支配收入相关性

如表3.48所示,差值绝对值较小的地区为天津(0)、浙江省(1)、北京市(2)。也就是说,在这些地区,租赁和商务服务业欺诈案件排名与人均可支配收入排名之间差距较小。不过,绝对值较大的省区仍处于大多数。

表3.48　　租赁和商务服务业案件排名和各地人均可支配收入排名

省/自治区/直辖市	认定构成欺诈案件数排名	人均可支配收入排名	差值	省/自治区/直辖市	认定构成欺诈案件数排名	人均可支配收入排名	差值
江苏	1	5	-4	安徽	5	16	-11
广东	2	6	-4	山西	5	20	-15
湖北	3	12	-9	新疆	5	25	-20
上海	4	1	3	江西	5	15	-10
内蒙古	4	10	-6	河北	5	19	-14
北京	4	2	2	河南	5	24	-19
天津	4	4	0	海南	5	14	-9
山东	4	9	-5	湖南	5	13	-8
广西	4	26	-22	甘肃	5	30	-25
浙江	4	3	1	福建	5	7	-2
贵州	4	29	-25	西藏	5	31	-26
重庆	4	11	-7	辽宁	5	8	-3
云南	5	28	-23	陕西	5	21	-16
吉林	5	17	-12	青海	5	27	-22
四川	5	23	-18	黑龙江	5	18	-13
宁夏	5	22	-17				

借助Pearson相关性系数进行分析,可以得出租赁和商务服务业案件数与人均可支配收入相关系数为0.321,呈弱相关。也就是说人均可支配收入与租赁和商务服务行业欺诈案件发生数之间呈弱正相关关系,当一个地区人均可支配收入越高,该地租赁和商务服务业中欺诈案件发生数也就越多,反之亦然。

4. 租赁和商务服务业案件与城镇人口比例相关性

城镇化是经济发展的必然产物。在党的十八大报告中,李克强总理指出,城镇化是中国现代化进程中的重大战略，2011年中国内地城镇化率已突破50%。但与此同时，城镇化所引起的社会环境变化，也将间接影响欺诈案件的发生状况。通常来说，城镇化将导致社会处于不平稳状态，社会控制力减弱，在城镇化进程中，人口将大量流动，农村人口涌入城镇，从熟人社会变成陌生社会，人与人之间的信任程度也会受到影响，进而影响到社会的诚信状况。我们对两个数据分别排序，结果如表3.49所示。其中，差值为正，表示城镇人口比例排名靠前，但租赁和商务服务业欺诈案件数量排名靠后；差值为负，则表示城镇人口比例排名靠后，但租赁和商务服务业欺诈案件发生数量排名则靠前。就差值绝对值而言，该值越接近0，则表示城镇化程度与租赁和商务服务业欺诈案件发生情况相差越小，绝对值越大，则表示城镇化程度与该行业欺诈案件发生情况相差较大。

表3.49　租赁和商务服务业案件排名和各地城镇人口比例排名对比

省/自治区/直辖市	认定构成欺诈案件数排名	城镇人口比例排名	差值	省/自治区/直辖市	认定构成欺诈案件数排名	城镇人口比例排名	差值
江苏	1	5	−4	安徽	5	22	−17
广东	2	4	−2	山西	5	16	−11
湖北	3	13	−10	新疆	5	26	−21
上海	4	1	3	江西	5	20	−15
内蒙古	4	10	−6	河北	5	19	−14
北京	4	2	2	河南	5	25	−20
天津	4	3	1	海南	5	14	−9
山东	4	12	−8	湖南	5	21	−16
广西	4	27	−23	甘肃	5	29	−24
浙江	4	7	−3	福建	5	8	−3
贵州	4	30	−26	西藏	5	31	−26
重庆	4	9	−5	辽宁	5	6	−1
云南	5	28	−23	陕西	5	18	−13
吉林	5	17	−12	青海	5	23	−18
四川	5	24	−19	黑龙江	5	11	−6
宁夏	5	15	−10				

借助Pearson相关性系数，可以得出租赁和商务服务业案件数与城镇人口比例相关系数为0.339，呈弱相关。

(五) 金融业

金融业，包括银行业、保险业、信托业、证券业和租赁业。金融业在国民经济中处于牵一发而动全身的地位，关系到经济发展和社会稳定，具有优化资金配置，以及调节、反映并监督经济的重要作用。金融指标数据从各个角度反映了国民经济的整体状况，是国民经济发展的晴雨表。那么金融业欺诈案件与经济发展水平之间有没有必然的联系？

1. 金融业案件与 GDP 相关性

将金融业欺诈案件与 GDP 进行了对比，求得差值，如表 3.50 所示。大部分地区的差值绝对值都在 10 左右，更有 5 个地区差值绝对值超过了 20，这并不表明金融业欺诈案件与各地 GDP 状况相差较大。这是因为，全国仅有 10 个省级行政区的金融行业出现了欺诈案件，像西藏、青海、宁夏这些地区并没有出现欺诈案件，而由于其 GDP 排名靠后，所以差值绝对值也就较大。

表 3.50　　　　　　　金融业案件和各地 GDP 排名

省/自治区/直辖市	认定构成欺诈案件数排名	GDP排名	差值	省/自治区/直辖市	认定构成欺诈案件数排名	GDP排名	差值
北京	1	12	−11	山西	6	24	−18
山东	2	3	−1	新疆	6	26	−20
广东	3	1	2	江西	6	16	−10
河北	4	8	−4	海南	6	28	−22
宁夏	5	29	−24	湖北	6	7	−1
安徽	5	13	−8	湖南	6	9	−3
广西	5	17	−12	甘肃	6	27	−21
江苏	5	2	3	福建	6	10	−4
河南	5	5	0	西藏	6	31	−25
浙江	5	4	1	贵州	6	25	−19
上海	6	11	−5	辽宁	6	14	−8
云南	6	22	−16	重庆	6	20	−14
内蒙古	6	18	−12	陕西	6	15	−9
吉林	6	23	−17	青海	6	30	−24
四川	6	6	0	黑龙江	6	21	−15
天津	6	19	−13				

凭借 Pearson 相关系数加以分析，可得出金融业案件数与 GDP 相关系数

为0.519,呈中等程度相关。也就是说,当一个地区GDP较高时,该地金融行业欺诈案件发生频率也就较多。出现此种现象的原因主要有以下几个方面:首先,金融业原本就与经济有着不可分割的联系。正如金融业所具有的"指标性"一样,与经济相关的其他数据指标都可以反映经济整体或个体运行状况。其次,经济发达的地区金融行业也十分活跃,各相关主体之间联系密切,交易频繁,业务范围广,给欺诈行为的发生提供了空间。另外,经济发达的地区金融行业交易金额也相对较大,是欺诈产生的关键诱导因素。例如北京、广东的经济发展水平较高,其金融行业欺诈案件的发生频率也较高。但从两者相关系数来看,这两个因素仅呈中等程度相关,其主要原因似乎是金融行业欺诈案件发生频率不仅受经济发展水平影响,也受其他因素的影响。如广东的金融行业欺诈案件多发,除了其处于东部沿海发达地区外,还可能与该省外来人口多、人口流动性大等因素有关。

2. 金融业案件与人均GDP相关性

如表3.51所示,北京、广东、山东这些金融行业欺诈案件较多的地区差值

表3.51　　金融业案件和各地人均GDP排名

省/自治区/直辖市	认定构成欺诈案件数排名	人均GDP排名	差值	省/自治区/直辖市	认定构成欺诈案件数排名	人均GDP排名	差值
北京	1	1	0	山西	6	27	−21
山东	2	9	−7	新疆	6	21	−15
广东	3	7	−4	江西	6	23	−17
河北	4	19	−15	海南	6	17	−11
宁夏	5	15	−10	湖北	6	11	−5
安徽	5	25	−20	湖南	6	16	−10
广西	5	26	−21	甘肃	6	31	−25
江苏	5	4	1	福建	6	6	0
河南	5	20	−15	西藏	6	28	−22
浙江	5	5	0	贵州	6	29	−23
上海	6	2	4	辽宁	6	14	−8
云南	6	30	−24	重庆	6	10	−4
内蒙古	6	8	−2	陕西	6	13	−7
吉林	6	12	−6	青海	6	18	−12
四川	6	24	−18	黑龙江	6	22	−16
天津	6	3	3				

绝对值分别为0、4、7,总的来看这些地区人均GDP排名和租赁和商务服务行业欺诈案件排名差距较小;而甘肃(−25)、云南(−24)、贵州(−23)等地区差值绝对值较大。其中原因,正如前文所述,有很多省区金融业并没有出现欺诈案件,而人均GDP排名却比较靠后。

借助Pearson可以得出金融业案件数与人均GDP相关系数为0.408,属中等程度相关。也就是说,一个地区人均GDP越高时,该地区金融行业欺诈案件发生频率也就较高。对比金融业欺诈案件和GDP之间的相关性,不难发现,无论人均GDP还是地区GDP,都与金融行业欺诈案件存在相关度,主要原因似乎还是由于金融行业与经济的密切关系。

3. 金融业案件与人均可支配收入相关性

如表3.52所示,北京、广东、山东这些金融行业欺诈案件较多的地区,其差值的绝对值分别为1、3和7,总的来看这些地区人均GDP排名和金融行业

表3.52　　　金融业案件排名和各地人均可支配收入排名

省/自治区/直辖市	认定构成欺诈案件数排名	人均可支配收入排名	差值	省/自治区/直辖市	认定构成欺诈案件数排名	人均可支配收入排名	差值
北京	1	2	−1	山西	6	20	−14
山东	2	9	−7	新疆	6	25	−19
广东	3	6	−3	江西	6	15	−9
河北	4	19	−15	海南	6	14	−8
宁夏	5	22	−17	湖北	6	12	−6
安徽	5	16	−11	湖南	6	13	−7
广西	5	26	−21	甘肃	6	30	−24
江苏	5	5	0	福建	6	7	−1
河南	5	24	−19	西藏	6	31	−25
浙江	5	3	2	贵州	6	29	−23
上海	6	1	5	辽宁	6	8	−2
云南	6	28	−22	重庆	6	11	−5
内蒙古	6	10	−4	陕西	6	21	−15
吉林	6	17	−11	青海	6	27	−21
四川	6	23	−17	黑龙江	6	18	−12
天津	6	4	2				

欺诈案件排名差距较小,而西藏(-25)、云南(-22)、贵州(-23)等地区差值绝对值都较大。但正如上文所说,有很多省区金融业并没有出现欺诈案件,而人均可支配收入排名比较靠后,所以才会出现差值绝对值如此大的数据。

借助 Pearson 相关系数分析,金融业案件数与人均可支配收入相关系数为 0.448,属中等程度相关。

第四章 民事欺诈类案件司法保护

一、欺诈方委托律师情况分析

很多当事人在面临法律纠纷时,基于种种原因,觉得聘请律师会增加诉讼成本,因而不愿支付此笔费用。但实际上,很多当事人却因为没有聘请律师,反而增大了诉讼成本,甚至造成无法挽回的巨大损失,得不偿失。对于未受过专门法律训练的人来说,一些基本的诉讼程序都是难以掌握的,比如在法庭审理中何时举证、如何举证、举哪些证、如何质证,有的甚至错过了举证期限,对于实际法律条款的理解和运用更是无从谈起。如此对待,当然就可能承担不利法律后果。公民一旦面临某些法律问题,或者觉得面临的问题可能会与法律有关时,听取一名专业律师的意见,或者聘请专业律师办理相关的法律事务,不失为明智之举。

(一) 欺诈方委托律师的案件

在已有构成欺诈案件数基础上,我们分别统计出欺诈方为攻方且攻方委托律师案件数,以及欺诈方为守方且守方委托律师案件数,并通过求和得出构成欺诈案件中欺诈方委托律师案件数,结果如图 3.24 所示。由图可以看出,欺诈方委托律师案件数排名前五的省级行政区分别为:广东省 142 件、江苏省 49 件、辽宁省 34 件、北京市 32 件、山东省 30 件。观察一下不难发现,以上地区皆位于东部沿海,商品经济发展较为充分,因而欺诈类案件多发,与此同时,经济、社会发展程度较高,使得大众对律师这一职业的承认度较高。欺诈方委托律师最多的省份是广东省 142 件,远大于排名第二的江苏省 49 件,原因可能是:广东省涉欺诈案件本身基数大,相应地其认定欺诈案件的数量较多,使得该省的欺诈方委托律师的案件的绝对数就会较多。与之相对,排名倒数前三的省份分别是西藏自治区 0 件、江西省 0 件和青海省 1 件,集中在中西部,且经济较不发达。

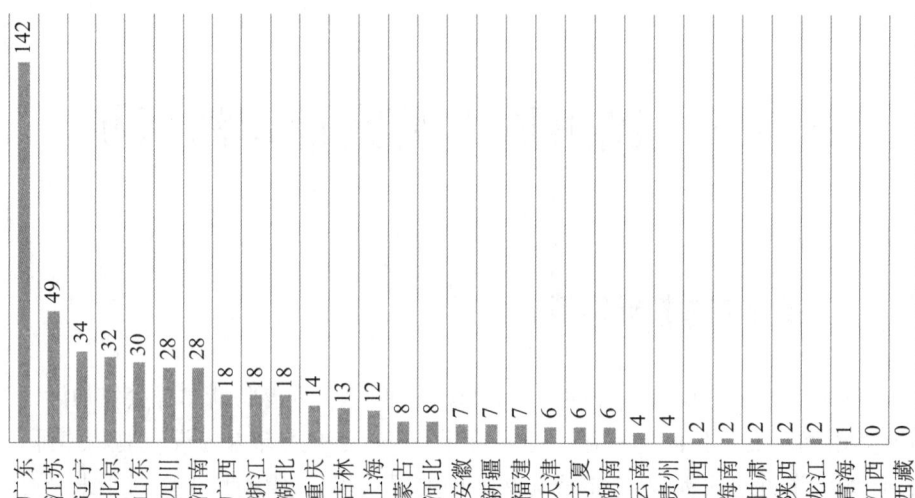

图 3.24　欺诈方委托律师案件数

在欺诈方委托律师案件数的基础上,将其与各省认定欺诈案件数做比,可得出欺诈方委托律师的比例,结果如图 3.25 所示。相比于欺诈方委托律师案件数,地域内欺诈方委托律师率更能说明该地域相关当事人对于委托或者雇佣律师所持有的态度。委托律师率高,说明该地欺诈方对律师职业的承认度

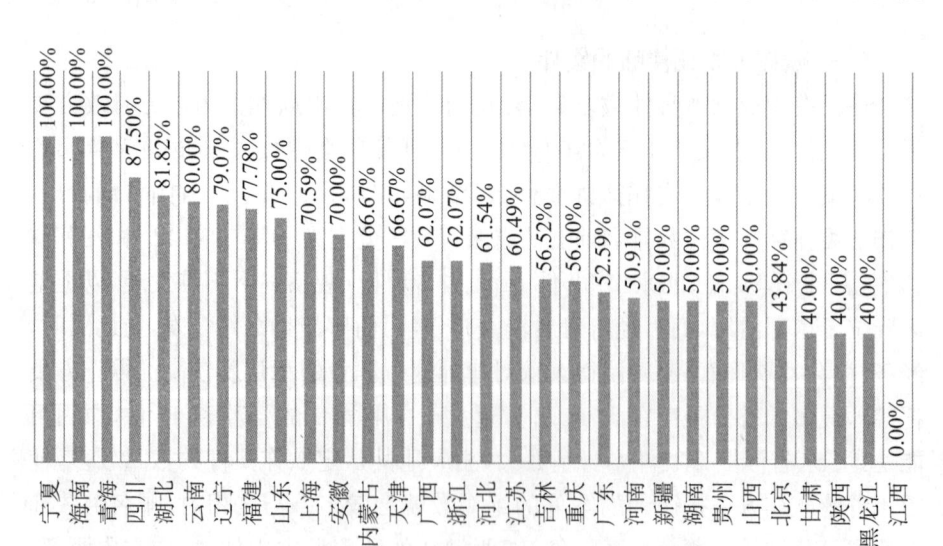

图 3.25　欺诈方委托律师率

较高,且聘请律师的意愿较强,反之则更多地表明一种否定与消极的态度。首先,西藏自治区没有出现在其中,原因是在统计数据中西藏的认定欺诈案件数为0,所以没有办法计算出欺诈方委托律师率,故而采取了删除处理。其次,除江西省因为欺诈方委托律师案件数为0以外,全国的其他省份的委托律师率都超过40%,总体水平较高,由此可见,相关当事人对律师参与案件的总体接受程度较高。再次,委托律师率最高的三个地区分别为宁夏回族自治区、海南省、青海省,均为100%,其中宁夏回族自治区的欺诈方委托律师案件数为6件,并不像另外两个省此类案件数量较少,由此可以说,该地区的欺诈类当事人对律师的认可度非常高。最后,排名靠后的五个地区是江西省(0%)、黑龙江省(40%)、陕西省(40%)、甘肃省(40%)和北京市(43%),江西省的情况上文已经提到,此处不再赘述。上述数据显示出,北京市案件中的律师委托率较低。北京作为我国的首都,经济社会发达,法治化水平较高,依据常理推测,其相关主体应该对律师这一职业有较高的承认度和较好的认知度,但在欺诈类案件中欺诈方的委托律师率较低,其中原因值得进一步思考。

如表3.53所示,差值为负时,说明欺诈方委托律师案件数排名较欺诈方

表3.53　　欺诈方委托律师案件数与欺诈方委托律师率排名

省/自治区/直辖市	欺诈方委托律师案件数排名	欺诈方委托律师率排名	差值	省/自治区/直辖市	欺诈方委托律师案件数排名	欺诈方委托律师率排名	差值
广东	1	16	−15	新疆	12	18	−6
江苏	2	13	−11	安徽	12	9	3
辽宁	3	5	−2	福建	12	6	6
北京	4	19	−15	湖南	13	18	−5
山东	5	7	−2	天津	13	10	3
河南	6	17	−11	宁夏	13	1	12
四川	6	2	4	贵州	14	18	−4
广西	7	11	−4	云南	14	4	10
浙江	7	11	−4	甘肃	15	20	−5
湖北	7	3	4	陕西	15	20	−5
重庆	8	15	−7	黑龙江	15	20	−5
吉林	9	14	−5	山西	15	18	−3
上海	10	8	2	海南	15	1	14
河北	11	12	−1	青海	16	1	15
内蒙古	11	10	1	江西	17	21	−4

委托律师率排名靠前,即该地区欺诈方委托律师案件数较多,但欺诈方委托律师率却不高。差值最小的五个地区分别是广东省(-15)、北京市(-15)、江苏省(-11)、河南省(-11)和重庆市(-7)。这些地区当事人对律师认可度较低的原因,可能是民众相对而言自身素质较高,认为其可以处理相关诉讼事宜,因而没必要聘请律师,也有可能是因为相关省份的司法机关裁判较为公正,且已对此类案件做出较为统一的判决,欺诈方在这种情况下也会做出更为经济的选择。与之相对,差值为正,且数值较大的五个地区分别是青海省(15)、海南省(14)、宁夏回族自治区(12)、云南省(10)和福建省(6)。上述地区除福建省以外基本都位于中西部,在欺诈案件发案率不高的情况下,其委托律师率却很高。这也说明,律师这一职业在中西部地区并非不被认可,反而是接受程度较高。

(二) 欺诈方委托本地律师的案件

对于民事案件,我国法律并没有规定一定要请律师作为诉讼代理人,律师也没有当地和外地之分,只要是持有A证的律师,可以在全国范围内执业。但是在任何社会,都有社会关系存在。请当地律师进行诉讼具有相当的优势,本地律师对于当地法院乃至于人际网络都比较熟悉,因而无论是在案件调查取证的过程还是在案件审理过程中,都可能会少走弯路,与法院及法官的沟通也会更顺畅,因而对案件进展比较有利。此外,聘请当地的律师还可以免去不必要的差旅费,而且与当事人会见也相对便捷。

为此,在上述统计的基础上,我们进一步梳理了本地律师代理的欺诈案件,进而统计出各地欺诈方委托本地律师案件数。需要说明的是,对于国际化律所或者全国性律所在当地设立的办公室,我们也将其纳入到当地律所的范畴,结果如图3.26。由此可知,欺诈方委托本地律师案件数最多的五个省级行政区分别是广东省(137件)、江苏省(41件)、辽宁省(33件)、山东省(29件)件、河南省(28件),排名靠后的几个地区分别是西藏自治区(0件)、青海省(0件)、江西省(0件)、陕西省(1件),对比欺诈方委托律师案件数的情况可以发现,两者之间的差距较小。

与欺诈方委托本地律师案件数直接相关的,是欺诈方委托本地律师率。这一数据由该地欺诈方委托本地律师案件数除以欺诈方委托律师案件数得到,结果如图3.27。全国欺诈方委托本地律师率的平均值,也可以通过全国的欺诈方委托本地律师案件总数除以全国欺诈方委托律师案件总数得到,其

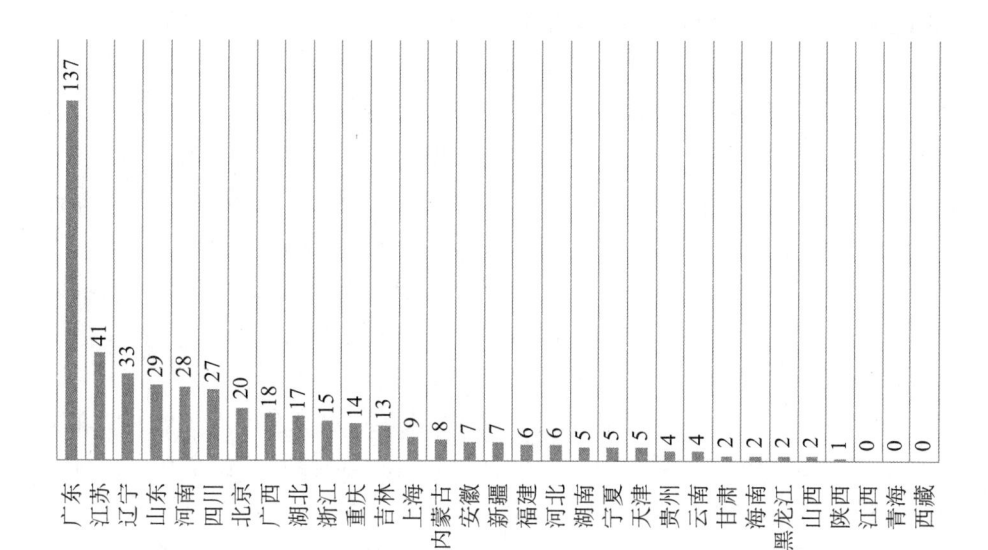

图 3.26　欺诈方委托本地律师案件数

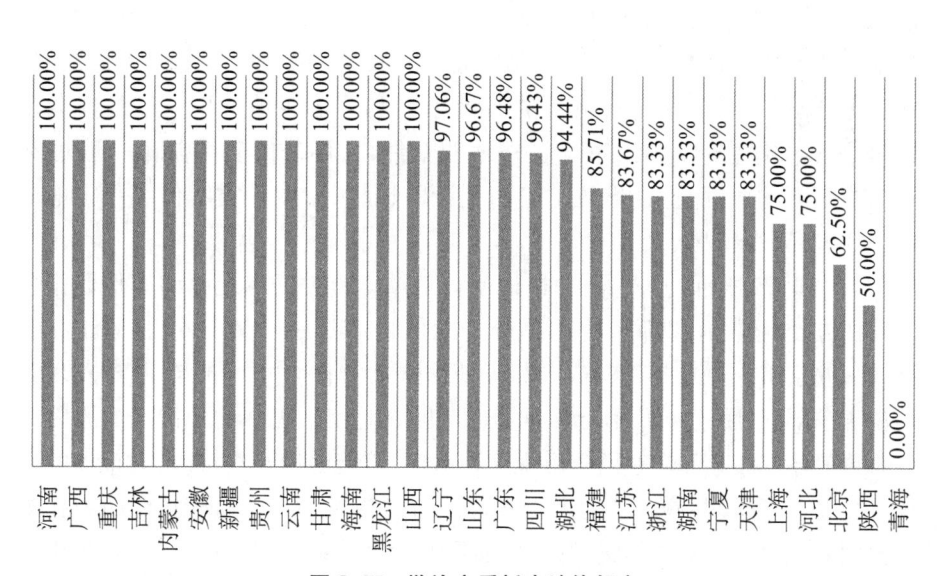

图 3.27　欺诈方委托本地律师率

结果为91.57%。如此高的比例,反映出本地律所在涉欺诈案件中的地位之重要,也就是说,绝大多数当事人在涉欺诈案件中倾向于选择本地律师。各省级行政区的具体情况如下：首先,该数据中未包含西藏自治区和江西省,这是由于其欺诈方委托律师案件数为0件,所以不存在委托本地律师的比例。其次,全国有13个省级行政区欺诈方委托本地律师率为100%,可以说,在这些地区,聘请本地律师成为相关当事人首要甚至是唯一的选择。最后,欺诈方委托本地律师率最低的五个地区分别为青海省(0%)、陕西省(50%)、北京市(62.5%)、河北省(75%)和上海市(75%)。其中,青海省之所以出现极端数据,似乎并不是因为该地区居民对本地律师的极度不信任,更可能是由于该地区认定欺诈案件数样本不足导致的。

相对来说,更值得关注的,是经济和社会发展程度在全国居于前列的北京市和上海市的情况。先看上海市的数据,其委托本地律师的比率在全国排名倒数第五,究其原因：一方面是因为上海作为长三角地区的核心城市,具有广泛的腹地,与东部沿海尤其是长三角地区的其他城市关系密切,此外还包括地处长江流域许多内地城市。由此,其纠纷跨地域的可能性就会增加。另一方面,由于对外联系广泛,因而该地区的相关当事人其社会关系很可能在外地,更倾向于聘请其所在地的律师,加之上海的法律服务市场较为开放,律师本地化率比较低也就较好理解了。就北京市的情况而言,由于其是首都,即我国的政治中心,最高法院所在地也在这里,全国各地的再审案件都会在这里集聚。这些一审和二审均在外地的案件,在诉讼的后续阶段一般也不会再聘请新的律师,这也导致了我们统计的、北京市欺诈类案件委托本地律师率的下降。

如表3.54所示,差值为负时,说明该地欺诈方委托本地律师案件数排名较欺诈方委托本地律师率排名靠前。差值最小的三个地区分别是江苏省(-6)、北京市(-4)和广东省(-3)。总结这几个省份的共同点,不难发现其均位于东部,且属于经济社会较为发达地区。北京市出现此种情况的原因此处不再赘述。江苏和广东两省出现这种情况,可能因为其经济发达、市场的开放程度高,出现较多跨区域的诉讼案件。与之相对,差值为正时,说明委托本地律师的比率高于其总体案件排名,而数值较大的地区包括山西省(18)、黑龙江省(18)、海南省(18)、甘肃省(18)、云南省(17)和贵州省(17)。除海南省以外,这些地区基本上位于中西部,且地处偏远地区,经济也相对落后。在这种情况下,欺诈方更多地会考虑成本和便捷的因素,同时也基于对本地人际关系的熟悉,因而更倾向于选择委托当地律师。

表 3.54　欺诈方委托本地律师案件数与欺诈方委托本地律师率排名

省/自治区/直辖市	欺诈方委托本地律师案件数排名	欺诈方委托本地律师率排名	差值	省/自治区/直辖市	欺诈方委托本地律师案件数排名	欺诈方委托本地律师率排名	差值
广东	1	4	−3	新疆	15	1	14
江苏	2	8	−6	河北	16	10	6
辽宁	3	2	1	福建	16	7	9
山东	4	3	1	湖南	17	9	8
河南	5	1	4	宁夏	17	9	8
四川	6	5	1	天津	17	9	8
北京	7	11	−4	贵州	18	1	17
广西	8	1	7	云南	18	1	17
湖北	9	6	3	甘肃	19	1	18
浙江	10	9	1	海南	19	1	18
重庆	11	1	10	黑龙江	19	1	18
吉林	12	1	11	山西	19	1	18
上海	13	10	3	陕西	20	12	8
内蒙古	14	1	13	青海	21	13	8
安徽	15	1	14				

二、欺诈案件的审理及其质量分析

在此主要通过二审裁判讨论一审质量。所谓第二审程序,是指在民事诉讼中,当事人不服第一审法院未生效的一审裁判,而在法定期间内向上一级人民法院提起上诉,从而引起的诉讼程序,是第二审级的人民法院在审理上诉案件时适用的程序。民事二审是否必须开庭审理,在我国法律中是有明确规定的。《民事诉讼法》第一百六十九条规定:"第二审人民法院对上诉案件,应当组成合议庭,开庭审理。经过阅卷、调查和询问当事人,对没有提出新的事实、证据或者理由,合议庭认为不需要开庭审理的,可以不开庭审理。"同时,《最高人民法院关于适用〈中华人民共和国民事诉讼法〉的解释》第三百三十三条规定:"第二审人民法院对下列上诉案件,依照民事诉讼法

第一百六十九条规定可以不开庭审理：（一）不服不予受理、管辖权异议和驳回起诉裁定的；（二）当事人提出的上诉请求明显不能成立的；（三）原判决、裁定认定事实清楚，但适用法律错误的；（四）原判决严重违反法定程序，需要发回重审的。"

依据上述法条，可以做出如下判断，即我国民事诉讼程序的基本要求是，二审案件以开庭审理为原则，以径行裁判为例外。开庭审理作为民事案件的一种基本审理方式，是当事人行使诉权、人民法院行使审判权最集中、最生动的体现，对人民法院正确审理民事案件具有重要的意义。

（一）二审开庭案件

通过逐一阅读判决书的方式，我们统计出各省开庭审理的案件数，结果如下图 3.28 所示。可以看出，二审开庭案件数最多的五个地区分别是辽宁省（498 件）、广西壮族自治区（498 件）、北京市（397 件）、四川省（380 件）、河南省（375 件），二审开庭案件数最少的五个地区分别为西藏自治区（3 件）、青海省（6 件）、贵州省（21 件）、宁夏回族自治区（26 件）、陕西省（47 件）。经过简单观察，我们并没有发现其中存在较为明显的规律。

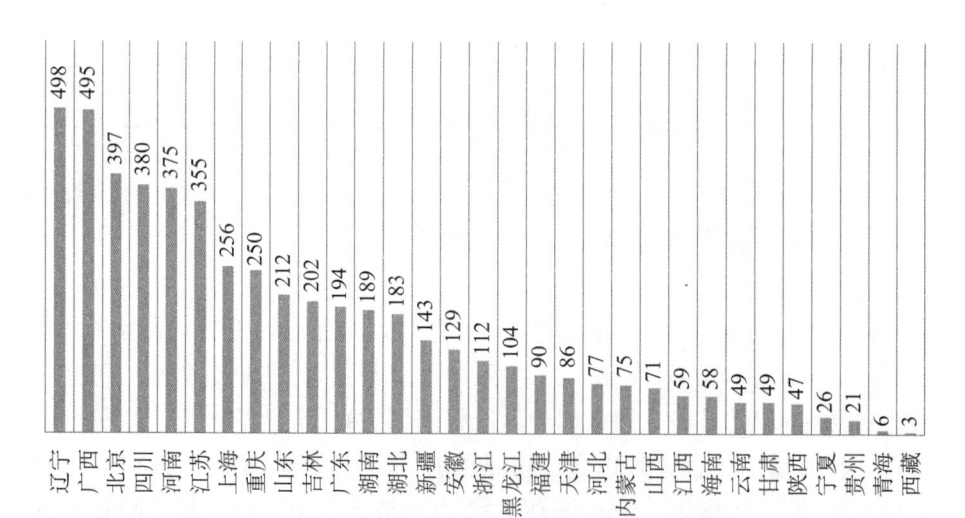

图 3.28　二审开庭案件数

在统计各省级行政区二审开庭案件数量的基础上，我们以各地二审涉欺诈案件数做分母，计算出二审开庭率，结果如图 3.29 所示。总体上看，全国多数省级行政区的涉欺诈案件二审开庭比例在50%以上,在一定程度上反映了我国二审审判的质量和对当事人权益的保护力度。其中,西藏自治区、广西壮族自治区、新疆维吾尔自治区(包括兵团)、山西省、黑龙江这五地在二审开庭比例中居前五位,分别为100%、92.5%、88.8%、84.5%和82.54%。西藏自治区的案件虽少,但每个二审案件都是开庭审理。与之相对,广东和贵州的二审开庭比例最低,仅为15.4%和14.5%,也就是说大部分涉欺诈案件在二审时未开庭。

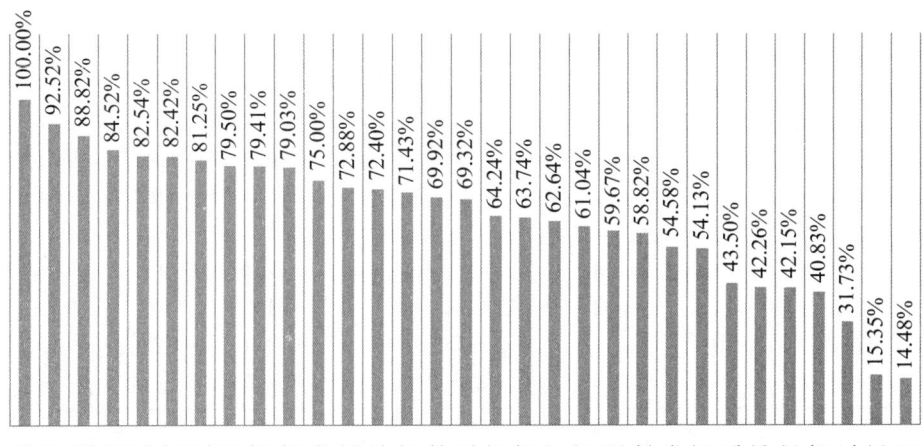

图3.29 各地涉欺诈案件二审开庭率

地区	比例
西藏	100.00%
广西	92.52%
新疆	88.82%
山西	84.52%
黑龙江	82.54%
河南	82.42%
宁夏	81.25%
四川	79.50%
湖南	79.41%
甘肃	79.03%
青海	75.00%
安徽	72.88%
吉林	72.40%
内蒙古	71.43%
天津	69.92%
湖北	69.32%
北京	64.24%
海南	63.74%
辽宁	62.64%
陕西	61.04%
重庆	59.67%
福建	58.82%
上海	54.58%
江西	54.13%
河北	43.50%
江苏	42.26%
山东	42.15%
云南	40.83%
浙江	31.73%
广东	15.35%
贵州	14.48%

如表3.55所示,差值为负时,说明该省涉欺诈类案件二审开庭案件数较多,但是二审开庭比例却比较低。值最小的五个省区分别是江苏省(-20)、广东省(-19)、辽宁省(-18)、山东省(-18)和上海市(-16)。这几个地区均位于东部,且经济社会较发达,涉欺诈民事案件总量较大,相应地,二审开庭案件也应比较多。在这种情况下,出现二审开庭比例较低的原因可能是:一方面,由于上述地区的法院受理案件较多,为提升审判效率,对于一审中基本查清事实的案件,二审法院往往会采取不开庭的方式加以审理。另一方面,二审法院的法官,往往具有较丰富的审判经验,通过书面审理,也可对案件的事实和法律问题进行充分审查,二审不开庭审理也被认为是对当事人的时间和金钱成本节约。基于上述理由,我们似乎不能笼统地认为二审开庭率不高,就意味着法院对于涉诉当事人的实体权利保护不充分。

表 3.55　　二审开庭案件数与二审开庭率排名

省/自治区/直辖市	二审开庭案件数排名	二审开庭比例排名	差值	省/自治区/直辖市	二审开庭案件数排名	二审开庭比例排名	差值
辽宁	1	19	−18	黑龙江	17	5	12
广西	2	2	0	福建	18	22	−4
北京	3	17	−14	天津	19	15	4
四川	4	8	−4	河北	20	25	−5
河南	5	6	−1	内蒙古	21	14	7
江苏	6	26	−20	山西	22	4	18
上海	7	23	−16	江西	23	24	−1
重庆	8	21	−13	海南	24	18	6
山东	9	27	−18	云南	25	28	−3
吉林	10	13	−3	甘肃	26	10	16
广东	11	30	−19	陕西	27	20	7
湖南	12	9	3	宁夏	28	7	21
湖北	13	16	−3	贵州	29	31	−2
新疆	14	3	11	青海	30	11	19
安徽	15	12	3	西藏	31	1	30
浙江	16	29	−13				

与之相对,差值较大的五个省级行政区分别是西藏自治区(30)、宁夏回族自治区(21)、青海省(19)、山西省(18)和甘肃省(16)。这些地区基本上位于中西部,地理位置较为偏远,在二审案件数较少的情况下实现了较高的二审开庭率。究其原因,可能在于以下几点:第一,在案件量不是很大的情况下,对二审案件开庭审理,可以保障当事人的诉讼权利,特别是程序权利的实现。第二,通过开庭审理,上级法院能够对一审案件的事实认定和法律适用进行充分的审查,减少因基层法院法官经验不足而造成的误判、错判概率,提高审判质量。

由此可见,无论二审案件采取开庭审理或是不开庭审理的方式,在不同的地域以及不同的法院审判实践中,均有其各自的合理性。不能仅仅因为民诉法规定二审以开庭审理为原则,以不开庭审理为例外,便简单地否定二审开庭率不高的地区。当然,从保障诉讼当事人的程序权利加以考量,我们还是建议东部地区的法院在条件允许的情况下,尽量对二审案件实行开庭审理。让当事人有机会在法庭上申述自己的主张,不仅可以满足其表达自身意愿的权利,而且能够通过法官的亲身经历发现书面审理中可能忽略的案件事实及法律问题。

(二) 二审改判案件

民事二审改判是指,在民事诉讼中,上级人民法院根据当事人的上诉,对下级人民法院作出的未生效判决和裁定进行审查,在对案件的实体和程序问题作出权威性判定的基础上,依法进行改变的结案程序和方法。我国《民事诉讼法》第一百七十条规定:"第二审人民法院对上诉案件,经过审理,按照下列情形,分别处理:(一)原判决、裁定认定事实清楚,适用法律正确的,以判决、裁定方式驳回上诉,维持原判决、裁定;(二)原判决、裁定认定事实错误或者适用法律错误的,以判决、裁定方式依法改判、撤销或者变更;(三)原判决认定基本事实不清的,裁定撤销原判决,发回原审人民法院重审,或者查清事实后改判;(四)原判决遗漏当事人或者违法缺席判决等严重违反法定程序的,裁定撤销原判决,发回原审人民法院重审。原审人民法院对发回重审的案件作出判决后,当事人提起上诉的,第二审人民法院不得再次发回重审。"

据此,我们认为二审法院依法改判包括两种情况:一是原判决法院的判决,认定事实清楚,但适用法律错误,二审人民法院依据一审法院认定的事实,重新适用法律,作出判决改变原审判决;二是原审判决认定事实错误,或者原审判决认定事实不清、证据不足,二审法院查清事实后作出判决,改变原审判决。这里所说的认定事实错误,是指对事实的认定是不真实的,是以虚假的或者伪造的证据作为认定事实的根据;认定事实不清,是指没有足够的证据,没有把案件事实查清就做了判决。在第三方公司提供的数据中,以各省级行政区的二审案件数和审理结果为依据统计出各省的二审案件数,结果如图3.30所示。可见,二审改判案件数排名前五位的地区分别是广东省(224件)、山东省(105件)、江苏省(87件)、辽宁省(84件)和北京市(71件),而排名后五位的分别是西藏自治区(0件)、宁夏回族自治区(3件)、青海省(3件)、天津市(9件)和山西省(10件)。对比上文我们认为该排名结果与涉欺诈案件数比较相近,相对于西部而言,东部地区的二审改判案件在绝对数量上较多。这一结果还是主要受涉欺诈类案件总数的影响较大。

二审程序在保障审判公正性、化解纠纷的过程中具有重要意义。它具有对一审判决、裁定进行审查和救济的功能,能够及时发现和纠正第一审判决或裁定中的错误,保证审判的公正性,维护法制的统一,实现对下级法院的监督

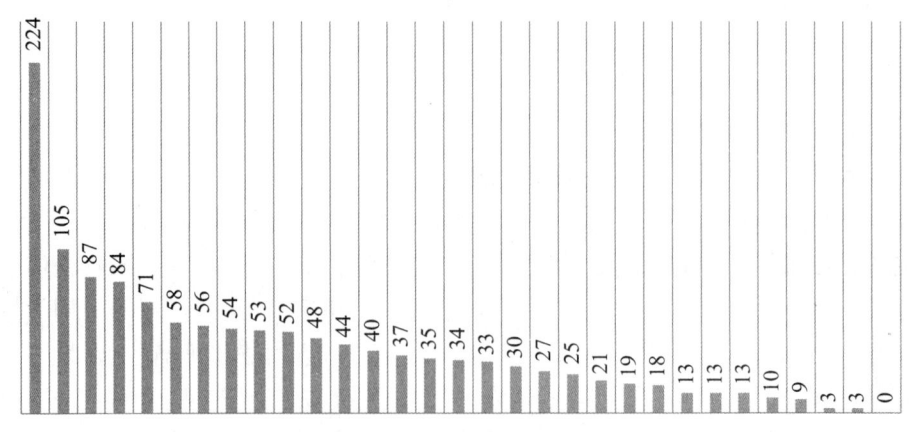

图 3.30 二审改判案件数

和指导,提高法院司法工作的质量。

在二审改判案件数的基础上,以二审案件总数做分母,可以得出各省区的二审改判率,结果如图 3.31 所示。二审改判率最高的五个省级行政区是黑龙江省(38.10%)、青海省(37.50%)、贵州省(35.86%)、陕西省(23.38%)和江西省(22.94%)。这些地区主要集中分布在中西部,且经济上相对较不发达,

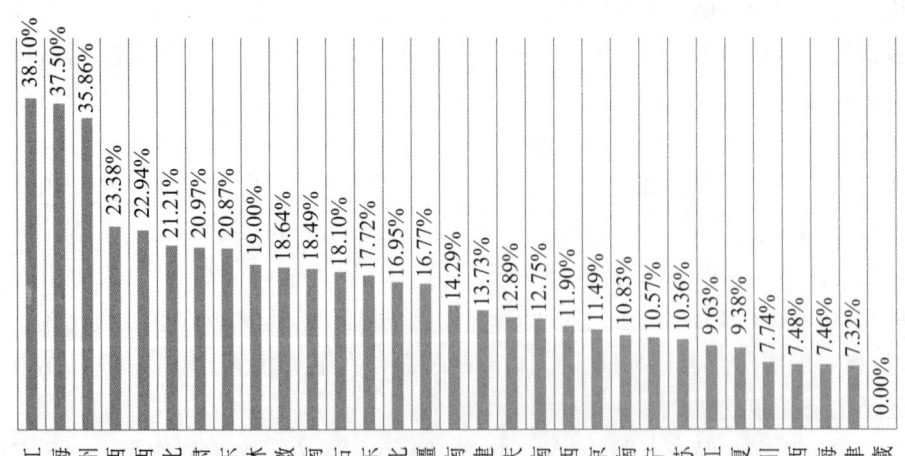

图 3.31 各省二审改判率

在整体上呈现出二审改判率较高的情况。与之相对,二审改判率较低的地区分别是:西藏自治区(0%)、天津市(7.32%)、上海市(7.46%)、广西壮族自治区(7.46%)、四川省(7.74%)。西藏自治区之所以出现此种情况,是因该地区的二审改判案件数为0件,同时该省的涉欺诈案件数仅有4件,因样本量不足,并不具较强的说服力。二审改判率低,则意味着法院一审判决的质量相对要高,其判决在事实认定和法律适用方面均能够经得起审查,可以认为,二审改判率低的地区,一审判决质量相对较高。

如表3.56所示,差值为负时,说明相关地区涉欺诈类案件二审改判案件数较多,但其二审改判比例却较低。差值较小的地区分别是江苏省(−21)、辽宁省(−19)、北京市(−16)、广西壮族自治区(−15)、上海市(−14)。除广西壮族自治区外,其他地区均位于东部,且经济社会发展水平较高。这些地区的二审改判案件数较多,是因其经济较为发达,各类民事活动较多,相应地二审案件基数就比较大;而二审改判比例较低,则说明这些地区的一审法院判决质量较高,裁判结果无论从事实认定还是从法律适用方面,都能够经得起二审的检验。与之相对,差值为正且数值较大的地区分别是青海省(25)、陕西省(19)、

表3.56　　　　二审改判案件数和二审改判率排名

省/自治区/直辖市	二审案件改判案件数排名	二审改判率排名	差值	省/自治区/直辖市	二审案件改判案件数排名	二审改判率排名	差值
广东	1	13	−12	安徽	17	10	7
山东	2	8	−6	河北	18	14	4
江苏	3	24	−21	新疆	19	15	4
辽宁	4	23	−19	江西	20	5	15
北京	5	21	−16	福建	21	17	4
河南	6	19	−13	内蒙古	22	12	10
湖北	7	6	1	陕西	23	4	19
重庆	8	18	−10	云南	24	22	2
吉林	9	9	0	海南	24	16	8
贵州	10	3	7	甘肃	24	7	17
黑龙江	11	1	10	山西	25	20	5
湖南	12	11	1	天津	26	30	−4
广西	13	28	−15	青海	27	2	25
四川	14	27	−13	宁夏	28	26	2
上海	15	29	−14	西藏	29	31	−2
浙江	16	25	−9				

甘肃省(17)、江西省(15)和内蒙古自治区(10)。这些地区基本上位于中西部，虽然二审改判案件数量较少，但二审改判率却较高。这一结果的出现，在一定程度上表明，上述地区的一审法院在涉欺诈案件的审理质量上有待提升。

借助 Pearson 进行相关性分析，得出涉欺诈案件二审开庭比例和二审改判率相关系数为-0.2，显示出两者间为弱的负相关关系。也就是说，在一个区域内，在二审改判比例方面，开庭审理相比于不开庭审理时反而更高。但可以断定的是，二审开庭率与二审改判率之间没有明显的相关性。

(三) 再审案件

民事再审程序即审判监督程序，是人民法院对已经发生法律效力的判决、裁定，发现确有错误，依法对案件进行再审的程序。那么，各地区在涉欺诈案件方面的再审案件数如何？我们通过对既有数据中审级一栏数据，统计出各省级行政区的再审案件数，再以分地区的涉欺诈案件数为分母，得出再审案件比例，结果如图3.32所示。首先，西藏自治区、天津市、宁夏回族自治区等几个省区的再审案件比例为0%，主要是因为这几个省区的涉欺诈案件数较少，出现再审案件数为0的情况的概率也比较大。除此之外，再审案件比例较低的五地分别是广西壮族自治区、北京市、广东省、上海市和福建省。这也意味着，上述地区的审判质量是相对较高的。其次，再审案件比例较高的五地分别

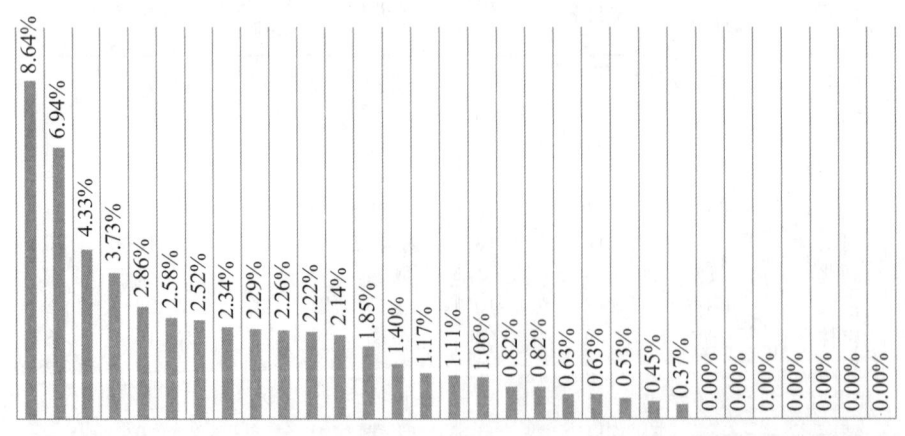

图 3.32 再审案件比例

是贵州省、吉林省、河南省、黑龙江省和甘肃省。反观这些省区，基本位于中西部地区，其经济社会发展水平相对有待提升，再审比例高也反映出上述地区审判质量有待改进。

我们在再审案件数的基础上统计出再审改判案件数，后者除以前者得出各省区的再审改判率，结果如图3.33所示。总体来看，各省区欺诈类案件领域的再审改判率相差较大，高者100%而低者0%。出现这种情况，可能是因为再审程序本来就是司法的最后一道程序，且其提起受一定条件限制，所以总数较少，具体到欺诈类案件就更少，所以会出现这种极端情况，但即使这样我们相信其结果还是具有一定的参考价值。除去改判率为0%的地区，改判率小于10%的两个省份分别是贵州省和河南省，而再审改判率最高的五个地区则分别是广西壮族自治区、吉林省、云南省、上海市和黑龙江省。

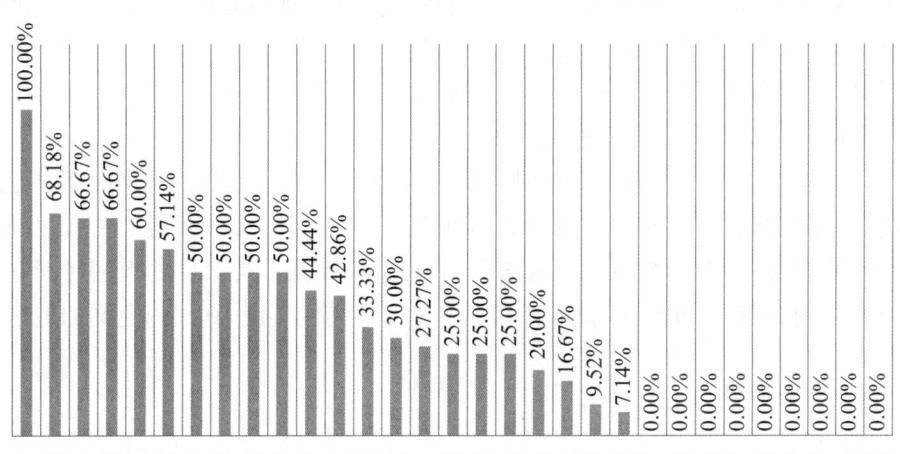

图3.33 再审改判率

(四) 裁判文书上网速度

2000年6月15日，《最高人民法院裁判文书公布管理办法》发布并实施。于是，裁判文书公布一直是人民法院推进司法公开、维护司法公正的重要工作。2013年11月28日，最高人民法院发布《关于人民法院在互联网公布裁判文书的规定》的司法政策，要求各级法院以"公开是原则，不公开是例外"为精神，全面推进裁判文书上网工作，并将裁判文书上网作为人民法院一项日常性的重要工作。党的十八届四中全会将裁判文书公开作为推进依法治国的重要内容。2014年,全国各级法院共在中国裁判文书网上传裁判文书569万余份,2015年全国各级法院上传裁判文书数量大幅增长。全国所有高级、中级法院全部实现生效裁判文书上网公布,正如最高人民法院院长周强所指出的,"这是一项史无前例的浩大工程"。裁判文书上网涉及司法公开目标价值的实现,也涉及公众知情权以及当事人诉讼权利、商业秘密、个人隐私等合法权益的保障。《最高人民法院关于人民法院在互联网公布裁判文书的规定》对生效裁判文书上网的原则、范围、程序、技术处理等问题作出了规定。

但在实施中也存在一些问题,亟待厘清和解决。比如,该规定中对上网时间比较模糊,只有第八条规定,承办法官或者人民法院指定的专门人员应当在裁判文书生效后七日内按照本规定第六条、第七条的要求完成技术处理,并提交本院负责互联网公布裁判文书的专门机构在中国裁判文书网公布。第十四条规定,各高级人民法院在实施本规定的过程中,可以结合工作实际制定实施细则。中西部地区基层人民法院在互联网公布裁判文书的时间进度由高级人民法院决定,并报最高人民法院备案。

可见,在没有一个确定上网时间要求的情况下,各地案件的上网时间差距较大。我们统计了各省区的裁判文书判决时间和上网时间,并得出两者之间的差值,结果如图3.34所示。从图中可以看出,涉欺诈类案件的上网时间在30天以内的,各地占比普遍较低,其中超过一半案件实现30天内上网的地区

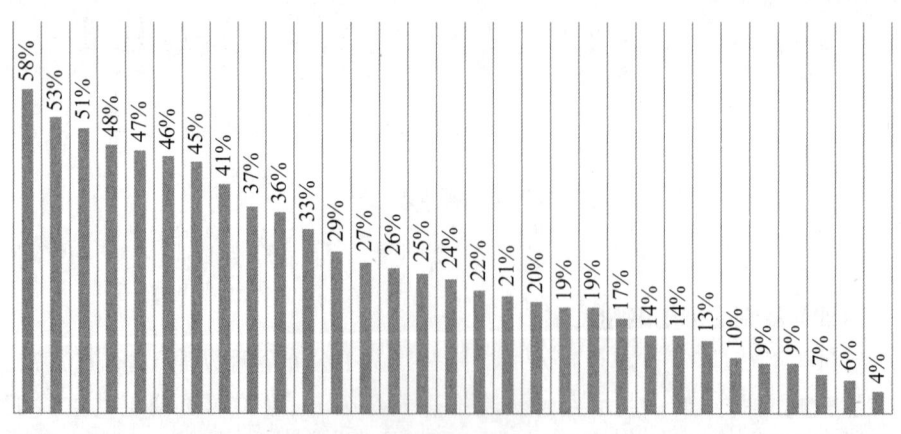

图3.34 裁判文书上网时间小于30天的案件数占比

只有北京市、辽宁省和河南省。该比例不到百分之十的地区有五个,分别是广西壮族自治区、重庆市、贵州省、河北省和福建省。

与上述上网时间小于 30 天相对的,我们统计了各省区上网时间大于半年即 180 天的案件比例,结果如图 3.35 所示。其中,只有海南省这一比例超过一半(60%),而剩下所有省区的此数值都小于 25%。可见,全国绝大部分地区能够在半年内实现绝大部分案件上网公布。此外,这一数值大于 20%的,包括海南省在内仅有五个地区,其余的分别是青海省(22%)、福建省(22%)、河北省(21%)和内蒙古自治区(20%)。而该数值小于 10%的地区也超过全国的一半以上。

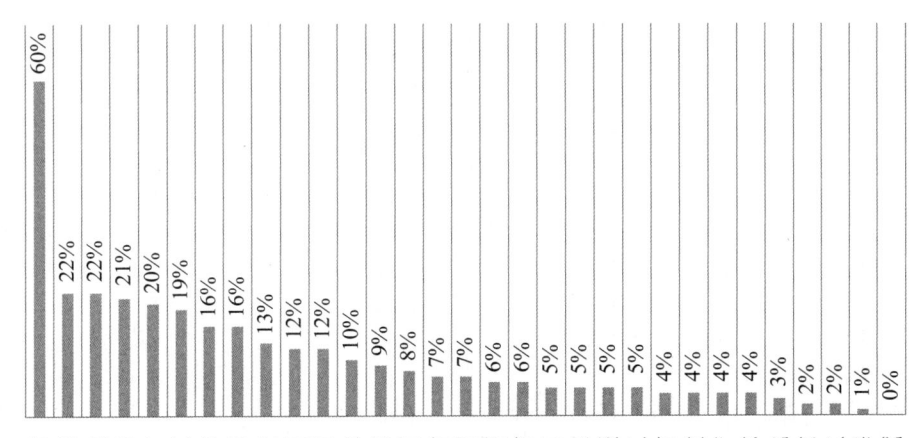

图 3.35　裁判文书上网时间大于 180 天的案件数占比

在统计出上述各省裁判文书上网时间小于 30 天和大于 180 天的案件数占比绝对数值的基础上,我们分别对这两个数值从大到小进行排名,再由前者减去后者得出两者间之间的差值,结果如表 3.57 所示。我们认为,该差值为负,说明上网时间小于 30 天的案件占比排名靠前,而大于 180 天的案件占比排名较为靠后,也就是说,该地区欺诈类案件上网时间较其他地区要短。该差值为正时则刚好相反。其中,差值为负,且数值较小的六个地区分别为北京市(-16)、辽宁省(-13)、河南省(-12)、安徽省(-11)、江苏省(-10)和湖北省(-10)。这些地区上网时间小于 30 天案件占比排名刚好是第一名至第六名,可见其案件上网时间跨度较短。与之相对,差值较大的四个地区分别为:福建省(23)、河北省(22)、海南省(22)和重庆市(20),这些地区的案件上网时间跨度较长。

综上,对比各省的涉欺诈类案件的上网时间跨度,我们认为在技术条件允许的情况下,最高法可以对此时间要求做出统一的安排,以促进案件上网的及时性与规范性。

表 3.57　　各省上网时间小于 30 天和大于 180 天案件数占比排名

省/自治区/直辖市	<30 天案件数占比	>180 天案件数占比排名	差值	省/自治区/直辖市	<30 天案件数占比	>180 天案件数占比排名	差值
北京	1	17	−16	宁夏	17	5	12
辽宁	2	15	−13	吉林	18	9	9
河南	3	15	−12	甘肃	19	12	7
安徽	4	15	−11	江西	20	8	12
江苏	5	15	−10	天津	20	6	14
湖北	6	16	−10	内蒙古	21	4	17
新疆	7	14	−7	四川	22	14	8
山东	8	14	−6	湖南	22	13	9
浙江	9	17	−8	海南	23	1	22
上海	10	18	−8	云南	24	6	18
青海	11	2	9	河北	25	3	22
黑龙江	12	14	−2	福建	25	2	23
陕西	13	13	0	贵州	26	8	18
山西	14	12	2	重庆	27	7	20
西藏	15	19	−4	广西	28	11	17
广东	16	10	6				

图书在版编目(CIP)数据

法治中国的司法指数.2018 / 叶必丰主编.—上海：上海社会科学院出版社,2019
（上海社会科学院法学研究所所庆60周年丛书）
ISBN 978-7-5520-2776-1

Ⅰ.①法… Ⅱ.①叶… Ⅲ.①司法制度-研究-中国-2018 Ⅳ.①D926

中国版本图书馆 CIP 数据核字(2019)第 102856 号

法治中国的司法指数(2018)

主　　编：叶必丰
副 主 编：杜文俊　彭　辉
责任编辑：袁钰超
封面设计：梁业礼
出版发行：上海社会科学院出版社
　　　　　上海顺昌路 622 号　邮编 200025
　　　　　电话总机 021-63315900　销售热线 021-53063735
　　　　　http://www.sassp.org.cn　E-mail: sassp@sass.org.cn
照　　排：南京前锦排版服务有限公司
印　　刷：上海颛辉印刷厂
开　　本：710×1010 毫米　1/16 开
印　　张：25
字　　数：416 千字
版　　次：2019 年 7 月第 1 版　2019 年 7 月第 1 次印刷

ISBN 978-7-5520-2776-1/D·542　　　定价：120 元

版权所有　翻印必究